"十五"国家重点图书出版规划项目

社会工作经典译丛 **Social Work Classic Series**

主编 隋玉杰 副主编 范燕宁

社会工作管理

第七版

The Social Worker as Manager
A Practical Guide to Success (Seventh Edition)

[美] 罗伯特·W.温巴赫 (Robert W. Weinbach) 著
林恩·M.泰勒 (Lynne M. Taylor)

陈为雷 等 译

中国人民大学出版社
·北京·

主编简介

隋玉杰，中国人民大学社会工作系副教授，博士生导师。首届全国社会工作者职业水平评价专家委员会委员、中国社会工作教育协会副秘书长暨老年社会工作专业委员会主任委员、北京市社会工作者协会常务理事、国家开放大学特聘教授。担任全国多地十余家实务机构的顾问。作为专家组成员参与了民政部和前国家人口和计划生育委员会推动社会工作职业化、专业化的多项工作，包括民政部《老年社会工作服务指南》（MZ／T 064-2016）行业标准的制定工作。主要研究领域为老年人服务需求综合评估与社会支持、心理健康、临终关怀与丧亲服务、社会工作职业化与专业化。主持了多项国家社会科学基金项目、北京市社会科学基金项目，以及民政部、国务院发展研究中心、联合国教科文组织、亚洲开发银行等组织机构的十余项招标和委托课题。

副主编简介

范燕宁，北京大学哲学硕士（1988），香港理工大学社会工作专业硕士（MSW，2007），首都师范大学社会学与社会工作系主任、教授、博士生导师。中国社会工作联合会专家委员会委员、中国社会工作教育协会常务理事。北京市海淀睿博社会工作事务所所长、2016年度中国十大社会工作人物之一。主要教学、研究、社会服务方向为：当代社会发展理论与社会问题、社区矫正、青少年社会问题等。代表性作品有：《矫正社会工作研究》（范燕宁、席小华主编，中国人民公安大学出版社，2009）、《社会问题：事件与解决方案》（第五版）（扎斯特罗著，范燕宁等译，中国人民大学出版社，2010）、《社区矫正社会工作》（范燕宁、谢谦宇、罗玲等，中国人民公安大学出版社，2015）。

总　序

社会工作正面临着前所未有的发展契机。

所谓契机，一是大的社会背景为社会工作的发展提供了舞台。随着改革的深入，中国在取得举世瞩目的成就的同时，如一些社会学家所言，也出现了"发展困境"的苗头或"类发展困境"的现象。新千年，政府在工作报告和政策文件中明确提出要关心弱势群体、加强就业和社会保障工作。与社会工作传统的工作对象，如贫困者、残疾人、妇女、儿童、老年人相关的一系列政策法规纷纷出台。这些都让开展社会工作有了良好的政策环境。

二是社会工作专业本身已经步入组织化、规范化的轨道。中国社会工作联合会、中国社会工作教育协会等组织开始发挥行业指导的作用。此外，经过多年的酝酿，2004年国家劳动和社会保障部办公厅制订的《社会工作者国家职业标准》出台并在上海首先试点，明确了社会工作者的专业人员地位，一改多年来社会工作人员师出无名的状况，同时也为社会工作者在专业上不断发展提供了方向和路径。社会工作职业化、专业化有了突破性进展，在政府认可上迈出了坚实的一步。

进入新千年，许多迹象表明，社会工作正在朝着进入新的发展时期的方向迈进。

然而，社会的需要和认可也给社会工作带来了挑战。社会工作是否已经拥有了完备的知识储备，成了一个羽翼丰满的专业，并能发挥社会所期待的作用呢？

对今天中国许多的社会工作者来说，社会工作发展伊始弗莱克希纳提出的问题"社会工作是一个专业吗？"仍是个具有挑战性的问题。弗莱克希纳之所以断言社会工作不具备一个专业的资格，是因为他认为社会工作不是建立在科学知识的基础上的。按照格林伍德提出的著名观点，成为一个专业应该具备五个特性：拥有自己的理论体系、具有权威性、得到社会的认可、有专门的伦理守则以及具有专业文化。排在第一位的就是专业知识的建构。

应当说，自1986年国家教育委员会同意北京大学、中国人民大学、吉林大学等高校设置社会工作与管理专业以来，中国的社会工作理论与实务知识的建构已经有了可喜的收获。然而，总体上，社会工作的专门知识仍然十分匮乏，对国外的社会工作仍缺乏系统的介绍，且本土的理论仍未形成。拿知识建构的领军团体——社会工作教育界来说，情况也不容乐观。中国社会工作教育协会开展的中国社会工作教育发展状况调查的结果表明，以在学术期刊上公开发表论文的数量、出版专著数、编写教材数、承担课题数等数据来衡量，社会工作教育院校教师的科研水平总体上不高。与这一形势并存的却是社会工作教育在经过十几年的缓慢发展后，在世纪之交进入了高速扩张期。据中国社会工作教育协会统计的数据，截至 2000 年，协会的团体会员只有 32 个，到 2003 年 12 月团体会员已经达到 148 个。近 80% 的会员都是在 2000 年之后的三年新加入的。于是有了这样的景象，一方面是知识提供和传输上的不足，另一方面是跨入社会工作之门的莘莘学子嗷嗷待哺。这便有了策划和出版社会工作经典译著的最初动因。希望通过这一系列书籍能够较为全面地介绍在西方已有上百年历史的社会工作专业的核心知识，为建立中国自己的社会工作知识体系做参考。

在整体结构上，"社会工作经典译丛"由三类书籍构成，即社会工作的基础理论、社会工作的基本方法和社会工作的价值观。这也是基于对社会工作知识体系构成的基本共识。具体来讲，策划这套书主要有以下几点考量：

其一，完整性。整个译丛力图完整地呈现社会工作作为一个学科的全貌。译丛精选了社会工作理论、人类行为与社会环境、社会政策、个案工作、小组工作、社区工作、社会工作督导、社会工作研究和社会工作伦理等方面的书籍，全面涵盖了社会工作专业知识的三大组成部分，即基础理论、工作方法和价值观。考虑到价值观方面的教学一直是专业教育中非常重要的一部分，但也是专业教育中的难点，所以本套丛书特别精选了再版 7 次的专门用来帮助学生认识伦理问题和困境，并加以适当处理的有关社会工作伦理的专著。其中涉及的保密和隐私权问题、当事人的知情权和自决问题、临终关怀问题、艾滋病问题等在中国的社会工作实践中已经出现，由于处理不当而引发的争端和法律诉讼也曾见诸报端。相信这方面的论述不仅对于社会工作专业的学生，对于社会工作从业人员也不无借鉴作用。

其二，经典性。所选书籍都是广受好评的教材或论著，对社会工作的知识有精到的描述和评说。书籍的作者都是各自领域的专家和知名学者，有着丰厚的积累，在书中详细展现了与所述主题相关的专业知识，特别是融合了许多最新研究成果和实务动态，对读者来说极具参考价值。这些书在许多国家被社会工作教育者采用，几乎每本书都再版过多次。经过了使用者的检验和编写者的不断完善，这些书非常适合做社会工作专业教学的配套教材。

其三，适切性。为了能更好地配合教育部高等教育司组织制定的社会工作专业主干课程教学基本要求，译丛所选择的书籍基本都是社会工作专业主干课程的教材或论著。各书的框架也多与国内教学所要求的主体结构相契合，更能配合教学使用。

其四，实用性。一方面，所选书籍在内容的编排上注重方便读者使用。受实证为本的工作方法的影响，大部分书籍穿插了与所涉及内容相关的研究结果和案例讲解，将理论与实践相结合。在语言上也大多深入浅出，贴近读者，减少了在消化吸收知识上的障碍。

另一方面，所涉及的也多是国内社会工作界涉足和关心的领域，如通才社会工作实务模式，操作层面的社会工作方法，社会政策的研究、分析与应用，身为社会工作教育和高层次管理人员开展督导的方法，等等。书中推荐的一些专业网站更可以帮助读者找寻更多的资源，丰富对书中相关内容的理解和把握。

其五，时代性。丛书中的每本书都是近两年的最新版本，书中的内容涉及社会工作实务领域的一些最新发展，整套书如同一个多棱镜折射出社会工作学科的发展现状。大到社会福利体制管理上的变革，小至一些新的工作方法的使用，都有鲜明的时代特点。比如其中谈到管理型卫生保健制度、个案管理、基因技术对社会工作的影响、网络技术对社会工作的影响、实证为本的实践、私人执业、充实生活性质的社会工作等。一些实验性的工作方案在书中也有所介绍。这些无疑会拓展读者的视野。

2003 年的一场"非典"像是对整个社会运行机制的一次检测，留下了许多宏观层面的问题有待社会工作者去思考和解决。比如，社会危机处理机制、弱势群体保障机制、社会捐赠机制、基层社区的疾病预防和康复机制、志愿者的动员与使用机制等的构建。而2004 年的马加爵杀人案则给开展微观层面的社会工作提出了许多问题。比如，如何更有效地建立个人的社会支持系统，如何筛查处于危机边缘的人，如何提供更有效的危机防范与干预方法，等等。

德国著名哲学家恩斯特·卡西尔在《人论》中说："当领悟了一门外语的'神韵'时，我们总会有这样的感觉：似乎进入了一个新的世界，一个有着它自己的理智结构的世界。这就像在异国进行一次有重大发现的远航，其中最大的收获就是学会了以一种新的眼光来看待我们自己的母语。"歌德也说过："谁不懂得外国语，谁也就不了解本国语。"我们希望"社会工作经典译丛"的面世能起到这样的作用：让读者能有一次异国社会工作之旅，看到社会工作在专业发展比较成熟的国度里的情况。虽然译丛中谈到的都是外国社会工作的状况，以及它们的问题与处理方法，但对我们反观自己，处理中国的问题应当说不无启示。

译丛的策划得到了中国人民大学出版社潘宇博士，首都师范大学教授、博士生导师范燕宁和中华女子学院教授刘梦的鼎力相助。在甄选书籍的过程中，笔者同她们进行了反复的讨论，最后确定的书目是笔者与她们共同斟酌的结果。丛书的译者队伍也都是各高校的教师，有较丰富的社会工作专业积累，为翻译质量提供了保证。在此对上述参与本丛书策划和翻译等工作的人员一并表示衷心感谢。

虽然参与本丛书的人都倾尽了心力，但仍难免挂一漏万，希望广大读者对不当之处能给予指正。

隋玉杰

2004 年 10 月 14 日

前　言

本书的第一版于1990年出版，后续每个版本都致力于跟上该领域的变化并丰富上一版的内容。

本书仍然设计为易于阅读、便于讨论的形式，并充满了现实生活中的例子（比以往任何版本都更多）和实际应用。它也基于指导早期版本的相同前提，例如：本书仍然认为管理是由每一个社会工作者来执行的；每个人都是个人生活中的管理者，工作中或多或少也是如此。本书是为社会工作学士学位（BSW）或社会工作硕士学位（MSW）的学生编写的，可供一个学期的管理课程使用。这本书对社会工作从业者也是有帮助的，根据需要或选择性地阅读此书会使他们明白自己肩负着重大的责任并从此书获益。本书许多内容与早期版本相同；管理仍然是管理。然而，在一个知识渊博的评审团的集体建议下，以及鉴于我们自己在社会工作管理教学方面的经验，我们也做了一些重要的改变。由于受读者欢迎，我们保持了与前一版几乎相同的框架和内容序列。

本版书的大多数内容适用于社会工作者中的管理者，也就是说，适用于公共或私人社会服务组织督导者的一级主管，在较低程度上，它还解决了那些需要花费大量时间为服务对象提供直接服务，同时还要督导志愿者、学生或文书人员以及管理自己职业生涯的人所面临的管理问题。还有一些主题和问题只属于高级管理者的专属领域（例如，董事会运作和董事会管理）。它们被包括在内是因为我们认为组织中的社会工作者需要了解它们出现的方式、原因以及它们如何影响工作，即使他们没有直接参与其中。

这个版本有什么新的或不同的内容呢？以下是主要变化：

1. 在每章末尾添加"应用"部分，可以由学生个人完成或用于小组课堂讨论。

2. 修订了现实案例（和一个新案例），以及所有案例的附加问题。

3. 在第一章介绍了有关社会工作教育委员会（CSWE）基本能力的内容，并在书中提到了执行各种管理任务所需的技巧。

4. 更新了技术信息，重点关注当前的问题，如在工作场所使用社交媒体和个人电子设备等。

当然，我们也修改并更新了所有章节。我们添加了许多社会工作实践和最近发生事件

xiv 中的新例子，以说明一些更复杂的概念和观点。在任务环境（第二章）、管理风格（第四章和第十四章）、组织系统（第六章）、扁平型组织（第七章）、志愿者协调员的使用（第八章）、工作场所技术使用的新趋势（第十二章）和员工留用（第十三章）等部分中，我们添加了其他内容。在保证书籍实用且篇幅合理的前提下，为了添加新的内容，我们对早期版本中的某些内容进行了压缩以及少量的删减。我们将他人作品引用量降至最低并且认为这种做法十分合理，因为这本书主要是我们自己对什么是良好的社会工作管理的想法的汇编。此外，其他人的观点很容易在其他有关管理的书籍、专业期刊、互联网甚至是机上刊物中找到！

致　谢

　　本次修订的完成得益于许多人的帮助，阿林和培根出版社的阿什利·道奇（Ashley　xiv
Dodge）和卡莉·切赫（Carly Czech）在许多方面都给予了支持和帮助。第六版的评论由
以下评论者提供：博福特县社区学院的格雷格·阿林森（Gregg Allinson），约翰·泰勒社
区学院的伊冯娜·巴里（Yvonne Barry），佐治亚大学的莱蒂·洛克哈特（Lettie Lock-
hart），以及布法罗州立学院的金伯利·齐特尔-帕拉马拉（Kimberley Zittel-Palamara）。
我们非常感谢这些同事的宝贵评论和深思熟虑的建议，其中许多已纳入这一版本。

　　回复评论总是一项困难的任务，特别是当一个审稿者的建议与另一个审稿者的意见发
生冲突时。我们必须对其进行选择，最终我们也做出了选择。归根结底，我们所做出的修
改以及进行这些修改的方式是我们自己的责任，我们希望它们能受到学生和教师的欢迎。
一如既往，我们欢迎任何批评和建议，毕竟我们还并不完美。

罗伯特·W. 温巴赫（Robert W. Weinbach）

南卡罗来纳大学

林恩·M. 泰勒（Lynne M. Taylor）

社会工作教育委员会

目 录

第一部分 正确看待社会工作管理

第二部分　主要管理活动

第三部分　完成管理图

第一部分
正确看待社会工作管理

管理是生活的一个重要组成部分，它发生在所有的社会组成单元、所有的社会团体和 （与我们讨论最相关的）所有的雇用社会工作者的组织中。在第一章中，我们首先从直接和间接两个角度对管理做出界定。界定时借助于传统的定义和描述，而这些定义和描述主要来自企业和组织理论的文献。我们通过描绘下面两个问题，来说明为什么管理对有效的社会工作实践是如此重要，第一个问题是："如果没有管理，社会服务组织将会怎么样？"第二个问题是："为什么管理有时会失效？"我们列出四个假设，这些假设对随后的讨论至关重要。也许，构成所有社会工作管理基础的最重要的假设是：管理是社会工作实践一个不可或缺的组成部分。这在逻辑上引导出了伦理和能力的主题，特别是引出美国社会工作者协会文件——《美国社会工作者协会伦理守则》（NASW Code of Ethics）和社会工作教育委员会（CSWE）教育政策 2.1 所强调的核心能力在塑造社会工作管理者的行为方面发挥重要作用。

第二章重点分析了社会服务组织管理与营利性企业管理以及制造业组织管理的区别。我们在很大程度上借助两个特别有用的概念，即任务环境和主要受益人。这两个概念在解释社会服务管理者如何经常发现自己很难做到"平衡行为"方面一贯有效。

第三章反映了这样一种认识，即只有通过理解过去，我们才能理解现在。我们回顾了20 世纪主要的管理理论，以及它们所依据的假设。我们不仅描述了它们的缺点，而且还描述了它们如何继续影响着目前的管理实践。

第一章

界定和描述管理

学习成果

在本章结束时，你应该能够：

● 描述为什么对社会服务组织来说，要实现它们的目标，管理是必不可少的。

● 对比行政主管和专职社会工作从业者的管理活动和管理所花费的时间。

● 列出社会服务组织管理者通常面临的一些伦理冲突。

● 列出关于管理的几个误解以及它们如何引起社会服务组织中的问题。

对所有社会工作者，尤其是那些花大部分时间从事管理工作的人来说，20 世纪的最后几年和 21 世纪的头几十年是一个不确定和变化的时代。社会工作是亿万美元的事业，是所有西方国家经济中不可或缺的一部分，政治家和非专业的普通公民从未忽视其占西方国家国民生产总值的比例越来越大这一事实。

21 世纪前十年的经济大萧条使得失业率达到两位数，无家可归者人数增加，加上其他对个人和家庭的经济影响，要求社会服务组织为更多人提供更多新的服务。这种情况发生的时候，为了节省开支，削减政府项目成本成为一个便捷的目标。即使经济逐渐复苏，社会工作项目仍然会因为它们的"浪费性开支"受到严格审查和批评，管理者仍会被要求设法用更少的资源做更多的事情。

需要适应经济的变化并回应批评者的论点，这为社会工作者学习管理学和获得必要的能力以成为有效的管理者提供了充分的理由。但还有另一个更令人信服的理由，那就是我们致力于为服务对象提供最好的服务。如果各级管理都表现良好，将会为实现这一目标做出巨大贡献。因此，它是社会工作实践的重要组成部分，值得所有现在和将来的社会工作者认真关注。

4   管理不是一种选择

没有管理的世界几乎是不可想象的。每项人类活动都涉及管理。事实上，人的大脑有时可以被当作一个全职管理者的例子，管理我们的呼吸、运动、思维过程、消化甚至是我们睡觉时做的梦等等。大脑是一个特殊的管理者，与任何其他管理者不同，它从未真正休息或陷入另一个角色。它每周 7 天，每天 24 小时值班。如果没有我们的大脑作为管理者，我们将无法继续呼吸或活动肌肉。没有大脑的管理活动，任何人类有机体都不会存在。这一情形所体现的就是"要么管理，要么死亡"。毫不夸张地说，组织内部存在同样的情况，没有管理，任何组织都不可能存在很长时间，更不用说蓬勃发展。管理不是一种选择，而是一种必要。

想想没有管理的组织将会是多么无效。想象一下，一个社会服务组织在没有人履行管理职能的情况下，会是什么样子？这一类无管理的组织更引人关注的特点可能是：

● 没有任何使命、目的或目标将社会服务组织与其他组织区分开来。因此，它没有身份，也没有真正的目的。

● 没有限制和影响支出或其他活动的预算。

● 员工和志愿者的甄选将不考虑其能力或潜力。一旦录用，他们上班或不上班可能取决于他们的情绪。如果上班了，他们就会独自决定那天他们想做什么。没有准则可以告诉他们应该做什么，如何做到最好，或者什么行为是不被允许的。

● 每个人的行为都独立于他人，没有互相合作的活动。

● 没有任何评估个人工作绩效质量的准则或标准。在领薪员工中，关于晋升、失业补偿甚至关于续聘的决定将完全是随心所欲的（也许是变化无常的）。

● 服务对象可能会得到所需的服务，也可能得不到所需的服务。没有什么能保护他们免受员工的冷漠、无能、懒惰或玩忽职守的影响。没有人会知道或关心哪些服务和项目是有效的，哪些是浪费时间和金钱的。

我们刚才所描述的场面相当混乱不堪——实际上，甚至不能将其视为一个组织。如果没有管理，众所周知的组织就不会存在。管理使组织与人们进行那些无目的活动或者随意闲聊的某些地方区别开来。

社会工作者无法选择是否要履行管理职能。即使我们选择不从事那些需要耗费大量时间进行高级管理活动的"管理工作"，我们也不能完全与管理相绝缘。我们需要了解管理，以便与从事管理工作的同事进行有效互动。而且，我们需要亲自执行各种管理所分配的任务。任何层次的有效的社会工作实践都不能缺少管理。

人们一般是在缺少相关准备和正式指导的情况下进入他们的个人管理活动中的。他们"在工作中"，通过不断试验、犯错以及从亲朋好友那里吸取经验等方式，来学习管理他们的收支、社交生活或预算。在他们迅速了解了管理不善或错误管理的后果后，他们发现必须学会如何管理。不幸的是，许多期待着为服务对象提供直接服务的社会工作者，在他们的职业生活中也以类似的方式"退回到"管理中。尽管他们计划将一天的时间用于向服务对象提供个人、家庭或小组服务，但他们很快就会发现自己被拥至一个督导性职位，或者发现原本那些被分配到其他人身上的管理任务却落到了他们头上。在这种情况发生之前，他们可能没有意识到管理的重要性和必然性，而且很可能还没有做好准备。（相比之下，打算从事"宏观"社会工作实践的社会工作者更有可能认识到研究管理问题的必要性，并学习了一门或多门专门研究管理的课程。）只有当我们察觉到其他人的管理不善及其对我们有效地完成工作的能力产生影响时，我们中的一些人才相信良好管理的重要性。其他人只有当看到自己做出糟糕的管理决策，或者从事被证明是无效甚至更糟的管理行为的时候才会被说服。尽管我们在与服务对象的直接交流中很容易认识到"最佳实践"的重要性，但在面对管理决策时，我们有时会更多地依赖猜测或冲动，或者像我们看到的其他人所做的那样简单地进行管理。直到最后关头，我们才能认识到利用大量的知识以帮助我们履行管理职能的重要性。

我们所有人都在管理不善的组织中或者在这些组织周围工作过。这在一定程度上是不可避免的，错误总是会发生的。正如任何人都不可能成为完美的临床医生或社会变革的推动者一样，没有人能成为完美的管理者。但这并不能免除我们成为最优秀的管理者的专业和伦理责任。我们首先要做的，就是对管理进行研究。

什么是管理？

管理经常被误解。甚至管理这个词本身也以不同的方式被使用，从而意味着不同的含义。它有时被用作专有名词（如在"管理层"中），统称为在组织结构图上占据最高职位的少数人——工会理论术语中的旧"管理者/劳工"二分法。在社会工作中，它也经常被用作动词，用来暗示一系列看似无关的活动，其中几乎包括了除直接为服务对象提供的服务以外的任何东西。如果误用这个词，会对这一重要活动产生危险的误解。

更为复杂的是，管理一词经常同另一个术语"行政"在社会工作文献和其他地方交替使用。目前尚没有较好的区分两者的研究成果。一位研究者[1]似乎认为，管理和行政之间的关键区别是：行政主要涉及政策制定，而管理主要涉及政策的执行。因此，例如，公共社会福利机构的行政工作将主要由其主管负责；管理工作将由组织层次较低的其他人执行，即所谓的中层管理者。然而，在一个非营利社会服务组织（见第二章），行政可能主要是董事会的工作，而管理将是其主管的主要职能！这会容易使人混淆！

管理者的职责

或许，通过研究管理者的工作以及他们通常的工作职责，可以最好地描述管理。根据我们对其他人研究成果的回顾，我们可以从一个单一的、可以广泛适用的定义来展开我们的定义。即，管理是"社会服务组织内所有行政级别的社会工作者为促进组织目的的实现而开展的某些活动"。虽然这个定义足够广泛以至于可以涵盖所有管理活动，但这一定义的范围过大也成为其最大的不足之处。它需要大量"充实"。

管理活动

什么是管理活动？这与我们在"治疗师"、"辅导员"或"社区组织者"等其他角色的期望方面有何不同？一部仍广泛用于公共行政和企业领域的经典作品的作者将管理活动分为五大类：计划、组织、人事、领导和控制。[2]另一位作者则将管理划分为计划、组织和控制。[3]第三种分法，仅包括组织、协调、计划和控制。[4]第四种是计划、组织、领导和控制。[5]甚至有些人认为，管理实际上都是一种功能——领导，这也许是正确的。我们将在第四章中讨论这个问题。

在我们开始对管理进行研究时，或许上述列举的管理活动的最佳用途是用来确定"共同点"，即它们所包含的那些活动。例如，所有的管理活动都建议管理者在发挥积极作用、塑造多样的工作环境方面做出努力。它们还建议尽量避免或至少改进管理者不负责甚至不管理时可能自发的事情。所有这些活动都旨在增加实现组织目的的可能性，并为社会工作者提供有效的服务，以便为我们的服务对象提供服务。

管理的目的

管理也可以被概念化为塑造和影响工作环境的各种方式。担任管理者角色的社会工作者试图建立和培养一个最佳的工作环境，以促成理想的活动，包括有效地为服务对象提供有效的服务。因此，管理主要是一种积极的（而不是被动的）活动。它需要掌控一切，而不是简单地让事情发生。然而，当问题确实发生时，需要以合理、积极的方式对它们做出反应，并及时、公正地解决问题。

任何组织的工作环境类型都可能包含从高度支持目的实现到阻碍目的实现。因此，在社会服务组织中，工作环境的一个极端是可以完全支持提供有效的服务，另一个极端则阻碍其提供有效的服务。当然，这两种极端都极为少见。此外，管理也可以作为各种方法，用来为实现目的提供支持，并消除或尽量减少那些可能不利于实现目的的影响。因此，管理是为了提高组织成功的可能性。

一些以业务为导向的管理定义很大程度上强调管理在提高效率上作为组织成功的一种手段的作用。管理的目的有时被描述为创造盈余。⁶在企业中，盈余就是利润。即企业赚的钱比做生意的成本（雇员收入、广告、租金和公用事业等）要多多少。管理者被期望使组织更有效地运作（通常是找到降低成本的方法），从而增加获取更多盈余（利润）的可能性。

社会工作管理者是否也关心提高效率？当然，服务和项目的成本始终是一个问题。那么，我们是否也应该在社会服务组织中创造"盈余"呢？"盈余"概念并不像我们最初想象的那样"陌生"或不恰当，特别是在营利部门的组织中，例如许多长期护理机构或私人精神卫生机构。以金钱的形式作为利润形式的盈余是可行的，因此也是可以寻求的。管理良好的项目，可能产生更多超过其年度总成本的收入——主要来自服务对象缴纳的费用和外部赞助（这部分超额即为盈余）。（希望这部分盈余可以用来为无法支付费用的服务对象提供一些免费或减少费用的服务。）

即使在非营利部门，社会工作管理者也会构建和管理旨在创造盈余的项目。但是，对于该项目本身，甚至对于其他项目而言，盈余不是利润而是节省成本。一些社会服务项目很容易以节省成本的方式证明财政盈余。它们通常是预防性的服务项目，以避免那些未来可能需要更多支出同时还会导致人力成本更高的问题出现。例如，人们认为：

- 艾滋病毒感染预防项目的费用低于用昂贵的药物或住院治疗艾滋病毒或艾滋病患者的费用。
- 对执法人员进行关于接触甲基苯丙胺（即冰毒）的危险教育项目的费用低于他们和其他同事在执行逮捕时未采取适当预防措施误接触冰毒所需的医疗费用。
- 短期家庭保护项目的成本低于对有被虐待或忽视风险的儿童的长期寄养费用。
- 针对病人的家庭补助项目费用低于长期住院费用。

这类项目产生多少盈余，在很大程度上取决于管理者的管理水平——也就是说，取决于项目的运营效率以及项目管理者所采取的增加运营效率的措施。管理得越好，盈余就越多。

在许多其他社会服务组织中，即使是最好的管理也不能总是产生以金钱来衡量的盈余，这甚至也不是组织的目标。就其本质而言，许多形式的社会工作干预往往非常昂贵，效率低下，社会服务的批评者喜欢指出这一点。我们的回应往往是认为许多社会服务比金钱更"人性化"。但是，这些好处往往难以记录下来。例如，家庭咨询机构中管理良好的项目可能会产生重要的人类福利（减少辱骂，提高育儿技巧，更好的家庭沟通等），但它们不能用金钱来衡量。即使我们可以为它们设立一个对应的以金钱为单位的衡量标准，提供服务的成本的金钱价值也很可能超过服务所产生福利的金钱价值。而且，我们也可能难以衡量这些好处或将它们直接归因于服务本身或是支持它们的管理活动。

8　　　在一些社会服务组织中，不可能以盈利或节省成本的形式来形成和记录盈余，但这并不妨碍我们将提高效率视为适当的管理目标。即使是在那些不可能产生盈余的项目中，良好的管理措施仍然可以提高该项目"减少损失"的可能性。此外，虽然一个组织或项目可能无法产生盈余，但这并不妨碍其内部的某些管理者这样做。例如，在成本超过其货币收益的组织中，培训主管可能会通过为新员工设计和实施一项入职基础课程而产生盈余，随着时间的推移，这些课程将帮助新员工减少督导需求或新入职所犯的代价高昂的失误，从而使得该类课程的收益超过其成本。

管理的部分任务

社会工作者在担任管理者的角色时，依靠各种各样的技术、概念及人际关系技巧来完成一些广泛而复杂的任务。以下是其中的几个：

- 分析情况并概念化正在发生的事情；
- 识别问题和解决问题的机会；
- 平衡竞争目标；
- 为自己和他人确定优先事项；
- 求同存异，与其他人有效合作；
- 作为组织的代表面向员工和社区；
- 充当领薪员工和志愿者的榜样；
- 使其他人保持正常工作；
- 解决人际冲突；
- 坚持并确保其他人遵守伦理标准；
- 负责任地处理财务问题，尽可能减少开支；
- 做出艰难的（通常不受欢迎的）决策；
- 支持持反对意见的其他人的决策。

管理经常被描述为"做任何不直接服务于服务对象的事情"，这种描述并不奇怪。显然，管理者必须在许多领域具有丰富的知识和能力，否则他们就不会成功。然而，社会工作实践的所有领域的管理者不都是这样吗？

管理既是科学又是艺术

与其他实践领域一样，担任管理者角色的社会工作者应致力于做出决策，这些决策至少在一定程度上是基于通过严格的研究方法收集到的知识，而这些知识对循证实践（EBP）至关重要。管理实践中存在着大量的经验知识，例如，其中一些经验知识与人类动机、群体动力和士气等现象有关，来自工业心理学、教育、社会学和社会工作等领域的研究者的工作。还有大量的相关知识积累于商业领域，例如，资金筹集或营销方面的研究。

案例

拉蒙（Ramon）被任命为州卫生局的地区长官。他是该州第一位担任这一职务的社会工作者。他在另一个地区受到上司的大力称赞，在那里他做了五年的个案督导。当他接受这份新工作时，组织混乱不堪。该地区办事处因表现不佳而声名狼藉，员工在判断上的各种错误登上了当地报纸的几篇"曝光"文章，办事处有失去联邦资助的危险。州主管告诉拉蒙（在公务员要求的范围内），他可以"清理人员"。拉蒙被告知解雇那些绩效不佳的试用期雇员，并用新的人员取代他们。他还获准填补先前冻结的其他六个职位。

拉蒙没有浪费时间。他在职权范围内解雇了所有不合格员工，并以他以前工作中认识的人、受信任同事推荐的人或是私人朋友代替他们。在两个月内，他办公室的一半员工都是他新雇用的人。他把他的新员工集合起来开会，概述了以前存在的问题，并提醒他们，事情需要改变。他告诉员工，他对大家有很大的信心，他知道办公室很快就会"像一台调适好的机器一样运转"。他告诉新员工，他们知道自己必须做什么，如何去做，或者有能力去研究，但如果他们需要他的建议，他随时都在，并且祝福他们好运。

在接下来的一年里，拉蒙兑现了他的承诺，他接受员工咨询，除此之外几乎没有做其他工作。人们通常会发现他成日上网，或者有时和另外一个与他有类似海外经历的督导交换意见。他还组织了一次大学橄榄球选拔赛以及一次 NCAA 篮球锦标赛的选拔赛，并举办了一次所有人都难忘的完美节日聚会。

尽管员工建议制定一份规则、政策和程序手册可能会有所帮助，但拉蒙告诉他们，他们不需要这样的规则、政策和程序手册。他们被要求"用你自己的判断——我相信你"。他还告诉每个人，当初他们被录用之后，只需放下包袱，做好自己的工作即可；他们都可以期望得到"优秀"的绩效评估，因为他知道他们是优秀的员工，否则他不会雇用他们。而且，他信守诺言，尽管事实上一些员工显然比其他员工做得更好。当一名员工一直不情愿将自己的工作与他人分享时，他没有直接找她谈话，而是给团队中的每个人发了一份备忘录，表示他希望所有的员工作为专业人士应该进行团队合作。他避免将员工（由22人组成）组织成较小的工作小组，并经常说："你们所有人需要学会如何一起工作。"当错误发生时，他用员工备忘录批评每个人，而从不召集员工会议。很快，员工甚至不再麻烦拉蒙来解决问题了。他们知道，虽然拉蒙可以随时随地提供咨询意见，但他很少给他们任何具体建议，也很少为他们执行这些建议提供支持。

　　大家还是会继续犯错，员工士气非常低落。两名优秀员工辞职，由两位拉蒙的朋友取而代之。最后，一名调查记者发表了一篇文章，内容是一名学校负责人如何两次打电话向卫生局报告学生中发现的几起新诊断的肺结核病例。据透露，接听电话的员工并未对这些电话采取后续行动。大约在同一时间，另一个新闻专题报道讲述了拉蒙所在地区性传播疾病新的病例增加了70%。州里的负责人要求拉蒙立即与她会面。（拉蒙并不知道负责人的表亲是自己办公室的秘书，他一直在向负责人通报拉蒙是如何处理他的工作的。）负责人要知道一直以来拉蒙到底做了些什么。她告知拉蒙，据她认为，他只是名义上的管理者，并没有做任何实质性的工作。拉蒙解释说："我采用的是不干涉别人的管理方式。我雇用最优秀的人，不干涉他们的工作，让他们做好自己的工作。"负责人提醒他说，他是被雇来做管理的，他需要改变工作方式，否则他就要另谋高就了。

　　六周后，报纸又刊登了另一篇报道。报道是关于一家没有检查过的餐馆爆发食物中毒事件，尽管之前公众已经向拉蒙办公室对这家餐馆提出了很多次投诉，但事件还是发生了。第二天，州负责人再次打电话给拉蒙，这次该负责人解雇了他。

问题讨论

1. 拉蒙解雇这么多员工，用他认识的人取代他们，这是不是个好主意？为什么？
2. 考虑到拉蒙的管理风格，为什么规则、政策和程序手册会有所帮助？
3. 拉蒙应该做的事情中有哪些是他没有做的呢？
4. 拉蒙做的那些事情中有哪些不是良好的管理行为？
5. 为什么拉蒙的管理风格不太适合这种情况？对管理采取不干涉的做法是否合适？为什么？
6. 拉蒙因其员工所犯的错误而受到指责，这公平吗？为什么？

　　某些研究领域，如组织理论或社会心理学，属于两个或多个学科的交叉。在这些领域中，一个新现象是将各种相关材料积累成一个类别，并宽泛地将这一类材料作为管理理论或类似术语。在过去的几十年中，学者们尝试定义一套知识体系，这对于任何环境下的管理实践都至关重要。最近，社会工作者对管理任务和我们专业的特定的问题进行了研究。我们已经见证了大量关于管理的书籍和社会工作专业行政期刊的出版。

　　与社会工作实践的其他领域一样，需要帮助履行管理职能的社会工作者，只要能找到有用的知识，就会加以利用。我们的许多知识仍然是从其他领域"借来"的，因为它们非常适用于社会服务组织。

　　要理解管理的知识构成，就必须认识到现有知识的本质和局限性。与管理有关的知识（如在社会工作实践的其他领域）可被认为存在三个或多或少重叠的类别：描述性、预测性和规范性。[7]这些类别的管理知识组合也非常类似于其他社会工作实践领域的知识。由于社会工作者所遇到的问题和所涉及的现象（即人类行为）的复杂性，以及由于伦理和其他原因，我们的研究往往局限于使用某些类型的研究设计（前实验设计），因此现有知识的优势是描述性的。具体而言，它包括在自然环境或在管理或多或少有效的环境中对记录模式的观察。

　　当描述性知识用各种经验观察方法积累起来，并且人们通过对这些观察进行解释和分类从而达成共识之后，我们就可以有把握地做出预测。预测性知识是指在给定的情况下，对未来发生的事情提供有根据的猜测的知识。它基于过去出现类似情况时观察到的情况。因此，预测性知识是描述性知识的延伸。它基于这样的假设，即过去发生的事情通常是未来将要发生的事情的很好的指标（见图1-1）。然而，没有人保证它将以完全相同的方式发生，也不能保证它会发生。预测性知识只是提供了一个"最好的猜测"。

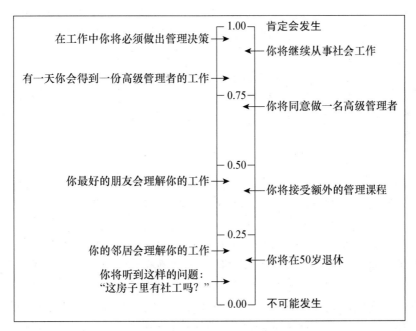

图1-1　基于过去经验的预测

　　在社会工作实践中，我们常常依靠过去的经验来做出涉及预测未来的决策。我们可以预测立法者对某些社区行动策略的反应，预测病人从治疗小组中受益的可能性，或者评估如果被虐待的儿童被送回家中进一步受到虐待的可能性。当我们这样做时，我们对我们的决定感到相当满意，因为我们的预测是基于过去在类似情况下最频繁发生的情况。类似地，在管理者的角色中，社会工作督导者可能会根据过去的观察做出管理决策。例如，她可能决定建议一位员工向服务对象的家属致电。或者她可以指派另一位员工代表她出席她无法参加的会议。基于获得的预测性知识，她很有信心地认为这些决定都是正确的。因为她知道，第一位员工对以前的建议做出了积极的反应，第二位员工在过去分配到类似职责时表现良好并得到了很好的认可。但她始终清楚地意识到，过去的行为并不能保证将来会发生什么事情——这一次的决定可能仍然是一个糟糕的决定。

可供管理使用的预测性知识数量有限，但规范性知识更少。效仿其他领域的方法也是一种有力的做法。规范性知识是关于如何干预、如何采取行动，以改变或避免预测可能发生的事情的知识。对儿童保护员工来说，全部规范性知识（实际上并不存在）会确切地告诉他们应该对加害者和儿童说些什么和做些什么，以保证再也不会发生另一次虐待事件。对于作为管理者的督导者来说，规范性知识将使他们能够为督导对象撰写完美的年度报告（包含有用的反馈意见和建设性的批评），这将保证他们实现效益最大化。但这不一定能实现！由于我们处理的人类行为的复杂性，我们的知识甚至没有达到这个水平。虽然研究者希望最终在调查领域形成规范性知识，但要达到这一点往往是困难的，虽然不是不可能。在管理方面，就像在社会工作的其他领域一样，循证实践或使用"最佳实践"是一个值得嘉许的目标。我们都希望尽可能做到"科学"地管理。但问题是，如果我们坚持这一要求，我们将不得不拒绝许多新的管理方法，这些方法可能被证明是有帮助的，尽管还没有被证明是有效的。或者，我们可能会仓促地拒绝某些可能对我们有用但对其他管理者无效的管理战略。现实告诉我们，我们常常不得不简单地利用现有的知识，并尽我们所能利用它们。管理不会比心理治疗更科学。[8]

本书中介绍的知识，是管理学中最常见的知识层次组合的代表。在具体的"如何做""应该做什么"的建议形式中，预测性知识要比描述性知识少，规范性知识更少。当后者悄然出现时，它们可能只是我们所观察到的，甚至是"对我们有用的东西"。因为管理学涉及很多不同的人和情境变量，所以，或多或少在某些独特的情境下，每个管理者都不可能说什么有用、什么没用。例如，没人知道组织内的个人或群体会做什么来破坏"合理"的管理决策，或反过来去支持一个"糟糕"的决策，只要能够产生成功的结果就行。

与社会工作实践的其他领域一样，管理具有一定的科学性，但也是一门艺术。当我们将最好的知识应用于具体情况或问题时，艺术因素就会出现。即使有证据可以帮助我们做出决定，这个决定能否成功执行在很大程度上也取决于艺术因素的作用。这些艺术因素是什么？有些是管理者的个人特征，如魅力、直觉、自信或经验。另一些则是通过管理者和他人的扩展互动来发展的，比如个人忠诚、团队信心或信任。所有这些因素和其他因素都可以看作不同程度和形式的变量，无论是从一个管理者到另一个管理者，还是从一种情况到另一种情况。正是这些因素的结合，使得任何给定的管理者能成功地执行一项决策，而另一位管理者则可能会失败。例如，一位管理者决定实施专业旅行政策并获得了积极的支持，而另一位管理者可能在类似情况下做出同样的决策，却只会引起怨恨和抵制。

管理决策本来往往没有对错之分；它的成功取决于管理者的知识和技巧、被"处理"的人以及他们之间的关系，还包括决策发生时的独特情境。存在知识的情境中，艺术因素（人的因素）可以增加或降低可预测事件发生的可能性。这就是为什么图1-1中的概率在总体意义上可能是相当准确的，但从任何一个读者的角度来看似乎有点儿"偏离"。作为一个极端的例子，一个特别娴熟和受人尊敬的管理者，在特定的情况下，结合适当的艺术因素，可以在困难的经济时期获得员工对于发不出工资而进行休假的支持，而不会损害士气或引起怨恨。相反，一个特别无能的管理者，如果员工不信任他作为领导者，尽管他可能会雇用更多的后勤人员，但仍然会引起轻微的反抗。

艺术和知识的相互作用影响管理成功的可能性这一观点，对于社会工作者来说不应该感到陌生。例如，有洞察力的临床社会工作者可能知道，对抗的方式可能适用于某些服务对象的问题。但他们也可能知道，他们不可能"成功地完成"服务工作，因为这与他们通常的服务方式相矛盾。同样，一位有能力的宏观层次从业者可能不具备与立法者成功合作通过更严格的州许可证法案的"艺术"，而一位普通同事则可能轻松地获得立法者的支持。如果我们记住管理是一种实践形式，并且它和社会工作者的其他角色有许多相似之处，那么围绕管理的一些谜团就消失了。在实践的所有领域，某些天生的能力和人格特征可能支持或阻碍任务的完成。当然，我们中的一些人可能在某个领域有"诀窍"，我们同样也可以学习如何更好地完成任务。就像在其他实践领域一样，管理艺术是与生俱来和后天学习的结合。我们强调认识先天的重要性，同时仍然需要获得必要的知识以帮助我们学习成功管理实践所需的技巧。

关于管理的四个基本假设

正如之前提及的，许多人对于管理是什么以及谁应该对其承担责任持有错误的观点。这些错误的观点可能导致破坏性的态度和做法。在我们进一步研究管理之前，我们将陈述关于管理的四个重要的相互关联的假设，这些假设是后面所有讨论的基础。它们是对我们上述最基本的假设的补充：管理是实践中不可或缺的一部分。

每个人都参与管理

在成功的组织中，每个人至少在某些时候都是管理者。如果我们不相信这一点，或者不采取行动，问题就不可避免地会发生。管理不是组织内某些被称为主管、行政管理者或（不幸的是，为了我们的目的）经理等的"高级"个人精英群体的唯一责任。事实上，在许多社会服务组织（特别是较小的组织）中，从来没有过如此明确的分工，即管理者专门从事管理，督导者专门从事督导，只有那些直接服务从业人员才专门提供服务。但随着当代管理理论和管理实践的出现，组织越来越重视增加各级员工参与一些管理决策的机会，这种错误认识甚至比早期更加不准确。

如果错误地认为社会工作者的主要责任是直接与服务对象或服务对象系统打交道，管理是"别人"的工作，就会产生各种问题。当工作中遇到挫折或事情出差错的时候——这些会经常发生——人们非常普遍的反应就是责怪那些从事高层"管理"的人。当组织成员把管理工作仅仅看作其他人的工作时，就会将产生的几乎任何的不幸或不愉快的情况归咎于更高层员工的工作。这些更高层的员工不仅没有责任去分担问题，也不参与问题的解决，却成了替罪羊。拥有管理职位的人可能赚更多的钱，拥有更加吸引人的头衔，有更多的自由（或者他们认为如此），并在团体中享有更重要的地位，这可能会进一步加剧怨恨。因此，产生了对抗关系而不是合作关系。

那些不认为自己是管理者的人不会理解管理者的做法或为什么他们必须这样做。例如，员工可能会指责，"他们"（指管理者）对服务对象需求不敏感，痴迷于效率，与社会工作实践的现实脱节，自私自利，甚至是不道德。让我们明确一点，即使在大型的社会服务组织中，拥有行政主任或行政官头衔的人主要是管理者，他们也并没有垄断所有的管理，只是某些特定的管理任务不能下放。督导者和其他中层雇员也进行管理，尽管他们的特定职责不同。即使是那些一天中大部分时间都在提供直接服务的社会工作者，有时甚至每天也会担任管理者的角色，并执行一些管理任务。

因此，大多数管理不是一小群精英个体的专属领地。管理由所有人员在工作环境中执行的重要活动组成。然而，无论喜欢与否，所有员工在公共社会工作组织、私人诊所或非营利部门"管理"的论点，并不表明这些环境中的所有人都必须花费尽量多的时间进行管理。那些主管或行政管理者通常比组织中的其他人花费更多的时间来履行管理职能。然后，相比较于个案管理者、治疗师或小组员工，中层管理者和督导者通常将更多的时间花在管理职能上。然而，这种差异没有10年或20年前那么显著，管理决策越来越成为整个团队的工作，团队通常由来自不同部门和组织层次的人员组成，而不是由个人组成。

尽管管理发生在组织内的各个层次并且越来越多地被共享，但属于各种管理职能的具体任务或活动仍然有所不同。例如，组织（第七章）是由每个人执行的管理功能。对于行政主管而言，它可能涉及（除其他任务之外）将组织分解为单位或将员工分配到多学科团队中。中级督导者可以通过制定每周时间表来进行组织，为他所督导的人提供个案督导。对于他所督导的社会工作者来说，组织可能需要设计个性化的行程单以进行家访，这将最大限度地减少出差时间并减少差旅费用。所有三个部门都需要理解和执行组织的管理功能，但它们的具体组织任务是不同的。

当每个人都被看作一名管理者时，"我们—他们"的二分法就不太可能发生了，每个人都拥有管理权。此外，虽然有些人可能每天大部分时间在为服务对象提供服务，对管理者的具体管理任务缺乏完全的了解，但他们仍然需要对管理的含义有一个大致的了解。当我们都被认为是为了实现一个共同的目标而执行类似的功能时，就不太可能产生误解和猜疑。

管理和服务相互依存

各级管理决策可能会支持或妨碍有效服务的提供。这种情况会以直接或微妙的方式发生。那些关于提供服务方式的管理决策直接影响服务本身的效果。例如，关于分配给治疗组的标准政策决策，与个人咨询相比，对给定的服务对象或家庭的治疗是否成功有明显的影响。

其他管理对服务提供的影响则更加微妙。例如，作为榜样，管理者的行为反映了对员工的态度，这些态度往往在他们的员工对服务对象的态度中再次表现出来。例如，决策时管理者寻求员工的意见，而不是只做单方面决定却从不要求他人提意见，在这样的组织中，更可能存在尊重服务对象让其自己拿主意的员工。

社会服务组织中最好的管理实践可能是由社会工作者实施的，他们不仅具有明确的社会工作专业人员的身份，而且还具有明确的管理者的地位。有时，管理决策似乎与实践价值观相冲突。例如，对于被诊断为酗酒的人，转诊而不是直接治疗的决定，表面上可能与基于职业要求的"有权去帮助"的价值观相冲突，因为它影响到某一特定的服务对象。然而，这一决定可能与强调一个人有权获得现有最佳援助的实践价值观相当一致，而这种援助可能只能在其他地方得到。这可能会反映出组织岌岌可危的财务状况，除了行政主管和董事会之外，其他任何人都可能不知道或不理解这种情况。管理和服务紧密相连，否则可能会导致问题，比如错误地认为有能力的直接服务人员应该避免与高级管理者定期沟通，而只需专注于他们自己的业务。这会错误地树立"我想成为一名社会工作者，而不是一名管理者"的理念。

显然，如果我们把一项活动看作专业实践主流之外的活动（研究通常以同样的方式进行），我们就会不那么重视它，并且倾向于与它保持距离。我们开始认为，管理职能源于一套不同的价值观，而这些价值观往往与社会工作专业的价值观背道而驰。我们倾向于对那些将一天中大部分时间用于管理决策的人的动机做出某些假设。这可能导致那些朝着同样目标努力的人之间的对立和不必要的冲突。最重要的是，它可能会对提供给服务对象的服务产生消极影响。

良好的管理需要技术、概念及人际交往技巧

技术技巧对有效管理非常重要，特别是在某些层次。例如，对于组织的主管来说，知道如何编制预算，如何写一份拨款提案，或者设计和实施公平的项目评估都是重要的技巧。他们需要相当多的指导和经验，一旦掌握了基本技巧，就可以在各种情况下应用这些技巧。但是，尽管所有管理者都能从获得的某些技术技巧中获益，但他们本身并不能保证管理的成功。

除了前面提到的一些"艺术"因素外，高效管理者的一个重要特征是良好的概念技巧。管理者需要做的不仅仅是观察周围正在发生的事情——他们要能够准确地识别其来源，解释其含义，并将其放在正确的角度。除非他们能有效地做到这一点，否则他们所做的决定和所采取的行动常常会失败。为什么？因为如果我们不能准确地解释正在发生的事情和它可能发生的原因，我们对它的反应将是不够准确的。例如，假设医疗环境中的管理者观察到，她所督导的员工在工作期间使用他们的私人通信设备（ECD）的时间越来越长。她把出院时没有及时转诊的问题归因于"太多时间花在社交上了"。她没有意识到，她错误地认为是"社交"的这种东西，实际上是在与其他医疗专业人员以及与其他组织同事的转介网络建立更有效的沟通。因此，她制定了一项规定，即不允许在办公室使用ECD，从而限制了她的员工今后完成及时转介的能力。

人际交往技巧对良好的管理也非常重要。合作伙伴希望被认为是成熟的、知识渊博的同事，尽管他们明白在任何组织中都有上司和下属。简而言之，他们希望得到尊重，而不是没必要地提醒存在的权力差异。优秀的管理者明白组织结构图上的更高职位并不意味着"在各个方面都优秀"或"拥有所有的知识"，并且不会表现得如此。这不仅有利于人际关系，也有利于组织。为什么？因为最有能力解决组织需要的某些领域的人有时可能出现在组织内意想不到的地方。优秀的管理者能够承认这一点，在需要时寻求帮助，有效地使用它，并保持组织等级结构的完整性。这便需要人际交往技巧和相互尊重。

在接下来的章节中，我们将相当重视管理的人际方面，因为它们会影响管理者执行不同职能。大多数管理任务不能由电脑执行。的确，管理涉及研究设计、对未来事件的准确预测以及将概率定律应用于经验数据等任务。但是，如果不了解和参考工作环境中的独特情况和其他"行动者"的特征，这些任务都不能成功执行。这意味着除了要在专业方面了解他人，还要在一定程度上建立相对较为了解的私人关系。当管理者在自己神秘的世界中与世隔绝，只有在绝对必要和可互换的情况下才与其他人员联系时，管理决策就会受到极

大的阻碍。技巧是可以学习的，但个性和风格在管理工作中也占重要的位置。管理需要"与个人和群体一起工作，并通过个人和群体来实现组织的目标"[9]。这需要良好的人际交往技巧。因此，成功的管理者不能与组织中的其他成员以及组织中的工作人员保持隔绝。

这里可能需要提醒一下，从管理的角度来看，如果我们认为管理只需要人际互动和人际关系，也就是只要成功地与服务对象打交道就行，那么，我们并不是一个成功的管理者。尽管任何层面管理的成败都至关重要，但过于依赖"魅力"和社会工作者通常所具备的个人技巧会很快激怒其他人，让他们感觉到被操纵、"被动地从事个案工作"或以其他方式受到贬低。

管理需管理知识指导

正如我们前面指出的，在社会工作以外的领域，有许多科学知识可以帮助我们成为更加依赖客观事实的实践者，并使管理者的工作变得更容易。这些知识可以提高我们的技巧，帮助我们概念化正在发生的事情，并帮助我们更好地处理人际关系。如果我们不能利用行业以外的人所创造的相关知识财富，我们就会错误地认为自己是个管理者。本书在很大程度上依赖于许多他人的研究。这些人可能从未研究过社会服务组织，而且当然也不会将自己视为社会工作者，然而，他们所研究的一些知识在所有工作环境中具有普遍的管理适应性。其他领域的知识和理论，在不同的地方进行一些转变和改编后，也可以为我们提供有价值的见解，帮助我们做好管理者的工作。

虽然从商业机构和制造业部门进行的实证研究中获得的知识并不总是适用于社会服务组织或社会工作私人实践，但并非知识本身不适用。当代企业知识往往处于管理理论的前沿。这既有争议，也令人兴奋；它为社会工作者提供了有趣的读物，同时也为管理者提供了有价值的帮助。我们将研究贯穿于本书所有章节中的一些理论和概念化的东西，这些理论和概念化的东西似乎对社会工作者的管理工作具有特殊的效用。

社会工作伦理和管理

通常，社会工作者在其社会工作实践课程中首先接触到《美国社会工作者协会伦理守则》。他们会在研究课程中再次遇到此守则，该守则通常强调对社会研究参与者的伦理对待的重要性。由于管理是社会工作实践的一个组成部分，我们可以预测伦理在管理实践中也扮演着重要的角色。

界定社会工作实践的其他领域（服务、社会正义、人的尊严和价值、诚实等）的核心

18

价值观同样也界定了什么是道德伦理意义上的社会工作管理实践。这些价值观还很可能造成担任其他角色的社会工作者可能没有经历过的伦理冲突。例如，社会工作管理者往往必须在资源有限以及有内部和外部政治压力的工作环境中发挥作用，以证明他们得到了有效利用，这可能（而且经常会）造成伦理冲突。虽然在任何活动或环境中都存在这种冲突，但在社会工作管理中它们往往以一种特定的形式出现。它们关注的是在众多人的权利和需求中，谁的权利和需求应该更加优先。因为必须"付账"，同时仍对服务对象表示同情和/或考虑员工的需要和愿望，这就导致了伦理冲突。例如，管理者是否应将服务对象的治疗时间限制在保险报销范围内的最大金额？或者，有特殊诊断的病人总是被分配到集体治疗中去，是因为这样比个人咨询更有效吗？或者，在现有员工数量保持不变的情况下，是否应该要求督导者开始承担少量案件（或者增加其他人的工作量）来解决服务对象数量增加的问题？管理者所做的任何行动或决定都可能使一个人或群体受益，而牺牲另一个人或群体的利益。而且，后者可能会不高兴。

在临床工作者角色中，社会工作者的首要伦理义务是满足其个人所服务对象或服务对象系统的需求，并确保维护这些对象的权利。若伦理冲突相对较少，则通常可以参照《美国社会工作者协会伦理守则》来解决。但是，作为管理者，社会工作者不仅要考虑自己的服务对象或服务对象系统的权利和需要，而且还要考虑所有服务对象和服务对象系统的权利和需要，以及目前本组织服务的对象和将来可能服务的对象。此外，还需要取悦组织以外的各种利益相关者，维护组织在社区中的财政可行性和声誉，满足员工需求，履行许多其他义务。在某些伦理冲突中，管理者做出的决定可能引发对不符合管理伦理的行为的批评和指责。例如，假设有一位员工因受到指控参加听证会，如果管理者仍然在其停职期间给他保留职位，但同时在此期间其他员工又不得不需要额外完成原本属于这位员工必须处理的工作，则这种情况下，其他员工会觉得不公平。或者，如果优先考虑其他员工或该员工服务对象的权利和需求，解雇和替换她，她的权利可能受到侵犯。当然，该组织在法律上处于困境之中。毫不奇怪，符合道德伦理的管理往往要求采取行动，做出不受欢迎的决定，从而导致对一个人或群体或其他人的"出卖"指控。有时，可以做出权衡和妥协。在前面的例子中，可以雇用临时助理，或者自己负责该社会工作者的案子，至少在听证会开始之前是这样的。然而，权衡往往是不可行的，妥协往往被高估。有时妥协是可行的，但通常情况下，最终不会令任何人满意。

《美国社会工作者协会伦理守则》的作者认识到，伦理冲突在社会工作实践的所有领域是不可避免的。尤其是那些经常在冲突发生时被"夹在中间"的管理者。当社会工作者遇到伦理问题向作者们咨询时（我们将在本书后面的章节中看到），重要的一点是，要记住作者在《守则》序言中提出的免责声明，该免责声明定义了《守则》的限制：

> 该守则提供了一套价值观、原则和标准，在伦理问题出现时指导决策和行为。它没有提供一套规定社会工作者在所有情况下应如何行动的规则。守则的具体应用必须

考虑到正在审议的背景以及守则的价值观，原则和标准之间可能存在冲突。伦理责任 19
来自从个人和家庭到社会和职业等中所有的人际关系。

此外，《美国社会工作者协会伦理守则》没有具体规定在发生冲突时哪些价值观、
原则和标准应当超过其他价值观、原则和标准而被重视。在价值观、伦理原则和伦理
标准发生冲突时，社会工作者之间可以而且确实存在着合理的意见分歧。[10]

序言中的另一项声明似乎与担任管理者的社会工作者密切相关。它提醒人们，《守则》
只是管理者在寻求伦理行动方针时需要考虑因素的一个来源。它表明："除了本守则外，
还有许多其他可能有用的伦理思想信息来源。社会工作者应普遍考虑伦理理论和原则、社
会工作理论和研究、法律、条例、机构政策和其他相关的伦理守则，同时应该认识到，在
所有伦理守则中，社会工作者应将《美国社会工作者协会伦理守则》作为其参照的主要
来源。"[11]

社会工作核心能力和管理

社会工作教育委员会确定了 10 项能力，这些能力对于任何角色的有效社会工作实践
都至关重要。[12] 社会工作教育委员会采用的认证标准都是为了确保完成相关专业课程的毕业
生能够具备这些能力。正如我们在本书后面章节中讨论管理者的各种职能时所看到的那
样，一些能力在执行某些职能时特别适用；另一些能力同样也适用，但可能不那么直接。
我们将继续讨论这些能力，详细说明它们与具体的管理职能和活动之间的关系。这十项能
力是：

1. 认清自己专业社会工作者的身份并据此行事。
2. 运用社会工作伦理原则指导专业决策。
3. 运用批判性思维传达专业判断。
4. 在实践中发挥多样性和差异性。
5. 促进人权以及社会和经济正义。
6. 从事研究性知情实践和实践性知情研究（research-informed practice and practice-informed research）。
7. 应用人类行为和社会环境的知识。
8. 参与政策实践，促进社会经济福利，提供有效的社会工作服务。
9. 对塑造实践的情境做出反应。
10. 参与、评定、干预，以及评估个人、家庭、群体、组织和社区。 20
显然，人们期望一个完成社会工作教育委员会认证课程的毕业生应该是一个全面的社

会工作"公民"，能够为人类福祉的利益执行许多不同的任务。而且，这正是有效管理所需要的。

管理的现状

我们试图用多种方式描述管理。现在我们至少已经初步了解了管理是什么，那么看看我们是否能够确定它在组织中是如何表现出来的，这可能会很有趣。

专栏 1-1 是一个关于监狱生活和工作生活的滑稽比较。它改编自互联网上的一个笑话。然而，如果我们认真地考虑一下，它似乎强调了我们讨论到的一些要点。例如，我们可以看到，在社会服务组织中，管理者试图组织和控制他人的活动。管理者塑造了工作环境，使之有利于提高生产力。他们努力尽量减少干扰，并将员工的注意力集中在实现组织目标上。专栏 1-1 还指出，管理者并非总能因其努力而受到赞赏。然而，正如我们在后面的章节中所看到的，对于一个社会服务组织的管理者来说，还有许多其他的满足感来源。

专栏 1-1　监狱中的生活和社会服务组织工作中的生活

- 监狱中，良好行为可使你获得休息时间。
- 工作中，良好的行为会使你有更多的工作。
- 监狱中，你可以获得三顿免费餐。
- 工作中，你只吃一顿饭而且需要付钱。
- 监狱中，只要你喜欢可以随意加入或退出项目。
- 工作中，你被分配到项目并且无法退出。
- 监狱中，你可以玩游戏或看电视。
- 工作中，你玩游戏或看电视会受到训斥。
- 监狱中，鼓励家人和朋友拜访。
- 工作中，你不应该和家人或朋友说话。
- 监狱中，反社会行为使你出现在那里。
- 工作中，反社会行为会把你驱逐出去。
- 监狱中，有残暴的警卫。
- 工作中，有管理者。

小 结

在这一章中，我们强调了管理对组织生存和成功的重要性。它被广义地定义为"社会服务组织内所有行政级别的社会工作者为促进组织目的的实现而开展的某些活动"。这些活动旨在以各种方式提高员工的生产力，并且尽可能地通过提高效率来产生企业文献所描述的"盈余"。

我们提出了一些假设，这些假设构成了我们在本书中所持的立场。良好的管理被描述为科学和艺术，是组织等级中任何位置的社会工作从业者的工作。它需要在技术技巧、概念技巧和人际交往技巧方面保持平衡。管理知识来源于研究者的工作和各种学科中管理者的经验。

管理并不是由有限数量的"上级"来执行的神秘职能。它是基于事实实践的一个组成部分，更类似于社会工作者所从事的其他活动。它使用了一些相同的知识、价值观和技巧。不过，正如我们所见，作为社会工作者，成为管理者并不总是一种财富，有时会使某些工作特别困难。

与社会工作实践中的其他领域一样，管理决策以专业价值观和伦理原则为指导。虽然无法避免伦理冲突，但也有《美国社会工作者协会伦理守则》和其他形式准则的指导。我们将在后面的章节中引用《美国社会工作者协会伦理守则》的相关部分。

有效的管理还需要与任何角色的有效社会工作实践相同的核心能力。在接下来的章节中，我们将看到这些核心能力对于社会工作者在管理者角色中的重要作用。

应 用

1. 班主任可以被认为是管理者。班主任的职责如何与我们在本章中提供的管理定义相匹配？在社会工作教育委员会的核心能力中，哪一个对于教师高效完成其工作来说是最重要的？

2. 据说，90％的好父母是优秀的管理者。

　　a.为什么这是对好父母的准确描述？管理者和家长这两个角色有哪些相似之处？

　　b.好的父母会做些什么来为他们的家庭创造"盈余"呢？

c. 为什么管理者要依赖知识和艺术的结合？好父母有哪些知识和艺术因素？

d. 父母和管理者有时被指责表现得像在竞选，而不是表现得像他们已经胜任了这个职位一样。你认为这是什么意思？你能举一个你知道的管理者的例子吗？他或她做了什么或有什么没有做？

第二章

社会工作管理的与众不同之处

学习成果

在本章结束时，你应该能够：

● 列出那些享有友好任务环境的组织的特点。

● 讨论社会服务组织与商业机构或制造业组织之间的几个重要区别，以及它们如何影响管理者的工作。

● 描述非营利组织与其他社会服务组织的不同之处，以及保持其非营利地位的优势。

● 描述在那些多个群体声称自己是主要受益人的社会服务组织中，管理者的工作是如何变得更加困难的。

大多数管理学文献都是基于对企业或制造业部门的研究，我们可以从中学到很多东西。但是，社会服务组织在某些重要方面有所不同。最明显的区别是社会服务组织提供服务，而商业机构或制造业组织销售或生产商品。但是，商业机构或制造业组织与社会服务组织之间也有其他不同之处。虽然这些差异在某些社会服务组织中不如在另一些组织中那么明显，而且与20年前的差异不同，但它们仍然存在。如果不认清它们，不对它们做出适当的反应，就会导致管理者做出错误的决定，甚至可能威胁到组织的生存。

任务环境

要想在任何组织中都能成为一个成功的管理者，就不能忽视组织的环境。没有组织在真空中运作，组织环境的性质会极大地影响其管理者的角色以及组织内发生的活动。

多年前，一位研究挪威制造业的研究者为我们提供了一个概念，这个概念在理解外部影响对社会工作管理的影响方面仍然有用。它还有助于理解社会服务组织与商业机构或制造业组织的不同之处以及各社会服务组织之间的差异。威廉·迪尔（William Dill）确定了组织环境中与目标设定和目标实现相关或可能相关的那些部分，他将其称为组织的"任务环境"[1]。

23   人们认为，一个组织能够在多大程度上实现目标主要取决于它与任务环境成功互动的能力。因此，（特别是）高级管理者的许多活动都涉及从任务环境中获得支持，或者至少尽量减少其威胁或破坏组织目标实现的可能性。

在迪尔所研究的制造业公司中，任务环境的组成成分是很容易被指定的。它们包括服务对象、制造组织产品所需的原材料和资源供应商、竞争对手以及可能限制其以最大利益化的方式运作的监管组织。但是，社会服务组织的任务环境包括什么？它与制造业公司有许多相似之处，但也有一些重要的区别。一般而言，社会服务组织的任务环境由个人、组织或群体组成，这些人、组织或群体是其实现目标所依赖的，他们有能力支持或干扰组织实现目标的努力。其中许多是组织的利益相关者，简单地说，这个术语是指那些在组织中有"股份"或利益（投资）的个人或群体，以及组织内部发生的事情。例如，社会服务组织的任务环境可能包括过去的、现在的和潜在的服务对象，以及必须进行互动的其他社会服务组织，像联合之路劝募会（United Way）那样的公益资助组织，私营保险公司或保健组织（HMO），政府项目如医疗补助项目和医疗保险项目，美国社会工作者协会等专业组织，以及普通大众。

制造业公司和商业机构通常都会得到公众的支持。除非它们污染环境，生产不安全的产品，剥削它们的雇员或以其他方式威胁到它们团体的成员，除此之外它们都能获得支持来完成目标。生产得到社会认可的产品，提供就业机会，并对税基做出贡献，这些是制造业公司其他的"优势"。有时，可用特别优惠甚至以税收优惠、有吸引力的租赁政策或放宽当地法规的形式来吸引特定行业进入某一地区。一般说来，制造业公司和商业机构有很多东西可以提供给公众，因此，友好和支持是对它们的回报（特别是在自由的市场社会，如美国或加拿大）。

在大多数社会服务组织中，公众也作为潜在的服务对象参与进来。有些人是自愿来的，并感谢服务组织提供的帮助；然而，另一些人可能是非自愿的（他们可能被法庭命令去服务组织寻求帮助）。他们甚至可能对该组织及其员工感到不满。此外，很多普通公众，在一般情况下不会成为接受特定服务的对象，例如他们永远不会需要维持最低收入或接受未成年人保护等方面的服务，但无论如何他们都得为这些服务付费，他们不喜欢这样做。大部分社会服务资金（尤其是在公共部门）直接或间接地来自税收。许多普通公众认为这些组织的服务对象（并非他们自己）受益于不需他们直接付费的服务，但这些服务是由社会大众的税款支付的。事实上，接受公共机构援助的人与不接受援助的人并没有什么不同。我们都在某种程度上"领取救济金"，也就是说，我们都从某种形式的福利项目中受益。我们得到的福利通常比我们付出的更多。（社会保障和医疗保险就是很好的例子。）然而，就像经常发生的情况一样，人们认为公共服务项目是以牺牲他人利益为代价的，这对广大公众的态度产生了消极影响。这种观念（以及随之而来的抱怨）代表着制造业公司和商业机构与社会服务组织之间的一个重要区别：与许多社会服务组织相比，这些企业往往与公众有更良好的关系。正如我们将要讨论的其他不同之处一样，这影响了社会工作者作为管理者的工作。

不同类型的任务环境

社会服务组织主要基于其任务、目标和目的而在任务环境中运作，其中一些环境要素可能是友好的，而另一些则不那么友好。

制造业公司或商业机构的任务环境中的主要威胁往往是其竞争对手，即生产和销售类似产品的其他组织，它们一直努力增加自己的"市场份额"，如果可能的话，使其他组织停业破产。然而，视某些条件而定，任务环境的其他组成部分（例如，所有者和股东、政府管理委员会或媒体）也可能对实现目标构成威胁。

社会服务组织的任务环境有多友好？那得看情况。一些社会服务组织很幸运地在一个大部分环境要素都相对友好的任务环境中工作。它们的特点是什么？在以下组织中可以找到更有利的任务环境：

1. 它们的服务需要纳税人付出的代价很少或根本不用付出任何代价；
2. 它们的服务被认为是可取的，即与社会当前的价值观相一致；
3. 大多数人认为他们（或他们所关心的人）可能有一天会用到这些服务；
4. 任务环境内的普遍共识是，它们对问题的理解和解决办法是正确的，即它们的任务环境已认可其任务是"合法的"。

众所周知，对问题的界定是决定如何处理问题的主要因素。例如，如果像无家可归这样的问题被定义为是可以避免的，那么问题的解决就会集中在预防上。如果它主要被定义为精神疾病问题，解决办法将集中在管理和治疗上。如果它被视为一个社会的缺陷，那么就会提出社会变革的解决办法。如果它被定义为生活方式的选择，项目将侧重于保护无家可归者的权利以及不因其生活方式而受到骚扰的权利。

处理任何社会问题的方法往往可分为以下几类中的一种或多种：

- 预防（努力防止问题继续发生）。
- 社会照顾（旨在最大限度地发挥个人潜力的监护服务）。
- 社会控制（努力制止和/或惩罚"越轨行为"）。

- 康复（对个人进行有益的改变）。
- 社会变革（改变造成问题的社会）。

25 不幸的是，许多社会服务组织并不具备具有良好任务环境的组织的第四个特征（使命合法化）。有时候，管理者几乎无法改变这种状况。组织（通常是由于它们的社会工作价值基础）并不会将问题定义为其任务环境的要素，因此它们提出的解决方案往往是不受欢迎的。因此，比起"受害者"，我们更容易责怪社会，或者认为可以采取康复的方式，这比惩罚更可取。

私人收养机构是具有良好任务环境的社会服务组织的好例子。费用由寻求服务的人承担，纳税人什么也不用支付。普通公众和其他任务环境认为，将不想要的孩子安置到需要孩子的家庭中（该家庭确定能够为孩子提供必要支持）是一项崇高的事业。虽然不是每个人都会选择收养一个孩子，但大多数人都会在某些情况下考虑收养一个孩子，或者至少认识一个收养了孩子的人。最后，人们一般（如果不是普遍的话）认为，对于受虐待或被遗弃的儿童或意外怀孕而生产的孩子来说，收养是一个很好的解决方案。

一个为临终病人及其家属提供家庭临终关怀服务的组织也在一个相对支持性强和友好的工作环境中运作。它符合上述所有四项标准。临终关怀服务比长期住院费用更低；此服务对像医疗补助和医疗保险这样的税收支持项目的消耗更少。作为一个社会人，我们希望在家庭和其他亲人的陪伴下，在熟悉的环境中而不是医院中死去。大多数人能认识到，我们和/或我们所爱的人有一天可能会从临终关怀服务中受益，也许我们有一个朋友或亲戚，他们接受了临终关怀服务，这种经历教会了我们去理解他们。而且，大多数人都会认为保守治疗（而不是不惜代价来延长生命）似乎是应对绝症最合乎逻辑和最人道的方法。

在那些足以在相对友好和支持性强的任务环境中运作的社会服务组织中，管理者可以集中精力做一些必要的事情，以促进工作和服务的运行。来自任务环境的威胁和攻击很少发生，需要花在安抚和缓冲攻击的任务环境上的管理时间和精力很少——不经常发生，并不是说管理在任务环境友好的组织中不那么重要。但是它解释了为什么在友好的任务环境中，管理活动呈现出完全不同于某些失败的社区组织的形式。在这些失败的社区组织的任务环境中，各种要素与该组织的使命、目标和目的背道而驰，最终社区组织只好被关闭。除其他差异外，具有友好任务环境的组织中的管理者通常不需要花费一天中的大部分时间来建立和加强科层机构的形象（将在第三章中讨论）。而在不利的任务环境中，这些管理任务却变得更加必要。

处于不友好任务环境中的社会服务组织的特征是什么？社会工作者更常见到和经历哪种环境？县级社会服务组织的财政援助部门就是一个很好的例子。与贫困家庭临时援助（TANF）等财政援助计划有关的管理者（任何行政级别）几乎肯定会遇到不利的任务环境。这很大程度上是因为他们的工作既受到现实的影响，也会受到公众的误解。事实是该组织的员工正在分配从工资收入者那里收取的税款。一般来说，他们向那些没有报酬或就

业不足的人提供资金，这些被资助者本身也是公众模式化观念的受害者，人们认为他们不
愿意工作、滥交、不诚实等等。抛开公众关于 TANF 接受者人口统计学特征的误解，比
如这些人的种族或子女数量，普通公众既不重视也不支持公共援助员工的工作本身也不足
为奇。如果要举行公民投票，很多美国人可能会投票决定完全停止公共援助。

对于公共福利组织来说，其任务环境中的其他组成部分，有时可能比普通公众这个环
境要素更不友好。专业组织可能会推行更严格的入职资格要求和其他形式的资格认证，这
可能最终会将许多公共福利员工划定为"非专业人员"，从而将这部分人解雇。即使是在
相关专业领域工作的专业人员，也可能远远没有被给予足够的支持。这些组织认为，许多
公共机构的员工"并不是真正受过训练的社会工作者"。他们倾向于将所发现的许多服务
对象的问题归咎于公共福利机构科层体制本身。他们更有可能强调公共援助的"失职"情
况，而不去报告一名财政援助个案员工有效工作和能力很强的情况。简而言之，他们试图
将自己与公共援助组织脱离关系，部分原因是为了给自己创造一个更有利的任务环境。

在公共援助组织中，即使是主动寻求帮助的服务对象，往往也会对组织和员工有所不
满。他们可能认为，现有的科层结构可能会妨碍他们寻求帮助或使他们感到难堪。他们常
常因为不得不请求帮助而感到尴尬和愤怒；他们会抱怨接受帮助时将自己的隐私暴露。他
们可能会直接向个案员工表达他们的敌意，或者由于害怕引起他们的反感，通过诋毁该组
织及其社区内的工作人员来表达他们的敌意。当然，这只会使公众的敌意加深。因为这为
组织管理不善的看法提供了支持依据。有时，任务环境的要素似乎只有在揭露欺诈行为
时、资格要求更严格时或者组织采取符合一般大众的传统观念和价值观的其他行动时才会
对公共社会服务组织更有利。

虽然提供临时经济援助项目（如 TANF）的公共社会服务组织对我们来说是一个在不
利的任务环境中运作的社会服务组织的最佳范例，但它们的情况并不是独一无二的。也有
其他的社会服务组织虽然表面上得到了广泛的社会支持，但却在一个不太友好的任务环境
中运作。例如，虽然发育性残疾人的去机构化被认为是有意义的工作，但是普通公众却不
欢迎将这个群体的集中住所规划进自己的社区内。同样，尽管公众对政治和/或宗教压迫
受害者的困境表示关切，但参与难民重新安置的项目往往遭到抵制。如果要援助的人来自
中东或撒哈拉以南非洲的某些地区，情况尤其如此。基于宗教原因，往往会产生这样一种
所谓的观念，即他们都是"潜在的恐怖分子"，因而对社区是威胁。"不能住在我们附近的
社区"或"不要侵占我们的工作机会"，这类的回应是很常见的。

儿童保护服务机构也经常在工作环境中受到不友好对待。没有人公开支持虐待或忽视
儿童，大多数人认为公共部门有权在情况发生时进行干预。那么，为什么儿童保护组织没
有一个友好的任务环境呢？一方面，他们的员工正致力于调查和揭露一个普通公众想当
然"不会发生在这里"的问题。这使当地的政客、牧师和教育者感到尴尬，这些人正为
"自己"社区内的公民福利而感到自豪。他们还为已经负担过重的法官创造了更多的工

作。个案工作者可能会发现自己作为儿童权利的倡导者，可信度和对事件的看法经常受到质疑。有人揭露，孩子们被教导在离婚抚养权争夺战中就虐待指控说谎，或者做了一些事去"报复"大人，这些都进一步削弱了孩子以及那些致力于保护孩子的人的可信度。个案工作者往往发现自己处于一个对抗性的角色中，与社区的一些主要专业人员和其他个体（如监护人）对簿公堂，对抗的一方只有关于儿童和有限的医疗证据的诉讼（通常被其他"专家证人"反驳）。即使是他们想要保护的孩子，也可能对他们的努力没有感激之情，尤其是当他们害怕离开熟悉的家，搬到一个陌生的环境时，比如寄养家庭或寄养机构。与公共援助工作者一样，儿童保护工作者所从事的工作一般会得到公众的认可，但他们对这一工作的开展和对他们个人的影响感到不满。难怪他们会遇到负面的侵犯和"阻碍"，在某些情况下，还会有人公开地敌对或试图贬低他们，这就是不利的任务环境的特征。

毫不奇怪，在公共援助、去机构化、刑事司法、难民安置和儿童保护等服务组织中，占用社会工作者时间的许多管理活动都致力于缓冲或以某种方式保护该组织免受其不利的任务环境的影响。现有的许多科层控制以政策、程序和规则的形式来保护组织免受指控，这些指控可能包括对管理不善、浪费、不受控制的员工活动和其他现象或策略的指控，这些现象可能使组织容易被扣留资金，而策略可能妨碍或限制组织实现目标。这些组织还发现自己的未来并不明确，很容易受到不断变化的服务优先次序和资金的影响，它们可能会寻求公众的支持。相比之下，一个任务环境更友好、资金来源更可预测（稳定、高销量）的制造商或商业机构，可以少担心如何保护自己免受普通大众的影响，或更少担心如何与其资金来源保持良好关系，可以将更多的管理活动用于生产和/或销售。高级管理者可以集中精力应对来自任务环境的其他威胁，最常见的是竞争或供应来源被切断的可能性。同样，那些拥有相对友好的任务环境的社会服务组织的管理者可以把大部分精力集中在努力提高服务质量或其他管理任务上。

改善与任务环境的关系

一个不利的任务环境会提高组织内部的不确定感。虽然有限的不确定性是不可避免的，甚至有可能让"组织保持警觉"，但太多的不确定性会让人感到紧张和神经衰弱。没有人能在一个持续监视任务环境、等待错误或缺陷出现的组织中很好地工作。在那些缺乏良好工作环境的社会服务组织中，社会工作管理者的任务必须在一定程度上与不利的环境进行谈判以改善关系。这样做的目的是尽可能减少财政资源浪费、丧失自主权或服务效率方面的成本，还必须在不损害专业价值观和伦理的情况下实现这一目标。本质上不利的任务环境不太可能自发地变得友好，因此与其成功谈判的唯一现实方式是找到正确的方法，使组织不那么容易受到不利的环境的影响。企业文献中列举了几种实现这一目标的方法。[2]

大多数方法适用于社会工作管理者的工作。我们将解释其中一些方法的运作方式，并评估它们的相对成本。

获得声誉

能够通过一流产品或服务获得认可的组织可以轻松应对其任务环境。树立最佳的声誉，来自任务环境的敌意自然会减少。获得声誉，特别是对那些为公众提供服务的组织来说，是与任务环境谈判的相对"廉价"的方式。

约翰斯·霍普金斯大学医院（Johns Hopkins University Hospital）、梅奥诊所（The Mayo Clinic）、杜克大学医学中心（Duke University Medical Center）或克利夫兰诊所（The Cleveland Clinic）等医疗设施的任务环境几乎没有什么敌意，部分原因是它们被认为是做得最好的。当然，它们所做的医疗和研究，本来就是比较容易收获声誉的工作。这些活动首先比公共援助或儿童保护等更受重视。对于那些依标准可获得相对有利环境的组织来说，获得声誉要容易得多。而对于那些任务环境本来就倾向于不利的组织来说，获得声誉要困难得多。从通常意义上来讲，对于大多数由税收支持的公共服务机构以及那些为社会中有污名的人提供不受认可的服务的组织来说，获得声誉可能是一个无法实现的目标。我们好像从未听说过普通民众把县福利部门称为"真正的一流"的部门。对公共社会服务组织来说，享有一流服务的声誉可能不如癌症研究机构那么容易实现，但有一种方法可以通过其管理实践来增强这种组织对不利的任务环境的影响力。（这有时被称为"妥善管理组织"。）公众可能不会接受社会服务组织的服务或服务对象，但可能会勉强承认其存在的必然性和必要性。而且，一个对员工及其活动大力控制并对其所获得的资金负有财政责任的组织，面临的来自任务环境（特别是普通公众）的敌意将比以管理松懈而闻名的组织所面临的敌意要小。

在"捐税"的同时拥有严格管理的声誉，对于社会服务组织而言，这可能是一个值得追求的目标。即使服务本身仍广受不满，这种声誉亦有助于减少普通公众的批评，从而获得更多支持。但是，请注意，我们并没有将此界定为"良好的管理"。任务环境重视和褒奖管理的做法（如严格遵守规则或严格监督员工的活动和支出）可能会增加组织的成本。例如，过于严格的监督可能导致员工士气低落、旷工或离职。或者，严格遵守服务对象资格标准可能会导致违反伦理的决策，或者至少看起来与社会工作价值观相冲突。如果这样的话，更友好的任务环境的代价可能太高了。

订立合同

合同是一种与任务环境的特殊合作。它的主要目的是使与任务环境的互动更具可预测性，从而使得潜在的威胁更小。在社会服务组织中，常用合同来增加组织任务环境构成要素的权力，这些要素对组织运行必不可少，通常是指足够的服务对象或员工。合同是营利部门所熟知的一种战略，并越来越为社会服务组织所熟悉。在制造业中，公司可能签订长期租赁设施的合同，以供应生产其产品所需的原材料。它甚至可以与各种营销网点签订合同，以保证购买定量的产品。这种性质的合同增加了企业的确定性，还可以预测制造成本。

社会服务组织是如何通过合同控制任务环境的？从 20 世纪 70 年代中期开始，《联邦社会保障法》第 20 章（Title XX of the Federal Social Security Act）规定向从其他社会服务组织为其服务对象购买服务的州公共福利组织提供补偿。服务是由一个组织从另一个组织购买的，费用是固定的，因此这两个组织都能更具确定性地运作。其中一个获得了有关服务可用性的保证；另一个获得了固定的服务市场。

如今，一些社会服务组织使用的常见合同形式是另外一种形式的购买服务，即对雇员援助计划（EAP）的运用。像家庭服务这样的组织同意提供特定时间的家庭咨询、药物滥用咨询、婚姻咨询，或对可能影响企业或行业雇员工作绩效的其他问题进行干预，作为回报，社会服务组织得到了商定的金额。据此，公司便能准确地预测其成本，反过来又保证了该组织拥有相当数量的收费服务对象，这既是保证服务对象投入的来源，也是获得资金的来源。

与获得声誉一样，作为增加对任务环境的控制的一种方法，与另一个组织签订合同是很合算的。它实际上可以节省因为取消预约或其他非创收时间而损失的钱。但是，它并非没有成本，成本通常表现为提供服务的组织在决策过程中失去一些自主权。在某些方面，购买者购买的往往不仅仅是服务。例如，如果一个组织根据 EAP 合同向一家制造业公司的雇员提供服务，即使专业员工认为服务对象不需要治疗，它也不能拒见服务对象。公司还可设法对有关诊断、治疗性质、解雇时间、雇员能不能返回工作岗位等方面的决定提供意见。支付治疗费用的公司也可能认为，它有权更多地了解服务对象问题的性质，而不是按照社会工作者认为符合服务对象最佳利益的方法来执行。这可能造成与保密有关的伦理问题。

如果社会服务组织过于依赖 EAP 等合同，则可能会发生另一种危险情况。大多数合同都是定期招标的，如果另一个组织承诺以相同的价格提供更多的服务或以更少的价格提供相同的服务，那么本能得到该合同的组织会很容易输给竞争对手。合同的授予应该以公平和公正的方式进行，但在现实世界中并不总是这样。政治问题和个人友谊可能是决定谁得到合同的因素。虽然一般人们认为这是不道德的。据了解，有一些人原本负责某一组织的合同管理，之后离开该组织去从事私人执业或在一个竞争组织工作，"不可思议的是"，这些合同跟随他们转移，使他们原来的组织处于人员过剩和收入短缺的境地。大多数管理者意识到过度依赖合同的危险，他们不愿意将大部分的组织活动投入到合同资助的项目和服务中，他们还为不得续签合同的意外情况（见第五章）制订计划。

许多社会工作学生有签署不同性质合同的经验。在组织难以雇用社会工作者的情况下

（例如，他们可能位于偏远的农村或无法提供有竞争力的工资和/或福利），该组织往往与潜在雇员（学生）签订合同。该组织可向社会工作学生提供津贴、带薪实习或"工作学习"安排，以换取一年或多年的工作承诺。正如我们之前的合同示例一样，该合同对于可能无法雇用足够社会工作者的组织，以及任务环境中为教育和毕业后就业可能性而获得一些经济帮助的那部分（潜在雇员）是互惠互利的。

从学生那里购买工作承诺的组织失去自主权的风险相对较小。如果组织与新毕业生签了约，但后来决定不雇用他们或不再需要他们作为雇员，组织可以不必雇用他们。如果组织确实雇用了新毕业生（通常是这样），他们在试用期内表现不佳，组织仍然可以解雇他们。当然，在决定这种类型的合同是否值得花费资金时，不能忽视金钱方面的前期成本。在其他方面，"留住员工"对组织来说也可能是代价昂贵的。员工可能会感到"被困"在工作中，寻找摆脱工作承诺的方法，并花费工作时间寻找其他工作。

近年来，我们看到了一种新的趋势：政府机构与私营营利部门签订合同，提供社会服务（私有化）。例如，一些州与私营部门内的公司签订合同，为青少年和成年人提供惩教服务或精神卫生服务。然后，这些公司转而聘请社会工作者等专业人员为服务对象提供所需的服务。

形式各样的合同可能会占用社会工作管理者越来越多的时间。合同可以成为降低与项目或组织投入的相关成本和不确定性的有效方法，然而，一般来说，合同对于减少公众对被视为不受欢迎的项目和组织的敌意，或减少为"不值得"的服务对象提供货物和/或服务的项目和组织的敌意几乎没有或根本没有作用。

共同抉择

几乎所有人都对共同抉择有所了解，即拉拢。儿童通常在很小的时候就学会尽可能让父母同意自己的请求或者减少父母对自己的批评，如果他们能够拉父母"入伙"（"on board"）并使父母也共同参与到某个事项的抉择过程中来。（"妈妈，还记得你每周出去吃一次比萨的好主意吗？""但是爸爸，你检查了我所有的作业！"）博士和硕士研究生写论文时，如果希望能够顺利完成，通常学会与他们的导师共同抉择。他们定期与导师会面，获得大量的建议，并谨慎地将导师的建议纳入最终论文。因为当导师们看到自己的许多"好"的想法和建议被纳入论文中，又或者学生引用了他们的某个出版物时，论文就很可能被通过。

组织如何拉拢潜在的不利的任务环境？拉拢包括将任务环境中潜在的不利因素或具有威胁的部分带入"组织"，给予其"部分所有权"。拉拢不仅仅是一种巧妙的手段或一种政治计策。有时，它在其他方面对组织是有益的，它为组织提供了一个全新的视角（从它潜在反对者的角度），而这一视角可能在友好的任务环境中是不可用的。

如何通过拉拢增加对组织任务环境的控制？一种假设是，如果将任务环境输入到其运作中，组织与其环境之间的边界线变得更加模糊，那么不利的因素便会消失。因此任务环境肯定不会反对由它所输入的决策和活动。

拉拢任务环境的一种常用方法是将政治对手或其他直言不讳的批评者置于团体中咨询委员会甚至董事会的位置。反对某一组织及其项目和服务的人可能会因为他们的反对被邀请加入董事会。例如，卫生组织中某些教育项目的保守派反对者可能被邀请担任其咨询委员会的成员。如果在反对艾滋病毒预防项目或接种青少年预防某些性传播疾病（STD）的项目的执行方面采纳他们的意见，就是希望他们的反对声音能少一点儿。同样，邀请"资格"项目的反对者参加县福利组织的咨询委员会也能反映出拉拢的作用。他们更可能被邀请加入董事会，因为他们可能对本组织构成威胁，而不是因为他们对本组织的运作有重要贡献。

将组织及其项目及服务的反对者置于一个有影响力的职位，有时可以有效地创造一个更友好的任务环境。然而，这也是有风险的。这意味着给予了反对者拒绝被选择的权力，他们可能利用这个职位给组织造成比作为"局外人"时更大的伤害。即使只是一个阻碍者，特别是如果这个人在政治上很有权势，而且容易获得别人的尊重，也可能会严重危及一个组织实现其目标的潜力。

从表面上看，对志愿者进行战略选择似乎是一种拉拢部分不利的任务环境的一种成本较低的方法，这些志愿者是从对组织及其服务至关重要的家庭和团体中选出的。志愿者也可以为组织做出真正和有价值的贡献，并且他们无法影响组织政策，所以经常使用这种策略。但是，正如我们将在第八章中讨论的那样，使用志愿者会产生成本甚至有潜在的危险。除此之外，他们可能不容易被拉拢，而且可能仍然是直言不讳的批评者，在他们掌握着"内部信息"的时候。

---

32 **案例**

拉特莎（Latesha）是一个政治上保守的农村社区受虐妇女收容所的新主管。她是六名领薪员工中唯一的专业社会工作者。该组织是三年前由一名退休社会工作者和另外两名妇女成立的，这两名妇女也是施虐行为的受害者。

该收容所自成立以来就面临着一种不利的任务环境。它位于其中一位创始人捐赠的老房子里。一些邻居曾向地方分区委员会投诉，试图让该组织搬迁或关闭。两名当地政客表示，他们认为没有必要设立这样的组织。其中一人在一次城镇会议上说："我们这里不存在虐待问题。"即使是当地的联合之路劝募会分会似乎也在延迟回应收容所的财政援助请求。一位联合之路劝募会的员工"私下"向拉特莎透露，一些董事会成员担心，如果收容所获得联合之路劝募会的资金，劝募会的财政捐助可能会受影响。

拉特莎知道，她必须做些什么来减少当地对她的组织的反对意见。她决定试着从那些公开反对的人中拉拢一些人，让他们支持收容所的工作。她成立了一个咨询委员会，但很谨慎地保证了五名成员中有三名是过去支持该收容所的朋友（包括其创始人之一）。但其他两名成员（他们很快接受了加入咨询委员会的邀请），她选择了两位对收容所持高度批评态度的政客中的一位以及一位知名的当地牧师，后者曾多次表示他对这样一个组织存在的必要性表示怀疑。

在咨询委员会的前两次会议中，政客（律师）和牧师都很亲切。他们没有说什么，似乎对其他成员和拉特莎所说的真正感兴趣。然而，在第三次会议上，牧师开始告诉其他人他对遭受配偶虐待的女性的真实感受——"这些虐待中大多数可能是由这些女性挑起的"。政客显然同意牧师的观点。不久，两人开始主导讨论，似乎在他们的陈述中变得更加大胆。拉特莎焦急地期待着其他咨询委员会成员对他们的言论提出质疑。但他们低头看着桌子，什么也没说，显然是被吓到了。

在接下来的几个月里，这位政客和牧师继续坚决反对拉特莎大部分服务扩大计划。他们经常建议进行各种各样的改变，这些改变实际上会削弱组织的计划。另一位咨询委员会成员一直支持他们。（后来拉特莎得知该成员的姐姐是一名律师助理，在政客的律师事务所工作。）当拉特莎反对她的咨询委员会的建议时，她受到了社区中人士的批评，他们似乎总是很清楚咨询委员会的建议。参加了牧师教会的叔叔告诉拉特莎，牧师甚至在讲台上批评了她。他提醒他的教区居民，"我知道这些人，除非我们阻止他们，否则他们会尽一切可能侵犯家庭的神圣性"。最后，在绝望中，拉特莎决定扩大她的咨询委员会，增加四名成员，她希望他们会对收容所更加友好，新成立的咨询委员会更加支持收容所。不久，这位牧师和政客都辞职了，但是写了一封愤怒的"致编辑的信"，信中写道，拉特莎"为了推进自己的自由议程，已经把咨询委员会放在一边了"。几年后，该收容所才不再受到被关闭的威胁。

问题讨论

1. 鉴于拉特莎组织面临的不利的程度，你认为创建咨询委员会是一个好主意吗？为什么？

2. 你认为拉特莎在成立咨询委员会之前是否应该咨询其他人？如果是，应该向谁咨询？

3. 你认为政客和牧师是适合拉拢的人选吗？为什么？

4. 在邀请政客和牧师加入咨询委员会之前，拉特莎还应该"核实"什么呢？

5. 拉特莎后来决定通过增加四名成员来扩大咨询委员会是一个好的决定吗？为什么？

6. 还可以尝试哪些其他方法来处理其组织面临的不利的任务环境？哪些方法可能成功？

提高对任务环境控制的其他方法

企业文献提出的其他方法似乎对社会工作管理者也有一定的帮助，因为这些管理者正寻求创造更友好的任务环境，这些方法包括扩大备选方案、多样化和合并。[3]

扩大制造业的备选方案包括使用许多不同的原材料供应商。如果一个供应商的供应中断，可以从另一个供应商那里购买更多的产品。在社会服务组织中，备选方案可能转化为各种不同的服务对象转介来源、网络，特别是非传统的方式，如联谊会和兄弟会或青少年"俱乐部"体育组织等的发展。

如果你是一个制造商，多样化意味着制造各种各样的产品，例如，如果一种产品的需求量下降，对另一种产品的需求就可以平衡它，或公司可以将其资源转移到制造利润更高的产品上。在商业机构，这可能意味着要提供更多的产品以供销售，例如，"一美元商店"通过增加冰箱和冷藏区来销售易腐食品和其他食品。许多加油站已经增加或重建便利店，其销售小吃和其他类似物品获得的利润多于汽油。在社会服务组织中，如果要提供各种项目和服务，我们可能会创造出更多的确定性，使自己不那么容易受到服务需求量减少的影响。我们希望其中一些能被公众所接受，这样如果对其他项目和服务的支持减少或停止的话，这些新提供的项目服务也将"带动并帮助"（"carry"）该组织。然而，一些商业机构和制造商已经陷入麻烦，因为它们没有"坚守本行"。同样的事情也会发生在过度多样化的社会服务组织中，这个组织可能失去自己的身份和定位，如果试图发展成为"能为任何人做任何事"的组织。因此，过度多样化可能会导致声誉的丧失。

合并可能是增加对不利的任务环境控制的代价昂贵的方法，这往往是生存的"最后手段"。在制造业中，环境（通常是竞争）是通过"友好的收购"或合并而带来并分享利润的。某些个体的自主性、工作能力和影响力会受到影响。虽然在社会服务中相对较少，但也会发生合并。例如，在南卡罗来纳州，两个提供类似收养项目和服务的州组织被迫合并，是因为州议员得出结论认为两组织的服务具有重复性，是一种资源的浪费。其他并非立法强制的合并安排可能会提高效率，但需要付出代价。创建"伞式"组织也是一种合并，虽然会导致某种自治权的丧失，但能够减少任务环境中相当多的不确定性和敌意。它可能创造一个新组织，在与任务环境进行谈判时，比它的任何一个较小的要素更具影响力。

社会服务组织的其他特征

我们已经注意到，与大多数社会服务组织（尤其是公共支持的组织）相比，制造商和商业机构更有可能在大众普遍支持的任务环境中运营。我们继续深入探讨这一现象，因为它可以在很大程度上解释为什么社会工作者管理的许多活动必须致力于缓冲来自组织之外的敌意。在第三章中，我们将看到大多数社会服务组织面临的不友好任务环境如何促成科层机构的扩散。

现在，我们将研究制造商、商业机构和社会服务组织之间的其他相似和不同之处。当我们在研究其中的一些组织时，请记住，对社会服务组织或其他类型的组织进行广泛概括越来越难。那些大型公共福利组织，例如国家社会服务部门，在某些方面与私人精神病治疗中心、医院或长期护理机构（其中许多是真正的公司）相比，其提供的服务更商业化。许多营利性治疗组织和私人执业与商业机构和制造商非常相似，至少在目标和成功指标等方面是如此。许多所谓的非营利组织实际上以"利润"的形式产生盈余，但它们将其隐藏在加薪、丰厚的附加福利和其他利润分享方法中。

注重效率

制造商或商业机构的存在是为了盈利。因此，它是由"效率驱动的"。对于制造商来说，任何降低产品生产成本的活动都有可能增加利润（如我们在第一章中所描述的"盈余"）。如果经过一段合理的时间后，效率方法仍然无法产生利润，产品将被从制造商的生产线上撤下，或者，在大型企业集团，制造部门可能被出售，这通常会对公司产生一些税收优势。这个决定纯粹是一个经济上的决定；一个不能做出利润贡献的产品在公司中是无法存在的，否则可能会因为消耗组织宝贵资源而影响公司其他产品的盈利能力。对公平的看法和担忧很少影响到放弃某一产品或部门的决定。当制造商确实决定放弃某一产品或部门时，通常是为了保持良好的公共关系或响应任务环境的另一个要素——有组织的工人的需求。

社会服务组织不能忽视效率。它们必须支付水电费、工资和处理其他财政问题。但它们也必须履行伦理义务，向需要帮助的人提供高质量的服务，并考虑它们做出的任何决定对人的影响。它们不能以牺牲公平或"正确的东西"为代价，而过分专注于效率（某些组织会专注于利润）以获得声誉。停止一项昂贵服务的决策，从财政上看代表着资源的外流，这是一个必须经过大量的反复思考和论证的过程，而这一过程却是大企业所不需要的。例如，如果一个社会服务组织只是一个企业，那么仅仅指出而不是治疗那些性虐待儿童的人或对冰毒上瘾的母亲的决定将是一个很简单的决定。对这两个群体的治疗都是费用昂贵且不受欢迎的，而且成功率不足以证明消耗所需的资源是合理的，这肯定不会提升该组织在社区内的形象。因此，社会工作管理者可能必须做出决定并实施政策，不提供治疗，但必须仔细考虑专业伦理和价值观。做出决定后，社会工作管理者可以预见到来自组织内外的一些批评。

有时，由于专业和伦理的原因，一家社会服务组织会选择做一些制造业公司很少做的事情——如果有的话，便是在亏本的情况下运作。例如，如果更有效地使用小组服务来治疗被诊断出某些问题的服务对象并不被视为最佳做法，那么可以继续提供个人治疗，尽管服务对象无法支付所有治疗费用。正如上一章所指出的，许多社会服务组织由于其本身的性质，经常在财务处于亏损的情况下运作。社会服务成本很高，而且往往效率很低。服务成本可能超过服务对象愿意或能够支付的费用，或超过保险公司或其他第三方付款人将偿还的费用。当然，除非有其他资金来源，否则任何组织都不能一直这样做并继续存在。

服务对象需求、社会责任、公正程度和专业伦理对社会工作管理者的要求往往比效率对社会工作管理者的要求更高，或者至少应该如此。然而，管理者确实会在必须做出某些让步时做出让步，特别是在组织生存受到威胁时。同时，因为我们是社会工作者，所以我们遵从我们的专业伦理，我们也"防守挡击"许多对效率的要求，我们认为这些要求在伦理上是不可接受的。这是社会工作管理者在社会服务组织中最困难的任务之一。它以某种形式出现在各个层次，并且经常让管理者感觉好像他们处于劣势。无论管理者选择效率还是平等（公平），他们都很容易受到批评。拥有更明确优先权的制造业或商业机构管理者通常可以更容易地做出决策——他们知道选择效率是一种可辩护和受欢迎的决策，至少在他们的利益相关者和/或任务环境的其他要素中是如此。

忠诚和依赖

制造业组织会积极追求顾客的忠诚度。其目标是让顾客再次购买他们的产品，并"不接受任何替代品"。制造商们喜欢听到这样的评论："我的家人一直在买通用汽车，我们再也不会买别的品牌了。""我可以多付一点儿钱，但我知道这是值得的。"广告费用通常用于推广重复销售。

服务对象忠诚度对制造商来说如此受欢迎的原因是显而易见的。让服务对象"锁定"产品是一个真正的优势。制造商可以依靠一定比例的重复销售，准确预测产品的销售周期和市场。占用资金的存货永远不会太多。对管理的挑战有时还包括如何改进产品以吸引新服务对象，同时充分保持其身份，以免失去那些忠诚地为组织提供确定性缓冲的人。

相比之下，社会服务组织中的专业人员一般不寻求提高服务对象忠诚度。他们希望服务对象对服务表达出积极的评价，或者向他人推荐该组织及其服务，但他们不会像制造业公司所提倡的那样提高忠诚度。这种形式的忠诚会造成服务对象长期依赖组织及其服务，这与强调服务对象自决和独立的社会工作价值观背道而驰。事实上，虽然制造商将重复销售形式的忠诚度视为成功的指标，但社会工作者更有可能将服务对象依赖及服务对象返回寻求更多帮助视为一个明确的警告，即服务可能无效，干预的目标没有实现。什么样的制造商或商业机构会提供一种很快就不被需要了的产品呢？如果有的话，它存在不了多久。

然而，在社会服务组织中，我们支持诸如危机干预之类的方法，这些方法旨在简化服务对象对组织的了解。如果成功，它们将导致服务对象不再与组织有任何联系。对于那些似乎赞成长期干预的社会工作者我们会持怀疑态度；我们可能想知道到底是谁依赖谁。我们有时会在服务对象希望继续被关注时终止合同，因为在我们的专业判断中，他们已经可以自主了。由于不存在服务对象之间的依赖，我们的"产品"缺乏相对确定和可预测的市场。不过，鉴于我们的专业价值观，这是我们唯一的选择。

长期服务对象依赖会有更多的确定性和更大的可预见性。例如，如果知道约翰逊（Johnson）女士总是准时在周二 10 点出现，而且总是用现金支付心理咨询费用，这似乎是件好事。她可能比一个新服务对象更具确定性，因为新服务对象对是否前来进行咨询感到犹豫，可能不会出现或只出现一两次，而且可能无法支付服务费用。一些社会工作者可能更愿意见到约翰逊这样的服务对象；他们了解并喜欢她，并可能会因为约翰逊自 2011 年以来做所有重要决定时都事先前来咨询而感到满足。但是，有关依赖的专业价值观必须优先于对约翰逊女士按时接受服务的满足感。

而且，社会服务组织基于财务考虑因素，也会反对服务对象的依赖。随着对成本控制的重视，专业人员必须越来越重视短期干预。例如，如果一个卫生组织只为该组织报销六次咨询服务，那么在财政上可能无法为服务对象提供长期咨询服务。更高层次的管理者也必须适应。现在，他们必须将更多的时间投入到营销和推广活动中，这些活动旨在寻找新服务对象，这些服务对象永远不会建立对组织或其服务的长期依赖关系。

在公共组织、私人执业机构以及寻求营利的相似类型的社会服务组织中，长期依赖服务对象可能被认为是不可取的，也可能被视为可取的。如果服务对象的保险提供的福利有限，他们可能不会被允许继续接受治疗，即使他们可能希望甚至需要。希望留下来的服务对象（并且能够支付费用或有良好的长期保险范围）可能会实现他们的愿望。空置的床位和/或开放的治疗时间都要花钱。据了解，一些组织在每月床位占用率不低于一定百分比的情况下会给员工发放奖金。在这种情况下，与服务对象依赖有关的专业价值观可能直接与组织的财政需求甚至员工的个人需求相对立。社会工作者在担任管理者时，可能会陷入专业价值观与财政必要因素之间的伦理冲突中。关于准许服务对象离开或终止服务的任何决定都会让人不开心。在这种情况下，社会工作管理者所能做的最好的事情就是明确自己的忠诚度和优先事项，并努力以一致和合理的方式做出困难但合乎伦理的决定。

对竞争的态度

在制造业或商业机构领域，竞争是任务环境中的一个重要因素。组织总是在等待对手的营销错误或糟糕的产品决定，以便自己能够进入市场并获得更大的市场份额。更重要的是，竞争是美国自由企业制度的必然组成部分。如果你管理得当，生产商品或服务并获得利润，那么竞争对手就会迅速出现来复制你的方法，试图分享收益。垄断在西方社会是不受欢迎的，要么被打破，要么永远不允许发生。例如，由于人们担心在不存在竞争的市场上机票价格会被提高，所以有时会禁止大型航空公司的合并。即使在少数情况下允许垄断发生，一旦垄断开始显得过于自私自利或似乎不符合普通公众的最佳利益时，法律也会鼓励甚至要求竞争。

在工业和商业中不可避免的竞争会导致各种旨在获得优势的管理活动。竞争使组织与消费者"保持联系"。针对消费者需求和偏好的陈旧、老套的方法可能会使组织很快失去立足点。竞争为制造业和商业机构提供了动力，使其充满活力和计划性。

从历史上看，竞争对于大多数社会服务组织来说并不那么重要（营利部门和某些医疗保健提供者一直是例外情况）。服务对象等待名单和服务缺口往往在许多社会服务组织中更典型，这是没有任何一个组织能够填补的。在许多社会服务组织中，如果社区设立了另一个组织提供类似的服务并带走我们的一些服务对象，我们可能会很高兴——反正我们可能已经负担过重了。谁害怕竞争？我们欢迎你们的帮助。

这种高兴或不高兴的情况（取决于我们如何看待它）正在迅速变化。如今，在大多数社会服务组织中存在着激烈的竞争，尤其是对外部资金的争夺。发展有效的转介网络和实施组织间协调仍然是重要的管理活动。在某些情况下，让另一个组织通过某种互惠协议接受转介仍然是可取的。但越来越多的高级管理者致力于与其他组织竞争来争取私人基金会或联合之路劝募会等组织提供的资金，这需要（除其他任务外）为将获得资助的项目撰写项目补助方案，然后管理好这些项目，以便它们能够成功并继续获得资助。

总体而言，即使偶尔因竞争紧张而有压力，但社会服务组织与其他类似机构的关系总的来说仍然是亲切和友好的。但是，在一个资金有限和相关需求问责的竞争时代，社会工作管理者必须发挥领导作用以保持组织的灵活性和反应能力。他们必须了解潜在服务对象的需求，也必须了解财政支持来源的变化。此外，他们必须能够证明他们的项目和服务是成功的。

营销策略

竞争自然会增加对良好营销的需求。制造业和商业机构以及社会服务组织都在寻找潜在的服务对象，并寻求通过某种形式的广告来提高它们的知名度和声誉。它们都有可用于这些活动的固定财政资源，但它们可能会采取不同的方式进行部署。在制造业和商业领域中，市场营销用来确定是否有一大群人有足够的兴趣和足够的钱来购买设计中的产品。如果是的话，该产品可以生产和销售。但是，如果发现某一产品的市场潜力很小，则不会生产该产品。类似地，社会服务组织通常在提供一个项目或服务之前进行需求评估（第十三章），部分原因是为了确保对它有需求，如果提供的话，潜在的服务对象会去使用它。但是，与制造业的相似之处可能会在评估研究结果的时候消失。如果有足够的资金，考虑到存在大量潜在的服务对象，社会服务组织可能会提供该项服务。但是，即使只有相对较少的潜在服务对象表明需要服务，它们也可能偶尔会提供服务，这是一个重要的区别。如果它们这样做了，将以合理的价格提供，甚至免费提供该项服务。当少数人的需求很大或者存在暗示需求时，即使没有多少潜在服务对象承认这一点，也会发生这种情况。解决问题的伦理必要性优先于效率。

制造商不太可能生产只有极少数人感兴趣的产品，不管这些人多么迫切地需要这样的产品。因为如果是这样的话，"定制"产品的成本将非常高，才足以弥补研究、制造和销售该产品的高额成本。药品制造商因拒绝为患有罕见疾病的人制造罕用药或者将研制出的罕用药以高额价格出售而遭到社会工作者和其他人的强烈批评。从商业角度来看，任何一种选择都是有意义的。指望那些追求利润的人做出有损"底线"的决定是不现实的。然而，在一些社会服务组织中，我们有时会花费大量的精力和时间来寻找和服务于少数服务对象，解决他们不承认的非常罕见的问题。更重要的是，我们这样做会给组织带来经济损失。

可用的因果知识

一家制造厂可能会有许多员工从事简单、重复的工作。他们的工作成果是可以预测的。例如，在塑料化合物中加入蓝色染料，就会产生一个所需颜色的玩具。或者，用电子测量方式或测微计将金属替换件打磨到可以接受的公差范围内。同样，企业能够根据过去的销售情况准确地调整库存（这就是为什么他们需要扫描条形码，即使商店中的所有商品都只值一美元），并能够合理准确地预测该商品未来的销售情况。因此，这些组织的雇员在"确定性"的环境中运作。社会服务的许多领域的知识根本无法比较。因果关系根本无法用于多种形式的实践干预，主要是因为其所涉及的人类行为的复杂性。例如，在直接实践中，我们无法合理肯定地预测社会工作的反应是"那让你感觉如何？"或对服务对象描述一段艰难的生活经历说"谢谢你的分享"时，是否将产生新的见解，或有助于缓解问题。它还可能引来厌恶的表情、嘲笑声、针对社工的猥琐手势，或其他行为中的任何一种。类似地，社会工作者对于艾滋病毒教育计划将降低匿名性行为发生率的专业判断可能是正确的，但也可能是不正确的。还有一位从业者利用与房东的对抗策略，试图改变其服务对象不健康的生活状态，这可能会产生预期的结果，或者导致服务对象被房东驱逐。当然，即使是社会服务组织的管理者也必须做出人事决策、实施计划、制定政策等等，但不能保证会成功。因为正如我们在前一章中所指出的那样，可供管理者使用的规范性知识太少了。

所有组织的管理者都希望他们有更多的因果关系知识。然而，一个组织的产品（它的服务）必须用有限的因果关系知识来生产，与标准化活动产生可预测结果的组织相比，它需要不同的管理技能。虽然研究已经为许多服务领域的最佳实践提供了证据，但我们往往无法确定什么是干预特定服务对象或服务对象群"正确"（即有效）的方式。管理者可能也不知道。他们所能做的就是培养有利于行使专业判断和自由裁量权的任务环境，其中一些风险承担被认为是必要和可取的。相比之下，制造业或商业机构的管理者则更倾向于强调和加强整合。他们试图创造一种只能接受"正确"做事方式的环境。

与消费者的互动

当消费者犹豫是否要购买产品时，生产产品或销售产品的组织有机会与消费者互动。消费者买或不买决定了产品的可取性。这一决定取决于他们对产品本身的评价如何、销售人员是谁、展示方式是什么、广告效果如何等等。消费者永远不会对组织内制造产品或做出与制造和营销相关的管理决策的人感到满意。如果对产品不满意，他们可能会写信来投诉，如果给他们造成了伤害，他们甚至会提起诉讼，但一般情况下，他们与生产产品的组织没有直接的互动关系。

社会服务组织中与消费者的互动和反馈通常是不同的。互动往往是面对面的，更直接，而且往往更频繁。社会服务组织有点儿类似于提供某些服务的人（例如，水管工、暖通空调维修人员和电工），尽管他们通常只是偶尔与消费者有往来，而不是定期的。在社会服务组织中，面向制造商的消费者并不是某个未知的人（也许是在另一个州或国家）；

我们直接与他们互动。无论出于何种原因，如果他们对所得到的服务不满意，主管和其他管理者可能不得不与他们会面几次以解决他们的不满。

成功的指标

除了处理和解决消费者反馈之外，管理还需要对组织运作的许多其他方面进行持续评估。制造业公司或商业机构的管理者有良好的、明确的成功指标——销售和收入。管理者可以将他们的大部分评估时间用于确定那些对销售和收益没有影响或减少收益的因素，并对这些因素做出反应。

在社会服务组织中，提供直接服务的社会工作者往往不知道自己是否成功。拉米雷斯（Ramirez）的婚姻破裂是不是咨询成功的标志？事实上，多萝西（Dorothy）在第三次探视后再未遵守她的约定，这表明咨询是成功的还是不成功的？贾马尔（Jamaal）为了一份不太有保障但报酬更高的工作，辞去一份有保障的工作，这是否表明他完成了成为更负责任的父母的治疗目标？管理者花了大量的时间来记录服务和项目是否成功。由于缺乏明确的指标，任何结论都必须被视为暂定的，并由各种比商业或工业中使用的更为定性的评价标准得出。例如，有时在药物滥用治疗项目中，很难确定项目中的服务对象在解决他们的问题方面是否真的取得了进展。因此可以使用成功的定性指标（例如，在治疗组中进行的陈述，直接观察或面对面访谈）。然而，大多数定性指标会使制造商或商业机构人士感到畏缩。在管理者的角色中，社会工作者有时必须通过关注其结构（设施和人员）或影响（长期永久性变化的存在）来评估组织项目（第十三章中更详细讨论的任务）。[4]项目的发展阶段会影响评估标准是否合适。[5]所有这些评估重点都会导致不同于制造业公司或商业机构所要求的管理任务。由于它们的"柔性"，它们可能被不利的任务环境的成员怀疑，该环境要求证明组织的服务和项目的有效性。

督导者的角色

在商业机构或制造业公司中，督导者的主要职能是分配任务和监督下属，或者进行所谓的行政督导。督导者须确保员工准时到场，遵守规章制度、政策和程序，专心于他们的工作，午餐和休息时间不要太长，安全使用任何设备，等等。不过，我们将在第九章说明，社会服务组织管理者的管理职能要更为全面，因为很多员工都是专业人员，有不同督导需求。例如，管理者仍然需要为下属提供物质支持（确保他们有做工作所需的东西），但帮助下属处理工作中固有的压力因素的这类情感支持也需要提供。对专业成长的支持则是另一种期望，即使它会使下属变得更有竞争力，离开组织寻找更好的工作机会。

主要受益人

制造业部门和大多数社会服务组织之间的另一个区别，对于理解社会工作管理者的角色很有帮助。在 1962 年对公共社会机构的经典研究中，布劳（Blau）和斯科特（Scott）首先引入了主要受益人的概念。[6]他们确定了四类人作为任何正式组织的潜在受益人：

1. 它的成员。
2. 它的所有者。
3. 它的服务对象。
4. 大众。

虽然这些群体中不止一个可以从组织的活动中受益，但布劳和斯科特认为，对组织来说，只有（或者应该只有）一种主要受益人。人们希望组织对面向某一群体的行动尽最大的责任。（因此，一个组织满足其主要受益人的程度是其成功的一个重要指标。）其他受益人获得的任何收益都被视为成本，因为它们通常会导致主要受益人的收益减少。

对一些组织来说，确定主要受益人相当简单。例如，在一些"互利性的协会"，如社交俱乐部、信用社、购买服务，或者成员平分成本和利益的其他组织中，会员显然是主要的受益人。对于大多数私营或公有制造业公司和商业机构来说，主要受益人是其所有者或股东（尽管他们往往试图说服公众他们的主要受益人是顾客）。警察部门或公共事业单位将以广大公众为主要受益人。显然，对于社会服务组织来说，服务对象（它们的顾客）应该是它们的主要受益人。这一立场已在《美国社会工作者协会伦理守则》第1.01号标准中明确阐述："社会工作者的首要责任是促进服务对象的福祉。一般来说，服务对象的利益是首要的。"[7]然而，"一般"一词为例外打开了大门。正如我们看到的那样，谁是主要受益人的问题可能成为管理者伦理冲突的根源。

所有者成为制造商或商业机构的主要受益人的权利很少受到公众的挑战。但是这个观点在某些情况下并不成立，例如，如果有证据表明存在"价格欺诈"的话（例如，干旱或洪水之后粮食价格"过度"上涨，中东危机期间汽油价格急剧上涨，或自然灾害期间便携式发电机、冰块或其他紧急用品价格过高）。另外，如果该组织存在环境污染、自然资源破坏或劳动剥削等现象，也会使上述观点不成立。但是，除了这些相对不寻常的事件外，在我们的社会中，获得合理利润的权利通常能够获得公众认可。我们不期望组织在亏损的情况下运作，我们希望管理者做出的决策有助于产生盈余，即利润。管理者不必为他们的行为道歉，因为组织所有者要求获得利润。

制造业公司或商业机构的所有者或股东有权"发号施令"。他们投入了他们的积蓄，希望能够获得回报；他们还冒着投资减少或损失的风险。这些组织及其所有者和股东都不会从事公共服务工作，如果有任何公共服务，一般都被视为对社区的投资，例如，企业赞助青年棒球队或某个制造厂作为当地交响乐团的赞助商，希望所产生的商誉最终能通过增加销售和利润来证明其成本是合理的。

具有明确的和社会认可的主要受益人（所有者或股东）的制造商或商业机构会使大多数社会服务组织十分羡慕，因为只需要取悦该组织的所有者。只要销售和利润数据良好，主要受益人就会对该组织感到满意。该组织与其主要受益人之间存在着普遍的共识，那就是他们理想的目标都是获得更多利润。管理者可以将他们的许多活动集中在提高效率上，以此作为获得更多利润的手段。在社会服务组织中，虽然社会工作者就谁应是主要受益人（该组织的服务对象）普遍达成了共识，但也认识到不能忽视任务环境其他组成部分的需要和愿望。因此，管理者可能需要花费大部分时间寻找能更好地满足服务对象需求的方法，同时也试图满足其他群体和个人的要求——他们可能认为（而且往往是）每个人都是主要的受益人。这需要一些技巧和手段。正如一位作者所指出的，"管理者几乎每天都需要满足不同的，有时是相互竞争的价值观和利益相关者的利益"[8]。

缺乏普遍公认的主要受益人在许多社会服务组织内以及组织与其任务环境之间造成了持续的紧张关系。通常，主要受益人角色的"竞争"发生在服务对象和公众之间，特别是在公共部门，社会工作管理者可能面临一场持续不断的斗争，试图让服务对象接受自己是主要受益者的现实。因为广大公众通过税收资助这些组织，所以从逻辑上来说，他们应该是主要的受益者。例如，受雇于国立寄宿精神病院的社会工作者的活动经常因为对主要受益人缺乏共识而受到影响。对社会工作者和其他专业人员来说，该组织是为了治疗和服务病人，病人的最大利益应始终优先于其他因素，因为他们是主要受益人，对吧？这样的假设会如何影响工作者的日常活动呢？治疗人员的立场是，当他们认为出院是比继续住院治疗更有效的治疗选择时，就应该让病人出院。在所有专业决策中，偶尔出现的判断错误是可以容忍的，也是不可避免的。从这个角度来看，社会工作管理者可能也会付出相当大的努力，设法使治疗环境更像病人家一样，以减少威胁感或压迫感，从而更有利于治疗。

　　与此形成对比的是，广大公众认为自己是主要受益人，他们可能对同一个组织及其应该做的事情采取截然不同的态度。在口头承诺治疗目标的同时，他们可能会要求对于公众的保护，并在患者"过早"出院并发生暴力或尴尬行为时做出愤怒的反应。（人们有时会怀疑，过早是否与"临死前"同义，一些公众人士的评论就证明了这一点。）他们可能认为没有理由花费公共资金来使医院环境更加"友好"，安全才是主要要考虑的事情。他们可能会主张建造隔离墙来将病人与社区隔离开来，而不是与患者建立联系（有时甚至只是字面上的联系）。

　　在公共惩教机构工作的社会工作者看到了同样现象的更极端的例子。广大公众认为自己是主要的受益人，他们要求得到他们所认为的权利。他们可能会坚持对犯罪行为判处长期监禁（惩罚），并保护公众免受今后可能发生的犯罪行为的影响。然而，将囚犯视为主要受益人的专业员工可能会将对罪犯的教育改正视为该组织的主要任务。这种基本的观念分歧至少部分地解释了提前释放计划甚至死刑的支持者和反对者的立场。如果一个营利组织通过与州或地方政府签订合同来提供矫正服务，事情就会变得更加复杂。所有者或股东将成为第三个可能要求获得主要受益人的地位的群体。他们主要关注的是运作效率，他们会要求努力降低成本，从而增加利润。

　　在公共儿童保护组织中，广大公众成员通过税收结构来提供资金，但他们"发号施令"的权利形式略有不同。他们认为自己是主要的受益人，声称他们有权影响组织雇员的政策和行动。他们还可能认为，他们关于谁是服务对象、家庭甚至社区的定义应该被接受。虽然他们不否认需要保护儿童，但当儿童受到严重伤害或被杀害时，也只是会有一些愤怒的反应和无能的指控。但他们有可能反对将儿童从家中直接带走，或进行可能使家庭和/或社区尴尬的调查。与此相反，视儿童为服务对象即组织的主要受益人的社会工作者，可能将保护儿童和倡导儿童权利视为他们的主要职能，并认为他们有责任保护家长免受诬告，或保护社会不受不良宣传的影响。

　　毫不奇怪，在其他许多有社会工作者受雇但资金并非来自税收的环境中，也发生了类似的冲突。有时，关于谁应该成为主要受益人的分歧可能不如在心理健康、矫正或儿童保护方面那么明显，但仍然存在对主要受益人身份缺乏共识的情况。

　　许多社会工作者在无法确定主要受益人的情况下工作。西方国家有一种普遍的信念，那就是"有钱人可以让演奏者演奏任何曲子"。那些把私人捐款作为主要资金的社会服务组织，例如许多为无家可归者、普通民众提供服务的非营利组织可能会表现得好像自己是主要受益人一样，并要求拥有决定方法、时间、地点甚至服务类型等方面的发言权。例如，当地商人会倾向于给无家可归的人发放公共汽车票，这样就可以把他们从自己的办公地点转移到其他地方去接受服务，从而不会冒犯或骚扰自己潜在的顾客。当地居民同意无家可归者需要帮助，但他们不希望无家可归者住在自己的社区，因为他们认为无家可归者可能会对他们的家庭和财产构成威胁。

44　　　　那些私营、营利性组织（例如，许多扩展护理机构、私人精神病治疗中心或者那些与州或地方政府有合同的机构），在关于谁是主要受益人的问题上也存在分歧。这些组织可能主要关注的是主要受益人是服务对象还是所有者或股东，不能简单地忽视后者。例如，假设在私人精神病院，专业人员认为患者或服务对象已准备好出院，但他仍然在保险金的有效覆盖期内，而此时没有其他病人在等待入院。正如我们前面提到的，空床不会产生利润。如果组织的收入损失，患者应该回家吗？或者，如果情况相反怎么办？假设在社会工作者的专业判断中，患者因健康原因或保护他人的需要应继续住院，但保险已经用尽，而其他有保险的患者正在等待入院，遇到这种情况该怎么办？对于这些问题，并没有简单的解决方法。从事管理工作的社会工作者不能简单地假装财政问题不重要，而认为服务对象的利益才是最重要的。如果一个组织未能回应那些将自己视为主要受益人的各种群体的要求，那么它就很难存续了。而与此同时，我们也不能忽视对服务对象的伦理义务。

特别是在那些有员工组成工会或以其他方式保护他们的利益的组织中，可能存在另一个有趣的现象。主要受益人是组织的服务对象还是成员（雇员）？员工可能会对这个问题的答案感到困惑。这个问题可能会给管理者带来冲突，例如，员工是否应在晚上和周末为服务对象提供服务，或者下午5点之后的工作是否应获得加班费或时间补偿。如果管理者天真地认为，专业人员只是自然而然地坚持了服务对象是主要受益人的信念，而自我利益始终不那么重要，那么他们将继续对观察到的阻力感到困惑。对于处于高度工会化环境中的一些员工，特别是管理层次较低的员工来说，自身的利益似乎优先于他们的服务对象。管理者可能不喜欢甚至认为这是不道德的，但这是事实且不容忽视。

主要受益人概念的滥用

主要受益人的概念有助于理解社会工作管理者经常遇到的"进退两难"的感受。虽然这有助于解释管理者的伦理困境，但两个或两个以上自称是主要受益人的群体的存在永远不是管理不善的合理借口。过去，一些管理者试图证明忽视公众、业主或员工工会的要求是正当的，理由是他们做好了自己的工作，关心他们的主要受益人——服务对象的需要。他们帮助管理了一个效率很低，但以服务对象为中心的组织，当被指控管理不善时，他们会很愤慨。特别是在公共部门，管理者需要提醒员工和自己，主要受益人应该是谁，同时与那些认为他们应该是主要受益人的群体进行谈判（有时会做出让步）。

相反，管理者不能利用存在谁是主要受益人的紧张关系作为缺乏对服务对象需求的敏感性的借口。一些管理者在争取广大公众、业主或股东，甚至其员工的青睐方面做得很好，但他们牺牲了必需的服务对象服务才实现这一目标。服务对象选择的"分层化"方式——只选择为那些成功干预可能性高的服务对象服务——是一个很好的例子，说明管理者可以让一个组织看起来很成功，从而赢得公众的好感。另一种方式是严格遵守规则和政策，确保保险公司或其他第三方为服务提供最高支付金额。这种做法展示了一种可以被视为财政健全的管理方法，但这也可能不符合社会工作的专业伦理和价值观。过于注重取悦服务对象以外的主要受益人，可能会导致对服务对象的需求不敏感、反应迟钝。

使用主要受益人的概念（不管他们是否这样说）来证明关注了服务对象的需求或取悦其他群体的管理者，并不完全理解社会工作管理者的作用。良好的社会工作管理通常是一种持续的平衡行为，在这种行为中，权衡是不可避免的，各方对管理决策都满意的情况很少。取悦一方那另一方肯定不快。所以应该时而让其中一方的最大利益占上风，时而让另一方的利益占上风。一个优秀的管理者可以平衡相互竞争的群体之间的最佳利益，并从中得到一些满足，因为所有这些群体都声称是该组织的主要受益人。在某些情况下，似乎任何决定最终都会中和受益人之间的矛盾，这可能是管理者唯一满意的一点。

大多数社会服务组织的管理者，对于主要受益人缺乏共识，所以通常必须尝试"服务两个受益人"，有时甚至更多。他们经常会面临伦理问题和挑战。他们也可能缺乏工作保障，因为他们总是与一个或另一个群体对立。

主要受益人问题所涉及的问责

由于对组织的主要受益人缺乏共识，社会工作管理者往往发现自己走的是一条狭窄的道路。他们认识到有必要承担责任，但是对谁承担呢？衡量问责制的标准是效率和效果。在问责制中，效率通常与服务成本相关，通常是与提供类似服务的其他组织内部的费用进行比较。然而，效果关系到一个组织是否有能力证明它说到做到，以及它在多大程度上实现了它的成果目标。

有时，某个群体更重视效率，他们声称自己是主要的受益人；有时，另一个群体会更重视效果。例如，向服务对象展示效果可能更为重要，但向对组织目标至关重要的不友好的公众成员展示效率可能更为重要。提供财政资助的政府实体或私人基金会可能会同时强调两者的必要性。

如前所述，某些服务，如咨询服务，与其所获得的收益相比，成本很高，而且干预措施的效果也不容易证明。例如，社会工作者真的能记录下导致琼斯（Jones）女士离开受虐待的生活环境的咨询结果吗？它有多少作用呢？社会工作者是否可以因为所取得的任何进步而邀功？或者说其他因素，例如找到工作或有机会与姐姐同住才是发生这种变化的真正原因呢？我们是否可以肯定地说，她"去见社会工作者"没有阻碍她走向独立？

46   20 世纪开始的对问责制的重视强调了广大公众的责任，特别是为社会项目提供资金的纳税人的责任。许多项目，特别是那些难以证明自己成功了的项目都受到了威胁。许多社会工作者认为，所谓"问责时代"与其说是注重服务对象的需求，不如说是为了节省费用。他们担心：由于更加注重效率，服务的专业标准将受到损害；服务对象会被"处理"，而不会得到帮助；不符合成本效益的服务和项目可能会被淘汰。作为回应，一些社会服务组织形成了"反效率"的氛围。

在 20 世纪 70 年代初期的美国，对社会服务财政问责制的要求达到了一个新的高峰，部分原因是为了回应社会工作者在林登·约翰逊（Lyndon Johnson）执政期间为社会服务提供相对慷慨资助时却未能减少福利案件数量的问题。[9]政府领导者约翰·埃利希曼（John Ehrlichman）宣布社会工作者和其他人将来"必须踏实过日子"[10]，这使得社会服务组织的浪费和低效率暴露无遗。

社会服务组织内部效率低下甚至无效，并不完全是出于对某些政治动机或联邦官员刻意打击的想象。多年来缺乏问责制使一些无效的项目得以发展和继续，其提供的一些服务和方法也效率低下和/或无效率。在某些情况下，强调问责制和应用商业评估方法并非毫无价值。随着对组织责任感要求的提高，社会工作者的主要受益人，即服务对象，往往受益匪浅。那些真正以有效率的方式提供有效服务的组织在问责制方面没有什么问题；那些没有得到资金的组织被迫改进其管理方法或面临资金损失的风险。毫无疑问，一些良好的组织经过评估后已不复存在，一些有益但效率低下的服务不得不停止，但回顾过去，问责制的重点可能是利大于弊。那些能够超越问责制所带来的威胁并将其视为提高项目和服务效率与效果的机会的管理者做出了有益的改变，这使得他们的组织变得更强大，更能为大众所接受。

最近，不断升高的医疗保健成本产生了另一个戏剧性的例子，即人们缺乏关于谁应该成为主要受益人的共识，这成为社会服务管理者可能面临的伦理问题。健康保险公司因受到利润减少和损失的威胁，削减了福利并制定了各种各样的医疗保健费用控制措施，这些措施最终被称为管理式医疗。社会工作者和其他医疗保健专业人员视病人为主要受益人，他们高喊"不道德"，并预言负责任的、合理的治疗将不复存在。卫生组织和其他健康保险提供者是否拥有作为主要受益人的合法权利（因为他们支付了大部分账单）？例如，他们是否有权严格限制前列腺切除术的可报销住院天数，或认定简单的乳房切除术为门诊手术？他们有权利允许未经医学训练的官员做出这样的决定吗？但是，也许那些支付全部或大部分医疗保险的雇主，或直接支付医疗保险的人，即病人，可以申请主要受益人身份，从而得到最好的照顾。

尽管管理式医疗服务并没有像许多社会工作者预测的那样具有灾难性，但毫无疑问，47 这导致某些患者的医疗和精神治疗质量下降。就像其他一些事态发展加剧了不同群体之间的紧张关系一样，他们认为自己有权成为主要受益人，这使得管理者的工作更加艰难。由于管理者试图"为两位（或更多）受益人服务"，其中每一位都声称自己是主要受益人，这就产生了许多伦理困境。满足其中一个，另一个肯定会不满意。

非营利组织

到目前为止，我们所描述的是社会服务组织的一般特征以及它们如何影响管理者的工作。然而，有一种特殊类型的组织，即非营利组织（有时更准确地说是"不以营利为目的"的组织），其在某些重要方面与公共社会机构不同。例如，公共社会机构往往与社会服务有关。无论使用哪一个术语（有时这些术语没有连字符）都是用词不当的：非营利组织如果不始终如一地这样做（即它们收取的钱多于支出的钱），就可能产生现金盈余。但是，盈余必须回到组织的利益、储备、扩张等方面，否则组织就有可能失去其非营利地位和与之而来的利益。与营利性企业或公司不同，非营利组织不会将利润重新分配给股东，也不会获得股本回报。但是，它们可以以其他类似于企业和营利组织的方式进行资本投资和使用利润。它们试图在营业年度结束时既不显示亏损，也不显示利润。非营利组织的其他特点包括：

- 问题不在于赚钱的多少，也不在于从哪里赚这些钱和其流向，而在于钱最终用在什么地方。
- 例如，如果非营利组织是一个公共慈善机构，那么资金最终应该用于向公众提供服务；如果是会员制，则钱会被用于为会员提供服务；如果是政治组织，则会被用于服务和游说（在特殊限度内）；等等。
- 如果非营利组织是一个"智库"，那么资金就会流向学术资源、新聘人员、高等教育机构等等。

衡量非营利组织生存能力的一个关键指标是其储备。为了抵御经济衰退，任何非营利组织都需要储备金。储备的金额各不相同，但一般情况下以维持 1～1.5 年的运营期为足。虽然非常大的非营利组织可能拥有数百万美元的储备金，但这属于例外，而不是常规。大多数非营利组织的管理者都决定"生活在边缘"，这意味着大多数非营利组织几乎每个月都必须精打细算。最近几年经济衰退，非营利组织的雇员通常比公共部门的雇员面临更大的裁员风险；在过去十年的经济衰退期间，政府部门的裁员风险与其他类型组织的风险不相上下。

非营利组织的类型

获得非营利性地位并不是简单的过程，例如，一个有限责任公司（LLC），可以很容

易成立起来，同时迅速建立起相应设施。非营利组织（特别是某些类型）的资格认证更为

复杂，通常需要一到两年的时间进行注册并需要律师的协助。在启动期间，经常会出现如何支付工资和如何筹集资金的问题。

非营利组织的类型包括会员或非会员制组织、行业协会、慈善机构、"智库"和政治倡导组织。每个都有不同的管理方式。在非营利组织中，税收存在一些重要差异。在描述这些问题时，联邦和州政府使用编码 501（c），编号从 1 到 6。当一位管理者要负责部分或全部资金筹集时，这些数字就显得尤为重要。例如：

● 501（c）3 的服务和捐赠通常可以抵税，因此可以相对容易地募集捐款或增加收入。小额现金或商品的捐助方无须提供文件，就可在纳税申报单中扣除这些现金或商品。

● 对于 501（c）6 非营利组织（例如，亲善行业或动物救援慈善机构），需要有文件证明（一份附有捐赠估计值的收据）才能扣税。

● 基金会，作为 501（c）4 非营利组织，可以接受捐赠；没有基金会的公司不能接受捐赠。因此，一些组织（包括社会服务部门和其他组织）设立了基金会以开展慈善服务和发放赠款。社会服务领域的一个例子是南卡罗来纳州的慈善修女基金会。这群精通商业的修女筹集了数十万美元以促进贫困地区的健康和教育的发展。

其他部门的一些基金会是为间接补偿管理者而设立的。规模大的大学中存在的基金会是一个好的例子。管理者从大学领取基本工资，但这些数字与他们从大学基金会得到的钱相比往往相形见绌。

另一个基金会的例子是哈雷·戴维森（Harley Davidson）所用的那种。它允许营利性公司从服务对象那里获得收入，否则就无法获得真正的基金会捐款。这笔收入无法为公司营利部门的资本改善或运营提供资金。但是，基金会捐款可以通过聚集购买和使用产品的服务对象（哈雷公约等）来促进有利于公司的活动。

基金会有许多方法来获得收入。它们包括：

● 向会员（但不是普通公众）出售产品和服务。

● 收取会费。

● 为基金会募集捐款。

● 拥有房地产并出租剩余空间。

● 收集收入/投资准备金的回报。从历史上看，这些投资是非常保守的；现在基金会通常遵循耶鲁和哈佛的捐赠模式，该模式投资管理的力度要大得多，人们对风险的承受能力越来越强。（过去，大多数基金会都非常自觉地意识到，资金是从别人那筹集的钱，而不是组织的钱。）

● 提供背书——比如通过简单地将组织的名称与服务或产品联系起来，而无须说明质量，可以算是准背书。作为交换，可能会给组织成员带来好处。例如，美国汽车协会（AAA）或美国退休人员协会（AARP）享有酒店折扣，这可能有助于该组织招聘新成员

或保留现有会员。

游说

一些非营利组织将其一名或多名雇员登记为游说者，这一术语代表该组织的人员正式宣布他们打算影响立法机关制定法律和政策的人。然而，非营利组织并没有得到自由处理权来登记一名说客来为某些法律和政策辩护，仅仅因为这些法律和政策代表了与组织使命相一致的事业。州和联邦政府都有关于谁可以登记为游说者的法律，这通常取决于组织的规模、非营利组织预算中用于倡导立法的百分比以及非营利组织中个人花费在游说上的时间百分比。

非营利组织游说的效果往往与其成员的规模呈正比（因此也与它所包含的潜在选民人数呈正比）。美国退休人员协会是美国最大的非营利组织，会员超过 4 000 万。它是由部分保险公司（仅向会员提供）和部分会员组成的组织，也是美国最强大的游说团体之一，对美国老年人的服务领域（包括医疗保健和社会保障福利）有很大的影响。

倡导

这是非营利组织寻求推动其议程的第二种不那么直接的方式。非营利组织的管理者和其他工作人员有主张或提出政府雇员通常没有的问题的自由。他们如何学习与组织及其利益有关的问题的倡导技巧？一种方法是向一个有经验的游说者请教，他会向你介绍州首府的立法者和政策制定者。第二种方法是向组织发送电子邮件、发短信或打电话给该组织的成员或捐助方，请他们就重要问题与立法者联系。大规模电子邮件（也称为电子爆炸）的出现使组织内的管理者可以联系数百名（甚至是数千名）成员或捐助者，要求他们联系当地官员让其就某个问题进行支持或反对的投票。如果组织规模很小，寻求与其他规模较大的非营利性组织合作，开展具有类似议程的宣传活动可能会非常有效。例如，在 2002 年，南卡罗来纳州的香烟税是全国第三低的，每包 7 美分。许多研究表明，提高税收会降低成年人的吸烟率，并阻止青少年开始吸烟。年复一年，该州的十几个小型非营利组织与强大的美国退休人员协会合作，寻求增加税收。最后，在 2010 年，该税收得到了提高；但是，到了 2014 年，该税收在全国又排到了倒数第七名。

非营利社会服务组织的管理者与营利部门管理者面临许多同样的挑战，并执行许多相同的任务。然而，正如我们所描述的，他们还有一些独特的挑战，也有一些不同的任务要完成，这往往与保持其组织的非营利地位的必要性有关。他们经常需要额外筹集资金，并满足资金提供者高效和有效使用资金的需求。他们还要对董事会负责，董事会成员可能背景广泛多样，因此对组织的发展方向及实现目标的方式有不同的看法。他们中的一个或多 *50*

个人可能只是不喜欢现任管理者的"风格"，并可能找借口解雇他并雇用一个替代者！我们将在本书后面的章节中提到其中的一些情况。

小结

在本章中，我们研究了社会服务的背景，以便更好地理解社会工作管理者在社会服务组织中的角色以及与其他管理者的不同之处。例如，任务环境的存在并不总是友好的，有时甚至是相当不利的，这说明了为什么社会工作中的管理任务所采取的某些方式对许多商业或工业的人来说是不合逻辑的，以及讨论了如何使任务环境更加友好。

我们回顾了制造商和商业机构的相似之处，它们与社会服务组织的不同之处，以及这些差异是如何塑造它们各自管理者的行为的。我们挑出一个古老但仍然很有用的概念，即主要受益人来解释一个特别重要的区别。对谁应该成为社会服务组织的主要受益人这一问题缺乏共识，给社会服务机构带来了问题，并占用了社会工作管理者的大部分精力。这一问题在公共机构中比较突出，但在其他环境中类似的问题也越来越多。

我们还研究了一个相关问题——问责制——以及管理者在处理这一问题时所面临的特殊问题。作为管理者的社会工作者必须向广大公众和/或其他认为自己是该组织主要受益人的人证明其效果和效率。同时，他们必须满足服务对象的需求，社会工作专业人员把该群体视为社会服务组织的主要受益人。

最后，我们描述了一种广泛存在于社会服务组织中的特殊类型的组织，即非营利组织，以及它的独特之处。我们研究了不同类型的非营利组织以及它们之间的区别。我们还研究了非营利组织中社会工作者的两项重要工作——游说和倡导。

应用

1. 你认为哪一群体是你们学校或社会工作教育项目的主要受益人？
2. 哪些其他群体有合法的权利要求成为主要受益人？为什么不能忽视他们？
3. 可能存在的两个或两个以上的"主要受益人"会如何影响管理者（例如院长、系主任或课程主任）的工作？

第三章

现代管理实践的历史渊源

学习成果

在本章结束时，你应该能够：

● 列出三大古典管理学派对我们今天所知管理理论的主要贡献。

● 列举古典管理学派的共同缺点。

● 解释为什么在不利的任务环境中运作的社会服务组织往往具有科层制的特征。

● 讨论为什么过度使用参与式管理方法会导致效率低下和士气问题。

　　为了理解当今流行的管理理论和实践，有必要研究那些早期理论，这些理论的成功和失败是推动管理发展的动力。然而，研究管理理论的历史还有第二个原因。作为社会工作者，我们知道人类行为的改变是缓慢和困难的。虽然现在很少有社会工作管理者会承认自己严重依赖科学管理或行政管理理论，但他们作为管理者的行为表明，早期理论仍然充满活力，并且继续对他们的行为产生重大而直接的影响。早期工人和管理者角色的概念化仍然对社会服务组织内的管理有着明显的重大影响。

　　在研究管理的历史方法时，我们只对它们简要说明，这些足以描述它们所依据的假设、它们的主要特征及其优缺点。大量的著作（有时是个别理论家毕生的工作）已被总结（在某些情况下，只有几段）并大大简化了。我们的目标不是对它们进行深入的理解，而是关注这些方面：（1）它们为当代扮演管理者角色的社会工作者提供了什么；（2）它们在哪些方面无法满足社会工作管理者的需求。

　　除了极少数例外，早期管理理论是基于工作环境进行的研究，如制造业工厂或大型商业机构，提高效率是其主要目标。管理被认为是一种增加利润的理想手段。正如第二章所讨论的，社会服务组织与这些组织有一些非常基本的差异。但是，即使仍然存在差异，这些差异也并不像过去那样明显，当然，这不妨碍我们从制造业或商业领域研究管理的人那里学习经验。过去、现在和新兴的管理理论都为当代的社会工作管理者提供了一些东西。在 19 世纪早期和中期，家族企业和家庭手工业蓬勃发展时，很少有人对发展与管理有关的系统知识感兴趣。工业革命的到来使北美产生了一种新的现象，即产生了大规模的商业机构或制造业组织。人们发现自己与数百甚至数千名其他员工合作生产和销售他们的产品。大型复杂企业和行业数量的猛增促使了一类新专家——管理者的出现。管理者既不是工人，也不是所有者。管理者既不帮忙制造产品，也不直接参与其销售。他们被雇用来监督和支持他人的工作，并对他人执行这些任务的能力进行评估。在一些大型组织中，有些管理者根本不会与所有生产产品的工人直接打交道；他们只执行高级别的管理任务，例如监督较低级别的管理者。在不同级别刚担任管理者角色的人往往对他们的新角色没有什么准备。他们可以从系统知识体系的发展中受益，帮助他们完成工作。

下面的讨论简要概述了过去一个世纪发展起来的一些最著名的、可识别的管理理论。每一种都反映了一种"学派"或管理哲学，其基础是：（1）关于激励人们的某些假设；（2）管理者的正确角色；（3）组织如何发挥作用。它们提供了一系列相关（但很大程度上未经证实）的假设，这些假设在没有任何因果知识或经验研究可用于指导的情况下，为管理者做出管理决策和采取行动提供了理论依据。

科学管理

最早的可识别的管理理论，统称为"科学管理"，起源于 19 世纪的学徒制。弗雷德里克·温斯洛·泰勒（Frederick Winslow Taylor，1856—1915），一位工程师，是最常与科学管理相联系的名字。

泰勒深受他那个时代盛行的工作伦理的影响。科学管理基于对人及其在工作场所中的行为的一系列假设。泰勒认为工人主要受经济上的因素所激励，他们理性行事，更喜欢简单的任务，需要并希望得到指导和监督来帮助他们完成工作。他们在工作中寻求的是经济保障和稳定的工作环境，以保证获得令人满意的、定期的报酬。

如果人们赞同关于人的这种观点，就会遵循这一管理原则和行为。管理者的工作包括设计和应用更好的方法来提高工人的生产力，从而获得额外的报酬。为了实现这一目标，科学管理在很大程度上依赖奖励方法，如激励薪酬、佣金和计件工作（根据所产生的工作单位数量计算的薪酬）。所有这些方法都为工人提供了经济奖励，因为他们相信，有了这些激励措施，工人们将把更多的时间和精力投入到生产上。如果某些人主要是为了挣钱而工作，那么如果有人提供更多的钱作为报酬，他就会更加努力。如果你认同泰勒对人类的看法，即将人类看作"经济人"（有时被称为"机器人"），那么这种措施便是有意义的。

因为当效率和生产力提高时，员工、管理者和所有者都会受益，因此科学管理的支持 *53*
者认为，组织内部的冲突应该最小化。如果存在冲突，那只是因为缺乏专业的科学管理知
识。考虑到泰勒对人类的基本假设，这种思想有一个令人信服的逻辑。为什么所有理性
的、有经济动机的员工都不想①提高生产力，从而提高组织利润，改善自己的财务状况呢？

正是基于员工希望工作简单且有经济回报的信念，所以科学管理理论非常注重对工人
的选择和精心的培训。管理者和工人的角色明显不同。"动手的"工人执行简单的任务，
管理者解除了他们需要思考和做出决定的责任。由于工人的工作如此简单，他们很快就学
会正确地完成工作，并变得越来越有效率。流水线是科学管理理论的应用之一，因其高效
生产 T 型和 A 型福特车而被广泛宣传。它在很大程度上依赖于严格遵守分工原则。

泰勒是一个完美主义者和效率专家。通常被认为对理解科学管理至关重要的一个短语
是"最佳方法"。如果你认为人们是理性的，他们的动机并不复杂，那么只有得出这样的
结论才是合乎逻辑的，即可以找到使他们充分提高生产力的最佳方法。管理者的角色是通
过他们自己的科学研究和其他人所从事的管理研究的应用来发现这种方法。科学管理认为
存在最佳方法（最大限度地提高工人的生产力），只是需要找到它。泰勒渴望通过积累关
于执行任务最佳方法的研究知识来使管理成为科学。弗兰克·吉尔布雷思（Frank Gil-
breth，1868—1924）和莉莲·吉尔布雷思（Lillian Gilbreth，1878—1972）是泰勒的追随
者，他们发明了一种科学方法的应用叫作时间和动作研究。他们试图找出并消除浪费，并
通过使用像秒表这样的设备以及仔细观察和记录工人的手部和眼球运动来增加工人的
产量。

科学管理的局限性

泰勒曾经写道："在科学管理下，你不必问任何人。每一件小得不能再小的小事都可
以成为实验的主题。实验发展成了一个规律：它们省钱。"[1]因此，泰勒和他的追随者进行
了一些研究，这些研究似乎为他们倡导的管理方法提供了实证支持。后来的理论家试图根
据其他研究者的方法来推翻泰勒和他的追随者们的研究成果。[2]他们指出，泰勒和他的追随
者在"测试"科学管理原则的效果时没使用对照组。还有人指出，由于研究者的存在引入
了测量偏差，泰勒的研究结果受到"霍桑效应"[3]的影响。泰勒本人虽然不是一个特别好的
演说家，但却是一个令人信服的推销员，所以他的研究结果和提出的理论的科学可信度会
受到影响。当他进行研究时，他的个性和魅力而不是他所采用的管理方法可能更多地与工
人生产力的提高有关。

----

① 此处原文如此，疑有误。——译者注

54 对科学管理的其他批评集中在对其所依据的人的假设上。一些批评者认为这是盛气凌人的，是对工人的侮辱。例如，泰勒使用术语"第一流的工人"（他的方法是：识别或者甚至招聘工作最快的工人，研究他们，然后要求其他工人复制他们的表现），这引起了政府和其他地方的一些人的反感。有时，他会把工人看作可互换的零件，而不是个人。泰勒还被指责对每天都必须做简单的重复性的工作的人可能出现的长期生理和心理损害缺乏敏感性。至少一位作者指出，这一指控对泰勒来说可能有点儿不公平。[4]泰勒并不是完全不关心人的需求，也不是完全不关心常规任务对工人的潜在破坏性影响。他的著作也反映了对群体动力及其对生产力的影响的初步理解。他通过经济激励来强调个人的动机，可能更多的是为了克服群体对工人行为的消极影响，而不是单纯为了刺激他们。

管理的"最佳方法"的焦点遭到了当代人和后来批评者的反对。当时的员工和管理者习惯于根据"艺术"因素（如本能、经验和传统）做出决定。因此，他们对所谓的旨在发展一套科学知识所做出的努力感到不满，这些科学知识可能表明一些现行的做法完全是错误的。研究表明泰勒认为的"最佳方法"有可能限制管理者的选择。后来，有人批评了这样一种观点，即在不同的情况下，对彼此有明显差异的人来说，可能会有一种最好的方式来执行管理活动。

批评者还质疑泰勒的观点，即只要管理者做好自己的工作并获得了生产力的经济回报，那么组织内部就没必要产生冲突。特别是随着工会组织的扩张，对泰勒方法有组织的抵制越来越多。工人们经常争辩说，他们并没有与所有者平等地分享生产力带来的利润，并开始埋怨持续增大的压力。工会领导者认为，工人在改善工作条件等方面取得的有限进展被科学管理方法给逐渐破坏了。

平心而论，泰勒对人的看法，特别是他对经济动机的看法，在他的时代来说，并没有像今天看起来那么离谱。我们中的许多人从小就相信，我们的工作应该是有趣、有挑战性、多样化的，并且应该是我们真正喜欢的东西，至少在某些时候是这样的。19世纪末和20世纪初的工人对他们的工作期望（较低）与我们今天完全不同。在泰勒那个时代，许多工人都是新移民，他们来到美国主要是为了改善他们的经济生活。他们把自己的工作当作摆脱贫困的一种手段，是为了从经济上起步，从而使他们走上富裕之路。他们首先想要的是经济安全（过去通常很少），并且不太倾向于期望或寻求更高层次的需求满足。他们不是在找想从事的职业，他们想的是一份薪水高、有保障的工作。简而言之，在有关工人的部分，泰勒对"经济人"的看法在很大程度上是准确的（除了有点儿过于概括）。我们根据对21世纪组织行为的理解去仓促地判断他的假设和方法是错误的。

55 ## 科学管理的现代应用

从表面上看，鉴于人们对科学管理提出了许多批评，这些理论似乎对现在社会服务组织中担任管者角色的社会工作者没有什么帮助，然而，泰勒和他的同事为管理做出的贡献，其中许多在现在仍然是有用的。记住科学管理与工业革命前的管理实践的差异，我们便朝着正确的方向迈出了第一步。在科学管理时代之前，管理者经常只是基于先例、偏好、本能甚至是冲动来做出决定，没有任何管理原则或概念框架可以帮助他们。指导他们做出管理决策的，只有利润以及他们认为会产生利润的东西。管理者在对待个体员工的问题时往往显得武断，甚至反复无常。工人容易受到虐待和剥削，但对此都感到无能为力。科学管理至少基于某些假设和原则，为管理和对待工人提供了更客观的方法。

寻找最好的方法，相信人们被金钱所激励，以及科学管理的其他假设并没有随着泰勒去世而消失。他的追随者，如甘特图的发明者亨利·甘特（Henry Gantt，1861—1919）和雨果·芒斯特伯格（Hugo Munsterberg，1863—1916），继续发展泰勒的理论，主张在选择员工时使用心理测试。现在有一个名为泰勒协会的活跃组织，其成员在泰勒去世一个世纪后仍继续讨论和应用他的观点。

担任管理者角色的社会工作者在管理他人或自己的管理实践中仍然会使用科学管理思想。这些并不总是不恰当的，例如，有时候财务因素是对员工行为产生影响的最好的方式。现在，科学管理理论仍然在为管理组织行为做出贡献。

行政管理

另一种管理方法也在 20 世纪上半叶形成。其理论统称为行政管理，是从亨利·法约尔（Henry Fayol，1841—1925）及他人的著作中演变而来的。法约尔是一位法国实业家（矿业），他认为有一些管理原则是普遍适用的，特别适用于某些环境下的高级行政管理层。1916 年，他首次发表了他的观察结果，但直到 20 世纪 40 年代，他的理论才被管理学家们探讨并在美国广为人知。

法约尔被很多人误解了。虽然他可能从未打算把他的 14 项管理原则视为规则或法则，但人们对这些原则的普遍误解是，它们的本意是相当死板的。"控制范围不得超过八人"（谁也不能监督八个人以上）或"一个下级只能有一个上级"等监督原则被认为是规范性的，但实际上它们更像一般性的建议。不幸的是，人们只对行政管理有这样的通常印象，对更广泛的法约尔的思想却不太了解。

法约尔相信良好的管理方法是可以传授的。他认为，应用他的原则的人可以成功地执行管理者的任务。他的管理活动清单（见第一章）包括计划、组织、指挥、协调和控制。正如我们之前所说的那样，他指出管理并不局限于工作场所。所有人类活动中都会用到管理。法约尔称，无论他们在哪里管理，只要人们坚持他的基本原则，就可以管理得更好。

56

这些原则概述如下：

1. 劳动分工。法约尔相信专业化会在不增加成本的情况下生产更多更好的产品。

2. 权力和责任。对法约尔来说，权力（有权下令和期望顺从）与责任密切相关。责任是权力的自然结果。管理者不仅拥有责任，而且也应该鼓励他人承担责任。

3. 纪律。法约尔将纪律视为工人和雇主之间"契约"的一部分，并且是组织顺利运作的必要条件。

4. 统一指挥。法约尔认为，员工应该接受指示并只对一位上司有汇报义务。任何其他情况都会削弱组织的权力并给组织带来重大问题。

5. 统一领导。法约尔认为，旨在实现相同目标的一组活动应该有一个计划（和一个领导者）。

6. 个人利益服从于集体利益。法约尔认为，人的自私和懒惰等特征会产生自我利益优先于组织最佳利益的组织，除非通过监督、某些协议、坚定性和上级榜样等来排除这种情况。

7. 薪酬。法约尔认为，只要有可能，让雇主和员工都感到满意的薪酬才是公平的。他提倡一些新的奖励方法，如奖金和分红。

8. 集权。法约尔认为，集权在组织中始终（或多或少）存在。但是，他认为，根据管理者及其下属的特点，中央集权与权力下放之间的平衡应有所不同。考虑到这种情况的特殊性，他认为管理者的工作是在它们之间实现最适当的平衡。

9. 层级链。法约尔认为，严格遵守指挥链可能会导致问题（尤其是在大组织中），特别是在需要及时沟通时。他建议，各组织有时需要建立更短、更直接的路线（"跳板"），即使当它们与指挥链不一致，也能够进行有效的交流。

10. 秩序。法约尔坚信，组织中的每件事和每个人都需要处在适当的位置。他非常重视将员工匹配到合适的职位，以便他们找到自己可以做出最大贡献的工作。

11. 公平。法约尔认为，公平不仅仅是建立在传统基础上的正义。他强调，在做出被认为是公平的决定时，需要有常识和仁慈。

12. 人员任期的稳定性。法约尔指出，繁荣的公司往往是稳定的，员工流动相对较少。他指出，培训新员工特别是管理者的费用很高，因此，他主张通过授予终身任职或长期员工地位等方法来保障工作稳定。然而，他也认识到，如果一个组织的员工中有很大一部分被终身聘用并在他们的工作中得到太多保障，可能会产生一些问题。

13. 首创精神。法约尔认识到管理者在一个组织的员工中促进首创精神的重要性。但他认为，这必须通过尊重权力和纪律来平衡。

14. 团队精神。法约尔重视组织内部的和谐。他认为这应该由管理者来推进，例如，不要分裂工作小组，或者不要在员工之间进行书面沟通，因为口头沟通会更有效率，并且更有可能产生积极的人际关系。[5]

认为泰勒的科学管理和法约尔（及他人）的行政管理理论是不相容的竞争对手，这似乎是合乎逻辑的。但事实上，它们并不是。首先，法约尔的原则主要是为了帮助管理者进行高级管理活动。泰勒的方法集中在让管理者积极影响员工个人生产力的方法上。从不同的角度来看，两者都对管理理论做出了贡献。其实，他们的见解是相当互补的，他们分享了与科层模式的倡导者非常相似的关于人的理论（本章后面讨论），尤其是他们的动机。

玛丽·帕克·福利特（Mary Parker Follett，1868—1933）是接受法约尔的一些思想并进一步发展它们的理论家之一。她在很大程度上依赖于普遍管理原则的理念，但她的著作基于不同的经验，因此，其重点略有不同。福利特了解并理解政府和企业管理，她还了解心理和社会因素在管理实践中的重要性。虽然早期她有时被称为社会工作者，但她本身并没有被训练成一名社会工作者。然而，她的作品更多地反映了管理者对人的个性的敏感性，与法约尔和其他大多数与行政管理理论相关的作家不同。毫不奇怪，与其他人相比，社会工作管理者对福利特的观点更有熟悉的感觉。与其他大多数当代理论家相比，她的见解更符合我们专业对个体工作者需求的重视。

行政管理的局限性

如上所述，对法约尔和那些扩展其观点的人的批评很大程度上是基于对其原则须严格执行的误解。如果错误地将其视为规则，就很容易使其丧失信誉。例如，有人指出，在现实生活中，这些原则并不总是适用于管理者。此外，每种情况（失败的情况）的限制没有定义。而且，文献很少讨论不遵守原则的后果。

虽然这些原则是合乎逻辑的，但在实际工作中它们是不现实的。管理学家赫伯特·西蒙（Herbert Simon，1916—2001）煞费苦心地证明了一些原则与另一些原则缺乏一致性。他表明，在某些情况下，要遵守一项原则就会违反另一项原则。[6]

尽管批评者在攻击行政管理的过程中可能有点儿不公平，但行政管理的倡导者可能确实过度依赖了这 14 条原则。管理不能基于 14 个甚至 400 个原则，过分强调原则可能会导致管理者对一些非常重要的情境变量，特别是受管理活动影响的特殊人员和作为管理者的特殊人员的重视程度不足。福利特的理论反映了对这些重要性的初步认识，但她的见解仍然没有达到 21 世纪社会工作管理者所需的水平。

行政管理的现代应用

尽管行政管理的 14 条原则有其局限性，但它们仍然值得我们研究。这些原则比对它的误解更有价值。事实上，坚持这些原则会使管理层的决策听起来更为合理。当前的许多文章中隐含的许多观点都与这些原则相一致，而且很可能是从它们间接发展而来的。

读者还会注意到，法约尔的五项管理活动在现代文献中已有反映。我们可能会认为，组织和协调等活动并不需要周到的考虑。但法约尔详述的管理活动构成了对任何环境（无论是个人还是专业）的管理活动的相当完整的描述。此外，正如我们将看到的，即使是最常用的管理活动列表也有重叠之处。

管理可教授的观点可能是行政管理对现代管理理论最重要的相关贡献。这与社会工作价值观是一致的，即人可以改变，只要得到机会和帮助，他们就能学会更好地发挥作用。如果我们仍然坚持早先对管理的态度，认为良好的管理实践是只送给一部分人的礼物，那将是非常不幸的。正如我们在本书中所主张的那样，因为所有的社会工作从业者都是管理者，因此上述观点对我们很多人来说并不是个好兆头。但是，相信我们能够学会成为更优秀的管理者，不仅为我们学习管理提供了理由，也表明我们可以通过学习和技能培养成功地扮演管理者的角色。

科层管理

被统称为古典管理理论第三个"学派"的科层管理，对于大多数社会工作者来说是相当熟悉的。科层管理在社会服务中非常明显，特别是在公共部门。当社会工作者因无法为服务对象提供服务而感到沮丧时，他们往往成为批评的最佳目标。对非社会工作者来说，相当普遍的做法是以大型政府机构和组织，如县福利部门为例，来说明当官僚原则在组织内占主导地位时，可能会出现任何问题。

与前面讨论的两个理论类似，马克斯·韦伯（Max Weber，1864—1920）的名字最常与科层制联系在一起。韦伯的著作与科学管理和行政管理理论是同时代出现的，但直到第二次世界大战之后，他的思想才在美国得到翻译和广泛实施。韦伯认为，科层制是 20 世纪组织的理想结构。在今天的许多组织中，它仍然是一个占主导地位的模式。

科层制实际上是一种组织设计，它是根据某些被认为能提高效率的原则而具体构建的。这些原则对于曾经在公共部门工作过的人来说耳熟能详。它们是合乎逻辑的，在这一点上经得起时间的考验。例如，科层制的特点通常如下：

1. 垂直的组织层次结构。顶端的人是领导；等级越低，权力越小。每个人的行为都被其他人监控。

2. 明确限制职能的准则。规则、政策和程序已经到位并得到执行。在不存在其他正式指导的情况下，甚至还有决策规则来管理和控制行为。其目的是使这些准则在组织内发挥作用，就像日常工作习惯一样。

3. 根据表现的技术能力进行晋升和给予其他奖励。"做好你的工作，你就会得到回报。"被提升到更上一个组织层级的情况经常发生。

4. 正式、严格的沟通渠道。沟通（以及其他活动）严格按照指挥链进行。

5. 为全职员工提供工作保障。"做好你的工作，你就不会被解雇。"

6. 分工。人们有非常具体的工作要做，他们清楚地知道自己的工作意味着什么，其他人也知道。使用详细的职位描述。

7. 强调书面文件。"如有疑问，一定要写下来。"

科层制严格遵守非人格化、无须快速反应的原则使其特别适合许多社会服务组织。遵守科层制原则的组织可以保持对大量人员及其活动的控制。科层机构为那些在大型组织中很难找到方向的员工提供了高度的确定性。只要你的直属督导对你的工作满意，你就没事了。遵守规则、政策和程序（如果有必要的话，你可以查阅这些规则、政策和程序），你就有可能获得工作保障和晋升奖励。

由于许多社会福利项目都接受联邦资助，而联邦政府本身就是一个高度结构化的科层机构，因此在州和地方组织层面也出现科层机构就不足为奇了。科层机构与其他科层机构互动良好。（它们与围绕其他原则构建的组织的互动效率较低。）服务组织可以根据联邦指导方针和要求轻松定制内部规则和其他控制措施。这就增加了更多的确定性——增加了获得资金和报销的可能性。

科层机构甚至被认为为服务对象提供了理想的确定性。科层机构给服务对象带来的好处包括同一待遇（无偏向），以及保护服务对象免受那些可能试图扣留他们有权获得的所需商品和服务的人的歧视。科层机构的非人格化可以有效地向服务对象保证（至少在理论上）他们将得到与其他任何人没有区别的待遇，并且将获得他们有权获得的一切，前提是他们符合所有的资格要求。

科层机构也可以以另一种方式为服务对象的利益服务。有经验的官员大多知道如何绕过一些对他们的服务对象过于严格的规则和政策，以便使这些服务对象得到所需要的帮助。他们知道"漏洞"难免存在并知道如何利用"漏洞"。例如，我们知道有一个公共援助机构，在这个机构中，一位服务对象无法获得资金补助来购买一件用来参加她女儿的毕业典礼的服装。然而，她的个案工作者知道，其实规定允许她定期收到购买亚麻布的支票，她可以选择在一家同时出售亚麻布和服装的商店里使用这一支票。虽然我们可能会对这一做法提出伦理问题，但社会工作者只给购买亚麻布签发了一张额外支票，而服务对象却穿着一条新裙子参加了毕业典礼。

那些对组织长期生存负有最大责任的高级管理者发现，科层机构是处理不利的任务环境的特别有用的方式。如果像公共财政援助那样，由主要的企业将税金分配给那些被公众视为懒惰或不值得获得该税金的人，那么企业管理者就需要从这些人所在的任务环境中获得保护以免受公众批评。毫不奇怪，科层机构在不断受到不利的任务环境攻击的组织中发生了变化。科层机构通过向任务环境传达控制感和责任感保护自己免受批评。谨慎而严格地遵守联邦准则，做好证明文件，大量地保存记录，密切监控每个人的工作以及运用一些即使督导者不在也可控制行为的规则，这些都是用来减少尴尬错误、控制指责并使公众的批评降到可以容忍的程度的一些科层制方法。提高效率和减少错误发生的组织结构（例如在资格确定方面）比基于服务对象个性化、灵活性或决策中的专业判断原则的组织结构更不容易受到不利的任务环境的攻击。科层机构最适合压制那些批评者，他们急于指责组织过于热心地分配公共资金和公共支持服务。当受到质疑时，严格按照规则所保留的记录可以以统计数据、通信记录和其他数据的形式呈现出来。

科层管理的局限性

任何在科层机构工作中经历过挫折的人都清楚科层制原则的局限性。虽然科层机构是合乎逻辑的、理性的，并且从表面上看，似乎有很高的提高效率的潜力，但有时恰恰相反，以下我们会提到一些最常见的缺陷。当然，读者可以添加自己所认为正确的内容。

职位描述

在科层机构中，应充分描述所有工作职位的职责。然而，这在现实的社会服务中通常是不可行的，在较小的程度上，甚至在商业或制造业中也是不可行的。如果服务中出现需要的服务不属于任何人的职责范围的情况，那该怎么办？道德上，我们无法因为服务不属于任何人的责任范围而拒绝一个需要帮助的人。例如，使用仅在几年前编写的职位描述严格构建的科层机构可能无法满足青少年目前的需求，这些青少年正面临着与色情短信（sexting）或网络欺凌有关的意想不到的问题。我们工作的性质随着我们目前服务对象的需要和下一年我们将服务的服务对象而不断演变。过于依赖职位描述的管理者既无法意识到职能重叠的必然性，也没有意识到需要灵活性来满足不断变化的服务需求。

"做成书面文件"

这个原则似乎也是个好主意，但有时也会引起问题。虽然它是为了提高效率而设计的，但它可能导致时间的利用效率非常低。可用于服务的精力和资源（人员、电脑软件、时间）被用来支持不必要的文件和记录保存。科层机构中的"备忘录"（现在经常以电子邮件的形式出现）就是这种浪费的明显例子。据了解，员工每周都会与另一位离自己办公室几米远的同事交换几十份备忘录或电子邮件，他们本可以走过去，直接与同事交谈，并在两分钟或更短的时间内完成沟通。然而，因为不会产生信息交换文件，所以科层制原则不鼓励这种行为。

此外，书面形式有时不是专业人员之间沟通的最好形式，无论是短信、电子邮件还是一部分服务对象记录。虽然医疗记录的隐私可能受到 HIPAA[①] 法律的保护，但其他从未打算公开的通信有时也会被他人发现（例如，在某一时刻发送给一位同事的一条私人短信），甚至会被呈上法庭。

按能力表现进行晋升

这个原则有一个令人信服的逻辑，但它也有缺陷。正如我们之前所说的，不同的工作需要不同的知识技能、动机和能力。不能保证一个好的实务工作者会成为一个成功的管理者，也不能保证一个好的社区组织者是一名称职的社区组织主管。在员工的工作绩效良好的情况下，这项原则有时会使人们晋升到他们不擅长的工作岗位（而且往往必须留下），这对组织来说是双重的损失。

稳 定

一方面，科层机构适合相对稳定、不变的环境。但是，这并不是大多数社会服务组织的特点，科层机构往往很难"进行革新"。科层机构中存在一种培养顺从、扼杀创造力以促进抵制变革的方式，奖励制度促进了"照章办事"的行为。然而，这种行为可能不符合当前形势的需要。

另一方面，科层机构内部的稳定性是不可取的。严重科层制化的组织似乎充满愿意学习和遵守规则的人，也就是那些"不惹麻烦"的人。而那些寻求新的、更好的做事方式的具有创新性的人，以及为了适应新的环境而鼓动变革的人，不可避免地发现自己与科层制权力结构格格不入，他们会为此感到沮丧，或者去其他他们相信自己的灵活性会得到更多赞赏的地方工作。

工作保障

就像学术环境中的终身教职一样，工作保障理论上应该为员工提供在不失去工作的情况下更好地工作的自由。有时提高生产力就是结果。我们都认为有些能力强的公务员理应知道他们的工作是有保障的，工作保障有助于他们把工作做好。然而，有些人是根据对短期试用期（通常是 6 个月）的评估获得长期员工职位的，后来这些人被证明是组织的负担。工作保障能促进良好的工作绩效，然而，对于那些缺乏必要奉献精神和没有欲望好好表现的人，这可能会导致冷漠、自满和一种坚不可摧的感觉。科层机构可能会被后者所占

---

① HIPAA 是美国前总统克林顿签署的《健康保险携带和责任法案》（"Health Insurance Portability and Accountability Act"）的缩写。该法案是继 1974 年《雇员退休收入保障法案》（ERISA）后，影响最深远的法案，它对多种医疗健康产业都具有规范作用，包括交易规则、医疗服务机构的识别、从业人员的识别、医疗信息安全、医疗隐私、健康计划识别、第一伤病报告、病人识别等。——译者注

据，特别是工作条件和报酬非常有限时，市场化程度更高、更有创造力的员工往往不会在这里待太久。

继续增长

科层机构似乎在发展过程中变得越来越不灵活。随着时间的推移，书面准则被传统所强化，似乎更具控制力。甚至那些原本只是解决暂时问题和结构的办法很快就会制度化。例如，成立专责小组（旨在解决特定问题）是解决科层机构问题的常用方法。它们似乎特别适合于有兴趣解决问题的人全部参与的情况，但这在逻辑上不切实际，并且效率不高。组建小型有代表性的任务小组，由其研究并提出解决方案，听起来应该有用，有时候确实有效。但是，在科层机构中，任务小组往往演变成常设小组委员会，然后委员会可以自我延续，确定需要完成的额外工作或需要讨论的问题。有时一个委员会能开会长达 30 分钟，除了商定下次会议的时间和地点，并没有决定任何其他事务。不幸的是，即使对委员会的需要减少和/或其生产力的缺乏也很少会导致科层机构内委员会的终止。

当然，任务小组不是科层机构中唯一"延续"的"临时"机构。这就是科层机构经常会变得如此庞大的原因。有时，在服务需求消失很久之后，这些项目也会存在。由于员工在继续工作中的既得利益以及科层机构增长而不是缩小的总体趋势，一些社会项目得以保留，并在本可逐步取消很长时间后继续消耗资金。例如，20 世纪末，由于移入美国的东南亚移民人数大量减少，国家科层机构中为满足早期需求而制定的许多方案几乎不再有用。这使本来可以用来满足日益增长的西班牙裔人口需求的宝贵资源被浪费了。

"日落条款"（"sunset provisions"）规定，除非能够提供令人信服的新的需求证明，否则项目将在特定时间终止。"日落条款"致力于解决科层机构中不再需要的组织却依然存在的趋势，不幸的是，对该条款的应用并不那么普遍。

目的置换

若不提及这个似乎存在于大多数科层机构的问题，那就是我们的失职了。由于许多科层机构规模庞大，很难将焦点放在组织的一个目的和目标上。最初是为了更有效地实现目的和目标而设计的任务（例如，遵守规则、政策和程序）可能很快成为目的本身，而真正的目的（对服务对象的有效服务）却被遗忘了。这种特定类型的目的置换被称为"手段—目的置换"。在科层机构中，手段—目的置换是很常见的。随着时间的推移，它们常常以微妙和渐进的方式发生。若没有人（也许是新任管理者或局外人）提醒注意这个问题，它们就可能会被忽视。手段—目的置换对实现社会工作者希望作为管理者促进的目的极为不利。专注于满足工作要求的人可能不知道手段—目的置换的存在，甚至可能拒绝"更改规则"来重新专注于最初的目的或目标。

科层管理的现代应用

科层机构并不是马克斯·韦伯设想的理想组织。它可能会导致过度的一致性和平庸，事实上，它还可能会导致效率低下。但是，许多社会服务组织继续广泛使用科层制手段也并非完全错误。科层机构确实可以有效地提供社会服务，科层机构内某些不受欢迎现象的自然发生并不能否定其价值。然而，对它们的存在需要提高警惕并实现成熟管理。管理者必须善于从科层机构获益，同时利用某种知识和技能来防止可能发生的问题。

科层机构可以成为协调各组织内部活动的非常有效的工具，这些组织的规模必须足够大和/或具有各种职能。当科层机构的方法被允许满足自己的需要，并且妨碍了值得优先考虑的服务活动时，科层机构就会出现问题。在那些任务相当常规的大型组织中，科层机构的工作效果最好，如果没有必要，它们的绩效标准化通常是可取的。将科层制结构强加于一个规模小、不复杂、不需要该模式提供严格控制和问责利益的组织，是不适当的，而且可能会导致问题。

很少有社会工作者为科层机构说好话，这并不奇怪。但是，我们对科层机构的消极经验大多发生在原则被不恰当地使用或过度科层化的情况下。熟练的社会工作管理者，只要了解科层制模式的优点和缺点，就能做出决定，并且会尽量减少对可能是一个非常有用的理论知识体的滥用。

案例

当阿琳（Arlene）被提升为儿童保护督导者时，她立刻开始为这项工作而努力。虽然她以前是这个组织的一名个案工作者，当不得不负责其他被重新分配或离开该组织的员工的案子时，她常常感到沮丧。有时她从其他个案工作者那里接手案子，却发现缺了好几个月的针对服务对象的服务记录，这导致她不知道此服务对象已经接受了什么服务，使服务的连续性受到严重影响。她认为，作为一名督导者，对这种不负责任的行为是不能容忍的。

作为一名新任督导者，她对案件记录提出严格执行的新规定，并得到了地区主管的大力支持。最近，这位地区主管接到一位重要市民打来的电话，该市民愤怒地表示，他想知道为什么他的妹夫会因如何管教孩子而被社会工作者"骚扰"。这位主管申请并收到了案件记录，但由于没有调查记录，他无法理解个案工作者的行为也无法为其辩护。所以他同意阿琳的观点，认为她的新规则最符合为服务对象服务的利益，也是为了保护组织免受外界的批评，这甚至属于法律措施。阿琳向她的员工清楚地传达了新规定。每一次电话联系或与服务对象及其他提供有关指称虐待事件信息的人进行面谈时，必须写一份至少100字的摘要。所有记录必须在面谈后72小时内完成。她宣布，"遵守记录规则"将成为员工年度绩效评估的一部分。

在短时间内，阿琳所在单位的大多数个案工作者都遵守了新的记录规则。然而，在三年时间里，慢慢形成了一种手段—目的置换现象。新员工已经认识到了及时遵守规则的重要性。一位服务到位的工作者因为她的记录不及时而被拒绝加薪，她大声抱怨所需要记录的东西太多；而有的工作者服务质量非常差，但由于他们记录及时，便得到了丰厚的年度绩效评估奖励。随着时间的推移，大多数个案工作者都意识到，及时的记录被认为是胜任能力的证据。于是他们会花相当长的时间计算记录的字数，为了将案件记录凑足 100 个字，他们经常使用一些陈词滥调，甚至把其他记录中的文字简单地"粘贴"过来。一位非常优秀的员工离开了组织，因为她觉得由于文书工作要求很高，她已经没有时间进行彻底的调查了。另一些不那么认真的人，他们为了避免书写记录，很少额外地打电话。为了避免写书面记录，员工有时会将包含重要信息的有用电话描述为"提供不相关信息"。

问题变得越来越糟了。但主管对阿琳的规定表示满意，他现在觉得，当社区提出投诉时，他的立场更能站得住脚。他称赞阿琳在督导会议期间所做的工作，并对她的年度绩效进行了高度评价。其他督导者看到这种情况，就在他们的工作单位内实施了更严格的记录规则。组织的各个层级发布的信息隐含地表明——优秀员工的记录及时；不称职的员工总是不遵守记录规则。对于那些能够接受这个规则的员工来说，他们能留下来，因为他们关注规则从而获得了奖励。那些相比于完成保存记录任务，更优先完成保护儿童的任务的工作人员由于不能先保存记录很快就离职了。不久，职业介绍机构了解到组织严格的记录规则；一些非常优秀的潜在员工即使在工作岗位空缺时也不会选择去申请该职位。

地区主管退休后，新主管失望地发现，对记录的需要已成为一种不健康的工作方式。最初作为改进服务工作的方法已成为许多员工的工作目标。记录保存比服务本身具有了更高的地位。新主管迅速恢复了组织对专业服务的关注，明确指出了服务优先事项，并提出，虽然及时和完整的记录是可取的，但这绝不应优先于儿童的保护和需求服务。

新的地区主管让大家把记录摆放在一个合适的位置，作为达到目的（服务）的手段而不是目的，这让一些人感到欣慰，但也引起了一部分人的恐慌和焦虑。那些在早期的环境中表现良好的人能够很快做出调整，而那些不能做出调整的人便辞职了。

问题讨论

1. 阿琳发现了什么问题？她为什么试图对此做出改进？
2. 新规则是如何使手段—目的置换发生的？
3. 员工对新规则的反应对服务有什么影响？
4. 阿琳还能做些什么来帮助解决这个问题，而又不会导致手段—目的置换呢？
5. 你认为前一任主管为什么如此支持阿琳的新规定？
6. 在阿琳工作的大型科层机构中还会经常出现哪些别的手段—目的置换呢？

古典管理理论的共同缺点

　　除上述问题外，科学管理、行政管理和科层管理方法还存在着四个共同的问题。我们将在本书的其他背景下逐个地进行详细讨论，此处只进行简要说明。这三种古典管理理论都倾向于忽视：(1) 群体规范对个体行为的影响；(2) 人与人之间存在的个人差异，尤其是他们的动机差异；(3) 人的非理性方面，导致他们所做的事情并不总是符合他们的最大利益；(4) 一种非常强大力量的存在，即非正式组织，可能与组织结构图上显示的内容几乎没有相似之处。对这些因素的有限关注会使管理者对将会发生什么盲目乐观。

　　如果有人认为人类相对简单易懂，那么各种规范的管理方法都是有道理的。虽然古典学派倾向于忽视人类行为的复杂性，但后来的理论更多地基于那些更接近社会工作对行为理解（多重因果关系、系统理论等）的观点而不是假设。这些理论更多地关注对观察到的行为模式的一般描述，并不认为能够提出保证成功影响行为的方法。

　　诚然，这三种古典管理理论都有各自的缺点，其他的管理理论和学派也有各自的缺点。然而，如果我们必须用一句话来概括每一种古典理论的主要贡献，那么每个理论的重要性都是显而易见的，如下：

- 科学管理。原则在决策中取代先例、本能或冲动。
- 行政管理。良好的管理并不是少数人的固有特征；它是可教授的。
- 科层管理。书面准则、职位描述和要求以及活动的协调可以改善组织的运作。

对古典管理理论的回应

　　泰勒、法约尔、韦伯和其他古典学者认为管理者是理性的人，能够运用必要的知识做出正确的决定。管理者只需识别各种可用的备选方案，并预测每种方案的后果。然后，根据先前确定的优先事项，他们做出决定并采取行动。这听起来很合乎逻辑，其思想是寻求完美的解决方案（在文献中称为"最优化"）。

　　基于对人的行为的复杂性的认识，那些对古典理论家持批评态度的学者对管理者的看法有所不同。他们更多地把管理者看作实用主义者，因为管理者能根据有限的信息做出可接受的决定，并且明白即使是好的决策也不能保证成功。与寻求最优化解决方案的古典理论家相反，赫伯特·西蒙[7]认为管理者是在寻求"满意"，也就是说，寻找一个可以接受的解决方案，一个足够好而不是最优的解决方案。"有限理性"一词被用于描述管理者的决策方法。由于管理者不能考虑所有可能的备选方案，也不能充分理解所涉及的所有变量并

66

且因为有时间的限制，所以限制（边界）是围绕在做出决定之前将要处理的信息量而设置的。

生活中，我们每天都在使用有限理性做出决定。例如，如果我们要买一辆二手车，我们首先要确定它必须满足的最重要的标准。比如，它的价格必须低于 5 000 美元，每加仑燃料必须能跑 25 英里，可容纳 4 人或更多人，不能是红色，等等。显然，许多汽车符合标准，但我们不能为了找到最合适的汽车而去检查西半球每辆可能符合我们标准的车。这将是代价昂贵且耗时的（即使是通过互联网），我们可能永远无法做出决定，因为不同的汽车会不断地出现，有一些会被出售，或诸如此类的原因。要决定购买哪一辆汽车，一个合理的办法是找五到十家被认为信誉相对较好的当地经销商，看看有什么可供选择的，并从符合我们标准的汽车中进行选择。这是通过使用有限理性来满足的。不管我们是否愿意承认，生活中更重要的事情——例如，选择大学、职业，甚至是兼职，也往往是通过寻找一个可以接受的解决方案来决定的。我们进行了研究，并从数量有限的可接受的替代品中进行选择。任何其他方法都可能导致决策者在认知上僵化，永远无法做出决定。

67 管理理论中有几个可以识别的"学派"，它们似乎解决了古典管理理论的明显缺陷。因为它们有很多相似的内容，所以在文献中对于它们之间的关系、属于哪一种学派或者是哪一种学派观点的演变等方面缺乏共识。下面，我们将简要地介绍在管理学文献中最常讨论的几个，我们将只确定通常与之相关的更重要的概念，并关注每个概念对当前社会服务组织中管理实践的主要贡献。

现代结构主义理论

结构主义理论家认为组织会受其外部环境的严重影响。这与我们在第二章中讨论的大部分内容是一致的。正如我们所指出的那样，管理者，特别是高级管理者，需要花费大量时间处理不断变化的任务环境带来的要求和压力。

结构主义理论家还认为，在组织中工作的人不可避免地会缺乏完全的目的一致性。部分员工，并不是所有员工，共享组织正式提出的目标，而其他人则会有不同的目的和议程，这必然导致冲突。有人认为，冲突对组织来说不一定是破坏性的或不好的。刘易斯·科泽（Lewis Coser，1913—2003）认为，冲突具有许多积极的作用，比如会产生小群体凝聚力、促进规范和价值观的改变、向领导汇报存在的问题和防止组织停滞。[8]结构主义者认为，各级管理者的一项重要职能是控制和管理冲突，使冲突保持在可容忍和有成效的水平。对组织内部冲突以及组织与外部环境之间不可避免的压力的洞察是结构主义者对管理理解的重要贡献。他们帮助我们更好地理解管理者的重要性及管理者在这些现象中发挥的作用。

人际关系理论

那些与人际关系理论相关的理论家普遍强调人类动机的复杂性。我们将在第九章详细描述其中一些著名人物〔亚伯拉罕·马斯洛（Abraham Maslow），弗雷德里克·赫茨伯格（Frederick Herzberg），戴维·麦克莱兰（David McClelland）〕的贡献。其他人的理论将在本书的其他章节简要讨论。他们的关注点在于生产力水平、对工作的态度以及工作中的各种行为是否受到工作条件和社会决定方式即群体规范的影响，被泰勒、法约尔和韦伯等人忽视的社会需求也被他们视为重要的影响因素。人际关系理论用这些因素至少在一定程度上解释了，为什么人们在组织中的行为方式看起来是不理性的，因为古典管理理论家对激励人们的因素（金钱）的认识有限。

埃尔顿·梅奥（Elton Mayo，1880—1949）可能是人际关系学派最著名的理论家。他的研究得出的结论是，社会问题（如群体归属、认可和管理方面的考虑）以及工作内容本身都会影响员工的生产力。梅奥最著名的研究是霍桑实验，他在霍桑工厂（位于伊利诺伊州的一家西部电气公司的电话组装厂）调整年轻妇女的工作条件来研究这对生产力产生的影响。他的结论是，（除其他因素外）研究者的存在和对妇女的关注本身可能会改变她们的生产力。（这就是本章前面提到的所谓的"霍桑效应"，当弗雷德里克·泰勒的科学管理方法被引入时，有时会用到它来解释组织中生产力的提高。）

例如，社会问题的重要性以及认为非货币因素会影响行为的观点可以解释为什么有人会拒绝晋升以避免监督其最好的朋友，或者为什么有人晚上在没有搭档的情况下不想加班来获取加班费。古典管理理论家会对这两种情况感到困惑。

人际关系理论家对专业化的态度也与古典管理理论家有很大的不同。简单的任务不一定更好，相反，更复杂和更完整的工作（与其他人一起工作）被视为更符合人类的社会需要。生产线作业被认为是一种贬低人的、乏味的组织工作的方式，往往会使人们讨厌他们的工作并使生产力降低。

与结构主义理论家不同，人际关系理论家并不认为组织内部的冲突是不可避免的。他们指出，冲突经常发生，但敏感和反应迅速的管理可以通过创造促进开放沟通、相互尊重和信任的环境来预防大部分问题并解决其余问题。

人际关系理论家的理解主要是建立在对正规组织中人的行为进行实证研究的基础上。他们的理论为工业心理学领域奠定了基础，并为我们对系统理论的理解做出了重要贡献。其重点是基于管理者对组织内人类行为的理性和非理性（即社会、情感）决定因素的理解来解决问题和做出决策。

当然，人际关系理论家的贡献非常符合社会工作知识基础和我们的职业价值观。事实上，许多社会工作领域的工作都严重依赖于人际关系研究的内容，特别是在讨论组织作为影响个人行为的几种社会系统之一的影响时。

权变理论

另一个关于管理的松散的观点组合被认为是管理的权变学派。弗雷德·菲德勒（Fred E. Fiedler，1922—　）是 20 世纪一位著名理论家。菲德勒的研究得出的结论（和其他发现一样）是，没有理想的领导者，也没有普遍的最佳管理方式。相反，他提出好的领导风格是符合特定情境需求的风格。权变理论在很大程度上强调对古典最优化的回应，特别是对科学管理的"一种最佳方法"的回应。它们也是对我们将在第四章中讨论的领导特质和行为理论的回应。与此相反，权变方法认为，没有最佳的办法，没有正确的决策，没有适用于所有情境的领导风格，不同的情境需要不同的决策和管理行为。然而，如果管理者有足够的敏感性，能够对情境需求做出有效的评估，并具有一定的决策技巧，他们就会做出良好的、可接受的决策。

69　　　管理权变理论似乎与社会工作管理需求息息相关。它们也与社会工作实践的其他领域一致。在管理或治疗的情境下，我们很少发现自己处于相同的情境中。在某种情况下运作良好的管理反应在另一种情况下并不一定会起作用，在某种情况下成功的治疗干预在另一种情况下也有可能会成功。我们的大部分决策都是在"当时"的工作环境中做出的。与社会工作实践的其他领域一样，我们做出的管理决策会影响专业人员和那些职位不能互换的其他员工。权变管理方法强调决策要考虑受影响的个人以及对该个人行为的影响。当然，权变理论可能不太适合社会服务机构中一次次地做同样决策的这种相对罕见的情境。在这种情况下，我们可以从经验中知道什么会起作用，什么不会起作用。总体而言，权变管理思维方式对社会工作管理者有很大的帮助。它们的基本概念贯穿了接下来章节的大部分内容。

参与式管理

另一种通常被描述为特别适合非营利组织的可识别的管理方法在很大程度上是基于民主进程的应用。虽然有一些与参与式管理相关的技术[9]，说成是一种管理者的信念的应用可能会更好理解，即如果人们在能够影响他们或他们的工作的领域中被授予决策角色，他们将变得更加高效率、更忠诚，并且更值得信赖。实行参与式管理的领导者被认为能促成个人目标和组织目标之间的共识。人们还认为，通过要求员工群体而不是个人来审查问题和做出决定，促进了一种理想的"团队"氛围的形成。

采用参与式管理方法的组织通常为其决策小组使用"质量保证团队"或"行政管理团队"等标签。参与决策的一个先决条件是，个人必须拥有能够为决策做出贡献的知识、经验。如果他们不具备条件，他们就不应该参与。因此，员工参与式管理决策的程度会因所要做出的决策或要解决的问题而异，甚至参与的类型也会有所不同，员工有可能只是分享对一项决策的看法，也可能对一项决策进行投票。但是，某些领域的决策一般不允许所有未具体负责的员工参与（例如，对另一个组织单位的资金支出或对员工个人绩效的评价）。

有人认为，将员工（通常不参与某些决策）纳入决策过程可以提高士气。这种方法基于对人的某些假设，例如，当员工参与决策时他们可能会更支持这项决策。当员工认为他们仅仅是"象征性"地参与一下或者仅仅是管理者通过假装关心他们的想法或假装想要征求他们的意见而对他们加以操纵时，这种方式就行不通。参与式管理理论家认为，基于对人的高品质的坚定信念，员工参与决策应该是真实的。

对参与式管理的大多数批评是基于对其滥用或过度使用及其后果的观察。成功使用参与式管理的另一个标准往往被忽视。知识、经验或专业知识可能不足以让一个人参与决策，个人还应该表示有兴趣参与决策，"无动于衷"[10]的概念就与这方面有关。这是基于这样一个假设：我们生活中有很多领域，我们在这些领域中并没有太多投入，所以我们根本不在乎有关它的决策，该决策与我们毫不相关。在这种情况下，我们宁愿有人为我们做决策。例如，一些学生可能对一门课程是否需要学期论文或考试表示强烈的关注，他们可能会感谢让他们参与这方面的决定。但对其他人来说，这一决策属于他们并不关心的范围。他们宁愿教授告诉他们课程的要求是什么，以便可以用他们的时间和精力去准备。

参与式管理的批评者指出，许多使用参与式管理的管理者可能对员工不关心的范围认识不足。管理者可能会不恰当地要求员工对不关心的事情的决策提出意见。例如，他们可能会要求员工就是否应该订购月历或周历或者对新办公地毯的颜色进行讨论和投票。在某些情况下，如果只有少数员工的个人偏好特别强，那么应该征求他们的个人偏好，而不是整个工作小组的偏好。整个团队的投票既不可取也不必要，花在努力实现这一目标上的时间很可能是徒劳无益的，甚至会遭到那些对其漠不关心的人的厌恶。此外，那些具有强烈偏好的人可能会主导讨论并影响投票。

参与式管理也会被滥用，因为在这种情况下，管理者意识到的其他影响——例如，某种政治必要性——限制了实际可以做出的决策。如果已经确定了要做出某种决策，为什么还要牵涉其他人呢？如果管理者幸运，员工做出了与预期一致的决策，那么就成功地做出了共同抉择。但员工也可能投票赞成另一种选择。然后，当他们的决策最终没有得到执行时，他们可能会对被浪费的时间感到愤怒、沮丧和怨恨。他们可能会说："如果你最终要把你想做的放在首位，那为什么还要问我们呢？"只有在任何合理的集体建议至少能够得到认真考虑并最好得到执行的情况下，才能正确应用参与式管理。

另一种批评常常反对参与式管理方法，理由是其认为参与式管理会混淆（有些人会说破坏）管理者的角色。如果过度使用参与式管理，群体决策会使管理者感觉更像一个主导者而不是领导者，管理者甚至会被视为放弃其领导责任。最重要的是，他们所拥有的做出必要但不受欢迎的决策的能力可能会因过多参与式管理而被削弱。问题是，"如何定义过多?"这个问题没有简单的答案。然而，当参与式管理方法开始被认为是管理者和/或同事的负担而不是幸事时，管理者应该考虑是否该削减不必要的协作。但是，这也会导致问题，在决策过程中给予员工参与权比夺走他们的参与权要容易得多。员工可能会暗自高兴有机会避免参与他们不关心或不属于其负担范围内的决策，但是，如果管理者做出更多单方面的决策或者只允许他们偶尔参与，他们仍然会感到担忧。

参与式管理还会创造一种不确定的环境，从而影响士气和生产力。当管理者对决策承担主要责任时，决策往往遵循基于管理者的优先级、价值观、风格等的模式。员工可以学会预测管理者的行为，这样他们就能知道在大多数情况下会发生什么以及管理者对他们的期望，这使他们感到安全。但是如果决策被委托给一个工作小组，许多不同和不可预测的结果就会发生，这会引起员工的焦虑。

有了参与式管理，政治、友谊、隐藏议程、权力集团和其他在团体内部运作的动力和力量都会产生一些令人惊讶的决定。这些动力和力量有时甚至会优先于组织需求或服务对象服务。其结果是，员工甚至服务对象有时会受到一些决策的制约，例如，这些决策可能更多地基于对群体中其他人的忠实或讨厌，而不是基于理性的、合理的甚至是多数人的意愿。因此，参与式管理有时会促进理性决策，但有时却会阻碍理性决策。

参与式管理方法对社会工作管理者来说非常有吸引力。它将组织的等级结构放在一边，以便利用现有的最佳知识进行决策和解决问题。通常情况下，只有那些"一线"员工，即那些与服务对象有定期联系的员工才能获得这些信息。在某一领域（例如，某一特定干预技术或当前的电子技术）中，与高级管理者相比，新的、低级别的员工身上可能有最丰富的知识。其他员工在以前受雇于其他地方期间可能已获得知识，如果在他们所专长的领域不征求他们的意见，他们可能感到被冒犯和束缚。

请注意以下的警告说明。许多社会工作管理者表示，他们的管理理念是参与式的（民主社会里很难反对参与），但实际付诸实践的比例要小得多。有些人可能一开始就尝试参与，但当他们发现自己不得不面对难以实施的决定时，或者当他们开始感觉对事件的权力或控制受到威胁时，他们就会退缩。

关于参与式管理信念的声明已经为人所知，它可以取悦遴选委员会并使其雇用管理者。但在管理者被雇用后的短时间内，所有参与式决策的痕迹都可能消失（连同"开放式政策"）。这种情况发生时，员工经常感到愤怒和被背叛。如果从一开始就无法保证正式员工能够参与决策，他们可能不会感到那么不满。

在决定实施参与式管理政策之前需要考虑在其他管理决策中同样重要的三个变量——管理者、其他有关人员（员工）和情境。参与式管理只有在涉及某些员工和某些管理者的情况下才可以发挥作用。例如，有些管理者永远不应该使用参与式管理方法（他们对控制的需求太强烈）。对其他人来说，这只是他们风格和个性的合乎逻辑的延伸，他们成功地运用了它。有些员工，无论出于何种原因，都不能相信他们能做出正确的决定；另一些员工在被要求提供意见时，却会非常认真并能胜任工作。有些情况（例如，截止日期临近时）可能无法满足集体决策所需的时间，而有的情况则非常适合。如果管理者确实决定尝试参与式管理，那么最好是以一种渐进的方式来做，也就是说，一次做一点儿，定期停下来评估它的工作方式，然后再扩展它的用途。

参与式管理的变化

具有讽刺意味的是，强调工人广泛参与决策的管理方法最初在美国和加拿大并不为人所接受。20 世纪 70 年代和 80 年代，人们重新审视和更加仔细地考虑了参与式管理，这主要是因为它在日本的成功应用。所谓的日本管理模式、Z 理论和其他相关概念，是最初在美国发展起来的参与式管理思想的应用，而美国工业部门却对它们不冷不热。但是，较好的质量控制和财务上的成功帮助它们赢得了营利部门的关注。

日本管理技术的效果在日本汽车工业的成功中最为瞩目。在 20 世纪的最后几十年里，美国的汽车销量下降了，而日本的汽车销售却蓬勃发展。美国规定了进口配额，并征收了高额进口税以限制外国汽车销售，并将外国汽车价格推高至美国汽车能够与之竞争的水平。在调查中，北美购车者回答说，他们更喜欢日本汽车，主要是因为他们认为日本汽车更好、更可靠、缺陷较少、质量控制得更好（这种感觉一直延续到 21 世纪初）。日本工人似乎更关心他们的产品的质量。例如，他们并没有像美国工人为人所知的那样，故意把螺栓掉进无法拿出来的门板中惹恼未来的车主，也不允许装配线上有机械缺陷的汽车流通出去。这种行为在日本工人中是闻所未闻的，他们将工作视为一种职业，对影响生产的决策做出了相当大的投入，获得与工作质量相关的奖励和丰厚的附加福利，并且一般都为他们的工作以及与雇主的关系感到自豪。20 世纪 80 年代和 90 年代，日本的管理技术在美国工业中得到应用，在一定的程度上，在社会服务机构中也是如此。

日本参与式管理方法中最有名的可能就是使用质量圈（在美国早期首次讨论时称为质量控制圈）。[11] 作为解决问题的手段，这些方法被认为有助于将"日本制造"的含义从 20 世纪 50 年代的劣质变为 20 世纪 80 年代和 90 年代的高品质。质量圈是由一名督导者领导的一个自愿组织，由不到 15 人（七八个人最为理想）组成。该小组可能会定期（在正常工作时间）每周开会一小时，讨论已发现的问题。质量圈的领导者接受逐步解决问题方法的培训，小组成员讨论可能的解决方案并决定最佳的方案。如果可以立即实施，那就实施。如果没有上级批准就无法实施那么就需要制作一个演示文稿使其被上一级接受。重点在于制定解决问题的办法，而不仅仅是抱怨问题。反过来，高级管理者也承担了接受意见和提出解决方案的责任。

质量圈的工作问题肯定与生产有关（工作流程、产品缺陷等）。不讨论工资、晋升、不满、个性或任何不属于集体工作职责的内容，小组领导者（督导者）必须是一个好的促

73 进者。领导者必须能够自如地在威权角色和非威权角色之间转变，还必须能够创造一种信任的氛围，即使最胆小的成员也敢于提出"不成熟"的想法，而不必担心遭到嘲笑或报复。领导者必须能够认可团队的有效解决方案，而不是因解决方案无效而指责团队成员。显然，质量圈要求管理者、员工和工作环境的类型也有利于其他形式的参与式管理。管理者需要对可以适当和有效地使用它们的情况保持敏感。

由参与式管理发展而来的一种管理方法已在相当多的社会服务组织中实施。它被称为全面质量管理（TQM）或类似术语（例如持续质量改进或全面质量控制）。TQM 及其延伸在很大程度上归功于 W. E. 戴明（W. E. Deming，1900—1993）[12] 的 14 项原则，虽然这 14 项原则显然是为商业机构和制造业部门设计的，但最近已被广泛应用于各种社会服务组织。

全面质量管理在很大程度上是对早期的质量保证（QA）管理模型的缺陷的回应。QA 侧重于结果度量，即医院、公共福利或心理健康中心等组织的服务效果。其特点是对员工的临床活动进行个案审计和评估。虽然强调社会工作者和其他专业人员的临床效果并没有本质上的错误，但 QA 对理解社会服务组织内开展的有助于实现总体目标的其他活动几乎没有帮助。因此，它因关注范围狭窄而受到批评。

除了对组织的所有活动给予更多的关注之外，TQM 还在许多其他重要方面不同于 QA。与参与式管理的一般原则一致，TQM 是由组织内部的领导发起的，而不像 QA 那样通常由外部当局或资助机构强加。它还采用了比 QA 更平等的决策权力分配。顾客（通常是我们工作环境中的服务对象）扮演着重要的角色。TQM 的一个基本前提是产品质量（社会服务组织中的服务水平）应根据顾客（服务对象）的需求和意愿来定义。强调要了解他们需要什么和想要什么。TQM 需要理解谁是服务对象，能够预测他们的需求，将需求转化为对他们负责的服务，并设计一个有效输送所需服务的系统。

TQM 基于几个基本假设或原则。人们认为，构成质量的内容是动态的，也就是说从未固定过，它在很大程度上也是由生产过程决定的。因此，质量需要从组织的行政长官到组织最低级别成员的全面承诺。

TQM 强调持续改进和消除组织内部及其活动中的缺陷。虽然（与 QA 一样）承认服务结果测量的重要性，但它实际上最关注的是服务交付过程。在此过程中，TQM 依靠控制图、流程图、条形图、帕累托图、直方图、鱼骨图、运行（趋势）图和散点图等图表和统计分析来监控活动并为决策提供准确的数据。同时，消除了数量配额、口号和目标等组织共同属性。目前正在努力消除妨碍员工对其工作产生自豪感的任何障碍。

74 TQM 被描述为"整体性的"。埃索兹（Ersoz）确定了组织作为系统有效运作所必须具备的 7 个要素。她指出，如果缺失任何一个要素（组织哲学、愿景、战略、熟练的人员、资源、奖励制度和组织结构），则该系统将受到极大的危害。[13]

TQM 已经得到许多担任管理者角色的社会工作者的热烈响应，这并不令人惊讶。与其他具有参与式管理要素的管理模式一样，它具有与我们专业价值观体系相一致的民主风格。这与"以服务对象为中心的治疗模式"和"以服务对象为起点"的实践原则非常一致。它还涉及系统导向的解决问题的过程，旨在增强组织各层级员工及服务对象的权力。

参与式管理的另一个变体是开卷管理（OBM），它在 20 世纪末开始被广泛应用于商业领域。它的目的是将所有员工视为一个群体，他们的想法更像组织所有者而不是员工，他们为组织及其成功做出了投入。它要求：

1. 一种信任的环境或文化，在这种环境或文化中，人们很容易获得完成工作和评估整个组织绩效所需的信息。

2. 激励性报酬制度（如利润分享），员工报酬与组织的成功有利害关系。

3. 培训以帮助员工了解组织工作（商业领域的"商业知识培训"）。

显然，OBM 更适合营利性的社会服务机构，而不是公共或非营利部门。然而，只要有一点儿创造力，即使是在这些环境中，管理者也能实现 OBM 的一些原则。在任何社会服务组织中，也可以实现像组织所有者一样思考的目的，因为雇员（特别是专业员工）往往对他们的工作特别投入并致力于组织方案的成功。

组织文化

管理学理论的最新著作中广泛运用了组织文化的概念。它们表达了这样的观点：组织就像社会一样，有独特的组织文化，管理者要想成功，必须理解这种文化。它包括员工的经验、信念、价值观和态度，以及这些是如何反映在他们的行为中的。例如，组织似乎存在着某些习惯、仪式、非正式规则、象征、范式、权力结构、共同意义、传统、故事和神话以及随着时间发展而不容易理解的群体规范。管理者必须学会理解它们才能成功，特别是如果他们想要克服对必须实施的变革的抵制，就需要采取人类学的方法来理解组织及其内部发生的事情。在这方面，若是有一个或多个"老前辈"会非常有用。例如，他们能够解释为什么"我们从来没有这样做过"，或者为什么有如此多的员工抵制看似完全合理的要求。

组织文化也可以被描述为从"强大"（当员工致力于组织目标并密切配合时）到"薄弱"（在这种文化中，很少有人致力于实现组织目标或与组织配合，而员工需要科层机构普遍实行的控制）的连续体。关于组织文化的文献提供了许多可能存在的文化类型的例子。[14]

也许最知名的组织文化理论的倡导者是埃德加·沙因（Edgar Schein，1928— ）[15]，他的组织文化模型由三个层次组成。第一个层次可以很容易看到，即使它不总是容易理解。它包括诸如员工如何着装、员工之间以及和来访者之间的互动、办公家具等物品的摆放方式以及员工认为的好的工作方式。第二个层次是员工所声称的，以及他们有意识地认为是本组织的内容，例如任务说明、口号和员工的价值观，它也很容易被识别和描述。第三个层次是最深入和最难以辨别的。员工不太可能意识到它（它处于潜意识级别），它可能包含一些被视为禁忌的内容。它通常反映出与第二层次确定的价值观不太相同的价值观。第三个层次将描述员工的行为，这些行为对管理者来说常常是矛盾的，除非管理者理解了它。例如，这也许可以解释为什么员工认为使用供应柜（supply cabinet）为他们的孩子提供学校用品是正确的做法，或者他们为什么会设法拒绝为表现出某种行为的服务对象提供服务。

组织文化可以为管理者提供许多有价值的见解。作为社会工作者，我们深知文化对人类行为的影响；我们也不能否认组织文化的存在对员工的行为也起着重要作用。尽管有人会对组织文化理论提出批评（例如，大型组织可能有许多不同的文化，或许多理论并不新鲜），但对于担任管理者角色的社会工作者来说，组织文化是非常有用的。它们有助于塑造我们对管理的看法，这些看法在随后的章节中会反映出来。

小结

本章概述了 19 世纪末和 20 世纪一些影响管理者行为的主要管理理论。我们从"古典"开始——科学管理、行政管理和科层管理。然后，介绍了管理的最新方法和理论——这些方法和理论是对古典理论的回应，但也是建立在古典理论的基础之上的。它们包括现代结构主义理论、人际关系理论、权变理论、参与式管理（有几种变体）以及目前流行的与组织文化有关的理论。

通过了解过去和现在仍然有影响力的管理原则和思想，我们可以更好地理解为什么人们以 21 世纪的方式进行管理工作。如今的管理理论也许可以被理解为以下几个方面的结合：

1. 对旧理论缺点的反应（有时反应过度）。
2. 保留那些曾经有效和如今仍然有效的理论。
3. 保留那些曾经有效（在其他条件下），但现在不那么有效——过时的理论。

76　　　　每一种理论都留下了丰富的遗产。在某种程度上，所有这些都会继续影响管理者的思维方式、对待情境和人员的方式，以及他们以自己的方式对情境做出反应的原因。我们所研究的所有理论，在它们发展的时代，都有一个令人信服的逻辑，没有一个是完全过时的或毫无价值的。古典理论可能基于对人及其动机的不同看法，但它们提高了组织内部的客观性，提出了一些仍然有用的管理原则，并提出了许多提高工人生产力的方法。后来的理论为社会和心理对行为的影响提供了更好的理解，同时强调了管理者在做决策时所能了解和处理的范围。本章我们还没有完成对理论的探究。它们的影响将会在下面的章节中反复出现。

应 用

你是一个治疗青少年饮食失调的新项目督导者，你也是参与式管理方法的提倡者。下列哪项决定应由专业人员做出？是否应该要求他们讨论并提出建议？

1. 当地报纸的记者应该采访哪些对象？
2. 员工的午餐时间表应怎样安排？
3. 应购买哪些电脑软件供员工使用？
4. 转介病人接受住院治疗的标准是什么？
5. 你有 600 美元的预算用于购买更多的办公设备，它该怎么花？
6. 哪些专业员工应该获得"高级临床医生"的头衔，以及随职称增加 500 美元的月工资？

第二部分
主要管理活动

在第四到十二章中，我们将研究管理者的主要工作内容。我们把管理工作分解为几项主要活动。然而，这些主要活动并不总是泾渭分明的，在现实世界中，它们往往是重叠的。例如，管理者在从事所有其他活动时必须发挥领导作用。而且，他们可能同时从事两项或两项以上的重大管理活动。

所有管理活动的成功执行都需要"人际交往技能"。诸如雇用和安排各类员工、促进他们的专业发展、评估他们的工作绩效或处理个别员工的问题等任务，使社会工作者有机会直接运用他们关于人类行为的知识。因此，从表面上看，人际交往应该是我们的"第二天性"。然而，矛盾的是，社会工作者常常遇到管理活动中极令人厌恶和压力极大的一些任务。在接下来的章节中，我们将看到为什么会发生这种情况，以及如何做才能使社会工作者更容易处理这些情况。

第四章

领导

学习成果

在本章结束时，你应该能够：

- 列出董事会成员应该履行的领导职能。
- 解释为什么领导的特质和行为学派在识别潜在优秀领导者方面并不总是有效的。
- 列出那些拥有良好组织氛围的组织的特点。
- 评估社会服务组织的组织氛围，以及该组织管理者的行为对组织氛围有何贡献。

我们从领导开始，因为它对担任管理者角色的社会工作者所做的一切活动都有重大影响。领导被定义为"个人影响、激励和使他人对其所属组织的成果和成功做出贡献的能力"[1]。它意味着管理者有意识地努力影响组织内的其他人，自愿地参与那些有助于实现组织目标的行为。

简单地说，领导就是管理的全部；它超越了其他所有管理活动，使管理者能够成功地执行这些活动。赫西（Hersey）和布兰查德（Blanchard）指出："管理是一种领导，实现组织目标至关重要。"[2]这与我们在第一章中对管理的广义定义基本一致。

其他作者（我们不完全同意他们的观点）认为管理者的活动与领导者的活动不同。他们认为，领导者更像是一个有远见的人，而管理者更关心的是如何决定日常流程以帮助实现组织愿景。例如，沃伦·本尼斯（Warren Bennis，1925—   ）[3]提出了管理者和领导者的12种不同之处：

1. 管理者管理；领导者创新。
2. 管理者询问时间和方式；领导者询问内容和原因。
3. 管理者关注系统；领导者关注人。

4. 管理者正确地做事；领导者做正确的事。

5. 管理者维持；领导者发展。

6. 管理者依赖控制；领导者激发信任。

7. 管理者有短期视角；领导者有长远目光。

8. 管理者接受现状；领导者挑战现状。

80 9. 管理者关注的是现实底线；领导者关注的是未来要发生的。

10.　管理者模仿；领导者创造。

11.　管理者模仿典型的优秀士兵（服从命令、听指挥）；领导者自己说了算。

12.　管理者模仿；领导者表现出独创性。

本尼斯列出的 12 条区别似乎表明了一个错误的二分法：领导者和管理者。只有领导者才有创造性和前瞻性的思维，而管理者则更短视，缺乏创造力。管理者也许常常被轻蔑地称为"优秀的官僚"。如果果真如此，那么很少有管理者能够成功地完成管理的其他活动和任务，因为所有这些都要求具备他所描述的领导的独特特征。本尼斯所描述的领导者可能是高级管理者（行政主管或大公司的首席执行官），而管理者可能是中层管理者，比如督导者。但是，我们认为，领导发生在各层级的管理当中。将本尼斯的 12 种不同之处列出来，是因为其中对领导者描述的那部分（每一种不同之处分号后的那部分），有助于阐明本章的重点含义——管理者的领导职能。

我们都认为好的领导是可取的，而领导不善或缺乏领导在社会服务组织内是不可取的。我们可能会举出我们观察到的领导行为的例子，这些行为要么是好的，要么是坏的。但是当我们被要求说明为什么好或为什么坏，或者我们认为某位管理者是有效领导者以及另一位管理者是没有效率的领导者的基准是什么，我们可能会有点儿为难。好领导的定义是一个困扰多年的理论难题，研究者和学者们也都致力于更好地理解领导。

领导的要素

和其他管理活动一样，领导也是一种影响。领导努力使工作环境和员工的行为受到影响，从而使他们支持（而不是阻碍）实现组织目标。在社会服务组织中，管理者希望以一种能够影响他人行为的方式进行领导，以最大限度地为高效率和高成效的服务做出贡献。

管理者只有首先被视为有效的领导者，才能成功地开展其他管理活动。人们希望遵循有效领导者的指示，他们可能会忽视或绕过无效领导者的管理工作。

领导综合了（管理者的）个人特点、知识和技巧，对组织中的其他人产生积极的影响。因此，它与激励的概念密切相关（见第九章）。我们希望我们的同事们愿意为组织及其服务对象做最符合组织利益的事情。只有具有好的领导，这种理想的情况才可能发生。但是，那些本质上被认为是令人不快或被认为与员工的自身利益相冲突的任务，可能需要特别内行的领导。例如，可能需要特别的领导才能激发人们对烦琐的簿记工作的热情，这是大型公益机构在联邦报销时所必需的，而这可能会减少满足其他更令人愉快的工作期望的时间，员工并不是天生就愿意这样做。然而，一些管理者能够以这样一种方式去领导，他们花费很少的时间抱怨，并以相对"乐观"的方式处理这项任务。管理者的要求被认为是合理可信的，他们的动机也不会被怀疑。毫无疑问，信任是有效领导的一个组成部分。作为成功执行管理活动的一个重要因素，我们会再次对它进行阐述。

81

各级领导任务

从最广泛的意义上说，领导者的首要任务是帮助组织成员"协调一致"地工作。领导者这样做是为了帮助组织成员共享组织的理想愿景，并激励他们共同努力实现这一目标。将领导者比作管弦乐队的指挥一点儿也不奇怪，这是一个很好的比喻。指挥是做什么的？他们带着一群才华横溢、形形色色的人——其中一些人非常有成就甚至很有名，并试图让他们和谐地工作，达到共同的目标——演奏出令人愉悦的作品。在此过程中，指挥家必须努力利用和限制管弦乐队成员的创造力和独特天赋。他必须找到一种方法来发挥他们的才能，同时强调协同工作对成功的重要性。

特别是在规模较大的社会服务组织中，领导的具体任务往往因其在组织结构图上所处的位置而异。在最高级别，领导者需要关注的是组织的长期生存和促进成功所需的事项。在中层，领导者主要采取措施确保员工的工作氛围。在较低级别中，领导者大多数是通过树立榜样、分享知识以及专业技能来完成领导工作。但是，除非理解组织内其他级别领导者的责任以及他们与工作的关系，否则组织中任何级别的管理者都不算是成功的领导者。

委员会级别的领导

一般而言，除非在我们的讨论中另有说明，否则委员会是指决策委员会或董事会，例如所有非营利机构所需要的决策委员会或董事会。然而，在社会服务组织中还有另外两种类型的委员会。它们的特点是影响范围比决策委员会小。

其中之一的咨询委员会不制定组织政策，也不负责雇用或解雇主管。顾名思义，它的主要作用是提供建议。因此，其成员本身很少发挥领导作用，尽管他们往往是从社区领导者或其他相关组织的领导者中挑选出来的。例如，社会工作教育项目可以由当地社会机构主管组成咨询委员会。其成员（作为实践者和管理者）的职能是对该项目的课程设置、如何为其毕业生进入职场做准备，以及该项目在专业组织中的形象等方面提供意见。

咨询委员会帮助组织与其任务环境"保持联系"，接受环境的投入，并按照指示进行调整和改变，这种理想的情况是有可能发生的。然而，有时成立咨询委员会（当它是自愿成立时）只不过是整合专业社区的尝试，这种尝试是为了创造一个不那么重要且友好的任务环境（见第二章）。在其他情况下，成立咨询委员会是因为需要咨询委员会。例如，为某一项目提供资金的私人基金会或政府机构可能会要求成立咨询委员会，以确保社区的投入。无论是自愿成立还是出于某种要求，如果精心挑选成员并诚邀他们加入，由于他们可以提供宝贵的意见，那么咨询委员会就会成为组织的宝贵资产。

第二类委员会在社会服务组织中并不常见，那就是行政委员会。它由组织中的一些成员组成。成员要么是任命的要么是选举产生的（或两者的结合），负责制定和执行政策。一个常见的例子是由现有学生和教师组成的大学纪律委员会，主要会涉及有关学生的投诉（学生行为不端、学术不诚实等），委员会对现有信息进行调查和审查，有权驳回申诉或暂停学生学业甚至开除学生。在社会服务组织中，行政委员会最有可能出现在非公开的、营利性的组织中，某些人（通常是最高级别的人或资历最高的人）被选中和/或当选为委员会成员。作为成员他们就拥有了某些领域的权力，比如他们原先没有的设定费用或制定人事标准的权力。

我们认为最常见的委员会类型，即董事会，是组织的治理机构。它作为一种"受托者"，对为该组织的运作提供资金的人负有法律责任。董事会做出高级决策，至少在理论上为组织提供强有力的领导和决策。

组织章程通常规定了董事会成员的人数、任期长短、董事会成员的职责等等。它们还包括旨在影响董事会组成的要求，例如，它们可以具体规定，一定比例的成员必须生活在所服务的地理区域，或者董事会成员必须反映该组织服务对象的人口多样性。主席是从成员中选出的，通常与执行委员会（由一些最活跃的董事会成员组成）一起工作以完成董事会的大部分日常工作。董事会通常分为多个委员会和小组委员会，以便将工作分开并向全体委员会传达需要采取的行动。

董事会成员有任期规定（通常为三年），成员通常可以连任。任期是错开的，所以在任何特定的年份只有一部分董事会成员完成他们的服务任期。当空缺出现时，新的董事会成员将根据章程进行选择，通常由现任董事会的提名委员会推荐。提名新的董事会成员时，委员会成员还应考虑潜在董事会成员是否能给组织带来的专业知识。例如，如果一名任期即将结束的董事会成员是董事会中唯一的律师，委员会成员可以请另一名律师代替她。或者，在考虑搬迁到新的机构时，他们可能会提名另一位潜在的房地产代理人，该成员可能有助于该组织定位和收购新的办事处。

　　与公司部门不同的是，董事会成员没有报酬，除了提供服务带来的满足感外，几乎没有什么福利。（事实上，一些组织希望董事会成员每年向该组织捐赠一笔可观的资金。）董事会往往规模庞大——由 20 名或更多成员组成的董事会并不罕见。这些成员可能是在许多董事会任职过的人，有些人可能在其他组织中担任负责的领导职务，或者他们可能只是因为对组织及其任务感兴趣才同意任职的。

　　虽然各组织之间有一些不同之处，但以下是董事会成员最常见的责任：

- 招聘、雇用和定期评估主管。必要时将其解雇。
- 定期（与主管一起）对组织进行策略规划。
- 为组织制定政策。
- 进行筹款（通过募捐、"个人联系"和他们自己的财务捐款）。
- 对组织的财务状况进行全面监督。
- 保持良好的公共关系。
- 保持自我维护（例如，避免利益冲突）。

　　对于那些经常过分专注于其他地方工作的志愿者来说，这听起来工作量很大，事实确实如此。实际上，董事会和董事会成员之间的领导存在很大差异。以下是我们观察到的一些情况：

- 出席会议的人数与成员的参与程度差别很大。
- 董事会通常规模很大，由一些"名号"组成，这些名号的目的是提高企业和员工（通常情况下很少）的声誉和知名度。
- 有些成员可能不了解公共服务（他们拥有更多的业务思维），他们更愿意把自己的职责委派给那些做过的人。
- 成员由寻求维持现状和主张变革的成员组成，这使组织朝着不同的方向发展，达到技术进步等等。
- 一个或几个成员（通常是执行委员会的成员）经常管控其他董事会成员，其他董事会成员通常会顺从他们。

　　虽然有些董事会非常认真并做出出色的领导，但其他许多董事会在一个或多个领域存在不足。董事会成员有时似乎不明白（或不愿明白）筹资和财务管理是董事会的主要职责。由于他们有责任聘请主管，一些董事会成员可能错误地认为自己是主管的督导者。这可能会导致微观管理（见第六章），甚至试图篡夺主管的位置。例如，他们可能试图影响或控制由主管负责的人事决定。我们所看到的另一个常见的问题是，主管的绩效评估往往没有完成或没有按时完成。（董事会在三年或更长的时间内没有进行全面的评估，这种情况并不罕见。）当这种情况发生时，如果该组织决定解雇主管，就会被置于不利的境地，因为可能会违反自己的章程。

管理者中的领导

组织中其他人的领导活动（本书的主要关注点是社会工作管理者）不同于委员会成员的领导活动。然而，有时候，当委员会不执行它们的领导活动时，责任就落在了组织的管理者身上。例如，委员会可以"非正式地"将筹资任务委托给主管，或授权主管为此目的雇用一名员工。或者，他们可能要求主管在策略规划中发挥领导作用。当你的工作完全由董事会（比如董事）决定时，你很难拒绝！

在大多数组织中，随着级别下移，管理者的领导任务变得越来越具体，并且越来越关注现在或不久的将来。例如，我们期望高级管理者，例如主管，领导各种活动，如执行委员会制定的政策、制定提供专业服务的标准、代表组织面对媒体、寻求潜在的资金来源，或者与政客和社区领袖"闲聊"。与此相反，较低级别的管理者更有可能发挥领导作用，确保员工不会过于专注于工作，而忽视了组织的服务目标，或者，他们可以通过分配资源，以促进专业发展和支持低级别员工的工作绩效，显示出领导能力。

领导理论

关于领导的研究已经很多了，产生的理论反映了许多思想学派的思想。每个学派都有自己的代表，而且每个学派都在继续为我们目前对领导的理解做出贡献。

特质理论

在美国，最早的关于领导的研究是基于这样一种假设，即拥有好的领导力等同于拥有某些特质。部分研究是基于对通常认为具有良好领导能力的人的研究，试图找出他们所拥有的"共同点"。一位研究者叫拉尔夫·斯托格迪尔（Ralfh Stogdill, 1904—1978）[4]，他列出了 22 项特质，包括自信、合作、精力充沛、善于外交和策略、口语流利、社交能力强。另一位研究者埃德温·吉塞利（Edwin Ghiselli, 1907—1980）提出了另一份清单，其中包含诸如监督能力、智力、主动性、自信和果断等特征。[5] 在 1983 年的一项研究中，麦考尔（McCall）和隆巴尔多（Lombardo）确定了 4 个对成功领导至关重要的主要特征：情绪稳定和沉着；承认错误，而不是掩盖错误；良好的人际交往技能，善于沟通和说服；智力方面的知识。[6] 众多研究中许多人提到了沟通能力，还有信誉和远见。所有的特质列表似乎都很有道理。不幸的是，研究者很少达成一致。一些特征（灵活性、主动性、自信、智力和外向）几乎以某种相关的形式出现在每一个列表中。这个观察本身对我们对领导的理解并没有多大贡献。诚然，这些特征可能与良好的领导有关，但它们也是对待优秀的追随者、好朋友甚至是喜欢的宠物时所共有的特征。它们是增加大多数领域或生活中任何层次成功可能性的资产。此外，虽然有些人缺乏上述一项或多项特质，但他们已经证明自己是优秀的领导者。而一些领导者尽管拥有所有这些特征，却并不成功。

领导特质理论还存在其他问题，该理论似乎以一种相当不民主的方式表明，有些人生来就具备成为领导者所需的特征，而有些人则不具备。这不是一种与社会工作者很合拍的观点，社会工作者相信个人可以改变和进步。该理论也没有给领导力培训或教育带来多大希望。相反，该理论认为，选择一名领导者只需确定此人是否具备必要的特征，不需要与现有员工合作以帮助他们获得所需的知识和技能。

领导特质理论的另一个不足与测量问题有关——大多数人格特征很难测量。过去一个世纪的大部分时间里，研究者一直在努力以不反映文化、民族、种族、性别、年龄或其他类型偏见的方式来测量智力，对其他一些优秀领导者的特质的关注却很少，用于测量这些特质的标准化仪器甚至不如测量智力的仪器有效。

通常，理想的领导特质与密切相关但不受欢迎的特质之间仅有一线之隔，一般不受欢迎的特质实际上是太过于理想化的特质，测量可能无法测出这种精细的区分。例如，我们是否可以肯定地说一个声称测量主动性的标准化工具是有效的？也就是说，它是否测量了它声称要测量的？或者，有没有可能，看似主动的行为，其实是一种不可取的缺乏谨慎或冲动？同样，虽然我们可能认为自信对于领导是可取的，傲慢不可取，但我们是否可以肯定地说，我们测量的是前者，而不是后者？我们能否确定，一个潜在的领导者没有假装过自信呢？我们是否可以肯定地说，我们测量的是灵活性，而不是不愿意或无力执行而采用的控制措施？我们知道过于灵活可能并不合适——但多少算是过于灵活？又应该如何界定外向性和缺乏适当的社交界限？对人格特征的测量是存在的，但它们还没有细化到可以用来对人的领导潜力做出正确决定的程度。

这些研究者所倡导的领导特质理论有助于我们对领导的理解。但是，他们所确定的特质并不足以保证良好的领导行为——它们只是帮助解释了为什么有些人作为领导者更容易做到这一点，也可能在很大程度上解释了为什么一些管理者需要努力去提高对自己和试图达到的目标的忠诚度，而另一些管理者则认为忠诚度只需自然地发展便可。

行为理论

在 20 世纪 50 年代和 60 年代，领导的行为理论得到了发展。它们基于这样的假设：如果一个人能够准确地识别出强有力的领导者与软弱的领导者之间的不同行为，那么我们就能知道什么是好的领导行为。然后，通过培训和教育，可以教会其他人以一种更符合好领导的方式来行事。

领导行为理论（相对于特质理论）的一个主要优点是，相对于人格特质而言，测量行为相对容易一些。与特质不同的是，行为可以被看到、记录和验证，因此可以教授现有员工实践理想的领导行为。领导者的更换可以通过再培训来完成，而不是通过寻找具有某些特质的人来替代。

然而，领导行为方法的倡导者与特质理论研究者有着共同的问题：他们很难就哪些行为反映出良好的领导能力和哪些行为不是好的领导方式达成真正的共识。早期的研究试图根据领导者如何使用授予他们的权力对领导行为进行分类。例如，一些领导者倾向于民主，另一些领导者则是专制主义者，还有一些领导者似乎对下属几乎没有直接影响。这三种类型中没有一种是一贯有效的领导风格或一贯无效的领导风格。[7]

风格理论

研究领导的行为方法演变为对领导风格的关注，这种风格一直持续到 21 世纪。布莱克和麦坎斯（Blake & McCanse）的领导网格是绘制管理者领导风格的一种广为人知的方法。[8]它假设每个人都有领导风格，并且可以根据行为在网格上绘制。网格上代表领导风格的点是基于个体对生产的关注程度和个体对人的关注程度。

每个人的两种行为都可以在 1 到 9 分之间得到一个"分数"。因此，管理者可以被定性为（2，6）或（7，4）等等。

布莱克和麦坎斯已经确定了在网格中处于最常见位置的领导者的特征，并为他们的领导风格做了标签和描述。例如，得分是（9，1）的管理者被认为具有"权力—服从"的风格（也就是那些专制的人），主要关注的是任务而更少关注人们的需求。他们控制和指导他们的下属，很少关心他们的个人需求。相反，得分为（1，9）的风格被称为"乡村俱乐部管理"风格，该管理者会提供一种非常友好、以人为本的环境，但很少强调生产。一种被称为"团队管理"的（9，9）领导风格同时重视两者，而被称为"中庸"的（5，5）风格则平衡但适度地强调生产和创造支持性的工作环境。

领导网格对于识别给定管理者的领导风格以及管理者提供的内容非常有用。但它没有说明管理者如何发展特定的风格或如何改善无效的风格，似乎也没有断言哪一种领导风格在总体上最好，尽管对（9，9）风格的描述听起来最像现代管理理论家所提倡的那样，不过对其他风格的描述也是相当正面的——每种描述都可能有最适合的工作情况。即使是（1，1）类型的管理者，这种领导风格被称为"贫乏管理"，在非常罕见的情况下也可能适合组织的需要。例如，对于一群经验丰富的"自我创业者"来说，这可能是合适的，他们确切地知道需要做什么，并直接去做。（1，1）风格的管理者很少关心生产，也很少关心人，他们作为管理者很少会有特别活跃的状态。

还有一个非常有用的方式可以使用领导网格，使管理者了解下属如何看待他们。有时，我们自己对管理风格的认识与下属对管理风格的看法有明显不同，有时这可能是一种启示。我们也可能会惊讶地发现不止一个下属对我们作为管理者的风格有不同的看法。这可以提供有价值的反馈，并且在某些情况下为需要的改变提供动力。我们中很少有人对自己"给人的印象"有准确的认识。由领导层自己（如何看待自己的风格）和下属（如何看待领导层的风格）共同绘制领导网格，可以产生一些有趣和富有成效的对比和见解。

87

在领导网格不断被完善和修订的同时，其他研究者和理论家也将注意力集到了领导风格上，他们往往试图识别出与成功领导者相关的风格。1994 年，豪斯和波得萨阔夫（House&Podsakoff）[9]试图总结以前的研究成果。两位研究者认为，领导网格只在两个维度上对领导者进行分类，与领导网格不同，构成一个人的领导风格的还有更多的变量。一些更有趣的变量（对社会服务组织的管理者来说）包括鼓舞人心的沟通、愿景、关心自己在员工中的形象、激情、自我牺牲，以及向外部有效地代表组织的能力。

道格拉斯·麦格雷戈（Douglas McGregor，1906—1964）的 X 理论和 Y 理论[10]是领导风格最著名的解释之一。麦格雷戈提出了两种截然相反的人性观（理论）和人们对工作的看法（理论）。X 理论认为，人对工作有一种固有的厌恶，必须受到威胁和控制，才能使他们有效工作。人们希望以经济回报的形式获得安全感，但不喜欢承担责任。如果一位管理者认同这一理论，那么就会在他或她的管理风格中反映出来。

认同 X 理论的管理者会怎么做？他们倾向于使用有形的奖励和惩罚（或威胁）让其他人去做该做的事情。他们会认为他们的权力受到憎恨，并采取"我们—他们"的态度，在可能不必要时采取强制手段。他们将制定一套压制性的、控制性的规则、政策和程序，以强制执行。他们会定期"检查"下属，（也许希望）在下属懒惰或犯错的时候抓住他们。使用 X 理论的管理者可能最终会让员工像 X 理论中的人一样行事，从而导致员工重新审视自己——这是一种自我实现的预言。

相反，Y 理论则假设人们愿意工作，愿意接受责任。他们想控制自己的行为，能够创造性地解决问题。工作对他们来说是一种自然的活动。如果他们致力于一个目标，他们将自愿做必要的事情来实现它，不需要惩罚的威胁或特殊的奖励。他们将寻求必要的权力来做需要做的事情。大多数人都会被认为在潜力、想象力和创造力方面没有得到充分利用；也就是说，他们的动机是自我实现的需要（见第九章）。

毫不奇怪，那些有 Y 理论倾向的管理者会运用一种他们认为是正确的领导风格来对待下属。他们的行为方式可以传达信任和善意的信念。他们尊重员工，视其为有价值的、负责任的团队成员。他们提倡员工主导自己的工作，认为下属会朝着组织目的努力。他们维持一种可以促进成长和创造力的工作环境，并且不会使用比绝对必要时所需的控制更严格的控制。

88 当然，纯粹的 X 理论和 Y 理论的领导风格都是极端的，它们很少存在。纯粹的 Y 理论可能过于理想化，虽然对于大多数员工来说是描述性的，但也会有例外。即使在社会服务中，也不是每个人都想工作并承担责任，这将产生一种过于宽容的领导风格，而且几乎肯定会导致少数人出现问题或滥用职权。纯粹的 X 理论导向会产生一种过于压制和"严厉"的领导风格，它几乎肯定会导致员工的不满（也许还会导致人员离职）和团队士气的崩溃。大多数管理者的态度（以及他们的管理风格）都介于这两个极端之间。

作为社会工作者，在关于人的假设中，我们大多数人可能更倾向于 Y 理论而不是 X 理论。但作为现实主义者，我们也必须承认，倾向于支持 X 理论的人并不少见。由于我们的生活经历，我们可能也变得更倾向于 X 理论或更倾向于 Y 理论。例如，一些社会工作管理者初期觉得自己进入了有 Y 理论理念的大型科层机构，然而，在观察了一些员工的行为（懒惰、不负责任、抗拒变革等）后，他们可能会在对待员工的信念上更倾向于 X 理论。（也许，正如之前所建议的那样，正是科层制促进符合 X 理论模式化观念行为的产生；也许只有符合模式化观念的人才能在科层机构中生存很长时间。）取向的变化也可能发生在相反的方向。有时，具有 X 理论倾向的管理者会惊喜地发现，他们的员工工作勤奋，渴望承担责任，富有创造性，等等。然后，他们改变了对员工的态度，在领导风格上更多地以 Y 理论为导向。

麦格雷戈对我们理解领导这一概念的贡献在于，领导风格常常是基于我们对员工的看法以及他们对工作的态度和偏好。如果我们作为管理者，允许依据假设（在连续体中的任何地方）来决定我们的领导风格，却不用心去评估我们的员工以及他们如何看待工作，那么我们注定会遇到问题。领导，就像管理的其他职能和社会工作实践的其他领域一样，是一种人际交往的技能。它需要了解人的行为，并有能力认识到员工需求的个人差异，以及他们对我们的要求。但是，我们也要记住，除了其他人的需求和期望之外，良好的管理和恰当的管理风格还受到其他因素的影响。成功的管理者意识到了这些因素，并试图平衡员工的需求和自身处理这些需求的能力。做到这些并不容易，因为它们之间似乎经常互相冲突。这些影响管理风格的其他因素是什么？它们包括：

● 情境的要求。不同的情境（例如，时间压力、资金威胁或任务环境各部分的其他威胁）需要灵活性和不同的领导方法。

● 作为管理者，上级对我们的期望。作为管理者，我们不能忽视上司和他们对什么是好的管理实践的定义。虽然我们的风格可能与他们的风格有所不同，但如果没有给我们和组织带来问题，那么它们的区别就不会很大。

● 同事对我们的期望。不能忽视其他管理者，特别是组织内同级管理者。我们的管理风格不能过于落后，以免引起同事的不满，也许对其他管理者的管理风格不满的下属可能更喜欢我们的管理风格。

89 ● 我们对自己的期望。基于我们对所认识的其他管理者的观察和对管理理论的研究，我们对好的管理实践做出了自己的定义。为了达到这一标准，我们需要发展一种与之相一致的管理风格。

● 组织的文化期望。规则、政策和程序以及群体规范也会影响对恰当的管理风格的界定。

权变理论

权变理论认为，好的领导取决于情境的需要。该理论认为，领导的特质、行为或风格理论并没有充分强调管理者必须发挥作用的不同情境；因此，以上理论对什么是好的领导者缺乏全面的理解。权变理论既是对其他领导理论缺点的回应，也是对它们的延伸，它是当今最被广泛接受的理论之一。

斯托格迪尔在过去的几十年里进行了领导研究。在许多方面，他关于领导的结论与他第一次研究领导到后来因工作而产生的关于领导的态度变化是一致的。正如我们前面提到的，斯托格迪尔在 20 世纪 40 年代开始是特质理论的倡导者。[11]后来，他更多地关注行为，认为两种行为——关注和结构——是良好领导所必需的。[12]这两种行为对于布莱克和穆顿（Mouton）管理网格的两个轴来说是非常重要的：关注人和关注生产。关注因素可以理解为对下属的支持，表现为行为友好和热情，以及对建议持开放态度。结构与经常强调预算、最后期限和目标有关。担任管理者的社会工作者往往难以在关注和结构之间找到平衡。下属喜欢管理者的关注，但是上级可能会持怀疑态度，认为它太"好"，或者在某种情况下给予了员工过多的自由。相反，上级很喜欢使用结构，但它可能被下属视为不必要的控制。管理者真的能同时提供关注和结构吗？或者这两种行为真的有冲突吗？

在后来的工作中，斯托格迪尔找到了一种解决理论困境的方法，即管理者如何才能同时提供最佳的关注和结构。他总结说，两者的最佳组合（即好的领导）取决于情境因素，有时需要更多的结构，有时需要更多的关注。这种思路与我们在第三章中首次提及的权变管理理论是一致的，一个人并不是天生就是一个好的或坏的领导者，或者是一个有能力的或无能的领导者。领导的好坏取决于一个人的领导素质，以及他们与特定情境需要的那种领导的匹配程度。满足一种情境中领导需要的特征或行为可能不适合另一种情境。没有任何特质或行为可以保证一个人在任何情境中都能成为一个好的领导者。但是，有一些因素（例如，无法提供关注或结构）几乎总是会导致领导者的失败。

一般来说，国家、社区和组织都选择了它们认为具有当时所需领导素质的领导者。但是，在另一个时间和地点，具备同样素质的人可能不适合做领导者。例如，温斯顿·丘吉尔（Winston Churchill）、玛格丽特·撒切尔（Margaret Thatcher）、果尔达·梅厄（Golda Meir）、马丁·路德·金（Martin Luther King）、纳尔逊·曼德拉（Nelson Mandela）、圣雄甘地（Mahatma Gandhi）——所有这些人（抛开我们对他们的个人评价）都符合当时各自国家、宗教群体或政治运动的领导需要。

　　在 20 世纪的美国历史上，富兰克林·D. 罗斯福（Franklin D. Roosevelt）具备必要的领导素质，对于饱受大萧条困扰的国家的信心恢复至关重要。约翰·F. 肯尼迪（John F. Kennedy）相对年轻、充满活力和理想主义的领导是继艾森豪威尔（Eisenhower）时代更具父系风格之后人们所期望和需要的。杰拉尔德·福特（Gerald Ford）所强调的正直和开放的领导力，是在"水门事件"发生后的几年里恢复总统信誉所需要的，尽管在其他时期，福特可能被认为一个低效率的领导者。吉米·卡特（Jimmy Carter）最初作为一个新人受到了那些厌倦了华盛顿政治的选民的欢迎。一个对通货膨胀和犬儒主义感到失望的国家也欢迎罗纳德·里根（Ronald Reagan）的领导风格，所以里根在 1984 年以压倒性优势再次当选。里根特有的乐观态度、对传统价值观的信仰以及他的保守政治政策使他成为 20 世纪 80 年代的天然领袖。直到他第二届任期的后期，"特氟龙"（Teflon）性①才开始慢慢消失，因为他悠闲的管理方法和对下属的盲目信任变得越来越成问题。里根的领导方式在 1988 年和 1980 年并没有什么不同，但是条件已经改变了，这种管理方法不再是人们所需要和想要的。乔治·H. W. 布什（George H. W. Bush）早期的受欢迎程度很大程度上归功于他更"亲力亲为"的管理风格，这是与里根政府相比的可喜变化。老布什未能在 1992 年再次当选，比尔·克林顿（Bill Clinton）在 1996 年继续受到人们支持，这告诉了我们这些年来国家所需要的领导素质。克林顿令人尴尬的个人问题之后，乔治·W. 布什（George W. Bush）当选，可能是选民希望回头继续采用 20 世纪 80 年代里根–布什时代保守的价值观和政策。2001 年 9 月 11 日的恐怖袭击事件之后，小布什好斗的作风使他广受欢迎。后来，在第二个任期内，人们质疑他在伊拉克战争中的行为及人权政策，于是他失去了人们的支持。所以巴拉克·奥巴马（Barack Obama）首次当选为总统，当时大多数选民寻求具有不同想法的新领导者，领导国家摆脱经济衰退，解决全民医疗保健等社会问题，并尝试采用不同的方法与世界领导人合作。然而，国会极端的政治两极化、关于联邦项目日益加剧的对抗，以及对中东军事介入的厌倦，都引发了选民对奥巴马领导能力的质疑，尤其是在他的第二个任期内。

　　权变管理理论强调，某些领导特质和行为的可取程度取决于情境。在某些情况下，对于组织的运作来说领导者的关注比结构更重要；有时，情况则正好相反。例如，当必须与陌生人一起工作且时间期限紧或有其他紧急情况发生时，最需要的领导行为可能是结构。约克（York）[13] 在一家社会机构的相关研究中发现，在快速变化的时代，领导特征中对生产的关注可能比对人的关注更有价值。

---

　　① "特氟龙"性是评价美国前总统里根时用过的一个说法。即便是身处伊朗门事件那样的危机时，里根总统也没有遭到多少外界的非难，他被形容是特氟龙平底锅那样不会焦躁的总统。——译者注

　　弗雷德·菲德勒是最常与领导权变理论联系在一起的理论家，他认为领导者影响下属的能力在很大程度上取决于领导者的风格和个性、工作小组的特点以及工作环境的需要。[14]菲德勒观察到，个体管理者的态度和需求往往变化不大；领导者不能很好地适应不断变化的情境。他的结论是，各组织设立符合现有人员领导特质的管理职位可能比试图通过培训人员以适应现有职位的需要更为有效。菲德勒认为，作为管理者，我们大部分的管理风格可能是"既定的"。但是，虽然我们的风格可能是部分"固定"的，但有一些技能是可以学习的（例如，委任、书写申请拨款建议、编制预算）。

领导与追随力

　　在本章的前面，我们讨论了领导者能够识别员工的个人需求和动机的重要性。然而，作为追随者，员工也有自己的风格和期望；他们可以对管理者的领导能力产生很大影响。成功的领导者能培养出优秀的追随者，而不成功的管理者则不能。

　　一个人如何培养追随力风格？通常，这来自经验。有许多不同的方式可以采用，我们知道其中的哪一种最适合督导者或其他管理者的风格和要求。例如，许多社会工作者在公共社会服务组织中只经历过专制领导风格，他们从经验中了解到，优秀的追随者首先要做到上司要求做的事情，迅速地按照既定的规则、政策和程序去做，等等。但是，当他们离开原组织去另一个不那么官僚化的组织工作，遇到另一个倡导参与式管理决策方法的领导者时，那么良好的追随力的旧定义就不再适用了。事实上，他们过去良好的追随行为对于他们和新的领导者都将不再适用。因此要学习一套全新的（对什么是良好的追随力）的期望，而原先的期望和行为必须被摒弃，如果他们想成为好的追随者，就必须适应这些。

　　什么是良好的追随力？构成良好追随力的一些品质是相当普遍的。事实上，成为优秀追随者的许多特质和行为与成为优秀领导者的特征和行为相同。例如，优秀的追随者是可靠的，是优秀的团队合作者，拥有所需的技术知识，使用合理的判断，做出理性的决定，让其他人了解发展，知道何时寻求帮助，理解和支持组织的使命、目的和目标。然而，优秀的追随者还有一些其他属性：优秀的追随者能够管理好自己、工作和上司。

　　对优秀的追随者来说，自我管理包括处理与服务对象和同事之间的关系的能力，对自己的感情、决定和行为负责的能力，对自己的工作保持自信、积极的态度，以及对组织的使命、目的和目标的信念。

　　工作管理涉及熟练地组织和管理时间、职责和工作量。这意味着要知道如何找到和获取所需的知识来做自己的工作，还需要知道解决问题的技巧，并做出与工作相适应的常规决定，这样跟随者就不必过分依赖督导者或其他管理者。

上司管理要求追随者能够准确地阅读和评估上司的优点和缺点（以及工作小组其他成员的优点和缺点）。优秀的追随者会找到方法来补充上司的功能，从而改善整个工作单位的功能。上司管理与奥斯汀（Austin）提出的"向上管理"（managing up）的概念密切相关。奥斯汀指出，管理不仅对上司有帮助，而且对跟随者也有帮助。如果帮助上司把工作做得更好，那么下属的工作就会容易些，这对双方都好。[15]

正如我们所指出的那样，领导的管理风格极大地影响了构成良好追随力的因素。但影响也可以是反方向的。员工的追随风格有时会影响他们上司的领导风格，比如，一群缺乏经验和过度依赖的追随者群体会引发某些领导者的行为，例如需要领导核查规则的遵守情况，提供详细的指示，或者几乎不允许任何自主决策。一个天生就很有控制力的领导者可能会放松一点儿，因为追随者表明他们可以承担更多的责任，几乎不需要监督，或者说服他们的上司，他们大部分时间都会很好地发挥自己的作用。

优秀的追随者也可以用另一种方式帮助培养出更有效的领导者。他们可以提供管理者可能缺乏的有价值的视角。他们与服务对象和社区的联系往往比他们和管理者的联系更密切。因此，他们能够尽早发现发展中的问题，让管理者在问题变得更加严重之前解决这些问题。他们还可以在发展过程中确定额外服务的机会和需求。因此，他们可以帮助上司，使其"身临其境"（life in the trenches）并做出适当的反应。

营造良好的组织氛围

第三章介绍了组织氛围的概念。我们都对它很熟悉，因为它与城市或其他地理实体有关，该术语也用于描述组织或其子单位。组织氛围的一个因素是工作时的感觉。就像天气一样，这种感觉可以是温暖和热情的，也可以是冷漠和敌对的。当然，也会像天气一样，有时可能太暖和了，几乎令人窒息。通常，要准确地了解组织氛围需要一定的时间；然而，有些人在一个工作环境中可以只用五分钟就能准确地感知它。

有效的领导者会认识到生产力和绩效受人们工作的整体环境的影响。考虑到必须完成的工作的性质和员工的需求，他们会努力创造一个尽可能有利的工作环境。理想情况下，组织的氛围应该是愉快的，并支持良好的工作。好的领导者明白，在有利的组织氛围下，即使是不受欢迎的任务也不会那么糟糕；然而，即使是一项应该令人愉快的任务，在不利的情况下也可能令人不快。我们将研究在良好的组织氛围中发现的一些特征，即领导者试图创造和培养的特征。

团队合作

当管理者进行领导时，他们有时会像运动教练一样，努力使员工（包括他们自己）觉得他们都是一个团队的成员，努力实现共同的目标。领导者帮助他人认识到，通过协同工作而不是通过不利的冲突或追求自我利益的途径他们才更有可能实现自己的目标。

健康和成功的组织是指所有的参与者都有团队意识并欣赏协同工作价值的组织。管理者有时会将员工的发展时间花在教授协同工作和各种团队建设练习上，以证明某些任务只能通过协同工作才能完成。这样的练习可以证明他们的观点，但是，它们不能代替与实际工作相关的任务。任务展示了协同工作的价值，并提供了协同工作的实践。员工可以从处理各种情况的方式中可以感受到协同工作。成员们为了共同的利益而协同工作，若是缺乏协同工作（通常以自我利益为特征）同样也可以在组织中感知到。专栏 4-1 给出了一些例子，说明团队意识的存在或缺失如何在相同的情况下产生不同的反应。

专栏 4-1　对相同情况的回应：协同工作（T）和自我利益（S-I）

1. 人们看到事情出了差错。
   - （T）"我们现在就来处理它，否则事情可能只会变得更糟。"
   - （S-I）"不管它，它还没有影响到我。"

2. 有一项令人不愉快的工作要做。
   - （T）"我们怎样才能完成它？"
   - （S-I）"这到底是谁的工作？"

3. 同事得到认可。
   - （T）"恭喜！这让我们看起来都很棒！"
   - （S-I）"这其实没什么大不了的。"

4. 提出了政策改革的建议。
   - （T）"让我们考虑一下，这可能是一个好主意。"
   - （S-I）"老板想要做什么？"

5. 有人为解决问题提供帮助。
   - （T）"谢谢，你需要时我也会帮助你。"
   - （S-I）"这不是你的问题，你为什么要帮我？"

6. 某人犯了错误。
   - （T）"我们得到了什么经验教训？"
   - （S-I）"谁干的？怎么处理？"

7. 发生个人冲突。
   - （T）"我们可以一起讨论这个问题，发生冲突对谁都没好处。"
   - （S-I）"我要报复。"
8. 对如何改进自己的工作提出了建议。
   - （T）"谢谢！我会好好考虑的。"
   - （S-I）"别多管闲事，我又没管过你的工作。"
9. 工作做得很好。
   - （T）"我很自豪能成为其中的一员。"
   - （S-I）"这都是谁的功劳呢？"
10. 工作绩效不佳。
    - （T）"我们必须分担责任，防止它再次发生。"
    - （S-I）"这是谁的错？"

相互尊重和信任

有利于生产力的工作环境反映了相互尊重和信任，对于存在的权力差异没有任何不必要的提醒。领导者被赋予了一定的责任，并根据他们在组织结构图和职位描述中的位置做出某些决定。但这并不意味着他们更聪明，对任何事情都更了解，也不意味着只有他们对这种情况的看法才是正确的。他们可能不会比他们监管的人更有经验、更有创造力或更了解问题。他们只是占据了不同的位置，承担着不同的工作职责，并利用不同的信息做出决策。如果不记住这一点就采取行动会严重伤害士气。

管理者通常跟属下更相似，而不是不同。管理者很容易忘记这一点，并对在组织结构图上占据较低位置的人的动机、能力和知识做出错误的假设。被视为下级的人往往会做出下级反应。管理者执行领导工作时，没必要居高临下，因为属下的低等地位仅限于他们在组织结构图上所处的一个相当狭窄的领域。只有在与这一领域有关的事项中，才可以适当地提醒员工注意自己的相对地位。即使是这样，这种提醒也只能作为最后的手段使用。通常只有在其他影响的努力，如努力传达应相互尊重的方法失败时，再使用这种手段。对下属地位的不必要提醒可能会很快威胁到职员间的相互尊重，而这种相互尊重对保持健康的工作氛围至关重要。

相互信任与相互尊重密切相关，它是在领导者和员工有成功合作经验的工作环境中发展而来的。为了实现这一目标，领导者需要制定一个"跟踪记录"来记录自己在压力下的工作能力和熟练的领导力，反过来，员工需要证明他们在压力下也能不负众望。相互信任还涉及所有相关方的诚信和可信赖感。双方必须明白领导者和他们的下属都会受到公平的评判，但对公平（或缺乏公平）的看法是双向的。管理者对其员工如何评估自己的绩效也很敏感，他们可能会收到定期书面评估（这一做法越来越受欢迎），"评价"中可能包括组织内员工无意中听到的评论或者向组织内员工报告的社区员工的评论。

与其他生活领域一样，组织中的公平也会换来公平。如果我们对别人公平，他们一般对我们也公平。然而，正如一些管理者所了解的那样，公平对待员工并不能保证他们会做出同样的回应。有些人似乎对管理者感到不满，不管他们受到怎样的对待，他们都会不公平地指责管理者。（也许他们只是对存在的权力差异感到不满，或者可能是更为个人化的原因。）其他人似乎认为管理者所展现的公平是软弱的表现，或者他们已成功地对管理者造成威胁。例如，他们可能认为犯了严重的错误之后，管理者却给予第二次机会，这表明他不愿意或不能惩罚不可接受的行为。当管理者知道无法收到公平的回报时，他也就很难对员工公平，但无论如何还是应该公平对待。管理者公平地对待他人的真正原因并非为了得到公平的回报。而是因为：（1）这是正确的做法；（2）他们需要建立公平的声誉才能有效地管理；（3）为他人树立良好的榜样。

理解各自角色

相互公平的氛围需要成员了解各自的角色。其他员工真的明白管理者的责任吗？如果并不了解，他们可能会基于他们所认为的管理者的职责以及应该如何去做的错误观念来不公平地评价管理者的表现。有能力的领导者能够解答经常困扰着管理者角色的事情，他们传达出来的信息是，虽然与其他员工相比，领导者在某些事情上必然有不同的观点，他们的工作与其他工作人员略有不同，但他们所做的许多工作也是（或应该）为了实现同样的目标。有时候提醒别人这一点很有用的。

像公平一样，理解在领导者已经创造和培养的良好组织氛围中也是双向的，管理者需要与其员工保持联系。优秀的领导者会去了解员工的工作，也许更重要的是，理解他们对工作的感受。员工需要知道，尽管他们承担了一份负有重大管理责任的工作，但他们的上司仍能体会到他们的担忧。虽然我们不认为管理者应该一直在等级结构中占据较低的职位，但拥有这样的经验是有帮助的。如果他们没有这样的经验，他们就必须要贴近员工的工作，才能真正了解与他们的工作相对应的报酬和压力。即使是那些"从基层做起逐步晋升"的管理者，也往往会忘记他们以前的工作是什么样的而忽视了日常活动所面临的压力。作为领导者，管理者需要与他人保持联系，这可能需要他们离开自己的办公室，不时地停下来和员工谈论工作，这就是所谓的"走动式管理"。在一些社会服务机构中，一些督导者选择（或甚至被要求）参与少量案件以便更好地了解员工在其中运作的真实情况。

倡导

在一个氛围良好的组织中，领导者作为为员工谋福利的人，甚至会冒着被免职的危险向上级争取权利和福利。但是，他们又很容易陷入一种舒适的行为模式，即在不太重视员工的利益的情况下讨好上司。毕竟，他们的员工进行的任何评价（正式或非正式的）通常只反映给他们。然而，他们的职业生涯通常更依赖于上司的评价。以表扬、额外晋升、加薪和工作保障形式给予的奖励是为了满足他们的需要，而不是在支持他们与上司唱反调。

对管理者来说，避免与上司发生冲突是很容易理解的，这符合每个人的最佳利益。那么为什么要与领导抗争呢？有一个很好的理由：如果管理者专注于讨好上司，不去保护员工的利益，那么他们就是在背弃自己作为管理者的领导责任。每个组织都会遇到要求管理者做出或实施不符合员工最佳利益的政策的情况。例如，他们可能被要求通过不接替辞职的员工来降低成本，从而增加了留任人员的工作量，或者执行一项不必要地限制员工使用个人电子设备的不受欢迎的规定或政策。如果他们在这种情况下不保护员工，那么他们最终就会失去员工的尊重和信任。只有当他们开始倡导员工的利益时，才会开始恢复员工对他的尊重。在这种情况下，他们个人没有什么好处，甚至可能会招致老板暂时的不满。

承担管理责任的社会工作者仍然是社会工作者。他们还有义务成为变革的倡导者，使服务对象和整个社会受益。社会服务组织的社会工作管理者往往被认为是保守的，不愿"改变现状"。然而，研究表明，即使这种看法曾经有效过，那么现在也已经不再有效了。研究发现，与其他社会工作者相比，高层管理者在宣传上投入的时间更多，在政治上也更活跃。[16]

在组织内促进服务对象倡导的氛围还需要帮助其他人履行他们作为变革倡导者的职业义务。做一个好榜样有很长的路要走，但这可能还不够，通常还要采取具体行动。管理者可以帮助将服务对象倡导的期望写入员工的工作描述，并制定人事政策，保护倡导变革的员工。他们还可以为员工提供关于倡导方法的继续教育，例如，哪些方法最有效，哪些方法可以获得法律保护。

案例

安伯（Amber）是一家大型日托中心的督导者，雇用了几名社会工作者。她督导的社工杰尔姆（Jerome）被指控性虐待一名四岁的女孩，该女孩是中心的服务对象。原告——孩子的父母要求进行调查，于是当地社会服务部的儿童保护部门彻底调查了这个问题，得出的结论是，没有迹象表明发生了虐待行为，并将此案视为没有证据，没有提起任何刑事指控。杰尔姆在被撤销指控之前一直被停职，后来又被复职。该组织的主管给杰尔姆打电话，高兴地表示，他被认为是一个优秀的员工，被判无罪。她向他保证，完全信任他。杰尔姆恢复了工作，再次展现了他在以前的工作中表现出的能力和奉献精神。

一年后，杰尔姆的前妻起诉，要求获得他们三岁女儿的全部监护权。在一份证词中，她指控杰尔姆在最近的一次探视中"不恰当地抚摸"了孩子，并怀疑他过去曾对女儿进行性虐待。她还对他提起刑事指控，并在当地一家报纸上做了报道。董事会主席（他知道之前的指控）在一个星期六早上7点打电话给行政主管，行政主管立即打电话给安伯，要求她在下星期一上午9点与杰尔姆会面，以了解更多情况。尽管报纸上的报道没有提供多少细节，也没有提到杰尔姆的工作地点，但行政主管害怕中心的孩子们的父母打电话询问，所以希望能够得到所有可用的信息以便能够答复询问。

安伯非常焦虑，因为她期待着与杰尔姆的会面。会面进行得不顺利。杰尔姆明确否认任何不当行为。面对前妻的指控他早就有了现成的解释：他前妻的姐姐最近卷入了一场争夺儿童监护权的官司，并且胜诉了，所以前妻才威胁要指控丈夫性虐待以获得对其子女的监护权。他解释说，他的前妻曾威胁要"抓住"他，但她只是在尝试一种她姐姐用过的有效的策略。

安伯对杰尔姆似乎对指控漠不关心的态度感到很恼火。她似乎无法让他理解这些指控可能给中心带来的潜在伤害。杰尔姆觉得安伯多此一举，他问道："那么，你希望我怎么做呢？"安伯回答说："也许你应该考虑辞职，如果行政主管要求你辞职，我当然不能支持你。"杰尔姆走了，砰的一声关上了门。后来，行政主管对安伯处理此事的方式表示很满意。

杰尔姆递交了辞呈。但在离开之前，他向其他员工解释了他前妻的指控，并告诉他们是安伯要求他辞职的。三名员工去见安伯，要求她重新考虑杰尔姆的事，她说她不能与他们讨论人事问题。

在工作的最后一天，杰尔姆参加了他的离职面谈。他告诉安伯，他对自己在中心的工作和她作为他的督导者都很满意。但当他前妻的指控被公之于众时，他觉得自己没有得到公平的对待。在他看来，安伯应该支持他，因为"在被证明有罪之前，所有人都是无辜的"。

这时，安伯已不再对杰尔姆感到愤怒了。她告诉他，她个人认为他是无辜的，行政主管和其他员工也是如此。但作为一名管理者，她必须考虑中心的最大利益，她担心性虐待指控可能会破坏中心的利益。杰尔姆看上去很反感，摇了摇头。他瞪着她，走了出去。安伯相信所有这些乱七八糟的事情都结束了，但事实并非如此。

在接下来的三周内，另外两名员工辞职。在离职面谈中，他们告诉安伯，这份工作"不值得承担风险"，因为他们知道，作为男性，他们特别容易受到能够破坏他们名誉的虐待儿童指控。但在杰尔姆的问题之前，他们相信如果被指控，组织会为他们辩护和提供支持。但通过杰尔姆的事他们现在不再相信了，他们表示不愿意为关键时刻不愿为他们争取权益的领导工作。

三人的离去和其余员工的普遍敌意使安伯的工作非常困难。她雇用了两名新的社会工作者（都是女性，没有男性申请），但这两名新员工对待安伯很快就跟其他人采取了一样的态度。她怀疑他们是由梅甘（Megan）"引导"的，因为梅甘是最支持杰尔姆的员工。

于是安伯召开了一次员工特别会议，讨论士气问题。她说，她认为应该对她的行为做出解释。她告诉大家，虽然她不能透露与杰尔姆谈话的细节，但她认为杰尔姆的辞职对中心来说是最好的。此外，她强调，她并没有要求他辞职，这是他自己的决定。梅甘讽刺地回答说："很明显，杰尔姆关于跟你谈话的记忆与你记的有点儿不同。"

这次会议收效甚微。就算有的话，也只是让其他员工变得更加愤怒。又过了三个月，安伯开始觉得自己受到孤立，于是辞职去做了另一份工作。员工显然不再信任她，她觉得她成为一名有效的督导者的能力受到了不可挽回的损害。

问题讨论

1. 安伯建议杰尔姆辞职合适吗？为什么？
2. 安伯对杰尔姆、她的组织和该组织的服务对象负有什么伦理义务？
3. 对安伯来说，履行伦理义务是如何产生伦理冲突的？
4. 其他员工是否有理由对安伯对局势的处理方式做出反应？为什么？
5. 对于安伯来说，有什么更好的方式来处理她与杰尔姆的第二次面谈呢？
6. 这种情况的处理方式破坏了良好的组织氛围的哪些特征？

　最大自治权

具有良好氛围的社会服务组织的另一个特点是在组织各层级存在最大的自主权。专业员工和其他员工往往拥有各种知识和技能，如果给予他们自治权，他们可以最有效地利用这些资源。优秀的管理者会寻求创造一种促进独立和负责任地使用自治权的环境。

最佳的自治水平是指人们在使用其专业判断时受到的限制不超过绝对必要的程度，其目的是促进而不是扼杀创造性思维和决策。因此，优秀的领导者能够准确地描述这些活动：

1. 不需要没必要的创造力，服从领导是关键。
2. 可以发挥创造力，组织会提供支持。

员工需要自由行动，而不必总是先咨询他人。只要决定或行为符合既定的正式准则，他们就可以认为自己会得到支持，即使事情最后出了差错。

良好的沟通

组织内部沟通的类型和目的是形成其氛围的一个主要因素。沟通以两种形式发生。在更理想的形式中，它包含与组织使命直接相关的和支持性的信息。例如，它可能包括政策信息、如何完成工作的建议，以及有关实现目标的进展的反馈。进行理想的沟通有许多不同的渠道。例如，我们可以通过公告栏、备忘录、新闻通讯、员工会议、电话或电子邮件进行沟通。

各组织内部存在的第二种沟通形式与组织的任务没有直接关系。它包括对组织内正在发生的事情的情感反应，以及与他人分享的方式。这种沟通方式通常是不可取的，它会对群体和个人士气产生消极影响。

正式沟通故障

作为领导者，管理者的任务是促进良好的、有用的、支持性的沟通，同时限制破坏士气的沟通，并将个人和群体的精力转移到更具建设性的用途上。这似乎是一个很容易实现的目标。但是，为什么促进积极沟通总是失败呢？有时是管理者的过错，他们发起了沟通但是信息没有得到很好的考虑或表达。为什么？管理者可能会认为接收者会理解他们使用的行话，或者他们可能会认为接收者想要理解。他们可能认为员工会定期阅读公告栏或电子邮件（但是，他们通常不会）。管理者可能会错误地认为，在总结沟通的目的之前，接收者会阅读或接收到所有信息，或者他们甚至会认为通知是不必要的，因为"每个人都已经知道了"。

即使是表达良好的信息沟通也会中断并引发问题。任何曾经玩过童年游戏的人都会记得，参与者围成圈依次向下一个人低声传递他从上一个人那里听到的源自发起者的信息，发起者最终收到的信息与最初发出的消息通常都相差甚远，这就是所谓的线路损失。在这方面，有一个悲惨的例子发生在 2006 年西弗吉尼亚州的一次矿难中，当时亲属被错误地告知 12 名被困矿工已获救。而事实上，只有 1 个幸存下来。这种错误沟通归咎于这样一个事实，即救援信息必须"传递四到七次才能到达外界"[17]。线路损失通常发生在没有任何恶意或个人利益冲突的情况下，它是指一条消息被传送的次数的函数。当然，它也可能是出于有意的选择性强调、添加或遗漏，旨在修改消息以反映传达它的人希望表达的信息。

权力差异的存在也会妨碍管理者与员工之间的良好沟通。即使是一条本意很好的信息也可能因为它的发出者以及传递者的假定意图而被误解。例如，关于不做不必要的家访的请求可能被错误地视为一个警告，即重大的资金削减（可能还有裁员）即将到来。有时，管理者可能打算提出一项建议并对其进行说明，但该建议可能被视为一项指示，员工也会对此做出相应的反应。

管理者和员工之间存在权力差异的事实也可能导致员工拒绝向管理者提供他们所需的信息。例如，如果一名员工认为承认错误或请求帮助是没有能力的表现，那么她就可能不会进行所需的沟通。

员工与领导者沟通的程度和准确的程度在很大程度上取决于领导者过去对沟通的反应。如果员工报告了坏消息，领导者应该愤怒还是报有防备？是惩罚信息提供者，还是因为提供了所需的信息而感谢他？就另一名员工出现的问题进行的沟通，是否导致了信息提供者需要做额外的工作？秘密是否按要求保守，或者他的管理者透露了信息的来源，从而使信息提供者与同事疏远？这种消极后果破坏了对管理者的信任，而且几乎肯定会导致沟通消失或扭曲沟通。沟通者可能会说："我吸取了教训——下次我不会说了。"这只会导致组织中管理者和员工之间不断增长的不信任循环。

促进良好的沟通

当人们认为正式渠道不可信时，非正式沟通渠道将不可避免地发展以填补空白。因此，管理者通常无法控制信息流传的内容。它可能成为半真半假的信息、谣言，甚至完全错误的信息。最糟糕的是，管理者甚至可能不知道通过非正式渠道发送了什么信息。

管理者能做些什么来加强良好的正式沟通，减少危险的非正式沟通？我们再次回到良好的组织氛围和有效管理的关键因素——信任。信任和不信任都来自过去的经验。促进高效、准确的正式沟通的信任是随着时间的推移而建立起来的。它是互惠的，对他人信任，才有可能也被他人信任。在良好的工作氛围中，信任促进了双方理想的正式沟通，甚至是理想的非正式沟通。（后者补充和加强前者。）优秀的领导者可以定期诚实地自由分享所需的信息，让下属了解需要知道哪些信息来做好自己的工作。他们也认为错误和问题会发生，但最好是那些必须认识到这些错误和问题的人（他们自己）能够尽快发现这些错误和问题。第一个从上司或不友好的公众那里了解问题的管理者，有理由因为员工没有告知他们而感到愤怒。那些被警告有问题的人至少可以准备为自己和他人辩护，不会猝不及防。

员工应该明白，无论传达什么信息，好的、准确的沟通都有奖励，而不是惩罚，只有无法传达所需信息才是不能容忍的。Y理论管理者（见上文）对沟通的态度是，沟通是一种必要的、可取的工具，它来自对工作的需求和期望，用于支持其他员工和管理者本身的工作。这是一种基于人类假设的积极态度：人们重视自己的工作，想要表现好，并将利用沟通来帮助他们实现组织目标。这种态度能促进沟通，使所有员工在工作中互惠互利。不幸的是，沟通也可能被更多X理论导向的管理者滥用，他们已经认识到，沟通（或缺乏沟通）可以成为控制和操纵员工的有力工具。

一些管理者使用的一种特别具有破坏性的沟通形式涉及对员工可共享秘密的朋友的利用。管理者相信员工很容易被操纵，众所周知，管理者会更信任少数员工，并向他们暗示他们每个人都是独特的、值得信赖的，甚至可能会跟他们批评甚至嘲笑其他员工的工作绩效。在短期内，员工可能对他们的"特殊"地位感到印象深刻并十分满意。但不久之后，他们开始注意到他们并不是唯一受到这种待遇的人，他们得出（正确的）结论，如果管理者当着自己批评别人，也可能当着别人批评自己。他们觉得自己被操纵了，信任感被破坏了。

显而易见管理者的应对方法应该是，避免与某员工以外的任何人讨论该员工的表现。如果必须咨询别人，那就应该向自己的同级询问，督导者更好。永远不要对员工说他或她比其他任何同事都"特别"，避免员工主动提出要建立一种能使他们与同事区别开来的关系。

有效的反馈系统

对于良好的工作氛围来说，来自管理者、同事和下属的反馈的沟通是必不可少的。管理者可以通过沟通了解他们什么做得好和什么做得不好。

管理者也是人。他们往往倾向于与自己最相似的人聚在一起，因此很可能对这些人所做的工作表示赞赏。不管是有意还是无意，这些人都很可能保护管理者免受必要的批评。他们可能也倾向于指责那些试图提供善意的但消极的反馈的人。管理者很容易就会陷入一种模式，即比起那些批评他们的人，他们更看重那些对自己领导能力有正面评价的人的反馈。

与不受欢迎的反馈相比，接受（或给予）正面的反馈肯定更令人愉快，但这两种类型的沟通都是必不可少的。如果管理者得到的正面的反馈远多于负面的反馈，这可能意味着他们做得很好，也可能意味着他们周围的人没有做好意见反馈这件事。当管理者发现自己主要在倾听那些认为自己"居功至伟"的人的反馈，并开始与那些偶尔拿出时间并冒险做出批评的人保持距离时，他们应该把这看作一种警告。也许他们对肯定的需求比对有效反馈的需求更大。管理者需要知道他们哪方面做得好，这样他们才能继续这样做，但他们也需要知道自己什么时候犯了错误（谁都会犯错），这样他们才能避免重犯。他们需要保持开放的沟通渠道，而不仅仅是那些能够收到他们喜欢听到的信息的渠道。

一种日益增长的趋势是，管理者越来越难以避免员工的负面反馈。虽然从历史上看，员工绩效评估（见第十章）一直是一个单向的过程，管理者以"自上而下"的模式评估他们的下属，但是现在越来越多的组织要求员工（通常是匿名的）定期对上司的工作绩效进行书面评估。有时，评估或总结直接汇报给上司的上司，然后由其将这些评估、总结作为绩效评估的一部分与这些管理者分享。就高级管理者而言，员工的评价可以直接与他们分享，甚至可以提交给其他个人或群体，如组织董事会。这种趋势有一个明显的好处，管理者至少了解了所有的员工对他们的真实看法，而不仅仅是少数人可能会冒险说出来的话。他们可以通过调整自己的管理方法来做出回应，或者选择性忽略反馈（尽管最好别这样做）。

　　很难就双向评估和反馈的概念进行争论。被评估者应该获得机会评价他们的上司作为管理者的表现，这似乎是公平的。双向评估似乎也有可能使管理者变得更加负责，因为他们知道下属会进行评估。然而，同许多会促进积极变化的趋势一样，这也可能会产生新的问题。管理者可能因为担心员工的负面评价，不做该做的工作（例如，训诫员工，拒绝给予员工加薪，或给予员工合理的低员工绩效评价），因为管理者认为员工可能在管理者评估的时候进行报复。随着双向评估变得越来越普遍，管理者是否会推卸责任？他们是否会走上自私自利的道路，企图操纵和"玩弄"员工的意愿以求得到他们的高度评价？这种"交换"条件是否会变成大家的共识，使员工的评价变得比目前更加夸大，以换取员工对管理者绩效的良好评价？我们只能希望管理者继续做符合组织及其服务对象最大利益的事情，而不会屈服于这些诱惑。

小结

　　领导被描述为管理者有意识地努力影响组织中的其他人，自愿地参与那些有助于实现组织目标的行为。有些作者认为，领导和管理是分不开的，他们认为一切管理都是领导。而另一些人有相反的观点——领导者和管理者所从事的活动截然不同。在本章（以及本书的其他部分）中，我们在这两个极端之间表明了立场：

1. 有些管理活动显然只能被定义为领导活动。
2. 领导是管理的主要（也许是最重要的）功能。
3. 当管理者能有效领导时，也能够更好地执行其他管理活动。

　　领导发生在组织的所有层次，但领导的任务因组织层次结构的不同而不同。为了更好地了解它们如何影响组织各个层次的管理者的工作，我们对三类委员会的领导活动进行了研究。咨询委员会和行政委员会在社会服务组织中很少使用。董事会（决策委员会）更常见，特别是在非营利部门，必须有董事会的存在。它们应该承担主要的领导责任。但是，由于讨论过的各种原因，它们有时会在一个或多个领域失败。

　　本章还研究了如何理解是什么使一些管理者成为优秀的领导者，而另一些人却在领导方面不那么成功。总结了领导特质理论、行为理论和权变理论的贡献和不足。还讨论了领导风格理论。虽然一些理论家认为一个人的风格可以沿着两个轴（关注和结构）绘制出来，但最近的研究人员认为，有两个以上的变量有助于决定管理者的领导风格。

　　在任何工作情境中，良好的领导都需要创造和维持一种有利于实现目标的组织氛围。本章讨论了这种氛围的要素，它们包括协同工作、相互尊重和信任、对各自角色的理解、倡导、最大限度的自治权、良好的沟通和有效的向管理者的反馈系统。

应　用

无论是在组织中还是在其他情境下，谁是你所认识或知道的最好的领导者？

1. 他或她具备什么样的人格特征使其成为一个有效的领导者？

2. 哪些行为使他或她成为成功的领导者？

3. 如果你看到另一个人在其他情况下表现出了相同的特质和行为，那该怎么办呢？这些特质和行为会促使他成为有效的领导者，还是会变成他成为优秀领导的障碍？为什么？

4. 在本章提到的优秀领导的所有特质中，你认为哪些是绝对必要的？为什么？

第五章

计划

学习成果

在本章结束时，你应该能够：

- 定义组织的任务什么。
- 解释组织的目的与其目标之间的区别。
- 找出任何社会服务组织的潜在"敌人"，并制定策略击败它。
- 讨论应急计划过多和过少的危险。

要想在生活的各个领域取得成功，计划是必不可少的。计划是管理者为预测和影响未来行为和事件所做的工作。计划旨在将我们从现在的位置带到我们明天希望到达的地方，并避免在此过程中走代价高昂的弯路。计划既需要有对过去事件的理解，也需要有预见未来需求的能力。要想成功计划，管理者必须能够从自己和他人的错误中吸取教训，吸取教训是计划的宝贵资产。

和其他管理活动一样，计划也有不同的层次，可以采取不同的形式。某些类型的计划旨在构想和塑造整个组织的未来；另一些则旨在增加员工为组织完成必要工作的可能性，而不忽视其正在努力完成的工作；还有一些协助个体管理者为他们未来可能遇到的情况做准备。

计划是必要的，因为社会服务管理者不能错失机会。例如，他们不能保证现有形式的组织在变化的社会中自然地保持活力，并切合其服务对象的需要。同样，他们不能简单地认为员工承诺提供优质服务就必然会带来高质量的服务或成功的方案。事实上，经验告诉我们，在组织内部，活动往往会偏离轨道，除非有人将某些旨在保持其正常运行的手段或工具安排到位。在计划过程中，管理者通过各种活动和结构，增加组织及其员工以有序、统一的方式流动的可能性。计划有助于协调组织的活动，并帮助组织和人员保持专注。

计划无疑是为未来准备的，并且是积极主动的。它被描述为"未来的备选行动"[1]。也被定义为"针对预选目标的一种理性方法"[2]。此外，应事先确定需要做什么，最好的执行方式和时间以及由谁执行。

计划是一个持续不断的过程，需要随着需要和条件的变化而不断监测和修订，因此，它需要时间和精力。和其他管理活动一样，计划应该产生盈余（见第一章）；也就是说，它应该对组织运行和服务改善做出更大的贡献，而不是从它们那里得到更多的好处。因此，为计划付出时间和精力是值得的。例如，好的计划可以通过培养良好的环境条件，如团队合作、信心、确定性或信任来对组织氛围做出积极的贡献，这些因素都有助于积极地影响员工的士气。反过来，提高员工士气可以积极影响向服务对象提供的服务。不幸的是，计划也会产生消极结果，即计划可能是不必要的负担；也就是说，如果绩效不佳，可能会给服务对象造成净损失。例如，过于注重琐事[3]的计划可能会破坏协同工作、信心、确定性或信任，从而破坏士气。而且，如果士气低落，员工可能会在工作中浪费更多时间从事非生产性活动，更频繁地请病假甚至辞职，从而导致组织不得不成本高昂地再培训新员工。因此，如果计划执行不当，也可能会降低组织内有效服务的可能性。

五种类型的计划

在社会服务组织中，有时会混淆用于描述不同类型计划的术语的确切含义。很多时候，我们的想法与使用相同术语的同事截然不同，这会引起严重的问题。在接下来的讨论中，我们将使用在制造业和商业文献中应用相当一致而在社会服务组织中不那么一致的术语。

我们将讨论五种主要类型的计划，它们是使命、目的、目标、策略和预算，应用于社会服务组织时，每一种都自己的特点。专栏 5-1 提供了每种类型的简要定义，并进一步扩展了这些定义，对每一种类型的计划如何最适当地使用提供建议。

专栏 5-1　五种计划类型

1. 使命——说明组织存在的原因及其作用。理想情况下，它们由组织的任务环境合法化。

2. 目的——组织或其下属单位希望实现的目标的广泛陈述。

3. 目标——对表明目的已实现的结果进行说明；目的将如何实施以及如何衡量其

成果。

   4. 策略——旨在完成某事的具体行动计划，涉及行动计划和资源的部署。

   5. 预算——未来收入和支出的预测，以货币术语表示。

使命

    一个组织的使命代表着最广泛类型的计划。大多数社会工作管理者在接受工作邀请时，只是简单地"继承"组织的使命（希望他们会致力于完成此使命）。然而，使命也可以用来影响未来。当考虑一些未来的改变（例如，新的服务或程序）时，可以参考组织使命。可能有人会问，"这是否符合组织的使命？""是"或"不是"的结论既可以支持改变，也可以将其从考虑中删除。当然只要有充分的理由，即使是使命也可以改变。当这种情况发生时，更高级别的管理者可能会对如何重新定义组织的使命提出意见。

    从某种意义上说，社会服务组织的使命是一种为自己的利益而奋斗的"宣言"，它反映了"组织的本质"，即"定位"。社会服务组织可以通过三种基本方式为服务对象或服务对象系统提供服务；它们反映在其使命中。组织通常在刚成立时从这三种方式中选择一种（选择两种甚至三种的情况不太常见），这决定了组织将提供的项目和服务的性质以及提供这些服务的方式。这一选择取决于若干因素：

   1. 组织寻求解决的问题的性质，以及如何最好地解决这一问题。

   2. 组织想要完成什么，任务环境对它的支持是什么。

   3. 组织认为成功解决问题所需的服务（最佳实践）是什么。

   4. 限制可以提供的服务类型和提供这些服务的方式的经济制约因素是什么。

    为提供服务而构建的组织对于基本方式的选择要基于当时可用的最佳知识。后续更改很少，但会进行更改。众所周知，组织已从一种基本类型转变为另一种类型。这种情况往往是逐渐发生的，有时几乎没有人真正注意到。但是，这种转变也能迅速发生并且响应任务环境内的变化（例如，政府法规的实质性变化、该领域的组织或项目的增加或减少、公众态度的改变或服务成本的要求的改变）。

生产线服务

    生产线是由早期制造业领域的管理理论家弗雷德里克·泰勒所推动发展的，涉及一系列个人执行的专业化任务。它也被称为"长联"或"顺序处理"[4]。最初，生产线似乎只适用于汽车制造厂等组织，而不适用于社会服务组织。我们很容易想象出一条装配线，工人（以及越来越多的机器人）执行重复的任务，每一项任务都对在生产线末端出现的车辆的建造做出了贡献，但很难想象对服务对象的顺序"处理"会成为为他们服务的首选方式。

有些专业价值观和伦理约束似乎反对广泛采用流水线方法来解决人的问题，但对于社会服务组织来说，流水线方法并不像我们最初认为的那样陌生。例如，确定和管理获得经济服务资格往往就严格遵守对服务对象的一种"人员处理"。而且，这种做法并不局限于公共部门，例如，在一些精神卫生机构中，就有一系列固定不变的职务安排：

106

1. 接待员收集人口和健康保险信息；
2. 社会工作者调查社会背景；
3. 心理学家做心理测验；
4. 精神病医师进行体检（如果需要药物治疗）；
5. 治疗小组编制和制定治疗计划；
6. 指派一名员工担任主要治疗者。

在各式各样的生产线上，服务对象通过几个阶段被"处理"。完成后，再开始进行个人或群体治疗。

当然，一个完全像生产线那样建立起来的组织并不适合社会服务提供的工作。我们不能将个人、家庭、群体或社区的处理标准化。汽车制造商知道最终的标准化产品应该是什么样的以及它应该能够做什么。对于生产线（我们的服务对象或服务对象系统）的理想产出应该是什么样的或者应该采取什么样的行动，我们永远无法达成完全的共识。我们的服务对象（他们的自决权必须得到尊重）、员工以及组织的任务环境的各种组成部分可能永远不会达成一致意见，例如所有的夫妻咨询或为家庭暴力受害者的服务都无法达到最佳结果。

即使我们能够就服务的理想结果达成一致，循证实践（EBP）仍然是一个难以实现的目标。辅助职业的技术还远不是一门精确的科学，我们经常缺乏必要的因果知识来保证如果使用某些方法我们的干预措施将是有效的。

生产线可能只适用于社会服务组织中——那些有目标共识和比大多数社会服务组织更了解因果关系的组织——特定的活动。使用生产线有一个主要的优势：效率。卫生保健领域内管理式医疗的批评者有时会指责它促进了一种流水线式的医疗方式。管理式医疗的主要目标是降低医疗保健成本，所以我们不应该对类似于生产线的组织服务的一般方法感到惊讶。当生产线在正确的情况下使用并产生理想的结果时，生产线本身没有任何错误或不道德。质疑它在医疗体系中的应用时，我们应该问的不是"这是不道德的吗？"，而应该是"我们是否既有目标共识，又有因果知识，使之成为提供服务的最佳方法？"，或者，"它能在保持甚至提高服务效率的同时降低不断上涨的医疗成本吗？"。

联动

在一些社会服务组织中，使命陈述反映了组织的主要功能是充当"中介人"或者"中间人"。很明显，该组织的存在主要是提供一种服务——将人员和所需服务结合在一起。

在商业世界，储蓄和贷款协会或信贷联盟是一个连锁机构，它充当那些希望投资储蓄的人和那些需要借钱的人之间的中介。股票经纪公司的职能类似于让斯波坎市（Spokane）的一位女士向坦帕市（Tampa）的一名男子出售 100 份杜克电力股票，而这名女士和男子从未见过面并且可能永远不会见面。这些组织的业务是把那些有东西的人与需要或想要东西的人联系起来。

哪些社会服务组织专注于将人和服务结合在一起？收养机构提供中介服务，把想要孩子的人和需要家庭的孩子聚集在一起。一些全国性家庭自助组织的旅行援助部门提供一些危机干预服务，但主要作为旅行者与其他社会服务组织之间的中介人。许多为无家可归者提供服务的组织是通过帮助服务对象了解和获得其他组织提供的服务来实现这一目标的。

任何充当中介人或将转介作为其主要职能的社会服务组织，其组织方式可能类似于信用合作社或股票经纪公司。虽然社会工作价值观要求对服务对象提供个性化、人性化和敏感的服务，但及时和适当的转介对于服务对象也很重要。因此，员工可能需要收集和维护有关社区资源的当前数据，与其他组织的接收人员建立联系，甚至制定合同安排，以确保将个人和服务结合在一起。

近年来，随着个案管理的普及，一些组织或者至少是它们的一些项目，被迫停止向遇到问题的人提供昂贵的个性化服务，转而更加注重协调其他组织提供的服务。因此，它们已经开始作为联动组织发挥作用。

在 20 世纪的最后几年，许多医疗保健领域的社会工作专业人员强烈反对从传统社会工作服务的提供过渡到个案管理模式。他们认为，专业社会工作实践不仅仅是个案管理，个案管理并不需要受过专业教育的社会工作者具备专业的知识和技能。另一些持反对意见的人认为，将服务对象与所需的服务联系起来一直是专业社会工作者工作的一个重要部分——谁能更好地提供这种有价值的服务？

尽管许多社会工作者反对将他们的角色重新定义为"仅仅"是个案管理者，但一些组织（主要是医院）对社会工作者进行了重组，形成了个案管理跨学科团队，通常由医疗专业人员（如护士）担任督导者。在这种情况下，社会工作者与在其他学科受过培训的其他案例管理者一起工作，他们的职位描述相同，并且（理论上）履行同样的职能。事实上，由于他们的专业储备，团队中的社会工作者与其他学科的专业人员相比能更好地提供个案管理服务。毫不奇怪，将服务对象与社区内其他组织联系起来以便让他们获得服务的任务大部分是由团队中的社会工作者负责的。

尽管个案管理模式并没有像希望的那样成功，但它似乎不会很快完全消失。只要在那些主要目标是控制成本的人中存在强有力的倡导者，就会有更多的社会服务组织按照联动组织来构建。

定制服务

虽然服务对象可以转介到其他组织以满足他们的专门需求，但许多社会服务组织的专业人员应该为服务对象设计和实施个性化的治疗计划。这种情况下的普遍理念是服务不能标准化；服务必须个性化以适应服务对象或服务对象群体的独特性以及问题的独特性。输入（服务对象或服务对象群体）和所寻求的结果（干预的目标）通常是确定的，方程中的其他变量（专业员工自身和干预方法）也会有变化的趋势。因此，个性化治疗似乎仍然提供了成功干预的最大可能性，因此它反映在许多社会服务组织的使命中，这一点也是众多社会服务如此昂贵的原因。

即使服务对象服务必须个性化，员工的许多其他活动也倾向于尽可能标准化。这通常是通过使用规则、政策和程序等管理工具来实现的（在前面提过并将在下一章中更详细地讨论）。职位描述还用来描述个人的一般任务和责任，以及他们在工作过程中与同事之间应该如何相互联系。它们向员工提供指导说明他们应该做什么，应该如何做以及他们不应该做什么。然而，在定制服务组织中，职位描述和计划工具通常不会具体说明专业员工要为服务对象提供哪些具体服务，甚至不会确切说明他或她与同事之间互动的性质。这些决定是根据员工的专业判断和对伦理约束的关注做出的。

如果我们要检查大量社会服务组织的使命陈述，其中大多数似乎表明该组织最依赖于对服务对象的定制服务，这并不奇怪。使命陈述试图投射出一种哲学，使组织的任务环境的各个组成部分不得不同意这种哲学，并使之合法化。因此，我们期望大多数社会服务组织都有使命陈述，承诺提供个性化的治疗或服务。在服务方面，我们很难指望它们的使命陈述表明它们的功能与通用汽车（生产线组织）或克雷格列表（Craig's List）[①]（联动组织）类似。然而，由于定制服务非常昂贵，组织不能长时间"负债"运行，因此只依赖对服务对象进行定制服务的组织正在变得越来越少。几乎所有的组织，甚至那些只为富裕服务对象提供服务的组织，都可以在某种程度上使用生产线和链接服务。当然，它们可能不会宣扬这一点！

在所有组织中，即使是那些尚未受到成本控制方法（如管理式护理）的显著影响的组织中，管理者也有责任尽可能降低服务的费用以证明对其资助来源的责任，并能够向有需要的人提供更多服务。因此，人们希望他们能确定出标准化（生产线）和联动服务既可行又可取的活动（用以提高效率）。简单地说，管理者通常希望能帮助组织更好地运作生产线或联动组织，同时不会影响服务质量或作为定制服务组织的公众形象，但这可能是一项很艰巨的任务。

[①] 诞生于 1995 年，总部位于加利福尼亚州旧金山。在公司网站上，用户可以免费发布各种交易信息。界面虽然单调乏味，却是深受美国消费者欢迎的网站之一。——译者注

澄清和说明一个组织的使命的过程是一项非常有价值的工作，这往往是对需求评估结果的回应（见第十三章）。它确立了该组织在社会服务界的身份，具体说明了组织的独特之处、可能拥有的任何竞争优势以及组织打算如何与其他组织建立联系，它反映了对组织任务环境的关键要素的认识，这些关键要素对组织（其利益相关者）活动进行了投资。

使命社会合法化的重要性对于理解使命如何影响社会服务组织内的所有其他计划非常重要。除非社会认为某项使命对该组织是可取和适当的，从而使其合法化，否则该组织将与其任务环境进行一场永无止境的斗争。这就是为什么使命陈述经常如此笼统的原因，以至于在任务环境中几乎没有人会不同意。

理解使命和授权之间的区别也很重要。使命是组织想要做的事情，并希望它的任务环境能使之合法化。与此相反，由于伦理限制、认证要求，甚至法律，授权是组织为获得许可被要求做的事情。其他需求，有时被称为"非正式授权"，也可以从组织任务环境的某些部分收到的信息中收集。它们建议组织"最好做什么"和"最好不做什么"。董事会和高级管理者知道，如果他们不想进一步破坏组织与其任务环境的关系，就不能忽视它们。许多组织编写了理想主义的短语，例如，"每个孩子都是可以被收养的"或"建立健康的家庭"，这些短语可能出现在组织的固定标识上。虽然这可能会对组织的使命提供一些一般性的指示，但使命陈述可以而且应该做得更多，它应使组织内的所有活动合法化。

使命陈述的目的不是激励员工，也不是让他们做一些英勇和无私的行为；它们的存在只是为了表明员工应该做什么，并使他们保持专注。灵感，如果存在的话，更可能来自一种愿景陈述，它是对未来的一种鼓舞人心的、有吸引力的短暂感受。它超越了组织中的人所做的事情，专注于组织在未来某个时候希望达到的目标。

目的

全组织范围内的目的是一个组织中的人的活动（或应该是）所针对的结果。组织目的的例子包括"为体弱多病的老年人提供有意义的日间项目"或"增加对拉丁裔人口的服务"。两个例子都表明管理任务可以被恰当地指向的目的，因此，任何管理决策都应能够参照组织目的进行。我们可能会问："决策是否会产生能够提高目的实现可能性的结果？""这会比其他决策更有利于目的实现吗？"虽然将这些标准应用于管理者的所有决策是不现实的，但参考组织目的往往可以提供员工所需的指导。

目的并不是"一成不变"的，条件和需求变化了，目的往往会随之变化。各级社会工作者可以为有计划的（通常是递增的）目的变化提供有价值的投入。例如，那些参与提供直接服务的人能够很好地观察到服务对象群体之间的人口结构变化或某些服务对象问题发生率的变化。在对组织目的进行更改时，他们把所观察到的提供给组织，这是非常有用的。

有时，一个组织的目的可能会发生相当大的变化。当一个组织特别成功地实现其目的时，就会发生这种情况。这种理想的现象涉及有意识地放弃一个目的并将其替换为另一个目的，这被称为目的继承（与手段—目的置换相反，手段—目的置换作为科层机构内部的常见现象在第三章中讨论过，是一种不受欢迎且无意义的目的转移）。不幸的是，在社会服务组织中，目的继承是一种相对罕见的现象，我们的目标通常只能在理论上实现，但它确实会发生。在 20 世纪 40 年代和 50 年代，出生缺陷基金会（March of Dimes）的目的是找到一种治疗或预防脊髓灰质炎（"小儿麻痹症"）的方法。研制出一种有效的疫苗意味着该组织目的的基本实现。可行的目的实现后，出生缺陷基金会不得不在取消此基金会和寻找新目的之间做出选择。我们知道，它选择了后者，现在该组织致力于消除出生缺陷这一目的。新目的与旧目的一样，对于这个组织而言似乎是自然而恰当的，它一直强调为增进儿童健康的研究进行筹资。但是，鉴于目前有关遗传知识的状况，在可预见的将来不太可能实现这一目的。出生缺陷基金会目的的转变意味着一个有效的、管理良好的组织已经就位，并且仍然可行。当然，目的的转变也需要对其计划和其他旨在实现新目的的管理活动进行重大改革。与此同时，在全球范围内完全消除小儿麻痹症的目的已被一个服务组织——扶轮国际（Rotary International）所采纳，并取得了相当大的成功。如果实现了这一目的，那么将会发生什么样的目的继承呢？这将会非常有趣（尽管我们在这本书的上一版写到由于中东国家某些人对使用疫苗感到怀疑和抵制，目的实现可能性似乎不大）。

如果一个组织在目的没有实现的希望而不得不承认失败，那就是一个不太有利的组织目的转移——目的放弃。通常情况下，这是由一些外部因素造成的，比如完全取消用于支持实现目的的资金或失去社区支持。举例来讲，如果可以获得补助金来支持实现符合组织使命的其他目的，那就可以用它替代另一个目的。如果找不到，组织可以将其使命重新定义为可以找到支持的目的，或者解散该组织。

目标

目标可以确定达到目的的程度。它们比目的更具体，而且往往包括实现的最后期限。与之前讨论的目的相对应的目标示例可能是"在今年年底之前为参加成人日托项目的'体弱老年人'设计和实施一项音乐和艺术活动项目"，或"在未来 18 个月内将组织提供服务的拉丁裔服务对象人数增加 25％"。

目标管理

目标被各级管理者所使用，而不仅仅是那些为整个组织进行计划的管理者。它们是由主要为服务对象提供直接服务的雇员、督导者以及各种规模和种类的工作小组和单位制定的。彼得·德鲁克（Peter Drucker，1909—2005）提出的一种将组织内所有人的活动整合

111

起来的著名方法在 20 世纪的后半叶尤其流行。它被称为目标管理（MBO）。[5]这种方法在很大程度上依赖于各级的目标设置规划，并已在社会服务组织中使用，结果喜忧参半。MBO 的特点是为每个员工制定书面目标（简称目标）。目标应该是可测量的，也应该是现实的，但具有挑战性。MBO 包含关于如何和何时要做某事的说明。关于目标实现情况的评估一直在进行中，目标应由督导者与员工协商，而不是指定。

运用 MBO，通过为单个员工选择目标来实现组织内目标的整合，这些目标一旦实现，将成为下一个级别（督导者）实现其目标的手段。实际上，目标设置从最高层开始，每个连续的督导者（沿层级向下移动）与下一级督导者合作，设定有助于实现其目的的目标。理论上讲，它使组织紧密，手段—目的置换（见第三章）不太可能发生。这对于在管理者的员工绩效评估任务中建立更多的客观性评估也非常有用；评估几乎是基于每个人目标实现情况的评估。

MBO 在有效使用时，可以说明目标在执行计划任务中的效果。目标可以在社会服务组织的活动过程中发挥强大的影响，因为这些活动发生在所有各级。管理者的首要任务是以一种适当的方式来针对他人进行目标提醒。然而，就像计划一样，仅仅靠目标本身并不能保证有产出的活动。理想情况下，个人和工作小组的目标与组织目标的实现是一致的，并且有助于实现组织的目标（至少许多古典管理理论家都这样认为）。然而，在现实世界中，情况并不总是如此。管理者需要尽他们所能来推动组织目标和个人及群体目标更接近一致，这是通过强调、重申和提醒目标以及每个人应该做些什么来完成的。

缺乏目标

一个运作良好的组织需要有明确陈述的使命和精心阐述的目标。然而，它们并不总是存在的，或者可能即使存在，也显然与该组织目前正在努力实现的目标不一致。有时，我们发现自己似乎处在一个刚刚从基层开始发展的组织中，致力于解决人的需求并在追求可获得的资金的同时向新的方向发展。对组织及其项目的评估在本质上是不可能的，因为如果没有清晰的表述和合适的目标，就无法确定目标是否已经实现。管理者的一项重要任务是可评价性评估[6]，这是一个过程，在此过程中，组织的使命、目的和目标是通过归纳过程来确定和规定的。它需要描述服务对象，识别和规定他们正在接受的服务和其他"维护"（即非服务）活动。

策略

"策略"一词似乎意味着一种纯智力的计划，旨在提高未来成功的可能性。我们通常会想到棋盘、某些视频游戏和复杂的认知练习。这个词也有军事含义，可以看到将军们围绕着一幅地形图，决定如何、何时、何地部署他们的步兵、装甲车、炮兵和空军力量来击败敌人。在将策略描述为管理者使用的一种计划时，这些图像并不是完全不准确的。军事策略的要素是什么？制订一项总体行动计划，谨慎地综合部署资源（总是有限的），以击败敌人。

社会服务组织真的是这么做的吗？是的。我们真的有敌人或对手？是的。它们可能位于组织、社区或组织任务环境中的任何地方。例如，我们的"敌人"可能是公众对产前饮酒所固有风险的无知，青少年对他们在脸书或推特上发布的内容所具危险性的漠不关心，社区对发育障碍残疾人群体之家的抵制，州立法者可能削减预算的威胁；或者在内部，专业人员拒绝进行个案管理活动，工会雇员可能罢工或支持员工离职。对于大型政府项目来说，"敌人"可能会更加普遍，比如机构的年龄歧视、种族主义、性别歧视或同性恋恐惧症、住房不足、医疗保健成本上升或监狱过度拥挤。当我们识别"敌人"时，可用于与之战斗的资源总是受到限制。我们必须保留一些资源供以后使用，确定优先次序，并仔细选择那些我们认为将对"敌人"造成最大伤害的支出。我们应该制订计划来做到这一点，即我们的策略。例如，我们可以制定一项策略，改善我们与当地媒体合作的组织公众形象，可能涉及部署我们自己版本的部队、坦克和大炮的协调计划。可能需要努力与地方电视记者合作，或许可以要求其中一人在我们的董事会任职。我们的部分印刷预算可用于编制一份公共宣传手册，说明我们如何为社区服务。我们甚至可以花时间研究当地报纸出版商的背景，以更好地理解为什么报纸对我们的组织如此不友好。无论采取什么策略，都需要仔细探讨各种选择和成本，然后协调使用资源，来打败我们的"敌人"。

设计策略的目的是消除或减少组织内任何级别的现有问题或威胁。例如，社会工作督导者可以制定一项策略，通过保持专业员工对扩大其直接治疗技能的兴趣来避免冷漠。这可能涉及使用有形和无形的奖励来参与继续教育、给定推出时间、在员工会议中使用员工个案以及其他资源承诺来加强对持续学习的积极态度。另一位管理者可能制定一项策略以防止高级专业人员流失到其他组织。该策略可能包括发展强化员工附加福利、新的奖励表彰制度或利润分享计划。无论是哪种情况，这种策略都是为了防止"敌人"站稳脚跟。虽然社会服务组织有时可能缺乏明显的公司部门所面对的那种对手（竞争对手），但真正的和潜在的"敌人"无处不在，识别出"敌人"的管理者可以采用策略作为击败"敌人"的计划。

策略不仅仅是战术，战术往往不那么全面，它更短期、更被动，而策略往往是积极主动的。策略需要社会工作者对人际交往技巧的有效运用，需要在任务环境中与关键角色建立联系和对话，经常需要运用一定的创造力、保密性、欺骗性以及隐藏议程。然而，这并不意味着在使用策略时"不择手段"。策略必须是合法的，必须符合我们的专业伦理守则，必须在道义上站得住脚。例如，为了成功地改善该组织与其任务环境的关系，所有相关方都应该在政治上接受它。当然，这应该是可行的，即不应该有任何后勤上的障碍。

就像我们讨论的其他类型的计划一样，策略对社会工作者来说并不陌生。在我们的个人生活中，我们可能会为了获得研究生学位，获得某一份工作甚至得到另一个人的注意而制定一种策略。在职业方面，我们可能会制定策略，通过调配资源（交通、幼儿照顾、电话等），促进家庭参与服务对象的治疗，协助亲属参与治疗。或者，我们可能会使用涉及各种服务和经验（咨询、职业培训、家庭主妇服务等）的策略来帮助受虐待的家庭成员成功地独立生活。我们可以制定社会行动策略，以降低向社区成员收取的剥削性租金，或者制定一项策略说服立法者取缔向弱势群体收取过高利率的"产权贷款"或发薪日贷款（payday loans）[①]。

有些领域，也许是因为它们与军事的联系，策略在社会工作实践中的名声并不好，有时被认为是操纵性的或"暗中执行的"。但它们应该被看作管理者的有用的计划工具，可以使服务对象得到更好的服务或维护社会公正。

预算

预算是对未来收入和支出的预测。当我们制定预算时，无论是对我们的个人财务的管理还是组织的支出，我们都要预计需要什么财政资源来支持我们希望实现目标的各种活动。然后我们分配有限的资源，这反过来限制了这些活动的范围。

预算可以对一个组织的未来及其员工的活动产生相当大的影响。在一位学者的描述中，"一个组织的预算可以被视为一个主要的计划和控制系统"[7]。它的两项主要职能之一被描述为"为全年的财务活动提供监测"[8]。因此，预算有可能支持或反对员工的活动。如果一项活动被认为是可取和适当的，那么该活动将通过在预算范围内为其制定的条款获得合法性。预算还可以为管理者反对某些涉及金钱成本的活动提供理由。他们可能只需指出，因为预算没有提供资金，所以该活动没有获得合法性。

编制和监测预算是一种可以传授的技能。然而，许多管理者都是"在工作中"学习的。我们将在第十二章讨论财务管理的重要管理任务时更深入地研究预算。

策略规划

目前，社会服务中最著名和最广泛使用的长期和中期计划方法是策略规划。它被定义为"一种有纪律的努力，以产生塑造和指导组织是什么、做什么以及为什么要做的基本决策和行动"[9]。一名参与策略规划（应该是集体努力）的管理者最关心的是我们所描述的五

---

① 所谓发薪日贷款，指的是一至两周的短期贷款，借款人承诺在自己发薪水后即偿还贷款。——译者注

种计划中的四种——使命、目的、目标和策略。对策略规划过程的详细描述远远超出了本书的范围。它是一整本教科书的主题，也是许多有教育意义的研讨会和讲习班的主题。我们只会提到它的几个主要特点。

一般来说，策略规划可以被看作对组织任务环境（见第二章）以及组织内部的威胁和机会的回应。它旨在通过提高组织的价值和重要性来增强组织的自主性和控制力。与其他一些关注问题并寻求缓解问题方法的计划模型不同，策略规划采用了一种更积极的方法。它需要为组织制定一个比目前情况更为可取的未来愿景，并制定出实现这一目标的策略。

对于那些因为谁应该是主要受益人，或者哪几个群体有合法的权利要求成为主要受益人而存在紧张关系的组织来说，策略规划是理想的。它产生的决策既务实又具有政治敏锐性，足以确保组织的生存。

策略规划是一项团队活动，需要明确组织的界限（使命和任务），并评估其外部和内部环境。这包括对组织的优势、弱点、机会和威胁进行诚实、仔细的检查，确定目前的力量和趋势，并推测它们可能对组织和实现其目标产生何种影响。例如，策略规划可包括查明诸如服务私有化、社会保障改革、全民保健、政府放松管制或其他公众日益关注的指标等外部力量和趋势。它还可能包括对其他现象的分析，例如恐怖主义行为，经济上的通货膨胀或衰退，或国防开支增加。从表面上看，这些现象似乎与该组织的运作关系不大，但策略规划可以从它们如何影响组织及其实现目标的能力的角度来讨论其中的任何问题。

对组织内部环境中的力量和趋势的评估同样关注其提高或降低组织成功可能性的能力。例如，可能会讨论员工多样性变化、当前人事政策、薪酬和附加福利（是否具有竞争力）、物质设施、技术支持以及整体组织氛围等方面的变化。

确定策略问题，例如，确定与组织使命、服务、资金来源、服务对象、结构或管理有关的挑战。然而，人们并不会消极地描述这些挑战，而是把它们视为需要立即采取行动的问题，或者将其作为常规计划周期的一部分来处理的问题，又或者先进行监测，直到需要采取进一步行动时再加以处理的问题。当需要采取行动时，就制定策略以应对挑战。

策略规划是长期的，而不是一次性的活动。在几年前第一次推出时，它在帮助专业人员方面遇到了相当大的阻力，那便是策略规划可能会比较耗费时间，除非对它的结果落实有合理的期望，否则员工可能会对此感到不满。当一个组织处于危机中时，或者如果员工真的更愿意追随一个有魅力的领导者的愿景，而不是自己为计划过程而奋斗时，它就不太好用了。但是，当领导和其他员工做出承诺，并拥有必要的技能和资源来实现它时（从工作人员的时间和所需的研究来看，计划是昂贵的），那么策略规划可能对组织，特别是在不利的任务环境中工作的组织非常有益。

为可能发生的事情做计划

有一种大家都用过的计划，就是所谓的应变计划。应变计划通常是由个体管理者私下进行的计划，但也可以作为策略规划的一部分集体进行。可以用它来帮助我们做出正确的决定，并在必要时采取适当的行动。它包括提前预测一些潜在的事件或变化，并预先计划（基于当前的知识）应对它的方法。一旦制订，应变计划就会在必要时指导我们今后的决定，以及何时必须做出行动。

应变计划意味着需要预测被统称为变化驱动因素的事件或力量——这些事件或力量很可能发生，并将导致重大的变化和适应。五大类变化驱动因素是：政治、经济、技术、社会和环境。最近，这五个因素的变化都影响到了社会服务组织，因此，我们没有理由认为它们今后不会再发生变化。也许，社会服务组织（和西方社会）最近最引人注目的变化驱动因素是技术方面的。我们将在第十三章中详细讨论它们。

一些变化驱动因素（比如选举具有一定社会议程的国家领导人）可能会使管理者的生活变得更容易或更困难。其他变化驱动因素（比如 2008 年开始的经济衰退）可能会让管理者对未来产生担忧。然而，如果我们已经预见到了这些变化，并且（在较早的、理性的时刻）思考如果它们发生的话，什么才是最好的行动方案，那么即使是一些最可怕的变化（在任何管理层）也变得不那么可怕了。应变计划包括问我们自己："如果发生了某事，我们将如何应对或者要做什么？"例如：如果我们必须削减 10％ 的预算，或者如果我们没有得到明年的巨额联邦拨款，或者如果我们失去了租约，被迫搬迁怎么办？如果我们不能再收到某个主要转介来源机构的转介，或者如果我们不再有资格获得第三方支付，又该怎么办？如果一个关键员工换了一份工作，或者服务对象决定起诉呢？

应变计划是一种保险。我们有汽车保险，这样我们就可以在事故发生后修理我们的汽车，或者购买一辆新车。我们有医疗事故险，以保护我们免受 1 000 万美元的诉讼或其他"最糟糕的情况"的影响。我们还有应变计划形式的保险，以避免发生猝不及防的情况。例如，当我们没有进入我们想进入的大学或第一志愿的大学，或者如果没有得到我们真正想要的工作时，我们可能已经计划好了要做什么。我们需要应变计划，以确保发生某种事件时（即使是一个好事件），我们不必在没有充分考虑的情况下做出重要的，有时甚至是不可撤回的决定，或者更糟糕的是，事情变得很死板以至于我们根本无法做出决定。

管理者应该准备多少种应变计划？这是一个很难回答的问题。每个人都会同意有必要为意外情况做一些计划。我们可以花一整天、一个晚上甚至一整夜来计划突发事件，但仍然不能涵盖所有可能发生的事件。但是，作为管理者（和员工），我们将没有时间去执行我们的其他活动。因为应变计划成本高昂，对意外事件过度计划与计划不足一样危险，因此，必须找到合适的中间点。

由于我们必须进行计划，而且我们不能也不应该对所有意外情况进行计划，因此，我们把大部分计划精力都集中在那些可能发生的未来事件上才是合理的：需要进行重要的调整；需要健全、合理的决策；有合理的发生的可能性。例如，考虑到形势的需要，我们必须削减 5％或 10％的资金，或者，如果有可靠的消息，就算削减 20％或 30％也是有意义的。但是，削减 75％是不太可能的，这会对组织的生存造成很大的干扰，这种情况下，制订应变计划就是在浪费时间。某些"世界末日级别"的严重情况可能偶尔需要考虑。但是，大多数社会服务组织的管理者都将进行应变计划的时间花在现实中存在的威胁上，没有时间去计划那些极不可能发生的事件。

管理者有时可以获得有关可能发生的变化（有利或不利）的信息，这表明需要制订应变计划。然而，如果与其他员工分享这些信息，则可能引起其他员工的过度关注。决定是否分享可能发生的消极变化（有时是积极的）的信息是一个困难的决定。预见潜在的变化有时可以帮助员工做好准备，并逐渐适应它。然而，反对分享关于即将出现问题的信息是因为如果分享了不好的信息，员工可能会迅速做出反应（例如，如果有裁员的传言，他们可能会去找其他工作；如果有加薪的传言，他们可能会购买一些不必要的东西），可能会花费大量的时间和精力去思考和推测那些可能永远不会发生的事情。

作为一项总体政策，在确定会发生某种情况之前，管理者最好不要与下属讨论假设的未来情况。决定是否要执行这件事，意味着要判断是否应该分享有关该事件的信息。这取决于管理者对于分享的信息对生产力和目的实现可能产生的影响的评估，以及进行信息准备所需的时间和许多其他因素。应变计划的制订没有公式可以运用。开放的应变计划会增加员工的不确定性，这可能要比对变革缺乏警示和准备付出更大的代价，比如影响员工士气等因素。有时，员工和组织（包括服务对象）最好不知道会发生什么，知道得越早要做的事就越多。一般情况下，私下对突发事件做出计划是最好的，或者就算我们在考虑计划时需要帮助，也不要让下属或可能直接受到未来事件影响的人参与进来。让同级别的人员，特别是那些不会直接参与的人员，来帮助我们制订和评估应变计划更为安全。

事件发生的可能性、计划的成本与收益，以及未计划到的后果的严重程度均应在应变计划进行之前予以考虑。这些是"情境因素"。正如我们在本书中讨论的所有管理活动一样，管理者和其他人员的个人需求和个性也应该在决定应变计划是否启用和何时启用时发挥作用。作为管理者，我们中的一些人可以在相当不确定的环境中很好地发挥作用。我们知道，当发生变化或必须做出决定时，我们会冷静而迅速地做出反应，并且不需要为可能永远不会发生的事做太多计划。而有些人则完全相反。他们对不确定性的容忍度很低，需要花更多的时间来预测和准备未来可能发生的事，这样就能在事件发生时很好地处理它们。大多数人都处于这两个极端之间。

工作小组对于由管理者制订的应变计划的需求也不尽相同。有些工作小组能很快适应变化，因此需要准备的东西很少。而有些工作小组，当发生变化时，很容易陷入混乱状态，因此需要管理者预测变化，并在变化变为现实之前做好准备。

还有一个更重要的因素可以极大地影响应变计划的执行方式。上述讨论是以大多数社会服务组织存在的普通等级的组织结构为基础的。在那些依赖参与式管理方法的组织中，应变计划可能会有很大不同，它可能会更加开放。例如，管理者不太可能在没有员工投入或咨询的情况下私自制订应变计划。相反，潜在的事件和情境可能是大家都知道的，也是组织内许多不同级别的人讨论的焦点。管理者可以利用低级别员工提供的大量信息来制订计划，而不是私下制订应变计划。

在管理者（例如主管）直接对董事会负责的那些组织（如非营利部门）中，主管可向董事会成员了解可能需要应变计划的未来事件。无论谁（主管或董事会成员）先了解这些情况，董事都可能会要求所有或者部分董事会成员参与计划。即使董事会成员不希望直接参与应变计划，但他们仍然希望随时了解即将发生的变化。他们还希望管理者能够预料到这些问题，并制订能够解决这种情况的计划。

很少有社会服务组织能被描述为混乱或动荡的；也很少有组织（如果有的话）是完全稳定的。对大多数社会服务组织最好的描述是动态的，正在寻求适应我们期待的变化的。无论应变计划如何进行，对管理者来说都是一项必要的任务。没有它，组织不太可能以最小的破坏吸收变化并适应变化。

案例

谢里尔（Sheryl）是一个大型国家机构的个案服务主管。她理解应变计划的重要性，但她不理解为什么不能跟员工讨论她制订的应变计划。

谢里尔的一位个案督导者乔（Jo）告诉谢里尔她怀孕了，并将在三个月内辞职，孩子出生后她就不会再回来了。谢里尔开始计划乔的辞职。谢里尔和乔见面后不久，吉姆（Jim），乔手下的一位有十年工作经验的个案员工要求与谢里尔见个面。他想知道乔离开后自己是否可以做督导者工作。谢里尔告诉吉姆，她已经考虑并和乔讨论过了，认为他确实是这份工作的最佳选择。吉姆听到这个消息显然很高兴，吉姆透露，他最近收到了另一份工作邀请，并正在考虑离职，但他现在准备留下来。他不再觉得自己"事业受阻"。了解到这一点后，谢里尔更加相信自己提前的计划是个好计划，她对自己以及她决定给吉姆带来的快乐感到满意。当吉姆告诉她，他打算自费参加短期课程以准备他的新督导者工作时，她感到更加欣慰，他们的会谈对双方来说都是极其愉快的。

第二天，谢里尔开始重新考虑跟吉姆所分享的应变计划。她回忆起一位前任行政管理者最喜欢的警告，他经常告诉他的员工"不要回答关于假设情况的问题"。当她更多地思考她的计划分享可能带来的后果时，谢里尔对自己所做的事情感到"有点儿不舒服"。的确，如果一切按计划进行，她的坦率不会造成任何伤害，吉姆会为这份工作做更好的准备。然而，还有许多其他可能发生的事情，几乎所有这些都会使她后悔答应给他这份工作。谢里尔考虑了其他可能性。

如果乔按计划离开，仍有可能发生一些负面事件。吉姆是一名优秀的个案工作者，在乔离开之前，可能会暗示他不是督导者的好人选。在乔离开之前，即使谢里尔对吉姆的看法保持不变，也可能会发现另一名社会工作者是更好的人选。或者，如果吉姆告诉其他重要员工自己得到了这份工作，其他员工可能会威胁谢里尔要离开，要么是因为他们自己想要得到这个职位，要么是因为他们不想在吉姆的督导之下工作。

任何导致她不再将吉姆视为最佳人选的情况变化都会让谢里尔陷入站不住脚的境地。如果她信守诺言，给了吉姆这份工作，可能吉姆并不是最合适的人，也不符合组织的最佳利益。这将引起员工的反感，并可能导致一些优秀员工的流失。

如果谢里尔找别的借口选择吉姆以外的人，吉姆会感到羞辱、愤怒并会感到被欺骗。他可能会到处宣扬谢里尔不值得信任，也可能辞职甚至向组织提出申诉。谢里尔也会被视为优柔寡断的管理者，即使是那些可能同意她选择另一位督导者的员工也会如此认为。

乔也可能改变主意，决定休产假，在孩子出生后重返工作岗位。那么，谢里尔与吉姆的会谈可能会产生许多其他消极影响。当乔回来工作时，吉姆会失望，他可能会对她不满。那些希望吉姆得到这份工作的个案员工也会对乔的归来感到失望，尽管他们可能对她过去的督导感到满意。而乔可能想知道谢里尔是不是真的更喜欢吉姆来做这份工作。所有这些现象都可能损害乔作为督导者的形象，特别是在她与吉姆的关系中。

如果乔回来时吉姆不走，吉姆可能会引起一些麻烦。吉姆当然希望能得到下一任督导者这份工作，而谢里尔可能不愿意这样做。其他有志于担任管理工作的优秀员工现在可能会认为，自己并不比排在第二位的员工差，并可能决定到其他地方去找一份工作，在那里他们获得晋升的机会可能更大。

问题讨论

1. 为什么谢里尔不等到乔辞职后再考虑如何接替她是不明智的呢？
2. 如果谢里尔在应变计划方面需要帮助，她可以和谁讨论她的想法？
3. 让乔参与她的计划是个好主意吗？为什么？
4. 当吉姆问谢里尔他个人前途问题时，她的回答应该是什么？
5. 一旦谢里尔意识到不应该告诉吉姆她的提拔计划，她会做些什么来"控制损害"呢？
6. 谢里尔和吉姆的讨论不会导致问题的唯一情况是什么？

小 结

在本章中，我们研究了计划的管理功能，并强调了为什么减少组织内部的不确定性非常重要。管理者计划是为了影响其他人和他们自己未来的决策和活动。计划是一个理性的过程，可以识别未来的危险情况。我们定义并描述了组织内部使用的一些类型的计划：使命、目的、目标、策略和预算。我们将在下一章中指出，它们对促进理想的行为和限制员工的活动也很有用。

计划发生在组织的所有层次上。我们简要介绍了一种在组织层级中流行的计划方法——策略规划——并强调了它与其他计划模式的不同之处。然后，我们研究了所有人在他们的个人生活和工作中所做的一种计划——应变计划——并提供了一些关于何时和如何去做的实用的指南。

应 用

你是一个联邦政府资助的外展项目的新任管理者，目的是让符合医疗补助条件的人获得医疗补助。

1. 为什么你认为你可以预测到来自组织任务环境中成员的不友好反应？谁最可能对这个项目持批评态度？

2. 你如何描述你的项目的使命，以减少社区对你的项目的抵制，并为它获得更大的合法性？

3. 在该项目运作的第一年之后，可能有哪些现实目标？

4. 可以采用哪些策略来减少社区对你的项目的抵制？

5. 实施项目的第一年里，预算决策如何影响员工能够做什么和不能做什么？

第六章

影响他人的日常活动

学习成果

在本章结束时，你应该能够：

● 将职位权力定义为组织内部的一种权力来源。

● 描述一个非正式组织是如何产生权力的。

● 列出规则和政策之间的主要区别。

● 解释为什么指令会有效，但比起获得管理者的信息或建议更有可能引起专业人员的反感。

在第四章中，我们注意到，我们可以很容易地提出这样的论点（有些人已经提出），即领导是管理的首要活动。针对我们已经多次提到的另一项活动——影响，也可以提出类似的论点，我们将继续在整本书中讨论。例如，前一章的重点，计划，实际上是关于管理者做什么来预测和影响未来的。或者，制定和管理预算（将在第十二章中讨论）是管理者为影响组织或项目内的财政资源流动所做的事情。

与计划一样，影响具有主观能动性，不是仅仅让事情顺其自然地发生。一个组织的未来可能会以理想的方式发展，但也可能不会，除非我们积极地计划实现其目的的工作。同样，员工的日常活动可能会有助于组织目标的实现，但如果管理者不积极地做一些事情来确保他们愿意这样做，他们是不会主动做的。有些人可能更喜欢做他们认为对自己最有益的事情；其他人虽然真诚地想要为组织及其服务对象做最好的事情，但可能不知道最好的方法。组织内部的人需要指导——这是管理者能够而且必须提供的"影响"。大多数关于制造业和商业管理的书（甚至是流行的维基百科网站）都将影响员工行为的活动描述为管理的主要活动或功能之一。此外，它要求对员工的行为加以限制。在描述影响时，他们使用"控制"这个词（这是这本书早期版本中使用的术语）。不过，正如我们很多同事所指出的，虽然控制是影响行为的一个重要因素，但这个词有很多负面的含义，似乎有点儿居高临下，不符合专业人员在组织内的角色。更重要的是，有几种积极的自我肯定的影响员工的行为的方法，这些方法不属于与控制有关的范畴。

121 设 定 限 制

当我们考虑限制员工的行为时，我们经常会想到禁止或约束某些行为。为了理解我们所说的这种管理活动的含义，以及它与影响的关系，可以从这里开始。儿童和青少年的活动需要受到限制和约束，以确保活动适度，并确保他们不会对自己和其他人造成伤害。在我们与服务对象的合作中，我们设定并保持了我们认为既符合专业伦理又符合他们最大利益的限制。同样，员工有时需要受到限制和约束，以确保其活动是安全、适当和富有成效的。限制的目的是（尽可能）确保员工的活动符合组织的目的和目标。

伯纳德·内格伯伦（Bernard Neugeboren）形容这一活动是从"整合个人和组织目的的需要"演变而来的。[1]他对社会服务管理者使用的机制的描述与商业文献中描述的机制几乎没有什么不同。事实上，它也是大多数其他社会系统（例如家庭或社区）中的管理者可用的方法的综合清单。

理想情况下，设定限制可以间接完成。管理者影响组织内部的某些系统，这些系统反过来又有助于影响员工的个人行为。这需要三个步骤：（1）制定标准；（2）根据这些标准测量绩效；（3）纠正标准和计划的差异。[2]如果计划（见第五章）执行得好，制定标准可能就不那么必要了。计划的因素（例如，使命、目的、目标和预算）为员工提供了大部分一般期望。然而，员工的某些决定和行为通常无法预料，这可能需要引入一些额外的、更具体的行为标准，而这些标准并不是计划的一部分。

限制自己的同事和专业同行是许多社会工作者不喜欢的管理活动之一，这并不奇怪。许多与之相关的词有助于解释为什么员工会对它不满，以及为什么对执行它的管理者不满。它们包括如遏制、灌输、规制、检查、威胁、坚持标准或验证。这些词听起来很像"泰勒主义"（见第三章）以及与之相关的人的消极观点。这样的术语似乎也意味着，如果组织没有达到应有的成功，就应该归咎于单个员工的行为，而不是系统本身。但是，我们知道情况往往并非如此。一个系统可能会功能失调，从而导致不适当和破坏性的决策和行为。例如，一些科层机构不会给予员工太多的创造性和自主性空间，这些员工只能按要求做事，尽管有的时候他们知道政策可能会导致坏的结果，但还是要遵守，或者他们会以其他消极抵抗的方式行事。

　　即使在一个普遍健康的系统中，有时也有必要限制员工的自由和自主权。无论是专业人员、辅助性专业人员还是非专业人员，新的或"高级"的，年长的或年轻的，有报酬的或志愿者，任何人都不能免除偶尔的影响需求。然而，员工特别是专业人员，往往不喜欢被提醒其他人正在对他们施加影响，因为影响和操纵之间可能只存在很小的界限。有效的管理者会找到方法来限制员工的决策和行为，既不会羞辱他们，也不会引起不满。管理者可以使用被认为对工作环境有帮助的方法来施加影响，他们会发现这一般都很受欢迎。但是，就其本质而言，某些方法比其他方法更有可能受到员工的反感。当我们审视可供管理者选择的方案时，我们也会审视每种方案的优缺点。我们能够看到每个组织如何对社会服务组织的工作环境产生积极和消极的影响。

122

影响力

　　为了影响组织内的各个系统，从而影响个人的行为，管理者首先必须有权力去做这些。什么是权力？当我们说我们拥有权力时，它意味着什么？让某人做一些令人愉快或令人向往的事情并不需要权力。例如，让员工休息一天或去吃午饭通常不需要权力。然而，让他们加班完成一项任务，或者让他们在朋友没时间和他们一起吃午饭的时候去午休，那么这需要很大的权力。这些例子之间的区别有助于定义权力。用最简单的术语来说，权力是让别人去做他或她可能不愿意做的事情的能力。

合法化的权力

　　管理者是如何获得权力的？组织赋予他们一些权力。当个体被雇用时，他或她在组织结构图上占据了一个特定的位置。这个职位便具有一定的权力——例如，做出某些决定和从事某些行为的权力以及影响其他人的决定和行为的权力。职位权力的一个定义是"权力被组织合法化"。该组织授予管理者权力，以影响在该图表上出现在下属职位上的某些个人的一些工作活动。我们在这里描述的是直线权力，第七章中将会更详细地描述。它可以在正式的组织结构图中被轻松地识别出来，这些图表通常是在新员工的迎新会上分发的。图表包含表示人员或人的群体的框和/或直线，以及用于表示存在的各种权力关系的实线或虚线。图6-1是一个假设的正式组织结构图的例子。

　　在组织内部也可以以另一种方式获得合法化的权力即通过任务授权和完成任务的权力来实现（也在第七章中讨论）。当个别员工或任务小组和委员会被授予某些类型的权力时，他们至少被赋予了应属于他们任务的管理者的一些权力，这些权力允许他们做他们本来无法做的事情（例如，做出决策或提出建议或请求他人的帮助）。

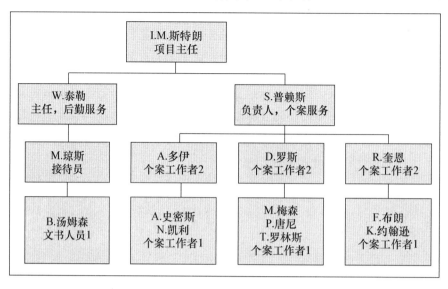

图 6-1　正式组织：某项目

权力与非正式组织

合法化的权力只是影响组织内的人的活动、态度甚至信念的一种权力。有些人因为特殊的技能或知识而获得权力。例如，一位电子"大师"因为能够解决其他员工的技术问题而享有盛誉，他就可以变得相当强大，从而让其他人去做他们可能不愿意做的事情。经验、获取信息和了解一个组织的历史也可以成为权力的来源。与拥有法定权力的其他人建立联系（亲属关系或亲密友谊）也可以产生权力。有些人横行霸道——他们通过恐吓别人获得权力。有些人似乎也能够让其他员工满足自己的愿望，因为他们有一些人格特征或者简单地说就是所谓的魅力这个难以定义的属性。这些其他权力来源通常与个人的资历、工资或在组织结构图上的位置无关。但是，它们反映在所谓的非正式组织中。非正式组织不应该是在组织内分配权力的方式，它不能以书面形式出现，但它总是存在于组织内部。

第三章中描述的古典管理理论的一些缺点是因为没有认识到组织内部的权力分配并不仅仅是由正式的组织结构图导致的。非正式组织（这是组织文化的一部分）对人们行为的影响可能与正式组织一样强大（有时甚至更强大）。它可以帮助管理者影响日常活动，也可以使管理者的工作变得更加困难。

对非正式组织的理解很少是以有条不紊或有计划的方式出现的。敏锐的新员工可能会学到"老手"微妙的沟通方式，他们似乎暗示组织结构图"并不总是这里的工作方式"。
例如，她可能会学到，没有人真正认真地对待高级行政管理者的请求，或者"无论你做什
么，都不要惹恼督导者的行政助理"。随着时间的推移，细心的员工会了解非正式组织的
运作方式，从图6-2非正式组织结构图可看出与图6-1中的组织结构图的不同之处。　*124*

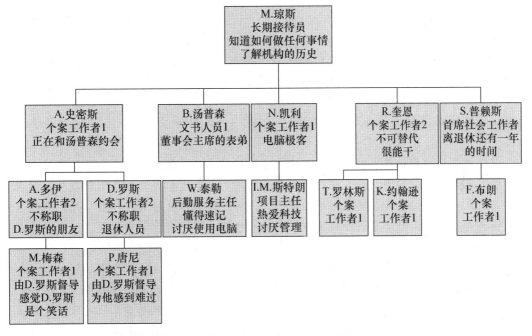

图6-2　非正式组织：某项目

在军队里，新兵很快会了解到，掌握部队真正权力的是连队的上士而不是下级军官甚
至不是连指挥官——连长，上士才是决定他们生活艰辛还是愉快的人，尽管在正式的组织
结构图上通常军官的军衔更高、地位更高。在社会服务组织中，由于知识、经验和其他有
权势的人的尊重，高级秘书或业务管理者在非正式组织中也可能有很大权力。反过来说，
新雇用的员工或较低级别的员工，只要掌握别人缺乏并需要获得的知识或技能，就能迅速
获得相当大的权力。

当代理论认为，非正式组织的存在可以成为支持信息沟通或为员工行为提供支持等任
务的关键工具。针对提供给管理者的信息，应该承认它的存在，尽可能多地理解它并在适
当的时候使用它。敏感的管理者能够识别谁是组织真正的权力中心，可以利用这些关键人
物为自己的盟友来加强他们对实现组织目标的关注。当然，他们影响其他员工行为的潜
力是双向的。非正式组织中的关键人物会破坏管理者的影响力，如果管理者未能获得他们
的合作和支持的话。例如，非正式组织中某个有权势的人不重视有效绩效，并暗示员工最

好不要比其他员工做得更多或做得更好而成为一个"曲线破坏者"（"curve breaker"）①。这样一来，即使是那些有积极性去做好工作的员工，也可能不会去冒险惹怒非正式组织中的有权势的人。

案例

安妮特（Annette）被雇用担任一家大型非营利性组织的新教育项目主管，为有可能遭受虐待的家庭成员提供服务，她对此感到兴奋不已。她在各种社会工作岗位上拥有20年的工作经验，她觉得自己已经准备好管理她将要负责的四笔巨额拨款。

中层主管向该组织的行政主管汇报工作，安妮特是四位中层主管之一。在她的工作面试中，她了解到四位主管和行政主管每周会面一次，讨论组织内正在进行的许多拨款项目。

安妮特热切地履行了她的新职责，即会见她的员工，参观项目地点，并了解拨款的服务对象。三个月后，安妮特认为这些项目是成功的，服务对象得到了良好的服务。她与她的员工建立了良好的关系，定期与他们会面，并为他们提供持续的支持和帮助。通过员工的反馈来看，他们似乎清楚自己的工作期望和职责，几乎不需要日常督导，她抽出时间写了三份新的拨款提案。

令安妮特感到不安的一个地方是每周一次的主管会议。行政主管经常缺席，去参加别的会议或在其他地方寻求额外的拨款。更有甚者，另一个部门的督导者帕蒂（Patty），似乎正在为这个小组做决策，而且似乎好像是她在主持会议。并且没有其他人认为这是不正常的，尽管帕蒂像其他三位主管一样也没有社会工作硕士专业学位文凭。她的工作经验比那三位主管甚至比安妮特都要少。然而，她受雇于该组织的时间更长，几乎与行政主管一样长，而且每周在行政主管办公室待很长时间。

在行政主管安排的每周个别督导期间，安妮特变得更加困惑。行政主管似乎并不了解许多拨款细节，经常说："知道事情如何运作是你的工作。"当安妮特发电子邮件询问问题时，行政主管经常用"去问帕蒂"或"未经帕蒂批准不要做出任何重大决定"来回答。

当安妮特要求见帕蒂时，会面往往很紧张、不舒服。安妮特是该组织的新手，她对各种问题有很多疑问。虽然帕蒂是同事，而且相互之间应该是平等的，但每次安妮特问问题时，帕蒂都会让她觉得自己不够称职。她几次叫道："我真不敢相信你不知道那个问题的答案！"其他时候，帕蒂表面上温和但不回答问题。安妮特很快就不再向帕蒂问问题，尽管她需要帮助，特别是在复杂的项目预算方面。

---

① 曲线破坏者是指打破成绩正态曲线分布的高分学生。Curve 是美国高考中一种对原始成绩（raw score）进行综合分析，并调整成绩曲线分布的措施；curve breaker 是指某个学生成绩很高，被当作标杆来影响其他人的成绩，也就是 breaker（破坏者）。——译者注

工作九个月后，安妮特仍然很喜欢她的工作，但是她变得很沮丧。她所写的两份新的拨款提案已经得到了资助。她的员工工作得很好，而且与她相处得很好。她所督导的所有项目似乎都将达到或超过其成果目标。然而，在每周的主管会议上，安妮特觉得自己是隐形的，她的评论常常被忽视，她报告的任何成果都没有得到帕蒂的认可。其他人对安妮特也没有任何赞扬。安妮特承认预算管理不是她的强项，但帕蒂还是一直批评她在预算管理方面所做的努力。

对安妮特一年的绩效举行评估会议时，她见了行政主管。她收到了一份书面评估的草稿，安妮特很快意识到上面的内容是帕蒂写的。例如，"安妮特和她的同事们相处得不好"，"当缺乏关键信息时，她不去询问信息"，"她在预算管理方面犯了很多错误"，"她因为无法作为团队的一员而使机构面临风险"。当安妮特质疑这些意见时，行政主管只是耸耸肩说道："我很抱歉，但这些意见是各位主管的共识。"安妮特随后被告知，她的合同第二年将不再续签。

不久，安妮特在另一家机构找到了另一份工作。大约一年后，她了解到，那位行政主管即将退休，并开始在全国范围内寻找新的行政主管。不久后，她看到一份声明说帕蒂已被聘为新的行政主管。

讨论问题

1. 安妮特对组织有什么不了解的地方？
2. 帕蒂拥有什么非正式权力？
3. 安妮特能向谁寻求帮助了解正在发生的事情？
4. 为什么安妮特会对帕蒂构成威胁？
5. 安妮特应该怎样做得更好以保住她的工作呢？
6. 行政主管是如何促成了安妮特的处境？她管理得很好吗？为什么？

126

影响的方法

管理者有许多"工具"和方法可以影响员工的日常活动和行为。有些很微妙，另一些则是直接或者更加个性化的。我们在前一章中讨论过的一些计划工具——使命、目的、目标和预算——可以而且应该对员工的日常活动和行为产生大的影响。它们通常以一种微妙的方式发挥作用，例如，管理者提醒说，"这不符合我们的使命"或"无助于实现我们的目的和目标"或"我们没有预算"，可以有效地限制一些不良决定和活动。当然，管理者还可以通过展示他们如何与组织的使命、目的或目标保持一致，或者通过在预算中为其提供财政支持来鼓励人们做出理想的决定和行为。但是，有时需要其他方法。现在，我们将介绍管理者限制不良决定和行为以及鼓励理想行为的其他方式。它们将在专栏 6 - 1 中被定义。

正式行动指南

一组施加影响的方法可统称为"正式行动指南"。它们为在某些反复出现的情况下应该做什么和不应该做什么提供指导。它们是非个人的（适用于所有人），尽管它们的起源有时可以追溯到一个或多个个体的行为。它们包括规则、政策和程序。

正式行动指南对所有员工都是有用的参考，无论是领薪员工还是志愿者。它们将大部分猜测和风险排除在决策之外。通过参考它们，员工可以了解是否应该参与某些行为。它们也帮助管理者了解何时决定或行为是可取的，什么时候是不可接受的。一旦到位，它们也可以为员工提供一些保护。它们可以阻止管理者影响甚至批评他们个人可能不喜欢但不违反任何正式行动指南的行为。然而，最近出现的问题，如当员工因其行为被解雇时对组织提出的不当解雇诉讼，使得管理者必须非常谨慎地说明正式行动指南的含义，更重要的是，说明它们容易造成的误解。诸如"本规则、政策和程序指南不是明示或暗示的雇用合同"之类的免责声明已插入所谓的"政策手册"中，有时也会在每一页上插入。未来的员工可能需要签署一份声明，说明被雇用之前已了解这一点。

专栏 6 - 1　影响日常活动和行为的方法

1. 正式行动指南
   a. 规则——旨在规范行为和决策以及消除判断和自由裁量权的特定要求。
   b. 政策——旨在指导或引导思考、决策和行为的一般陈述或理解。政策可能是书面的，也可能不是。
   c. 程序——为影响事件的性质而提供的结构，特别是事件的时间顺序。
2. 信息——计划中的知识共享，旨在帮助员工理解（从而避免）什么是理想的/不良的行为。
3. 建议——从督导者到下属的表面上的非指导性的意见，这些意见旨在以一种相对非冒犯性的方式改变行为。
4. 指令——口头或书面表达的命令或公开指示，旨在清楚明确地表明下属应该做/不应该做什么等等。
5. 示例——通过观察并模仿管理者的行为来改变员工行为的现象。

正式行动指南可供组织中占据特定职位的任何个体使用。员工可用其指导自己的决策和行为。制定行动指南的管理者可以休假，请病假，甚至不再与组织打交道，这些都没关系；管理者的影响会持续下去，只要指南保持有效。这有利有弊，正式行动指南为管理者节省了时间，有了行动指南，无须面对面联系、回答重复问题或处理重复的情况，可以花更多的时间来指导出现的独特的、一次性的问题。但是，正式行动指南可能会随着需求和条件的改变而过时，除非根据需要定期审查和更新，否则它们就会产生可能不再符合组织最佳利益的决定和行为。

在一个良好的工作环境中，正式行动指南可以极大地促进所有有关各方的工作，可以增加管理者影响员工决策和行为的潜力，而管理者无须亲自到场。此外，能够保证员工更自主合理地运作，只要符合正式行动指南，他们就"没事"，他们的决定和活动就不会受到批评。正式行动指南可以提高员工的工作满意度和工作效率，但是，它们也会成为埋怨的主要来源，因为，说实话，正式行动指南显然是想限制员工可以做和不能做什么。在这么多的管理中，它们能否发挥作用，取决于管理者和员工之间关系的性质。如果这种关系是一种相互信任和尊重的关系，它们将被员工视为完成工作的有用工具；如果该关系不太有利，那么它们很可能被认为是过分限制性的，并且是一种权力差异的提醒。

规则

规则用于禁止行使自由裁量权。规则明确规定什么是允许的，什么是不允许的。针对在组织内经常以同样的方式出现的情况，以及在需要做出是非决策时，经常需要使用规则。规则中隐含的理念是，那些违反规则的人会受到某种制裁或惩罚。

当管理者选择使用规则来影响活动时，他们会做出明确的声明，他们会说"只有这是可以接受的"和/或"这是不可接受的"。在确定不能容忍除所希望的行动之外的任何行动的后果的情况下，规则是非常有用的。例如，当不遵守规则可能导致针对组织的法律诉讼时，当可能发生严重的财政损失时，当可能对组织的社区形象造成严重损害时，以及当存在违反专业和伦理标准的可能性时，就可以使用规则。规则经常被用来禁止可能导致任何或所有这些消极后果的行为（例如，特定类型的个人参与或与服务对象的业务往来）。

规则在大型公共科层机构中比在较小的私人组织或私人社会工作实践中更为普遍，但它们存在于所有的社会服务组织中。一般来说，组织的任务环境越不利，规则越多；组织的任务环境越友好，规则越少。这是有道理的，因为规则可以用来避免给那些已经对组织及其职能持批评态度的人更多的理由来指责它。

在大型联邦科层机构中，可以定制规则以强制遵守联邦要求。例如，一个县福利部的贫困家庭临时援助（TANF）项目可能会针对员工制定关于重新认证调查的频率、职业培训转介等方面的规则。它的儿童保护部门将制定规则及时调查涉嫌虐待和忽视儿童的事件。在第一个例子中，如果不遵守规则，就有可能需要偿还联邦政府已支付的补助金。在儿童保护部门的案例中，一场诉讼，更有甚者，一个儿童的死亡，都会导致更糟糕的事情发生，这些事情是不允许发生的。

较小的组织可能需要一些在较大组织中不必要的规则。例如，一个小型的私人机构可能有这样的规则："最多有两名雇员可以同时休假。"对充分的专业覆盖率的需要，使得这一规则成为必要。在一个拥有更多员工的更大的科层机构中，只要能够保持足够的案子覆盖率，就可以采用不那么严格的方式来批准假期。但是，也可能存在相反的情况：在大型公共服务组织中可能需要类似"午休时间为上午 11 点至下午 1 点 30 分"的规则，以确保所有员工能够参加上午或中午的员工会议；在一个小型的私人机构中，督导可能不会那么正式，而且会在员工方便的情况下安排。

129　　规则可以非常详细地列出，还可以涵盖几种不同但相关的情况，这些情况需要不同的正确行动方针。一些规则，无论它们试图涵盖多少可能的突发事件，结果仍然是无法执行的。通常，它们试图控制的一些行为，尽管是不受欢迎的行为，然而却无法控制——例如，上厕所的次数太多，查看私人电子邮件，或偶尔短时间打私人电话。如果规则是不可执行的，那么会比没有规则更糟糕。无法执行的规则很快就会变成一个笑话，有时候也导致它的创造者一起成为笑柄。如果规则被认为不可执行，或者如果它通常情况下是有用的，但发现有必要对其做出例外规定时，根据定义，它就不再是规则，实际上，它已经成为一项政策，这是我们下面讨论的重点。

政策

政策是由诸如董事会这个治理主体以及组织各级管理者制定的。特别是在采用参与式管理原则的组织中，一些政策也是由工作小组制定的。

政策可能是最常被误解的行动指南。大多数困惑都是关于如何区分政策和规则（如上文所述）的。政策是"指导或引导决策思考和行动的一般陈述或理解"[3]。要理解政策，我们需要看看该定义中几个词的完整含义。

"一般"一词指的是，政策并不意味着就某个人在特定情况下究竟应该做什么或不做什么做出指示。相反，政策为决策制定了广泛的指导方针。政策用于无法预料到的具有独特性质的情况。例如，一个组织可能有一项禁止内部晋升的政策（在出现空缺时，聘请一名现任员工担任中层管理者）。如果解决问题的策略（而不是规则）的选择是有意识的、深思熟虑的（尽管应该如此），我们就可以推断出制定策略的管理者的意图。管理者希望其他人了解组织中存在的一种强烈的偏好，这种偏好通常被认为是最好的决定。但是，由于无法预测未来的所有雇用决策和每个决定所涉及的变量，管理者故意保留了这样一种可能性，即可能会出现一些罕见的情况，比如从内部招聘可能是最好的选择。管理者不想束缚未来某个管理者，强迫他做出不符合组织及其服务对象最佳利益的决定。如果考虑了所有因素后，有一名现任员工就是这份工作的最佳人选，那该怎么办？因此，政策必须是一般性的。它们足够广泛，足以涵盖大多数情况，即使是那些以前从未发生过，也可能永远不会再次发生的情况。

政策定义中的"陈述或理解"表明了政策传达的各种方式。政策可以被撰写并汇编成一份文件，通常称为"政策手册"。（事实上，许多组织的"政策手册"比政策包含更多的其他类型的准则——通常是规则和程序。）纸质或电子形式的书面政策比其他形式的政策有明显的优势，因此仍然是可供选择的形式。它们随时可用，并且（或应该）以不会被误解的方式仔细撰写。

小组备忘或电子邮件是管理者向员工传达政策的另一种常见方式。政策也存在于包括职位、项目描述等在内的其他文件中，或者出现在业务会议所通过并记录的议案中。某些词通常是制定政策的提示。当我们看到通常、预期、应该，或者一些其他旨在传达正常期望同时考虑到偶尔例外情况的词时，可能已经形成了一个政策。

政策也以正式和非正式的方式口头传达。为新雇员和志愿者举办的迎新会通常包括对组织政策的回顾，其他政策由督导者或行政管理者在员工会议期间传达。还有一些政策是在所有或大多数员工都在场的地方口头传达的。

许多政策只是被管理者的反复行动所暗示。随着时间的推移，行为和决策的某些模式会有意识甚至无意识地被观察到，而且会被视为政策并被其他员工复制。例如，在组织中可能没有书面的回收政策，但是员工注意到管理者总是回收处理她的罐子、水瓶和墨粉墨盒，他们很快就会效仿她。他们可能没有意识到回收政策已被制定出来了；这样做似乎是正确的。当然，当管理者只用行为简单地暗示政策时，问题就会出现。在某些情况下，管理者的行为和做出的决定对管理者来说是正确的，但对其他员工则不然。例如，管理者可能需要保持灵活的工作时间以满足她的工作期望，或者她可能和执行主任之间是直呼其名的，但员工不应认为自己也可以这么做，从来没有任何政策这样暗示过。管理者如果不希望自己的行为或决定被视为一种政策而且被复制，就需要清楚地传达这一点，也许可以通过书面规则或政策来传达，强调他们对员工的期望与对自己的期望的不同之处。在政策的定义中，"指导或引导决策思考和行动"这一短语尤为重要。政策是努力塑造他人思考和行动的方式，常常试图利用"老手"的宝贵经验，向经验较少的员工传达什么行为在过去通常是正确的，而且将来很可能也是正确的。

政策意味着约束（可能会变得令人沮丧）。但它也是为了帮助工作者，促进某些类型的决策发挥作用，并使他们腾出精力在其他领域发挥作用。政策被等同于社会角色，更具体地说，等同于角色期望，它们发挥相似的功能。角色期望和政策都可以节省我们的时间和精力，减少错误和尴尬。社会角色期望使我们更容易进入一个新的环境，政策也是如此。角色期望和政策都告诉我们，在给定的情况下，什么是正确的决定或行为，哪些决定或行为会给我们带来麻烦。在没得到满足之前，我们可能不会意识到角色期望。例如，若不是从事社会工作的同学不说话就从我们身边走过，我们可能不会意识到，在人行道上与从事社会工作的同学进行某种形式的问候已经成为一种角色期望。然后我们得出结论，该同学一定是有事不开心，或者我们一定在某种程度上冒犯了她。同样，在我们与同事的交流中，我们可能不知道有一项不邀请技术支持人员参加员工假期聚会的政策，所以直到我们邀请了他们并观察到其他员工的不安和惊愕时我们才知道有这项政策。

131 　　政策的设计应使其具有一定的灵活性，即假设偶尔会有例外情况。但是，当有例外时，提出例外的个人应该准备好如何解释。优秀的管理者所做的不仅仅是传达政策——他们帮助员工了解哪些条件允许例外，哪些条件不允许。

　　有些人错误地坚持，一旦出现例外，政策就不再是政策了。他们可能是基于我们当前诉讼时代的现实——即使是双重标准的看法也可能成为诉讼的理由。他们可能会认为："如果我们在一种情况下破例，可能就不能用这个政策来否认在另一种情况下破例。"但这两种情况几乎总是不同的，这就是为什么要首先制定政策（而不是规则）！虽然管理者必须关心员工和服务对象的平等对待，但这绝不意味着政策中偶尔的有充分理由的例外会导致该政策不复存在。相反，许多好政策在过去几年中进行了完善，以至于不仅描述了一般政策，还描述了何时可以算作例外的情况。这些例外还进一步完善和澄清了政策，而并未破坏其效力。

　　是否存在一个点，在这个点上政策的例外数量或百分比太大，以至于可使政策作废？可能有，但那个点在哪儿（10％？20％？30％？）是一个有争议的问题。也许可以肯定地说，当一项政策不再对员工的决策有帮助的时候，当需要太多的思考才能在执行之前考虑到所有可能的例外情况时，它作为一项政策的效力就会消失。是时候考虑更换一种新的或许更广泛的政策，或者承认没有一项政策能够充分满足需要，这些情况应该按"个案"进行处理。

　　政策在社会服务组织中特别受欢迎，这是有充分理由的，因为它们包含一些灵活性。由于它们是为了允许甚至鼓励例外情况而设计的，因此它们为例外情况留下了空间，并鼓励在决策方面行使专业裁量权。考虑到大多数社会服务专业人员的知识和教育水平以及他们所处的不同情境，这样的政策往往是非常合适的。在社会工作实践中，有许多决策的灰色地带，在这种情况下，没有百分之百正确的决策。此时，政策是有帮助的，它们告诉我们通常情况下什么是正确的决定或行动方针，但允许例外。它们允许我们考虑类似这样的问题：个体服务对象的福利；职业价值观；政治的、伦理的、经济的和道德的问题；或者只运用常识去解决问题。

　　让我们考虑一下社会服务组织中经常出现的两种政策。在向个人、家庭或群体提供直接咨询或治疗的组织中，共同的政策涉及接受服务对象的礼物。它可以写成："社会工作者不应该接受来自服务对象的有任何重大货币价值的礼物。"这一政策以这样的方式陈述，它清楚地表明，一般不鼓励接受服务对象的礼物（更不能索取），但是（与所有政策一样）允许甚至期待一些例外。它传达了在大多数情况下是否应接受礼物的标准，即"重大货币价值"。但是，作为一项政策（而不是一项规则），它意味着可以由社会工作者自行决定做出极少的例外之事。政策陈述中的"重大"一词是故意含糊的。除了统计学家之外，任何人都可以接受有限范围的解释。对一名员工来说，这可能是指在 5 美元或 10 美元的范围内，甚至更少。"重大"一词虽然含糊不清，但清楚地传达了这样的信息：雇员不应通过收受服务对象的礼物来改善自己的生活。

基于对例外暗含可能性的政策，当服务对象提供礼物时，员工就可能行使专业裁量权。例如，如果服务对象想给社会工作者一件特别好的陶器或一套手工制作的餐垫，类似这种的她在职业治疗期间做的东西，这该怎么办？它的市场价值可能超过 10 美元。根据定义，如果一项政策不灵活，社会工作者将不得不拒绝这份礼物。这个决定可能是正确的，也可能不是。服务对象也许会生气，良好的治疗关系可能会受到威胁。但是，由于政策（而不是规则）的效力，社会工作者可以将其算作例外，对服务对象和治疗关系的整体最佳做法进行专业判断。在另一种情况下，如果按照员工的专业判断，给予礼物是为了操纵社会工作者或拒绝建立更合适和更有成效的社会工作者与服务对象的治疗关系，那么即使服务对象提供金钱价值很小的礼物，该社会工作者也可能会选择拒绝接受，这是政策允许的。

社会服务中常见的另一项政策涉及"兼职"（外部就业）。实际上，大多数社会服务组织不可能禁止员工获得第二份工作或在外边做小生意。然而，有些政策是为了阻止某些类型的会导致不良的公共关系的或对组织有害的行为。这样的政策可能是不成文的；或者可能写得很模糊，例如，"外部就业不应与组织的目的和使命相冲突"。因此，该政策将明确指出，在社区内的发薪日贷款或产权贷款办公室工作是不适当的，因为该办公室是为低收入者提供服务的。同样，如果得出结论认为在同一社区内拥有低收入出租财产会对组织的工作、其形象和/或其专业员工的形象产生消极影响，那么组织也可能违反这一政策。

显然，管理者不能简单地认为雇员是否接受服务对象的礼物或下班后做什么只是他们自己的事。组织及其声誉的保护要求制定一项政策，就哪些活动是可以接受的、哪些是不能接受的提供指导。如果政策因雇员在应用时总是产生错误的判断而被证明无效，则可能需要其他类型的计划（例如，需要事先批准的规则或程序）。

在多数情况下，政策是合适和有用的，特别是当人们可以依赖于使用良好的常识和专业判断时。但事实并非如此，虽然规则有时会变成政策，但有些政策也可以而且应该被改写为规则。有时，当管理者最初认为策略最适合组织的需要时，他们会选择切换到规则。但当他们了解到，专业裁量权而不是硬性规则的行使会导致滥用和/或更多问题，或者，员工可能已经找到政策提供的漏洞，而不是按照预期那样建设性地使用它们，那么规则可能应该取代政策，有效地将决策或行为从专业自由裁量权的范围中移除。

混乱引起的问题

政策使用的一个主要问题是，它们往往与规则混淆，反之亦然。如果我们都能充分理解规则和政策之间的差异，并且始终正确地理解管理者的意图，那么在社会服务组织中问题就会少得多。不幸的是，事实并非如此。术语规则和政策通常被认为是可互换的，但很显然，它们是不可互换的。管理者也可能不清楚他们的意思和/或意图属于规则还是政策，有时，即使管理者清楚地传达了他们想要两种中的哪一种，接收者也可能不会准确听到，或者可能由于其他一些原因不能准确地接收消息。如果一两个人对政策和规则的意思的差异存在困惑，情况就会变得混乱。

对政策和规则的混淆不乏现实生活中的例子。例如以下几个：

● 当存在"雇员不得累计休假超过 30 天"这种规定时。将此视为政策的员工会因为忙于工作、帮助服务对象渡过危机而无法休假，当工资存根显示她失去了四天的休假时间时，她会感到非常愤怒。

● 某社会工作者知道一项规则，即"在初次接触患者时必须收集和记录完整的医疗保险信息"，但他认为这是一项政策。他未能按要求获得服务对象健康保险的详细信息，因为他不想表现得对服务付费比对服务对象的问题更感兴趣。服务对象可能不会进行第二次面谈，而且也不会留下地址。如果因此受到督导者的书面训诫，社会工作者会很生气。

● 一名社会工作者知道一项政策，"将治疗组的规模限制在 8 个服务对象"，但她认为这是一项规则。因为已经有 8 个成员，她就拒绝让当地一位著名政治家的儿子加入她引导的戒烟小组，结果她后来因判断力差而受到督导者的训诫。

● 了解"社会工作者只应在公务中使用办公室电脑"政策的一名督导者将其视为一条规则。该组织机构的社会工作者发送的信息中只有少部分与工作有关，所以督导者要求社会工作者加班来偿还向其他组织的朋友发送电子邮件所花费的十分钟时间，由此引发社会工作者的不满，并向督导者的上级投诉要求督导者做出让步。

规则和政策的优缺点

当然，规则和政策都有优点和缺点。两者都可以为员工和管理者节省时间。有了规则，即使需要直接的监督，也很少。对于受规则约束的人来说，不需要真正思考，只要遵守就行了。因此，规则可以缩减员工的时间和认知过程，以便他们能够更好地将时间和认知过程用于做出其他决定（例如，决定是否指明某项政策的例外情况）。

规则很少只适用于一个人，它们注定是非个人的。虽然几乎每个人都觉得某些规则令人讨厌或有冒犯性，但大多数人都认识到了规则的必要性。它们能比政策提供更多的确定性。如果在没有充分理由的情况下对政策进行例外处理，或者当存在例外但没把它当作例外时，可能会出现问题。但遵守规则，你就是安全的。管理者可能用一条规则来为一个不受欢迎的决定辩护；但用一项政策来做同样的事情就比较困难了。例如，可以说："我希望我可以破例，但我们有个规定禁止这样做。"

133

134

　　由于规则的僵化以及它们被设计为不允许使用自由裁量权的事实，它们有时会被视为一种令人不快的提醒，让人想起存在着的等级和权力差异。然而，有些规则在任何组织中都是不可避免的，因为有些行为简直不能容忍，有些任务也必须以唯一正确的方式完成，有些决定不能留给个人判断。管理者应该把规则看作在某些情况下有用的计划方法。但是，由于规则往往会使专业人员不满，所以在政策会给自由裁量权留下很多发展空间的情况下，规则才是最适用的。

　　程序

　　程序是为了影响事件的次序或时间顺序而设计的行动指南。当人们按照先后顺序行事时，程序的使用最适合于取得最佳结果的情况（或取得结果的过程最佳的情况）。在社会工作者使用的干预方法中，程序很少用于事件序列的分析。例如，我们通常没有那种可用的知识（最佳实践）来规定方法的准确顺序，用于向刚刚遭受个人损失的一个服务对象提供专业咨询，或用于影响权力结构，以支持立法提供资金用于精神疾病的后续护理服务。我们的服务对象及其系统是不可互换的部件，不能像汽车机械师更换电子点火装置或重建自动变速器那样，使用"正确"的行为时间表进行工作。然而，确实存在社会工作干预程序。例如，公共社会服务机构的社会工作者可能依赖程序来确定服务的资格。

　　与规则和政策一样，程序有助于使社会服务组织内的活动标准化。例如，我们可能会使用一种程序帮助低收入服务对象获得 SNAP/EBT 福利（以前称为"食品券"）的资格。或者，我们可以设计和实施一个申请休假的程序，如果某些员工在 1 月 3 日至 7 日期间不上班的话要确保所有合适的人及时得到通知。那些因员工休假需要做最充分准备的人将首先得到通知，而那些几乎不需要知道这一消息的人将在最后得到通知，以此类推。同样，如果制定和执行出院计划的程序，医院的病例管理者或许更有可能遵守管理式医疗的要求，并且不太可能耽误医疗保险或医疗补助的报销。

　　与可接受例外的政策和不可接受例外的规则不同，程序似乎可以游走于非常灵活和非常死板之间。有些程序相当松散，可以用于设计事件顺序的一般指导。另一些则是不允许有任何灵活性。由于程序的目的可能有很大差异，管理者在向员工传达程序目的时应非常清楚地表明他们的意图。如果打算允许例外情况的出现，不妨举例说明它们何时可能合适，以及确定可以接受例外情况时可能使用什么标准。如果不能容忍任何例外情况，也应明确规定这一点。

　　与规则一样，程序有时也会被一些专业人员看作是具有冒犯性的。在考虑使用程序时，最好搞清楚这一问题："如果事件发生，那它发生的顺序真的很重要吗？"如果不重要，程序可能被视为不必要的麻烦，不应使用。如果顺序确实重要，我们就应该使用程序。

信息

有时，人们会因为缺乏知识或被误导而产生不良行为或无法产生理想的行为。教育（以信息的形式）可以用来制止不良行为或者在尊重他人的情况下促成理想的行为。

什么样的不良行为会受到信息的影响？对文化不敏感就是很好的例子。员工可能因缺乏认识或不知道某一特定行为对某个人意味着什么，而对来自不同文化或族裔背景的同事缺乏应有的尊重。也许，员工用左手把物品交给年长的韩国同事，可能会无意地冒犯了他（用两只手，右手手掌向下，左手扶着右手，会更尊重人）。或者，他们可能出于好意赞扬亚洲国家另一个同事的个人成就，而在这个国家，人们更重视集体成就，从而使他感到尴尬和不舒服。

员工也可能做出不道德或不专业的行为，因为他们从来没有"往这方面想过"。甚至违法行为有时也会发生，因为人们对它不敏感，或是在错误信息的基础上进行操作。例如，我们可以假设，随着最近媒体对职场性骚扰问题的关注，每个人现在应该都知道哪些行为是职场性骚扰，哪些不是。然而现实情况是，即使是许多受过良好教育的人仍然对此持有错误的观念。例如，有些人仍然认为职场性骚扰只是不必要的身体接触，或者认为它包括所有可被视为性别歧视的行为。（这两种观念都是错误的！）即使是一些管理者也可能仍然（错误地）认为，如果他们了解关于性骚扰的知识并且不做任何有关性骚扰的事情，他们和他们的组织就不会被卷入性骚扰诉讼中（而根据最近的法院判决，性骚扰的定义和可追究谁的责任的情况仍然在演变）。

某些行为显然不允许出现，如对同事或服务对象的性骚扰或"利益冲突"情况。但不提供所需信息只是通过制定规则来禁止不可接受的行为，可能不足以防止其发生。此外，公平性也表明员工有权确切地知道哪些行为是可接受的，哪些行为是不可接受的，如果他们还不知道的话。

信息可以通过各种方式对日常活动产生积极影响。例如，它可用于使工作人员随时了解待决定的立法政策变更或其他发展。这将有助于他们为所需的变化做好准备，同时促进工作环境中的"主人翁感"。信息能提供知识，这些知识可能在书面的任何地方都找不到，但可以从管理者或其他在完成某些任务方面更有经验的"老手"那里获得。信息可以节省时间（和减少错误），"我们上次是这样做的，而且它似乎运行得很好"或"我们以前试过一次，这就是为什么它不再起作用"。简言之，信息可以通过增加活动成功和有效的可能性而对活动产生积极影响。

建议

我们在给予建议方面总是很慷慨。我们通常会无偿地给别人提供建议。在同龄人或具有同等权力的人之间，可以听取、忽视或甚至当作从未听过建议。但是，当一个有权威的人给别人提出建议时，通常不仅仅是意见或建议，而是企图对他人施加影响。

父母的建议可能只是建议，或者可能是通过一种委婉的、非冒犯性的尝试告诉孩子该做什么。给三岁孩子的建议通常属于指令；它会影响行为（"我认为你吃晚饭前需要洗手"）。对于给青少年的建议，我们往往不会期望他们会听从这些建议（"对你来说，最好少花一点儿时间在推特和脸书上"）。

在关系的一个方面，建议可能是纯粹的"仅供参考"，而另一方面可能会有施加影响的意图。一位教授向即将毕业的学生提议，希望该生能够找一份她所了解的工作，并基于自己的兴趣爱好来跟进工作开展的情况。此时学生的一句"谢谢"可能对教授来说就足够了。但是如果教授建议该学生在正在撰写的学期论文中包含一些内容，那么说明她真的非常期望这些内容会出现在该生的论文中，而忽视这些建议的学生可能会发现这真的不仅仅是建议。

管理者与其员工之间的关系显然是不平等的。因此，与员工之间传递的建议相比，管理者向员工所提的建议具有更多的期望和潜在的影响力，而这样做是为了塑造和影响员工的行为。

由于管理者所给出的绝大多数建议都是为了影响员工的行为，所以员工有时会认为，管理者所有的建议都是想要直接地告诉员工应该做什么。不过这可能会导致一些问题。如果社会工作者打算抛开管理者的身份，只提有针对性的建议，而不想过度地干预员工的决定或行为，他们最好清楚地表明自己的意图。因为如果不这样，员工会无意中认为这是个"命令"。

因为建议（像信息一样）能以产生影响的方式进行传递，同时又不会引起雇员对现有权力差异的注意，所以在专业人员中，这是影响行为的一种最受欢迎的方法。管理者喜欢采用这种方式来影响员工，因为他们不会由于职位低的同事的专业知识和能力较差而贬低他们。反过来，员工也很喜欢提供建议时顾及他们的面子，他们也很感激没有提及权力差异。例如，与指令（我们将在下面讨论）不同，员工至少可以稍微自欺欺人地认为"这只是建议"。然而，他们最好能够知道这些建议不能忽视。

指令

有时，由于某种原因，信息和建议根本行不通，不过有些人从未明白这一点。此外，有一些管理者从来都不能巧妙地运用这些信息和建议（文化差异有时是一个影响因素），而且他们从来都不擅长准确地表达自己的意图。有时，没有时间进行微妙的沟通，因为沟通失误的代价太大了。有时，情况可能表明需要提醒员工注意他们可能忘记了的权力差异。而指令就具有这种效果。（在军队中，人们理解"直接命令"的含义！）

　　指令采取命令、公开指示或其他特定要求的形式，可能针对个人和/或群体，也可能会用于对各种行为施加影响。在存在冲突局势并且很明显无法达成共识时，指令是一个特别好的选择。例如，如果两个派别似乎无法就共享空间或技术达成妥协，管理者可能不得不下达指令，这是不可推卸的责任。当一个组织无法承担长时间辩论一个对服务重要性相对较低的问题的费用时，特别是当比起解决冲突，某些个人更关注如何赢得辩论的时候，必须有人（管理者）来终止辩论并采取行动。当然，这只能发生在管理者有权力发出指令的情况下。

　　毫不奇怪，社会工作者在担任管理者时，指令对于他们来说是最不受欢迎的影响方法之一。社会工作者对他们的服务对象来说就没有指导性，在告诉别人必须做什么这方面他们并没有多少经验。而且专业人员之间似乎也不适合使用指令。我们可能希望专业人员和其他专职辅助人员能够互相尊重而不是进行家长式的沟通，难道建议和微笑不足以影响忠诚善良的人吗？也许吧，但很多情况下并非如此，必须使用指令。

　　反过来，员工往往觉得指令有冒犯性，它提醒员工注意管理者的权力，但员工不愿接受这一点。对于我们大多数人来说，当我们离开家乡时，十八岁，毕了业，或者完成了成人礼，指令重新唤醒了我们以为已经摆脱了的无力感。不过起初，我们还真的天真地以为再也没有人会告诉我们应该怎么去做事。当然，很少有人能在他们生活的某个领域做到不需要任何人的指导去做事。应该说在所有的生活领域，我们都没有做到这一点。

　　如果在必要和恰当的情况下使用，指令是非常有效的影响方法。指令不需要员工去猜测管理者的意图，可以节省相当多的时间，而且实际上也可以借此消除沟通不畅的情况。制造业和商业界的管理者早已习惯于使用指令来施加影响，不过公司管理者虽然经常使用指令，但似乎并没有表现出社会工作管理者所特有的自我意识和辩解行为。也许，作为社会工作者，我们过于担心使用指令的动机。我们可能会花太多的时间来问自己，我们是不是因为它能带来满足感（"权力之旅"）才去使用指令呢？也许是的，有时使用指令的确会带给我们好的感觉，因为这些指令看起来很有效！

　　大多数成熟的专业人员和其他社会服务员工都认识到有时需要指令。与一些社会工作管理者进行沟通时，他们甚至可能认为，这是一种令人耳目一新的改变，有别于那些他们认为过于隐晦或模棱两可的沟通。员工们希望上级时不时地告诉他们该怎么做，明智地使用指令往往被视为管理者能力的体现，也是承担工作责任的体现。同时也有许多员工"只想让管理者告诉他们应该做什么以及如何做"，特别是在没有时间进行充分思考和应对的情况下。然而，这并不意味着在使用指令方面没有灵活的余地。熟练的管理者会用一种清晰表达信息的方式陈述指令，但这并不是家长式或贬低的。其他方面，私下或一对一的指令通常比在他人面前发出的指令更不容易引起反感。加上"请"和"谢谢"这两个词也是有帮助的。

　　显然，在其他影响方法同样有效的情况下，如果担任管理者角色的社会工作者完全依赖于指令，这可能会导致问题。员工的主动性、士气可能会受到损害。但喜欢使用指令的专制管理者在社会工作中相对较少，更常见的问题是管理者没有充分利用它们。

管理者的榜样作用

在组织中，还有一些我们可能不会轻易想到的影响日常活动和行为的方法，但它们却能够对日常活动和行为产生巨大的影响。

管理者树立的榜样可以影响所有寻求管理者善意、希望效仿管理者或仅希望在组织内取得进步的员工的行为。我们之前已经注意到管理者的行为总是能在无意中传达政策。然而，管理者也应该成为其他人的专业榜样。管理者表现出来的即时评论、行动、态度、伦理和价值观也需要成为群体的规范，也是要达到的标准。如果管理者的行为是专业的，并且很受尊重，那么这些规范对其他人来说就是特别强大的积极影响因素。例如，受到高度尊重的管理者有时会为了组织和服务对象的利益而把自己的个人最佳利益放在一边，这会影响其他人也这样做。

如果管理者与员工充分互动，即使只是偶尔被员工看到，他们也会树立榜样，影响员工的工作表现以及他们看待自己工作的方式。问题不在于管理者是否会以身作则，而在于他们的榜样作用如何影响其他人。例如，管理者的态度和行为是否总是反映出对服务对象及其问题的理解，并始终尽最大努力确保他们得到适当的服务？还是他们要传达这样的信息：个人利益是可以接受的，服务对象有时是一种负担，仅仅满足最低工作要求就是可以接受的绩效水平？

当员工可以用管理者的榜样例子来为自己的行为辩解时，他们更有可能参与到他们明知道不可接受的行为中。例如，当低层员工认为管理者正在参加假日购物季时，他们更有可能请病假以赶上假日购物季。如果管理者想要支持一些员工行为而约束其他行为，那么如果他们自己的行为反映了理想的标准，就很有可能成功。他们有权利不这样做，但他们糟糕的榜样会引起怨恨并削弱他们影响他人的整体能力。

那些试图传达"照我说的做，而不是像我做的那样做"的管理者很少能对他人产生积极的影响。即使使用了其他影响方法（例如，正式行动指南、信息、建议或指令），如果管理者传达双重标准，也不会那么有效。员工可能不情愿地让自己受到他们的影响，但是当员工有机会的时候，他们会心生怨恨并且很可能会产生其他不受欢迎的、非生产性的行为。

从某种意义上说，管理者总是成为其他员工所关注的焦点，其中包括他们如何行动、思考以及如何选择合适的态度。当另外的某个人产生某一特定的行为时，其他许多人试图模仿的可能性会比较低。但是，当管理者（特别是高级管理者）做一些事情时，许多员工可能会注意到并认为这是大家应该效仿的榜样。重要的是要记住这一点，不仅是在工作场所，在社交活动以及工作时间之外的其他时间里我们也可能会与员工进行互动。举例来说，这就是为什么当管理者参加节日聚会时他们会小心避免说或做任何可能被认为是不专业的事情。

需要什么？

管理者会使用哪种方法以及会如何编写或如何沟通传达，通常取决于具体情况的要求。例如，为了符合联邦、州或地方关于提供服务的及时性、记录保密性或服务对象参与某些类型决策的要求等领域的指导原则而编写许多政策、规则和程序。或者，编写的政策、规则和程序受维护组织的非营利性地位或由健康维护组织（HMO）、其他健康保险组织或联邦政府的报销要求的支配。

当允许有更多的灵活性时，其他因素也会影响管理者决定使用哪些方法来影响员工的行为。其中包括管理者试图对员工的决定或行为产生一定影响的评估以及员工自己的偏好和风格。例如，一些管理者根据他们的需求和下属的需求，严重依赖指令；其他人可以通过他们自己的榜样作用或提供建议或共享信息来完成工作。这就是为什么一位管理者认为有必要对一项决定或活动进行干预，并得出只有书面形式的正式行动指南才能奏效的结论，而另一位管理者可能得出完全不同的结论。

理想的组合

管理者用来影响日常活动和员工行为的方法会随着条件的变化、组织需求的变化和人事上的变化而自然发生变化。然而，施加影响的最佳组合或工具包是灵活和动态的，如何识别它是一门相当不精确的科学。例如，没有可用的公式能够告诉我们，在任何时候，我们所付出的努力中有多少是正式行动指南、信息、建议或指令所提供的。并且有一件事可以肯定，如果我们严重依赖某一两种方法，那么我们就应该开始担心了，因为社会服务组织需求的多样性和组织中员工的多样性表明，多样化的组合才会产生理想的效果。

我们将通过列举几个能产生有效影响的"组合"的标志或指标来结束这次讨论。这些标志或指标有所重叠，而且往往是相互支持的；也就是说，一个标志或指标的存在有可能使其他标志或指标也出现。无论是单独出现还是集体出现，它们都能帮助促进一种理想的平衡，在这种平衡中，日常活动受到必要的影响，同时又不会扼杀员工的主动性和创造性。

它是令人舒服的

140

也许最重要的是，管理者用来施加影响的方法应该让人"感觉舒服"。这种方法不应该让管理者自己和其他人觉得他或她在扮演一个角色或者使用一些不符合个性的方法。尽管管理者可能需要在某些时候使用能够影响活动的每一种方法，但在大多数情况下，可以选择不止一种方法来完成工作。管理者应该经常使用那些适合他们的个性和管理风格的方法。例如，那些最乐于提供建议或信息并进行有效影响的人应该更经常地使用这两种方法，而不是指令。当然，当只有通过指令才能完成某项工作时，他们也必须能够使用指令施加影响。相反，一个性格专制的或有很强控制欲的管理者可能很少使用建议和信息来施加影响，并且可能严重依赖指令。与员工的互动应尽可能使所有有关各方都感到自然和舒适。例如，要是新任督导者和资深员工之间进行互动，那么资深员工可能对督导者频繁的指令感到不舒服。但是，如果该督导者对某位员工来说更资深的话，那么指令可能是一种更自然的影响方式。

它尽可能地去个人化

管理者所选择的方法应该并且希望被认为是组织和服务对象的利益所必需的方法。其他人不应该认为这些方法是为了羞辱或奖励某人，而是为了维持服务标准，维护所有人的最佳利益。同时，某人特有的行为问题不应对其他人造成不必要的限制。例如，如果某人过去存在通信问题，那么管理者可以向此人发出指令，在督导者审查她或他的通信后才能允许发送。当只有一名员工需要时，对其他员工（以及督导者）提出这种要求是没必要的。

它有改进项目和服务的潜力

用于影响员工日常活动的方法旨在使他们的决策和行为支持实现组织目标。员工可能会对这些方法感到不满，除非他们认为这些方法有助于改进组织项目和服务。但是，如果员工认为它们有可能可以改进项目和服务，那他们会更容易容忍这些方法。

它是有效率的

使用的方法应该相对便宜，便于管理和维护。具体来说，它们应该为组织带来净盈余（见第一章）。有一些影响方法的成本高于其节省的时间和资源。例如，每周召开一次员工会议，审查书面信函的语法规则可以增强一致性，减少某些问题行为。但是，对员工士气的影响或对服务对象和其他有价值的活动所花费的时间来说，它们是合理的吗？可能不是。

有些过于严格的影响方法是有效的，但代价太大。例如，管理者可能会严格限制员工的活动，不允许他们通过晚上加班来弥补正常的工作时间，或者拒绝上下班路程 60 英里的员工每周加班四天的请求。但是，在这个过程中，创造一个组织忠诚度很高的工作环境（对组织成功更为重要）的目标可能会受到影响。

141

它是可执行的

所选择的方法应被视为具有良好的成功潜力。如果它们包含明显无法执行的规则或指令等元素，则管理者施加影响的所有努力都会开始变得不那么重要。

前面我们所讨论的那些规定中提到，并不是管理者想要影响的每一种行为，甚至所有可能对组织有害或有益的行为都能够受到影响。管理者与其试图对某些行为产生一定的影响，倒不如不去尝试，因为即使尝试了，也会失败。例如，所有的管理者都可能希望消除员工在背后嘲笑或模仿上级的行为。但是，如果向员工分发一份备忘录，说明"员工不能嘲笑他们的督导者"或"员工不得与同事讨论他们的督导者"，那么这比浪费时间还糟糕。这种规则或指令不能强制执行，否则只会让管理者受到更多的嘲笑和失去更多的尊重。

它关注关键问题

一些可取的行为（例如，尊重服务对象和遵守联邦服务的报销要求）是如此重要，以至于不能去影响它们。其他的行为（例如，员工如何称呼对方或如何装饰自己的办公室）往往不那么重要，除非它们在某种程度上成为问题，否则最好"不要施加影响"。同样，可以减少甚至消除某些问题，但不值得付出努力去尝试影响它们，因为这使相对较小的行为问题（细节）得到解决，而威胁组织目标实现的较大的问题行为则会不受控制。例如，管理者可以投入大量的时间来监督组织电话的使用情况，看看是哪个员工数小时内一直不停地打长途电话，以及这些电话是否属于执行公务。与此同时，虽然关注一些偶然的短暂的个人电话的成本很低，并且对任何人都没有真正的威胁，但管理者可能无法观察到更为危险的员工行为（例如，不道德的拒绝提供服务或将服务对象转介给私人执业中的朋友），这些行为可能会危及整个组织的声誉。

什么是需要管理者来解决的关键问题？缺乏对服务对象、他们的权利和他们对服务的需求的关注这些问题是很严重的，违法、不道德或严重不专业的行为也是如此。这些问题以及促使这些问题产生的相关系统都不容忽视。管理者显然没有时间去影响所有不良的员工行为，他们必须保持一系列的优先顺序，建议哪些行为应该解决，哪些不值得惹麻烦。始终牢记一点，即服务对象应该是社会服务组织的主要受益人，而这一点将大大有助于管理者识别和维持一套适当的方法"组合"，进而影响那些关注潜在关键问题的日常活动。然而，我们要铭记，关键问题可能会因组织而异，例如，要是有员工把调酒师当作他们的第二个职业，那他们很可能并不适合在类似于临终关怀医院等这样的社会服务组织工作，但这种情况并不会对该组织或其服务对象构成威胁。（此外，反对它的规定可能无法强制执行。）然而，要是一名社会服务组织的员工在其雇主（药物滥用治疗中心）所在社区的酒吧当调酒师的话，那这就是一个需要解决的问题。

最后，一些行为问题在文献中被称为"使人堕落的行为"[4]，其坏影响（通常是士气）

给组织带来的代价很大。最好别被管理者"看见"，否则必须予以解决，要不然看起来好像管理者支持这种行为的存在。例如，一名员工每天收到孩子们发来的短信，好知道他们从学校安全到家，这样的事管理者最好直接忽略。除非一个问题威胁到组织目的的实现，否则为什么要关注它呢？

最适度的影响力

影响他人的行为通常很困难，但有时候也很有趣。影响的动力应该来自组织的需求（当然，也来自服务对象的需求），而不是管理者的需求。它（与所有管理活动和职能一样）应被视为达到目的的手段，而不是目的本身。发生手段—目的置换的可能性很大。我们很容易沉浸在影响的过程中，却忽视它的目的。可以定期问一问我们想要影响什么，我们为什么要影响它。这是我个人感到反感的东西吗，也许是因为文化差异或个人价值观的差异？难道仅仅因为我能影响它就去影响它吗？我会因为它威胁到我的权力而去影响它吗？这些都不足以成为施加影响的理由。唯一的好理由是组织及其服务对象的利益。

实话说，如果我们能够断定影响对于组织和服务对象的利益是必要的，那么还有另一个问题："这个问题是系统问题（建议系统解决方案）还是一个人或几个人的问题？"通常情况下，当员工没有以某种方式从事理想的行为或"表演"时，问题可能在于组织氛围（系统）。管理者可能会问："这个系统有什么地方似乎不支持可取的行为,或者将不可取的行为合法化了？"如果可以识别，只需对系统进行轻微的"修补"就可以对其进行更改。

有时甚至在物理工作环境中进行简单的改变就足够了。例如，假设员工在有复印机、冰箱和咖啡壶的"休息室"中花费了大量时间，这个问题可能是一个系统的问题，与功能区的模糊有关。如果管理者把复印机移到另一个地方（可能是秘书的办公室），它可能代表一个"临界点"[5]，并会消除问题。为什么？复印机位于休息室使员工在不休息的情况下出现在休息室合法化了。这似乎说明，可以在不休息的时候出现在那里，因为这房间也是可以用来"工作"的。然而，当复印机被移走时，房间显然就不是用来工作的——它是用来休息的（应该以 10 分钟为限）。这向员工发出了截然不同的信息，这样问题就可以减少，甚至消除。当然，如果有一两名员工继续在休息室里花费大量时间，那么这个问题就必须得到解决，但要单独处理，也许可以通过指令来解决。认为工作环境中的所有问题都是系统的并且应该在该级别上解决，那就过于简单化了。毕竟，即使在基本健康的组织环境中，也可能有少数人表现出必须在个人基础上解决的行为。

什么是微观管理

微观管理这个词是消极的，它通常适用于那些似乎想要影响周围事物的管理者。这个词是什么意思？我们如何才能避免成为一名微观管理者呢？

微观管理并不容易定义，管理者是不是进行微观管理通常是一种主观判断。即使不是微观管理者的优秀管理者有时也会被贴上这样的标签。毕竟，认真管理和微观管理的工作之间只有一线之隔。一些员工会得出这样的结论：管理者已经越过了这条线，并做出了微观管理者应该做出的决定，或者试图对他们工作的某些方面施加不必要的影响。此时微观管理确实发生了，但优秀的管理者会小心地避免这种现象。

微观管理可以存在多种形式。例如，管理者可能会创建许多规则、策略和程序，而这些都不是必要的。它们被设计用来确保一切都按管理者所希望的方式进行，而这不一定是唯一的办法，也不一定是最好的办法。它们把重点放在了相对不重要的问题上。比如对于填补员工职位空缺（在一个庞大的科层机构中），尽管这是人事主管的首要工作，但另一个高级管理者也会对此进行微观管理，即使那些求职者不会与她产生任何交集，但她依然会坚持面试所有的求职者。还有管理者根本不会将任何权力授权给他人，他可能会坚持自己批准甚至购买节日装饰品，而不是把任务授权给能轻松完成这些工作的员工。有的管理者可能总是坚持主持每一次会议或任务，而不是让其他人获得有关领导角色方面的经验。这些微观管理的例子有哪些共同点？它们需要：（1）影响工作环境中他人活动的过分需求；（2）专注于决策或其他人可以轻松处理的任务，这就导致管理者做了他们不应该做的其他事情。

为什么管理者要从事微观管理？答案显而易见，他们是"控制狂"，他们不信任员工，他们相信自己会做出更好的决定或更好地完成任务。一个常见的理由是，"自己做这件事更容易"（有时这是正确的，但它仍然是不充分的理由）。我们认为，通常还有第二个原因，特别是在新任的管理者中，通过做一些不那么重要（但很熟悉）的任务，或者做出别人很容易做的决定，他们就能够在自己的"舒适区"中工作。他们可能还不能胜任管理者的角色，因而会去做一些每个人都可以做的事情，例如，为志愿者感谢晚宴购买纸制品或者监控办公用品的流动情况。（这也可能解释了为什么一些管理者会继续承担服务对象的工作，尽管他们缺乏时间，而且他们的职位要求也不再是这样——他们在治疗师的职位上比在管理者的职位上更自在。）

144

微观管理的动机无疑是复杂的，但是，我们可以认为这是一种不好的、需要避免的做法。它会导致员工的一种被动积极反应，这对组织来说是不健康的。员工可能会开始回避决策，以"你想要施加影响，那你做决定好了"的态度把这些事情交给管理者，员工（自行决策）的专门知识没有得到充分利用。当这种情况发生时，优秀的管理者会质疑自己是否已经越界，是否已经开始进行微观管理。不幸的是，许多管理者不明白这个道理。毕竟，我们可以很快在别人身上判断出微观管理，却很少能在自己身上判断出！

小结

我们首先讨论了设置限制，这是影响的一个必要部分，不过这通常会产生消极影响。但影响需要权力，基于管理者在正式组织结构图中占据的职位，其有权力（合法化的权力）去影响工作环境的某些方面。但是，组织中还有许多其他权力来源，主要涉及个人特征、知识以及技能，而这些权力来源很有可能会导致员工的权力大于或小于他们现有的权力。因此，个体在非正式组织中占据着非常不同的地位，这是大多数组织的主要权力所在地。好的管理者能够认识到非正式组织的存在，能够理解它，并在它对自己有帮助的时候使用它。

我们提出了影响员工日常活动的几种方法，包括正式行动指南（政策、规则和程序）、信息、建议、指令和榜样；讨论了每种方法的优点和潜在危险。

我们强调了无论管理者选择施加怎样的一系列影响，都必须保持活力和灵活性。无论其具体构成如何，这些影响都应使管理者和所涉及员工感到舒适，应该被认为是大幅度去个性化的，具有改善条件的潜力，具有效率和可执行性，并应把重点放在那些影响至关重要的领域。

我们要特别地注意过度影响的危害。我们讨论了管理者过多的影响可能会扼杀员工的主动性，并可能导致个人专业知识无法得到充分利用。探讨了微观管理的现象——是什么，可能存在的一些形式，以及为什么会发生。虽然我们选择在本章讨论这个问题，但我们依然可以看出，一些管理者在执行其他章节中所讨论的所有主要管理活动和任务时，都会涉及微观管理。

通常，员工决策和行为中的问题可归因于系统而不是个人，特别是系统在哪些方面助长不良行为或阻碍理想的行为。然后，管理者解决这一问题的最佳方法就是通过系统性的变化，即通过做出积极行为影响组织氛围的变化。通常，工作环境本身存在一些可以更改的内容，从而使本章中描述的其他影响方法变得不那么必要。

145

应 用

以下是一些与组织需求相关的问题。管理者通常有责任通过使用各种方法来影响员工的行为，从而确保这些需求得到满足。你最可能使用哪种或哪些方法（规则、政策、程序、信息、建议、指令或榜样）？为什么？

1. 必须及时完成拨款资助项目的文件工作，以保证联邦政府对服务进行报销。

2. 组织的扫描仪/复印机只能用于与工作有关的任务。

3. 一名工作人员没有完成所有必要的家访。

4. 员工必须晚上加班以应对服务对象的紧急情况时，那他们理应需要以某种方式得到补偿。

5. 某一员工应该得到督导者的帮助，然而却一直从同事那里获得帮助。

6. 不允许员工的子女扰乱其工作活动。

7. 员工需要知道向别的员工提出申诉的正确方法。

8. 员工需要知道，"便服日"并不意味着可以在工作场所穿拖鞋和紧身牛仔裤。

9. 员工需要遵循正确的活动顺序，以帮助服务对象获得医疗补助。

10. 员工不应进行任何形式的性骚扰。（提示：有例外吗？）

第七章

组织人员和任务

学习成果

在本章结束时，你应该能够：

● 评估应使用哪种类型的部门分类将给定的大型社会服务组织的员工分配到可管理的工作小组。

● 定义管理者需要的时间管理，并说明其必要性。

● 解释员工权力与职能权力之间的差异。

● 解释委员会和工作小组之间的区别，以及主席在不同情况下的不同角色。

组织在成年人的世界不可或缺，没有它，我们就不可能成功地完成各种任务。除非我们工作的环境能够有效地运作，否则社会工作者致力于完成的目的和目标是无法实现的。这种环境被称为组织并非偶然。

组织不是一种选择，它是成年人生活各个领域的必要条件。组织对非常小的孩子来说并不重要，因为父母和其他权威人士为他们安排了相对简单的生活。但随着我们逐渐成熟，人们期望我们承担越来越多的责任来组织我们生活中发生的事情。当我们成年的时候，发生的事情太多了，我们有很多不同的责任，组织在我们的个人生活和职业生活中都是绝对必要的。没有它，我们将无法完成自己需要做的所有事情。我们也不能依靠家人和朋友等其他人来完成工作。在管理者的角色上，我们也会遇到类似的问题。没有组织，我们无法成功地完成我们承担的所有任务，也无法履行我们对同事的责任。

优秀的管理者是有组织的，他们能有效地履行自己的职责。例如，他们不会错过会面和截止日期，他们不会把东西放错地方，他们会跟进未完成的事务，他们总能做好准备并准时开会，他们能及时回复电话或电子邮件，他们能够完成由他们开启的任务。因此，他们往往具有生产力，很少浪费时间，是一个组织宝贵的资产。

优秀的管理者也认识到组织工作环境的重要性。他们为员工营造良好的工作环境是为了：（1）协调和整合员工的活动（"职能统一"）；（2）使他们自己的工作变得更便利。

147 创建可管理的工作单元

在第五章中，我们讨论了一个组织的任务——如何定义问题，针对它提出最佳解决方案，并提出了在任务环境的帮助下解决问题的建议。然后，依据任务来决定组织是应该像生产线、联动组织那样运作，还是应该提供定制的服务。这是组织最基本的决策之一，通常是在组织存在之前的早期计划阶段做出的。但是，一旦创建了一个组织，就需要做更多的组织工作。在大多数社会服务组织中，管理者最重要的组织任务之一就是创建可管理的工作单元。

组织结构（以及用来描述它们的组织结构图）从"低"到"高"不等。在一个扁平型的组织中（也许是一个小型的私人精神病诊所或一个为解决社区中新发现的问题而成立的基层组织），可能员工相对较少，等级（如果有的话）也较少。很少有正式的指南（见第六章），例如规则、政策和程序以及对日常活动的松散监督。角色可能模糊不清，任务通常由任何可以执行任务的个人承担。有一位管理者，但没有中层管理者。管理者可以执行多种职能，包括与服务对象和服务对象群体直接合作。没有必要将员工分成较小的工作小组，他们可以作为一个团队发挥作用。

在更常见、更高层次的社会服务组织（例如大型公共福利机构或综合医疗机构）中，可能会有许多员工和复杂的组织层次结构，这体现在具有多个级别的组织结构图中。这些组织很可能像科层机构一样运作（见第三章），通常通过书面的正式指南来严格控制员工的日常活动。监管也更加严格，每个人都知道（或者应该知道）自己的工作是什么，什么不属于工作的部分。这样的组织专业化程度更高。

在较高层次的组织中，高级管理者不可能自己管理整个组织。我们不可能意识到更不用说影响到许多人在履行不同职能时所进行的活动。必须找到一种方法，将组织划分为在某些标准上完全相似的子单元。这些单位必须足够小，以便由一个人有效地管理，这就是通常被称为部门的组织活动。它指的是按照某种基本模式或模型对人员及其活动进行分组，以便对其活动进行充分的监督、协调和管理。

孔茨、奥唐奈和韦里克（Koontz，O'Donnell，and Weihrich）[1]在他们关于企业管理的经典文本中提出了许多不同的方法可供管理者选择来处理部门的任务。粗浅地看，他们的部门划分方法似乎非常注重利润和产品导向（而不是服务），似乎与社会服务组织没有多大关系。但是，经过"粗略的转化"，其可以为社会工作管理者提供各种用于细分和组织员工的可行的选择（见专栏7-1）。

专栏7-1　划分部门的选择

1. **按简单的数字划分部门**——部门由相等数目的员工组成，所有成员都具有类似的知识和技能，并且都执行相同的功能或服务于类似的服务对象。

2. **按工作时间划分部门**——由来自不同专业学科的员工组成部门，员工有共同的工作时间（轮班）。

3. **按学科划分部门**——在一个包含不同专业类型的组织中，部门划分只依据员工的专业学科背景。

4. **按企业职能划分部门**——部门包括从事同类主要活动的所有人员，不论其学科如何。对服务对象的服务通常只是这些企业的职能之一。

5. **按服务地区划分部门**——部门由服务于同一地理区域的所有员工组成。

6. **按服务类型划分部门**——每个部门所有员工都向提出各种问题的服务对象提供同样类型的专门服务。

7. **按服务对象问题划分部门**——不同的部门由专门提供不同服务的员工组成，向属于同一诊断类别或存在同一问题的服务对象提供服务。

8. **按多学科团队划分部门**——在为不同类型问题的服务对象提供服务的组织中，部门由来自不同专业背景的员工组成，他们提供各种不同的服务。

9. **按营销渠道划分部门**——部门由在类似的环境中提供服务或通过类似的手段提供服务（通常是信息）的员工组成。

按简单的数字划分部门

部门划分的一种方法是简单地将一定数量的人员分组，所有这些人都履行相同的职责，隶属于同一个管理者（大多数社会服务部门的督导者）。由于人员太多，一个督导者无法有效管理，因此可以创建两个或更多个平行的、大小相等的单元。例如，4名社会工作硕士专业学位毕业生可能被指派监督6名志愿者，或由4名监管人员分别监督5名后勤人员。通过给每个员工分配相等数量的工作单元，等量原则可能会得到进一步的应用。例如，保管员监管的每个成员可负责清洁和维护8个办公室。

简单数字法的最大缺点可能是它缺乏对员工个人能力以及他们工作职责的独特性的认识。这就是为什么它很少被用于创建专业人员、辅助性专业人员甚至志愿者的工作单元。

这些群体中的个人并不具有相同的知识、技能、经验、压力、责任等等，如此对待他们就是不承认他们的独特性或工作的独特性，他们的个人优势不会得到充分利用。

部门简单数字模型最适合组建半熟练或不熟练且工作相对简单和标准化的员工工作小组，在历史上，甚至在今天，也是军方最常用的部门划分方法。它强调了服务者的共同特征（而不是个人身份），部门（连、营、师）被视为"众多部队"，而不是个人的集合。但是，对于今天的社会服务组织来说，简单数字划分的效用是有限的。通常有更好的方法将员工甚至是那些工作非常相似的员工分组到可管理的工作单元。

按工作时间划分部门

虽然"轮班工作"在制造业中更普遍地被看作一种更有效地使用机器和提高生产力的手段，但在社会服务组织中并不如此。医疗院和精神病院、危机中心和许多其他组织不能将服务时间限制在周一至周五的上午 9 点到下午 5 点，它们采用每周 7 天、每天 24 小时的工作模式。虽然社会工作者更有可能成为随叫随到的人，而不是夜班或周末轮班的人选，但其他专业人员，如护士和助理，已经开始期待采用轮班工作的模式。有些人喜欢在晚上工作或者轮夜班，其原因包括额外的奖励工资，与配偶的工作时间表相兼容，或者学生或家长角色的要求可以更容易地在白天空闲的时候得到满足。

社会工作管理者可能会发现自己对那些最好根据工作时间进行分组的各种员工有权力。许多私人和公共住院治疗机构往往有明确的日间员工和夜间员工。为无家可归者、旅行中滞留或因自然灾害而流离失所的人提供服务的组织，很可能将领薪员工和/或志愿者组织成两个或多个不同的工作小组（轮班）。这提供了明显的优势，增加了服务的利用率——"全面覆盖"。它也有潜在的缺点：雇用和留住上夜班的员工可能很困难。这源于工作本身的性质（例如，很多紧急情况、较少的"后备"援助），甚至是其他人如何看待这种工作，以及可能造成的家庭和人际关系问题。尽管服务的重要业务可能发生在员工和服务对象互动的任何时间，但人们有时会认为，组织的"真正"业务更可能是在高级管理者出面的时候处理的。夜班工作可能被视为地位较低或不那么重要，因此不那么吸引人。

按工作时间对员工进行分组的最大缺点是它有可能使组织分裂，轮班班次间缺乏合作和沟通是个问题。为了防止出现这种情况，管理者需要定期传达这样的信息：所有员工都是同一个团队的成员。如果可能的话，可以安排工作时间以便轮班之间有一些重叠。管理者为促进不同班次的员工之间的互动所做的任何事情都是有益的。例如，当所有班次的员工的宝贵贡献得到认可时，管理者可以通过包括假日聚会、家庭野餐或颁奖仪式在内的全方位活动来促进员工互动。了解、尊重和喜欢下一班工作同事的员工更有可能尝试完成本班次任务，而不是"把任务留给后面的人"，他们也更有可能通过告诉下一班同事在上一次轮班中发生的情况来使他们的工作更容易完成。

按学科划分部门

在一些人员来自不同专业学科的组织中，创建由来自同一学科的人员组成的部门是合理的。例如，在一个大型社区心理健康中心，可能有一个或多个部门全是社会工作者，一个或多个部门全是护士，等等。按学科划分部门是许多社会服务组织中的一个悠久传统，其可促进职业认同，并确保专业人员由能够理解他们的工作并分享自己的知识、价值观和能力的人督导并和他们进行密切合作。当然，这种方法的一个缺点是，它可能使部门内员工无法与其他学科的员工定期互动，向他们学习对不同情况的不同看法。

150

按企业职能划分部门

营利性公司内部通常按企业职能（即根据他们的主要活动，例如生产、销售和财务）对员工进行部门划分。按企业职能对人进行部门划分，就是认识到（特别是在大型组织中）：与具有相同知识和技能的人一起工作是有价值的，并且无论他们的学术准备或专业认同如何，都是以相同的标准来评判的。

正如我们之前提到的，随着对财务问责的需求增加，营利性制造商、商业机构与社会服务组织之间的差异趋于模糊。社会服务组织（特别是非营利行业的组织）不得不更加关注效率问题，而企业更加意识到人力因素与利润之间的关系。私有社会服务组织（例如，许多提供独立生活、辅助生活和长期护理设施的组织）的增加以及私人社会工作实践的增加也表明，一般商业企业中部门划分的一些变化也可能适用于许多社会服务组织。

例如，生产、销售和财务在社会服务组织中的对应方是什么？从逻辑上讲，生产将转化为服务交付或与不同系统级别（个人、家庭、团体、社区等）服务对象的直接实践。销售可能等同于公关部，这对于组织在不利的任务环境中能否取得成功至关重要，它还可能涉及向潜在服务对象推广产品，以及与代表潜在转介来源的组织和个人之外的其他组织建立联系和网络。在当今的社会服务组织中，财务是不必转化的。每个组织都可以使用专门从事拨款提案撰写、筹资和财政资源分配（可能包括编制和监测预算）方面的专家。

按企业职能划分的部门可能对上级管理者特别有用，因为它是将组织活动减少到三个或更多主要部门的总体方法。每个部门可以由一名中层管理者进行管理，员工的活动倾向于专业化并且属于少数可区分的"部门"（例如评估、治疗、随访或转诊）的情况，对于中层管理者（如督导者）自身也有利。

按企业职能划分部门的一个主要优势在于它能够在每个部门的员工中创造团队精神。那些有着不同的学术背景，但有着相似兴趣的人——"志同道合"的人——为实现相似或共同的目标而共同努力，就很可能会产生一种友谊，尽管管理者也应该警惕，当专家（有时往往会"妄自尊大"）每天必须相互交流时可能会产生冲突。

151　　如果允许部门间存在竞争和竞争失控，则可能会给按企业职能划分部门带来困难。社会服务项目的成功，必然需要各部门的合作与支持。如果人们变得过于专注于自己部门的成功（有时牺牲了其他部门的成功），那么组织目的的实现就会受到阻碍。例如，为了组织的利益，服务对象招募得非常成功；这可能会产生长期的服务等待名单，或者认为提供直接服务的其他员工"分布得太少"。同样，在筹资领域作为一个部门工作的员工，如果意识到他们的绩效是以他们带来的拨款或合同资金的数额来评价的，他们则可能会对其他员工和服务对象的愿望和需要漠不关心。他们最终可能会为了追求金钱提供超出员工权限的项目或者不会提供组织服务对象需要或想要的服务。

　　对拨款或合同资金的追求是一个特别生动的例子，说明了当按企业职能划分部门出现错误时会发生什么。对于那些只被雇用为拨款提案撰稿人和/或根据取得的资金数额而获得奖励的人来说，这可能成为一种近乎痴迷的行为。为任何目的而获得的拨款或合同都有可能让高层管理者在董事会成员面前看起来表现良好，当然，也有可能让他们支付账单。因此，如果对资金的追求偏离了正确的方向，董事会可能不会强烈反对。但是，过度投入于拨款或合同撰写活动的长期成本可能是巨大的，尤其是如果因为该组织的工作重点不平衡而使员工士气受到损害时。服务需要资金，但在决定提供什么服务或项目时，不应只考虑金钱，这一点是绝对不能动摇的。不幸的是，由于社会服务组织最近处于艰难时期，外部资金的需求导致一些高级管理者鉴于其组织的任务而允许他们的资金专家为不合适的项目和服务筹得资金。

　　选择企业职能作为部门划分方法的管理者需要警惕危险，这些危险包括手段—目的置换和在员工方面发展过于狭隘的优先事项。敏感的管理者能够保持平衡，使员工意识到他们的专门职能和他们在组织整体运作中的地位。在这方面，偶尔提醒员工相互之间的依赖性和组织的最高目的可能是有用的。

按服务地区划分部门

　　按服务地区划分部门有时被应用于社会服务组织，这些组织在一个广阔的地理区域内开展类似活动。按服务地区划分部门是一种决定每名员工将服务哪些服务对象以及不服务哪些服务对象的方法。特别是在更高层次的组织中，将组织按地区细分可能是合乎逻辑的，以便将其缩小为可管理的次级单元，真正地减少员工分散在不同方面的可能性。例如，可以根据服务对象的居住地来分配公共援助案件。个案员工 X 为某个街区内的所有服务对象服务，而个案员工 Y 则为居住在毗邻地理区域的服务对象提供服务。或者，使用另一个常见的例子，在一个农村或县市区，临终关怀员工可能会被分为跨学科团队（本章后面讨论），然后，每个团队将积极地负责为居住在该县的某个村或区的病人提供所需的临

152

终关怀服务。

类似地，社区心理健康中心的附属诊所可能会按潜在服务对象的居住地点划分服务对象服务。如果他们住在一个地方，他们由一个诊所提供服务；如果他们住在一个街区以外的地方，他们可能必须在另一个诊所看病。（在精神健康领域，有关地区有时被称为"服务地区"。）

选择按服务地区划分部门的管理者有一定的优势。与使用其他部门划分方法相比，关于"这是谁的工作？"的问题不太可能发生。当员工将活动重点放在向居住在单一地理区域的人提供服务时，他们也可能对该地区非常熟悉。如果该地区是一个社区，那么发展文化能力的可能性就会增加（见第八章），能更好地了解社区的问题，并了解、理解和建立与其领导者和其他关键人物的关系。当考虑到生活在社区内的其他人、家庭和群体的问题，社区资源的存在或缺乏，或影响到服务对象社会功能的政治问题时，工作人员也会从更好的角度来看待个别服务对象的问题。总的来说，集中注意力和熟悉一个社区或地理区域对服务对象和工作人员都有很多好处。对管理者来说，按服务地区划分部门的一个好处是，如果服务对象上门访问，可以有效提高效率，降低服务对象服务成本。另一个好处是交通费用可以保持相对较低的水平，一天就能接待更多的服务对象。

决定在何处划定地区边界可能很困难，理想的情况下，应与社区相吻合。但我们知道，社区并不总是与地图上出现的街道、分区或其他地理边界相一致。更重要的是，它们的边界处于不断变化的状态，即使一个社区可以相当容易界定，但由于该社区可能太大或太小，不能用于划分，因此，成立一个具有相同边界的地区可能是不切实际的做法。

按服务地区划分部门的另一个缺点是员工之间的分工不均衡。无论在创建地区方面进行了多少规划，都很难在很长一段时间内保持工作量平衡。不可避免的是，一个地区可能会导致一名员工超负荷工作，而同时，另一位为不同地区服务的员工需要做的却很少。

即使跨地区的服务对象数量和工作量相当，工作条件也总是不同的。一些地区基于各种因素——例如，与员工居住地的距离、犯罪活动的数量、对组织服务的支持，不可避免地，总会让员工觉得自己的情况不如别人。但是，又必须指派某人在那里工作，这可能会产生士气问题，并可能导致对做出此工作分配的管理者提出不公平待遇和偏袒的指控。熟练的管理者有时可以找到帮助员工理解所有地区都有其优缺点的方法，或者他们可以根据资历等标准来进行工作分配，他们甚至可能试图补偿那些必须被分配到被视为不太理想地区的员工，例如缩小其负责的地区。然而，任何这些行为都会引起一些员工的不满，他们认为他们受到的待遇不公平。管理者很快会感觉到不管他们怎么做，好像都不能很好地完成分配工作。

按服务地区划分的另一个问题涉及地理边界的执行。在最纯粹的应用中也会出现这样的问题，没有例外。这可能导致一些看似荒谬的情况，并导致对僵化的指责；也可能会完全违背服务对象的最大利益，并导致效率低下。例如，如果史密斯（Smith）女士住在一条街的 800 号，而她的姐姐琼斯（Jones）女士住在街区对面的 900 号，她们可能会得到两名不同的临终关怀社会工作者和其他分配到各自地区的员工的服务。可能会有两名不同的社会工作者分别对两名服务对象进行家访，甚至可能是在同一天。如果任何一个服务对象决定移动相对较短的距离到第三个地区会怎么样？她是否应该与另一位社会工作者重新签约？如果是这样，就会失去帮助关系，中断服务的连续性。

显然，管理者需要对服务对象和员工的申诉做出回应，并在按服务地区划分部门时做出例外处理。实际上，地区界线应作为政策而不是规则加以应用（见第六章）。可以放宽地区界限，以减少它们给服务对象带来的困难和有时造成的低效率问题。但是，管理者最终应该在哪里划定界限呢？当这种情况发生（而且一定会发生）时，总有人会得出这样的结论：管理者"本可以更灵活一些"。

按服务地区划分部门并没有给那些提供服务的员工留出足够的空间，使他们成为一种或多种干预类型或者处理特定服务对象问题的专家。每个人都有自己的专长，但员工必须准备好为各种不同问题的服务对象群提供广泛的服务。按服务地区划分部门对所有人都意味着要能满足所有事情的需要，这可能是这类部门划分的另一个缺点。很少有人能够同样好地履行其所有专业职能，也很少有人面对所有服务对象和/或问题类型都能出色地工作。

按服务类型划分部门

按服务类型划分部门（在企业部门称为"产品"）应该是社会工作者所熟悉的，这是基于按干预类型分类的专业化效益的理念。由于社会工作者及其他辅助专业人员向不同的服务对象系统提供的服务种类繁多，因此，我们可以依赖某些子类来描述提供的主要服务类型。我们观察到，在行业发展早期，如果社会工作者专门负责他们所能提供的服务类型的案子，他们往往会变得更有能力，从而更有效率。社会工作教育往往能反映这一看法，它要求学生参加某些规定的课程，以便为专业实践做准备。在 20 世纪 60 年代和 70 年代初期，一种流行的方法是要求学生在他们计划提供的三种主要服务中进行选择——个案工作、小组工作或社区组织，然后选择那些能够为这些服务提供最佳准备的课程。虽然人们始终认为，社会工作实践需要的知识和技能涉及社会工作的所有领域（一般是实践），但许多社会工作学校和社会工作项目（例如微观、中观或宏观实践）始终鼓励集中服务。

正如我们讨论过的其他类型的部门一样，作为一种专业化形式，按服务类型划分部门的优缺点实际上如同一枚硬币的两面。例如，如果一个家庭服务机构的管理者选择将服务分为个人治疗、群体治疗、家庭咨询和个案管理，那么管理者当然希望这些专业员工对他们的工作能非常了解和熟练。此外，除了把服务对象与社会上其他服务联系起来，只负责小组治疗的员工也应十分了解社会上的援助资源，并与其他社会机构的同事建立有价值的网络。得出的合理结论是，员工对狭隘的活动范围（一种服务）有责任更多地掌握有效提供这种服务所需的其他知识和技能。

当然，员工的任务的狭窄性也是按服务类型划分部门的最大缺点。（任何曾经试图在工会国家进行家庭维修的人都明白这个问题："抱歉，女士，我们不能钉上钉子，你得给一个木匠打个电话。"）当一个人的工作与另一个人的工作几乎没有重叠时，可能会出现"不是我的工作"的心态，对他人活动的了解和兴趣可能会减少，可能无法轻易共享所需信息。团队意识，包括不同领域的人，可能并不会发展。

考虑仅使用或主要使用按服务类型划分部门的组织管理者应首先确定高度专业化是可能的，也是可取的。例如，当一位同事只提供一对一的咨询服务时，咨询机构的社会工作者就不得不负责小组治疗，但这可能不利于员工、服务对象或组织的专业发展。

对于员工来说，他们的工作会因为缺乏多样性变得单调乏味，并可能导致"倦怠"（在第十三章讨论）。他们也可能开始失去其他专业的知识和技能，如果他们决定在其他地方寻找工作，这可能阻碍当前工作的进行，同时也限制了他们的就业能力。

对服务对象的服务也可能受到影响，社会工作者经常试图帮助那些因有着多重问题而需要许多不同类型援助的人。例如，人们发现，公共部门的服务对象可能既需要经济援助，也需要其他形式的帮助，例如育儿技能课程、药物滥用治疗或愤怒管理的帮助。不能意识到这一点的部门可能无法提供服务对象所需的服务。

如果组织中的员工是按照提供的服务组织起来的，那么他们的服务对象就可以享受到"专门人士"提供的服务，但如果服务对象需要多种服务，他们就需要咨询多个治疗专家，这就要求他们建立一种以上的治疗关系，那么谁对服务对象负有主要责任也可能成为一个问题。

按服务类型划分部门也可能导致组织内专业员工的使用效率低下。例如，只提供小组治疗服务的员工可能有一批需要专门治疗的服务对象在等候名单中排号等待，而家庭治疗专家却可能还没有服务对象来寻求服务；反之亦然。

按服务对象问题划分部门

另一种向服务对象提供直接服务的员工的部门划分是基于服务对象问题的类型。如果要使用这种组织方法，如何对服务对象进行分类？社会工作和家庭咨询机构或精神疾病医疗机构的其他专业人员可能会根据他们所服务的对象的主要诊断或问题分组。一个部门可能由专门从事药物滥用治疗的所有专业人员组成；另一个部门可能由处理虐待和忽视儿童受害者遇到的问题的所有员工组成；等等。据假设，总的来说，处于同一诊断状态类别或具有类似问题的服务对象会有许多相同的服务需求，至少其中一些需求往往与其他类别的需求不同。

按服务对象问题划分部门的优势是巨大的，服务对象能够从一批专业知识渊博、经验丰富的专家那里获得帮助。此外，还可以预测并解决常见的相关问题。例如，我们知道，家庭暴力问题往往伴随着药物滥用问题、愤怒管理问题、失业问题、法律问题以及其他相关问题。当然，这些问题中的任何一个都可能是主要问题，这是根据服务对象的主要问题组建工作小组时会遇到的一个难题。由于人类行为的复杂性，我们不能总是说哪个问题是主要的，哪个是原因，而另一个是结果或只是症状。而且，我们也知道，随着我们对病人的了解加深，病人入院时的精神障碍诊断可能会发生变化，或者他们的投诉和问题往往不再是主要问题。如果服务对象的主要问题没有得到正确的识别，专业人员可能会发现自己要么是在处理自己缺乏专门知识和技能的问题，要么不得不将服务对象转移到另一个更合适的工作小组。这两种情况都是不好的。

在现实世界中，就像已经讨论过的其他划分部门的方法一样，按服务对象问题划分部门可能并不总是有效的。即使可以根据服务对象的主要问题对其进行精确分类，为他们提供服务的专业人员也可能会发现，提供范围较窄的专门服务来解决他们的问题的理想是无法实现的。他们了解到，要提供成功的干预，必须具备许多领域的知识和技能，这些知识和技能在实践中比他们预期或选择的要"通用"得多。

按多学科团队划分部门

在社会服务组织中，员工有时被分成多学科团队。在这种划分部门的方法中，有两种变体。这两种变体在医院和其他提供健康和心理健康服务的组织中最为常见。一种变体是，来自不同学科的员工主要贡献他们学科特有的知识和技能，他们保持自己的专业身份，继续接受自己专业成员的督导，在团队中承担不同的工作责任，获得与自己专业期望相称的报酬，等等。但是，他们作为一个团队的成员与其他学科成员一起工作，分享服务对象或患者以及对他们问题的看法。这种划分部门模式（有时被称为"多学科模式"）在许多精神健康环境和其他组织中已经存在多年，而且似乎运作得相当好。

我们前面讨论医院内个案管理团队的发展时也描述过另一种具有争议性的多学科团队变体。团队中来自不同专业学科的员工在理论上是"平等的"，并且做同样的工作。这个模式仍然处于试验阶段，尽管早期存在一些问题，但只有时间才能证明它是不是一种有效的组织员工的方法。但是，如果继续使用，我们可以预测它将会继续产生一些问题，其中一些可能会对我们的服务对象和患者（现在通常被称为医疗设施中的"顾客"）的服务产生消极影响。因为权力差异持续存在，团队成员之间可能会出现工作分配不公平和士气问题。举例来说，社会工作者是否会被护士或其他具有较多医学知识的专业人员视为平等的？他们在组织中的工资和地位的巨大差异会在多大程度上影响团队成员把他们视为具有平等能力的人？

多学科团队模式的变化具有使员工定期接触其他学科的知识和技能的固有优势，可以促进跨学科学习和（可想象的）理解。但是，多学科团队也会削弱员工的专业认同，督导的界限可能模糊不清。其他可能存在的问题是：（逻辑上）谁应该是员工的督导者并评估其工作表现？应该是团队内每天跟他们一起工作的其他专业的成员，还是他们自己专业的成员？自己专业的成员可能对他们的日常工作表现知之甚少，还是应该选一个能更好地理解他们应该做什么、他们的专业价值观和所欠缺的能力的人？

按营销渠道划分部门

社会营销是一个快速发展的社会工作实践领域。与产品不同，项目或服务需要公开，并且需要"出售"给潜在的消费者，即潜在的服务对象。（它也需要通过其他组织的任务环境向其他人推销，以尝试获得对其试图完成的任务的额外支持。）可能有几种可以实现这一点的不同的"市场"，它们被称为营销渠道。

在旨在招募潜在服务对象的外展活动中，一种规模并不能适合所有人。一些服务对象以一种方式了解并获得服务，而另一些服务对象则更乐于通过其他方法和场所来了解。例如，让我们考虑一下"宣传"艾滋病毒/艾滋病意识的有什么渠道，公立学校系统、军队、社交媒体或宗教群体都可以成为实现同一目标的不同渠道。但是，所采用的方法因政治问题、教育对象的特点以及其他因素而有很大差异。被指定在一个营销渠道内工作的专家需要非常了解和理解一个特定的"市场"，才可能做好这一工作。这种形式的部门安排可能具有真正的优势，因为必须要建立一定程度的信任、接纳和友好关系，才能与那些风险最大的人沟通。

在那些可以在几个不同的领域提供相同或相似服务的组织中，按营销渠道划分部门可以很好地运作。如果外展或旨在提出问题的教育是服务本身，那么按营销渠道划分部门可能是组成工作小组的一种特别合适的方式。它具有以下优势：这些人员使用许多相同的策略处理许多相同的问题。他们可以分享他们的见解和想法，并为彼此提供支持。

157

按营销渠道划分部门的主要缺点是它对社会服务组织的适用性有限，尽管这似乎正在有所改变。在制造业中，通过使用许多不同的营销渠道，很容易将一种产品的成功营销形象地呈现出来。例如，生产的扳手可以在五金店、百货商店、家装店、折扣店和汽车配件商店以及许多其他商店中销售。但是对于许多社会服务来说，可以接受服务存在的地方数量有限，尽管近年来我们已经拓展了我们的思路（例如，在社区，在工作场所和除了住院环境之外的其他环境中提供精神科服务，这是 1963 年《社区精神卫生法案》通过之前的主要渠道），但社会工作者和其他专业人员提供的许多其他项目和服务并没有被视为多个营销渠道的适当选择。出于效率、专业伦理、传统和（常常）缺乏弹性的原因，我们仍然不愿意在除了通常与类似的企业组合在一起的办公室以外的其他地方提供许多项目和服务。虽然公共援助或公共收养服务可以定期在购物中心，通过信仰团体或在试验基础上已经成功的其他几种创新方式销售，但这些营销渠道可能看起来"不专业"。对于公众甚至是我们中的一些人来说，营销其他项目或服务是不恰当的，甚至是不合乎伦理的，这通常发生在项目或服务存在争议的时候。例如，如果在学校或许多宗教社区内试图推广计划生育项目和服务，就会遭到拒绝或阻止。或者，尝试使用任何非传统方法和/或场所帮助无家可归的人，这并不会受到商店老板和社区其他成员的欢迎，因为他们担心这样做只会吸引更多无家可归的人。地盘问题（"营销你的项目和服务是你的工作，而不是我们的"）也很可能继续限制我们许多项目和服务的营销渠道。因此，只有某些组织的管理者认为按营销渠道划分部门是一种替代组织的可行方式，至少在不久的将来是这样。

结合两种或多种方法划分部门

　　对于一个更高层次的单一组织来说，采用两种甚至几种不同的方式将其员工组织成工作小组，这一点根本不稀奇，也没什么不对。事实上，由于我们所讨论的所有部门划分方法在某些情况下似乎比在其他情况下更有效，我们应该期望看到这种情况发生：例如，一个非常大的扩展护理机构可能有一个行政主管，他选择按企业职能来组织所有的员工，分成患者服务、公共关系、后勤服务、财务、人事、记录等部门。反过来，负责每个职能的管理者可以根据（取决于企业职能）其他方法将员工分成几个单位。病人服务可以再细分为学科、服务类型、服务对象问题、多学科团队等等。公关部门可以选择使用按营销渠道划分部门。后勤工作的管理者可能会发现按简单的数字划分最有效，或者也许按工作时间划分就行。如果组织特别大，可以使用更多的子部门，不必都采用相同的部门划分方法。当然，在相似的工作单位内使用不同的部门划分方法也有危险。可能会发生混乱和误解，例如，当需要协作时，如果另一个部门的组织方式不同，一个部门的员工可能很难与另一个部门的员工合作，甚至难以确定另一个部门的对应人员。

　　管理者将员工分成更小的部门，可使那些负责监督他们工作的人更容易实现管理。然而，正如我们在对上述几种可用的部门形式的描述中所指出的，组织也可能变得很松散，而且各部门之间可能发生冲突。为了避免部门划分的这些消极后果，管理者可能需要定期提醒大家不要忘记共同的目的和目标，并开展跨越部门障碍的活动，从而促进团队合作。

时间管理

　　成功的管理者知道如何安排自己的时间，并帮助他人做到这一点。他们把时间管理得很好，尽可能少浪费时间。关于时间管理的研讨会和课程很受欢迎，而且参与度很好，其中强调许多相同的想法。例如，大多数人都强调有效的时间管理要求管理者既要知道如何管理好自己的时间，又要为下属建立时间管理模型。即：

- 知道如何对他们的任务进行排序，这样他们就可以把大部分精力集中在最重要的任务上，即集中在那些必须首先完成的任务上，依此类推。
- 未雨绸缪。留出足够的时间来执行重要的任务。（经常会出现意料之外的问题和延误。）
- 按时完成任务并定期提醒其他人保持"正常运转"。
- 在收到信息（电话、电子通信）时，随时掌握信息。
- 尽可能将优先级较低的任务委派给他人。

安排好时间的管理者能够支持员工工作并在需要时随叫随到，但同时，当有不能委托给其他人的工作要做时，他们能够独立完成。虽然"开放式政策"听起来不错，但没有一个管理者可以边工作边回答问题或者边工作边聊天，大多数情况的处理可以而且应该要等到对管理者来说方便的时间。有许多时间管理工具可供管理者使用，有些人使用简单的印刷日历，另一些则依靠最新的电子技术。"专家"在时间管理方面提供的建议和技能有有用的也有不切实际的，但都强调了系统的重要性，这个系统可以节省管理者的时间，并减少花费在相对不重要的活动中的时间。

时间管理对社会服务管理者来说尤其重要，因为他们必须经常处理时间紧迫的工作。与商业同行不同的是，社会服务管理者发现自己经常无法在截止日期之前完成工作。例如，某联邦法规通过后，政府科层机构内的高级行政管理者可能必须实施程序变更，并在非常短的时间内为其提供支持。或者，公共关系危机可能要求必须立即制定和执行旨在防止不幸事件再次发生的政策和程序。再或者，管理者在拨款提案提交的截止日期的前几周甚至前几天，才了解到有关建议书请求（RFP）的信息，于是其可能不得不"放下一切"来撰写和提交一份提案，因为只有得到资助，才可以确保该组织的财政存续或继续雇用现有员工。

在时间压力下运作的工作小组所需的领导方式可能与其他情况下有效的领导方式有很大不同，往往需要更权威和更具指导性。当然，员工是否接受甚至支持这类领导取决于分配给他们的任务的适当性，他们对截止期限内完成任务的重要性的理解，以及这样做的潜在回报。例如，一个工作小组如果不希望因授予培训合同而产生额外的工作，或者如果管理者试图在提交建议书的最后期限前完成工作，那么就不能指望这个工作小组能很好地响应管理者的专制领导。这时必须要有一个共同的、期望的目标。当管理者能够向员工解释为什么无法做到对问题进行讨论、辩论以及让员工投入到决策中时，员工也就更能容忍专制的、指导性的领导方式甚至去主动寻求这种领导方式。

与许多其他情况一样，在时间压力下，信任对于成功管理至关重要。员工应该相信管理者是为了组织和服务对象的利益而寻求他们的帮助，而不是为了让自己在别人面前看起来很好。他们还应该相信管理者会分配给他们可以完成的任务，为他们提供必要的支持，并为完成这些任务设定切实可行的截止日期。

对管理者能有效地管理自己的时间和帮助他人做到这一点的信心至关重要。如果理性的人认为成功的可能性很大，他们就会朝着预期的目标努力。然而，如果他们严重怀疑管理者是否有能力"圆满完成任务"，他们就不会这么做了。过去在设定和遵守最后期限以及产生高质量结果方面取得的成功将有助于确保对管理者领导的信心。

授权

正如我们前面提到的，对管理者来说，有效的时间管理包括确定优先次序和以最有效的方式使用时间。这就要求他们去做只有他们才能完成的工作，并在适当的时候将其他任务授权给下属。

管理者的工作可能是压倒性的，管理者通常不能执行每个技术上属于他们职位描述范围的任务，他们也不应该尝试去做。即使在规模较小、组织等级较少的社会服务组织中，督导者也无法执行甚至直接监督所有活动，无法收集所有必要的决策数据，或做出所有管理决策。但是可以选择将权力下放给个人或者员工群体。适当的授权有助于管理者最有效地利用时间，还可以很好地利用员工的时间，可以使他们的工作更有趣，也可以帮助促进他们的职业发展。

关键术语

授权给员工执行的某些任务，通常是技术上不属于该员工工作范畴的任务。虽然每个人都认为授权是管理者组织职能的一个必要和可取的部分，但对于应该下放什么以及需要多少授权，却没有达成一致意见。

有几个一般管理原则可以用来解决关于授权问题的一些困惑。管理者在哪些方面可以授权？在哪些方面不能授权呢？首先，假设一项任务与下属的职位描述一致，那么就可以授权这项任务。由于大多数职位描述都有"以及其他分配的职责"这样的陈述，因而这意味着管理者可以将许多任务授权给下属。这些任务可能只会出现一次，例如打电话给其他机构安排一次紧急会议，或者记录和抄写员工会议记录，为工作小组中的新员工提供指导，或者定期督导志愿者小组。

管理者可以并且必须授予完成授权的任务所需的权力。如果没有被授予必要的权力来执行任务，那么期望有人来执行任务是不公平的。授权允许被授权任务的人"填补"管理者的职位，拥有并行使属于管理者的权力。它允许该员工通过拥有与管理者相同的权力和特权（在有限的范围内）来代表管理者行事。

假设一个中层管理者把安排一个半天的督导者会议的任务委托给一个员工，为了完成这项工作，管理者需要让该员工和其他员工知道，该员工在执行任务的同时还被授予了一定的权力，否则，任务将无法正确完成。例如，他需要给其他管理者打电话或发电子邮件询问他们的日程安排、安排会议室、订购点心等等。在一般情况下，他无权这样做。然而，有了管理者的授权，他现在可以代表管理者行事了。因为知道他已被赋予这项权力，所以其他人不应反对他的合理要求。当然，授权的权力仅限于完成特定授权任务所需的权力。例如，他无权从其他管理者那里寻求额外的信息（除了他们的时间表），也无权为会议制定议程。

授权任务的责任是什么？围绕授权的许多困惑集中在管理者是否可以授权职责的问题上。这是关于谁最终可以对授权任务的执行与否或执行质量负责的问题。

假设另一位管理者给员工分配任务去查找组织近十年的年度报告并在组织的网站上提供这些报告。管理者将全部或部分任务分配给员工，否则他得自己来完成。如果对该员工来说期待其圆满完成任务是合理的（考虑到她的职位描述和技能），管理者便可以让她负责并要求其按时完成任务。如果任务没有超出她预期的能力，或不是太耗时（考虑到她的其他责任），并且赋予了她执行这项任务的权力，管理者理应期待员工可以很好地完成该任务。如果其中任何一项标准没有得到满足，或者管理者未能清楚地表达自己的期望，那么他对这项任务能够圆满完成的期望就是不合理的。适当授权可使管理者合理地期望员工达到某项标准；不管任务完成得令人满不满意，不正确的授权似乎可以成为员工（至少部分员工）免除全部责任的理由。

在适当授权任务的条件下，管理者要求下属对完成的任务负责是合理的，但授权任务的最终责任问题则是另一回事。如果一项任务没有按时完成，或者完成得很差，那么管理者可能仍然要对造成的问题负责。为什么？首先，这项任务最初是在管理者的职责范围内的——就管理者的上级而言，授权并不能免除管理者完成任务的责任。其次，管理者应该对所有的管理决策负责，如果授权任务的决定或任务授权对象的选择结果是糟糕的，并且任务没有令人满意地完成，那么管理者就会受到指责。从最广泛的意义上说，管理者可以授权一项任务，但不能授权任务是否完成的最终责任。在某些方面，授权会给管理者带来更多而不是更少的责任，管理者仍然要对任务完成、授权决定和被授权人的选择负责。

权力的类型

在社会服务组织中，可以存在三种不同类型的权力。我们将看到它们的不同之处、各自的主要优点和缺点，以及它们与授权之间的关系。

直线管理权力

直线管理权力（最初在第六章中介绍）不涉及任何授权；它的存在不会让管理者放弃任何权力或不会对现有权力进行任何改动。这是一种基于个人的工作岗位及其与其他工作岗位的关系，来做出某些决定和从事某些活动的权力（由组织认可）。从字面上讲，直线管理权力的存在是根据个人的工作在组织结构图上占据的线（或框）相对于图表中其他人的工作位置来说的，组织结构图为他的工作配备了这份权力。

直线管理权力为管理者提供了影响被管理者的某些工作所需的一切合理性。它决定了每名雇员与其他雇员之间的关系。正式的组织结构图显示了被组织合理化的权力——谁有权做出某些决定，告诉其他人该做什么，如何去做，以及不该做什么。

那些完全依赖于直接管理权力，从不将任务授权给其他人的作为管理者的社会工作者在某些方面是安全的。他们知道自己不会因为授权上的错误而受到批评，而且任务会以他们认为的方式完成。但是，完全依赖直接管理权力剥夺了管理者通过授权获得的好处。不能或不愿授权的管理者通常会试图做许多事情，并且过于分散自己的注意力。他们承担越来越多不同的责任，剥夺了其员工成长的机会。

162   完全依赖直线管理权力的另一个主要问题是没有充分利用下属的专业知识和技能。下属的能力大多数时候比他们的职位描述要高，有时候，他们比管理者更适合执行某些任务或做出某些决定。所有个人都有优势和缺点。除非使用授权，否则管理者可能会发现自己受到组织结构图的限制。他们可能无法使用最优秀的人来完成任务，或者无法将最好的专业知识用于决策。当然，过多的授权可能会产生一系列不同的问题，我们会对这些问题进行讨论。

员工权力

当管理者决定授权任务和完成该任务的权力时，他们有两种选择——员工权力和职能权力。员工权力在管理者和员工或一组员工之间建立一种特殊的关系，最好将其描述为建议的关系。[3]

被分配了一些任务并被赋予了权力的员工应该收集信息，以便向管理者提供关于某些决策的意见和建议。比如，社会工作管理者可以将员工权力授权给员工，由其探索新的外围组织办公室的位置选择，然后将位置推荐给管理者。另一位管理者可能将员工权力授权给员工去与其他类似组织联系，看看它们是如何解决某些问题的（例如，无法招聘和留住非洲裔美国员工），然后建议管理者如何解决问题。建议应该是下属研究和调查的最终产物，在给出建议时，授权任务就完成了。

被授予员工权力的人会产生意见，并试图将形成的决定或行动方针"推销"给管理者，这是很自然的，也是可想而知的。但是，由于员工权力仅仅是提供参考意见，所以不能保证管理者会采用它，管理者可能将其部分或全部忽略掉。如果管理者听取了下属的建议并采用了其建议的决定，那么即使决定是正确的（尽管许多管理者选择这样做），管理者也没有义务给予下属任何荣誉。但是，如果这个决定是一个糟糕的决定，管理者就不能将责任推给推荐它的员工。毕竟，这个决定最终是由管理者来做的。如果做出错误的决定，可能是因为管理者：（1）将员工权力授予了错误的人；（2）没有给员工明确的指示或为员工做好工作提供足够的协助；（3）在做出决定时没有充分考虑到员工得不到其他参考信息。无论如何，错误决定的责任仍然在管理者。

员工权力在大型组织中最为常见，尤其是在科层机构中。它在军队和政府机构中经常使用。领导者周围可能都是被授予员工权力的个人，他们做了大量的基础工作以使领导者能做出普适的决定。这些个人通常被称为参谋，例如，将军的"参谋官"。他们给出建议，但不期望得到赞扬或为决策承担责任，也不期望参与实施这些决定。

使用员工权力的好处是显而易见的，被分配研究某个主题并提供建议的人可以极大地促进管理者的决策。假设一位管理者需要决定购买一些电脑软件，她赋予员工（比她更了解信息技术）权力去研究信息技术，并推荐应该购买哪些软件（如果有的话）。管理者不必花时间做必要的研究，因而她能够有时间去做其他任务。此外，被授予员工权力的个人能进行更好、更有效的研究。因此，管理者对于购买什么电脑软件的决定很可能是正确的。

使用员工权力的缺点与如果过度使用或不正确使用会发生的情况有关。如果过于频繁地使用于同一批员工，那么直线管理权力可能会削弱；员工可能会开始觉得自己有点儿特别，跟管理者的关系也许更像同事而不是上下级。通过做好管理者授权的工作以及他们自己本身的工作，他们也可能开始觉得他们比管理者更努力，以及可能会认为自己没有得到应有的报酬。他们可能难以接受不是他们推荐给管理者的决定，或者，如果管理者听从了他们的建议，而他们所做的决定最终被证明是一个好的决定，他们可能会因为管理者因他们的工作获得荣誉而感到不满。

过度使用员工权力也会对授予权力的人产生消极的影响，因为授予的权力是非常有限的。即使经常被管理者听取意见，员工也会感到沮丧，仅仅以提供建议而结束的授权并不会令人十分满意。我们中的许多人需要"看透"一项任务，并参与执行我们推荐的决定，以使我们感觉自己真的完成了一些事情。有些人喜欢在只有员工权力的情况下工作，他们喜欢调查研究并提供意见给其他人，但他们不想做出最终的决策。他们喜欢让上级看起来体面，当上级让员工知道自己的工作有多受赞赏时，他们就能得到满足。管理者应该将员工权力授予上面说的这些个人。而另一些人，尤其是那些容易士气低落或受挫的人，不应该被授予员工权力。

职能权力

另一类可以授权的权力，即职能权力，涉及的权力比员工权力更大。职能权力不仅仅是收集信息或为管理者提供建议的权力，拥有职能权力的人还可以做出决定并加以实施。

我们使用的"职能权力"这一术语是从企业部门的文献中提炼出来的。它的定义是"授予个人或部门控制特定过程、实践、政策或一些与其他部门人员开展活动有关事项的权力"[4]。下面让我们看一下职能权力在社会服务组织中的意义。

通常，授予职能权力是为解决问题或完成任务提供最好的专业知识。例如，我们假设公共福利机构聘用了两名新的社会工作者作为儿童保护工作者，该组织的儿童保护服务主管通常会将培训这些员工的任务分配给其直属督导者，即负责该工作的个人，这完全符合直线管理权力的流程。但是，在与最近从州外聘请的督导者的谈话中，主管得出结论，她可能不是处理这方面培训问题的最佳人选，因为两个州法律的差异可能会影响到儿童保护工作。管理者可以要求该督导者向该单位的法律顾问进行咨询，然后在新员工培训时转述给他们。但这种完成工作的方式是烦琐而低效的，而且过程中很有可能会产生错误信息。因此管理者决定，由督导者要求法律顾问制定和教授侧重于法律方向的内容，并授予其必要的职能权力。或者，主管可能会选择另一个在州法应用方面更有经验的督导者来负责新社会工作者培训这一任务。在任何一种情况下，督导者都会将部分员工培训授权给其他人。被授予职能权力的人（法律顾问或其他督导者）将在法律培训期间对个案工作者的活动承担全部责任。例如，新社会工作者可能被要求参加特定的学习练习，可能会被告知什么时候休息，是否会根据他们新获得的知识进行测试等等。而其他部分的培训也将由他们的直属督导者负责。

上述使用职能权力的例子说明了管理者使用职能权力的主要优点和潜在缺点。职能权力既有逻辑性又有效率。对督导者来说，先从法律顾问那里了解州法，然后再教导两名社会工作者可能是没有意义的。为什么不直接让律师或另一位了解很多法律知识的管理者直接进行指导呢？如果督导者也要出席，三人可以同时学习。律师对相关知识非常熟悉——新员工可以提问并获得他们可能提出的任何问题的准确答案。只要直属督导者不会受到这种安排的影响，而且将部分培训的职能权力授予其他人只是一次性的事情，暂停直线管理权力应该不成问题。

职能权力的缺点主要与在错误的情况下使用或使用太频繁有关。如果在直属督导者没有保障、容易受到影响的情况下使用或使用频率过高，可能会削弱直属督导者的管理能力。像我们例子中提到的，如果所有或大部分新员工的培训被授权给"专家"，那么督导者与新员工之间可能会失去信任。或者，如果主管定期将新员工从督导者的权力范围内撤除，他们可能会开始质疑他们的督导者是否真的具备必要的知识和专业技能来督导他们。

职能权力似乎适用于许多社会工作管理者。它允许他们将任务授权给他们可以依赖的某些个人，同时给自己更多的时间专注于其他任务。在许多社会服务组织中，职能授权是不可避免的。员工（特别是专业人员）往往希望拥有特殊的兴趣和专业知识，这是一种共识。为什么不利用他们的知识，让他们在有限的时间内拥有对其他缺乏知识并能向他们学

习的人的权力呢？过分依赖直线管理权力和严格遵守正式的组织结构图可能会妨碍现有员
工的知识和能力的使用。

专业员工往往喜欢被授予职能权力，原因有几个：这允许他们从头到尾地查看一项任务（与员工权力不同），并因任何成功的事情获得一些认同。这使他们能够获得决策制定和管理者的其他任务方面的经验，从而为他们承担越来越多的管理责任做好准备。职能权力也倾向于不太强调正式的组织等级，因为许多专业人员认为这有点儿不自然、有些贬低人，而且阻碍了建立合作关系。与遵循正式的权力界限不同，职能权力实际上是在说"我们必须有领导者和追随者，但我们都可以不时地相互学习"，这种态度与社会工作价值观相一致。职能权力在哲学上也与许多参与式管理（见第三章）在社会服务组织中流行的观点相兼容。

案例

凯瑟琳（Katherine）是一家精神科门诊诊所的社会服务主任。随着财政年度接近尾声，她了解到仍然有无法结转到明年的员工发展基金。她与社会工作者分享了这一信息，并鼓励他们考虑参加可能即将举行的任何有用的研讨会。随后，她批准为四名员工提供资金，以便他们参加与其工作职责明显相关的研讨会。

让凯瑟琳感到高兴的是，她的一位督导者吉尔伯特（Gilbert）请求申请资金参加一个研讨会，讨论一种新的、有争议的与潜在暴力服务对象合作的方法。当凯瑟琳批准吉尔伯特的请求时，她打电话给他，让他谈谈研讨会以及他希望从中学到的东西。她要求吉尔伯特能拿到一些书面材料的附件并做笔记，还要求他提供一份书面摘要，说明他对新方法的看法，并就如何在诊所内使用该方案提出建议。吉尔伯特很高兴，甚至在他参加研讨会之前就在互联网上研究了这个新方法的有关信息。

在与吉尔伯特的下一次会面中，凯瑟琳再次提起了他即将参与的研讨会以及对他的要求。她小心翼翼地使用诸如建议、调查、意见和研究之类的词，凯瑟琳认为她已经非常清楚地表明，她只是把员工权力授权给他。不幸的是，由于对参加研讨会的热情以及只意识到凯瑟琳交给他参会的任务，吉尔伯特并没有认真地听凯瑟琳的指示。参加研讨会后，吉尔伯特立即要求与凯瑟琳见一次面，"让你知道我们将如何使用"新方法。凯瑟琳重新安排了她的日程，以便尽快见到吉尔伯特，因为她担心发生了误会，而她的担心很快就被证实了。

吉尔伯特带着他的书面报告来与凯瑟琳见面。显然，他认为他提出的使用新方法的建议将得到执行。更重要的是，他希望自己能督导这些建议的实施，并根据需要向其他专业员工提供咨询意见。

凯瑟琳知道吉尔伯特误会了她的指示。她感谢吉尔伯特的报告，并对他的工作效率表示赞赏。但是，她解释说，她本来打算只让他负责到提交报告和提出建议这一步。她告诉他，她会决定是否执行他的部分或全部建议，以及如果执行的话，由谁执行。

吉尔伯特很生气。凯瑟琳试图平息他的愤怒，她承认，她对这一误解负有一定的责任，因为她没有提醒他只是授予他员工权力并向他准确地解释这意味着什么。然而这并没有什么用，他把报告扔到她桌上就走了。

当更多地了解吉尔伯特报告中的新方法时，凯瑟琳认为这可能并不会比目前使用的方法更有效，因为新方法需要对员工进行更多的培训，甚至可能使组织处于某种法律风险之中。她决定不执行吉尔伯特报告中的任何建议。虽然她的决定是必要和正确的，但这使吉尔伯特更加怨恨，并证实了他对凯瑟琳的想法，她只是在与他"玩权力游戏"。她和他的关系一直很紧张，直到几个月后他终于辞了职在另一家机构找到了一份工作。

问题讨论

1. 相对于亲自参加研讨会，为什么凯瑟琳将这项任务授权给他人会更好呢？
2. 凯瑟琳还能做些什么来确保吉尔伯特明白她要他做的事？
3. 吉尔伯特认为他被授予了什么样的权力？他为什么会得出这样的结论？
4. 为什么吉尔伯特似乎不是授予员工权力的好选择？
5. 在误解发生后，凯瑟琳有什么办法可以改善她与吉尔伯特的关系？
6. 凯瑟琳能做些什么来确保她的员工今后不会对授权产生误解？

对小组的授权

"授权"一词通常意味着将一项任务分配给个人。然而，有时将某些任务授权给员工小组也是可以的。其中最常见的两种是委员会和工作组。

授权给员工小组的主要优势是能够汇集知识和观点。理论上小组的建议和决定应优于个人提供的建议和决定。某些授权任务可能很庞大且耗时，对一个小组的授权允许共享工作，因此，它不会过分依赖某一个人。授权给小组也有其他不那么明显的优点：如果成员由通常不能紧密合作的个人组成，那么他们可以更好地了解其他成员以及如何满足他们的工作期望。这可以提高工作单元之间的协调性。此外，由于每个成员都应该有机会提供意见，因此小组做出的任何决定更可能被其成员接受。

当然，将任务授权给小组也有缺点。最大的缺点或许是这分散了个人的责任。如果一群员工做出或批准了一个决定，但是结果很糟糕，该责备谁呢？另一个主要缺点是员工时间利用效率低下。虽然通常可以说，将一项任务授权给一名员工可以提高效率（员工的时间通常比管理者的时间"成本低"），但不能就授权给小组提出相同的要求。人数越多，集体行动的效率越低。此外，等待成员到场、为错过前一次会议的成员补课、社会交往活动、讨论离题等等往往会浪费时间。委员尤其会因此而声名狼藉，有句老话说："委员会是一个为了争分夺秒浪费好几个小时的小组。"这句话可能是相当正确的。由于是群体动态，委员会也被认为产生了任何理性个体都不会产生的建议和决定，印证了另一句老话："骆驼是委员会设计的马。"

委员会和工作组中有时会出现使用其他形式的参与式管理所出现的其他问题。有时，对提议的决定可能持批评态度的个人（有充分的理由）可能会感到有压力。但他们可以通过提醒自己不用对此承担全部责任来合理地解释为什么不提出反对意见。所以，为什么要冒着引起一些有权势的小组成员或小组主席不满的风险来反对它呢？

政治操纵会导致决策失误。例如，"如果你支持我的建议，那么我也支持你的建议"这一默契，会产生缺乏大多数成员真正支持的决定。或者，寻求妥协的努力可能会产生一些决定，这些决定尽管在政治上可行，但最终却不会让任何人满意。

委员会

通常，当我们听到"委员会"这个词时，我们会想到一个常务委员会，即一个组织内相对固定的结构。它被赋予了一定的管辖权。也就是说，它应处理哪些问题，允许它做出哪些决定和建议等等，这些内容经常会在一些书面文件中详细阐明。虽然其成员身份将随着时间的推移而改变（如在组织中承担新的职责、只是"轮换"或者被替换），但委员会的工作和权力基本上保持不变。常务委员会往往成为组织运作的一个组成部分，例如，在许多较大的组织中，有一个常设的员工申诉委员会。一些成员（通常人数有限）可在服务期内选举产生，其他人可由管理者任命，管理者可通过任命来确保委员会组成的多样性和/或平衡。该委员会被期望可以调查员工的投诉，试图解决冲突并向管理者提出建议。

委员会的运作往往是相对正式的，通常依靠罗伯特议事规则（Robert's Rules of Order）① 来开展业务。主席应严格控制委员会的运行。有时候，委员会有积压的工作要做；而有时候，委员们可能没有理由见面。因为委员会是永久性的，所以通常不会有时间压力，业务何时完成都可以。

委员会主席的挑选尤为重要，委员会主席可以对委员会的行动和决定产生相当大的影响。例如，当他们为一次会议制定议程时，他们可以决定确保某些项目有足够的时间来处理和投票，而其他项目（他们认为不太重要的）可能需要延迟到以后处理。虽然小组成员可以选举自己的主席，但这往往不能实现。这可能会成为一场人气竞赛，或者更糟糕的是，这份工作（通常是最耗时的工作）可能会因为各种原因而被"甩给"一名成员。此外，经验表明，有些人比其他人更适合成为主席——如果主席是由管理者根据已知的特点

168

---

① 罗伯特在总结美国国会、英国议会、法院审判及各种社团的议事程序和规则的基础上，总结出罗伯特议事规则，并于 1876 年出版同名著作。一个多世纪以来，罗伯特议事规则已成为各种组织和机构在召开各种大小会议时的准则，各种民间机构、学术团体乃至议会都用它作为自己的议事准则。

任命的，往往效果最好。一个优秀的委员会主席应该能够：

- 清楚地了解每次会议的目的，并能有效地向成员传达。
- 了解如何设置议程并使会议正常进行。
- 推进讨论并在讨论不再有效时停止讨论。
- 在发生误解时提供说明。
- 鼓励发言较少或不喜欢冲突的成员提供意见。
- 限制试图主导讨论或将想法强加于他人的成员。
- 鼓励讨论问题，但在问题开始变得个人化时终止。
- 通过确定何时达成共识、何时需要更多信息或何时无法解决冲突来掌控会议。
- 当委员会的工作完成或在需要安排另一次会议才能完成工作的情况下，及时结束会议。

工作组

有时我们也会听到特设委员会这个词。它的意思基本上与工作组相同。成立工作组是为了解决一个具体的问题（例如，员工流动大幅增加或资金短缺，需要建立一个新的服务对象收费表）或完成一些具体的任务（例如，为拟议的新项目进行需求评估或计划筹资活动）。与常务委员会相比，工作组的工作重点要窄得多（常务委员会有时会随着新的需求而扩大其职责）。在工作组的工作结束之前，它被期望一直保持"执行任务"的状态，不能偏离正轨直到完成工作。当工作完成的时候，就可以解散该小组。

工作组通常不像委员会那样正式运作，并且倾向于通过协商一致而不是通过制定和提议来做出决定。因此，工作组的领导可以更多地充当促进者。这表明组建一个工作组的管理者在选择该工作组领导时应该依据一定的特征：拥有以一种非专制的方式领导和保持团队注意力的能力。由于工作组是有时间限制的，所以当工作组的工作有时间要求时，管理者也必须与工作组领导进行明确的沟通。在这一约束条件下，工作组通常会为完成子任务设定最后期限。

组成委员会和工作组的问题

当管理者决定将权力授予一个常务委员会或一个工作组以完成某项任务时，应使所有相关人员明确授权目的以及期望。理想情况下，应形成书面文件，以在需要时回应类似"这是不是我们的工作"这样的问题。授权本身也必须明确：应该进行调查并向管理者提出可能被否定的建议呢（员工权力）？还是应该实际做出决定和执行决策（职能权力）？

169 规模是一个需要考虑的重要因素，委员会或工作组的规模可以很小也可以很大。工作组必须足够大，以便有足够的成员完成工作。但是，如果它太大，则可能变得麻烦，安排会议将很困难，最终只有一些成员去完成大部分工作，其他人将主要是观察员或只做出

极少的贡献。没有最佳的团队规模（根据团队的目的和工作量而有所不同），但是，就个人而言，我们希望委员会和工作组保持小规模而不是大规模。我们任职或主持过的一些最有效的委员会和工作组只有三到五名成员，所有成员都参与其中，工作量公平分配。

当然，最重要的问题始终是委员会或工作组的组成。成员可以志愿参加，但这可能是危险的，这可能会导致除了真正有兴趣的人以外，还有带着错误想法的成员自愿参加。例如，他们可能试图影响小组的决定以适应他们自己的议程，甚至试图破坏其工作。工作组也可以选举成员，但也可能导致其他问题。特别是，如果委员会或工作组的服务被认为是不受欢迎的额外工作，员工可能会通过选举来"惩罚"某些同事。当主要由"不情愿的人"组成时，委员会和工作组很少能有效运作。

管理者常试图组建一个小组，其成员既对工作感兴趣，又有从事这项工作所需的专业知识。有的时候，小组领导者一旦被任命，就会被要求推荐成员，并询问他们是否愿意任职。如果委员会或工作组的工作特别艰巨或费时，则可能需要免除成员的一些其他职责，来作为对他们的服务的补偿。

授权的理想特征

将权力授予个人或小组是组织工作的重要组成部分。这对于良好的时间管理和促进员工的专业成长都是至关重要的。它需要思考、判断和将知识应用于特殊的情况。高效的管理者乐于进行授权，愿意信任他人来评估情境、提出建议或做出决定。

有一个管理原则与授权直接相关。它指出，为了提高效率，任务应由能够执行任务的最低级别的人员执行，通常由那些薪酬最低的员工执行。对于很多社会工作者来说，这是一个很难执行的原则，这要求他们将一些任务授权给那些热衷于表现的人。他们知道其实应该把更多的权力授予他人，但他们不想这样做。例如，许多高级社会工作管理者喜欢直接实践，他们可能坚持参加所有个案人员配备会议或出席近期所有的有关实践发展的专业会议。然而，为了让管理者有更多的时间专注于与管理相关的任务，这些任务原本可以由下属来完成。

要将员工权力或职能权力授予其他人，管理者必须相信他们能够出色地完成工作。他们必须对其他人的想法和方法持开放态度，这些想法和方法可能不同于自己的任务表现。*170*
授权要求放手，并满足于对活动进行广泛监督。

在使用职能权力时，授权可能要求管理者允许其他人犯自己可能没有犯的错误。而管理者（和家长！）很难眼看着事情出问题，也很难在意识到事情出问题时不插手"营救"下属。但是，当我们使用职能权力时，我们必须能够克制，必须能认识到大多数错误并不是不可逆转的。为了避免错误而凌驾于员工权力之上，短期内可以避免麻烦，但是这种做法可能会使员工的信心和士气受到严重损害。这也使员工今后不太愿意承担职能权力。此外，收回已授予的权力会使员工无法从错误中汲取教训，收回职能权力只是管理者很少情况下需要做的事情。

正如我们在整个讨论中强调的那样，将权力授予个人或小组的管理者必须是熟练的沟通者，必须仔细描述授予的权力类型及其限制。"上级和下属都必须明确是员工被授权进行管理还是进行直接管理。在这一点上缺乏明确性往往会引起冲突。"[6] 同样的原则适用于职能权力，管理者要在授权时明确解释授权的类型及时限。同时还必须具备特殊技能和技巧，以避免冒犯行政层级中的其他人，因为他们可能会认为自己的权力受到某种程度的威胁，或者被授予权力的个人或小组被认为比管理者更有能力。

最佳组织程度

组织是管理的重要组成部分，一个完整的系统不会偶然产生。但应该记住，组织旨在促进实现目的和目标，不应成为目的和目标实现的障碍。正如我们在这本书中讨论的其他管理活动一样，过度组织可能不是一件好事。一个"组织过度"的组织或工作单位就像一个缺乏组织的混乱组织一样不正常。在需要组织的时候进行组织才是理想的组织，它允许员工在促进个人和小组活动协调的同时具有创造性和自主性。

关于应该如何紧密地组建一个组织的决定是困难的。我们必须在很大程度上依赖一些基本原则、常识和对人类行为的了解。一般来说，大型的多用途科层机构，如州或县的社会服务部门是高度组织化的。部门划分是绝对必要的，并且可能以与联邦一级组织相应的部门完全相同的方式进行划分。较小的私营组织和许多非营利组织通常可以容忍一些角色、功能和权限的模糊，它们可能需要较少的管理者组织活动。

员工容忍和接受结构需求的能力也影响到组织的最佳程度。一般来说，非专业人员希望并喜欢他们的工作在紧密组织的工作环境中具有一定的确定性。专业员工更有可能重视职业自主权，并可能对管理者的许多组织工作产生阻力。但是，将职能权力下放给个人或小组等可以为专业人员提供一种可接受的自治与结构相结合的组织方式。

171　　管理者自身的个性有助于确定最适合工作环境的组织数量。正如我们在这本书中的几个地方所建议的，管理者的风格和管理者对各种管理任务的处理方法应该是管理者个性的逻辑延伸。那些通常在个人生活中比较随和且"放松"的管理者，如果他们试图创造一个组织严密的工作环境，就会变得不自在，且可能会失败。相反，如果管理者感觉生活组织紧密时最为舒适，那么如果他们尝试采用更"悠闲"的组织方式，他们就不会表现得很好。虽然管理者和所有人一样，都有能力成长和改变，但完全改变风格是不可能的，或者至少对我们大多数人来说是非常困难的。这就是为什么我们通常倾向于选择那些适合我们的个性和管理风格的组织。

小结

在本章中，我们研究了一些与组织管理功能相关的概念和问题。组织结构图中有许多级别的大型组织（即所谓的"高层"组织）通常将其员工分组为较小的单元，以提高管理效率。我们研究了在成功程度不同的社会服务组织中，如何通过简单的数字、工作时间、学科、企业职能、服务地区、服务类型、服务对象问题、多学科团队和营销渠道进行部门划分。有时，较大规模组织中的管理者使用这些方法中的两个或多个来创建可管理规模的单元。

管理者需要同时安排自己和其他人的时间，以创造一个高效的工作环境。我们描述了时间管理需要的条件以及它带来的好处。

组织自己的工作，最有效地利用自己的时间，通常还需要把任务和完成任务的权力授予他人。但是，任务成功完成的功劳仍然在于授权它的管理者。员工可以被授予员工权力或职能权力，我们描述了它们的不同之处，两者各有优缺点。如果它们能同时满足管理者和员工的需要，并且它们的预期效果和限制能被清楚地传达，那么它们对组织就可能有所帮助。

管理者还可以将员工权力或职能权力授权给小组。使用委员会和工作组是管理者完成某些任务的常用方法。委员会往往是常设的和长久存在的；它们执行某些工作任务，并就反复出现的问题做出决定（或向管理者提出建议）。相反，成立工作组是为了解决一个特定的问题或完成一个具体的任务。一旦完成它们的工作，工作组就应该解散。我们注意到了委员会和工作组的利弊，并审查了组成委员会和工作组时必须解决的主要问题。

对于社会工作管理者来说，任何类型的授权都是困难的。然而，一个人能够履行与该工作有关的所有责任是必要的。我们确定了使授权或多或少变得困难的人格特征，以及有助于确定组织的必要性和可取程度的组织因素。

应　用

假设以下描述的所有组织都是大型的；它们有太多的员工需要督导者进行有效管理，

然而却没有某种形式的部门将他们分成可管理的工作单元。哪种形式或哪几种形式的部门划分最有效？为什么？

1. 该组织为无家可归者提供全面服务，其员工参加各种活动以帮助不同年龄和性别的服务对象使其变得独立并能够照顾自己。

2. 该机构的任务是为全县被定义为"虚弱老人"的人提供各种各样的家庭保健服务。

3. 该组织的任务是通过教育驾驶员，使其认识到在发短信、醉酒或吸毒情况下从事驾驶以及其他不安全行为的危险来减少交通事故。

4. 该康复中心为遭受创伤性脑损伤的人及其家人提供服务。

5. 该组织的任务是通过提供住房护理、经营多个集体住宅、提供庇护工场等方式帮助发育障碍人群达到尽可能高的独立生活水平。

第八章

培养和管理员工的多样性

学习成果

在本章结束时，你应该能够：

● 具体说明哪些法律和伦理制约因素影响社会服务组织的雇用决定。

● 讨论志愿者如何既代表社会服务组织的资产，又代表其潜在问题。

● 确认那些可能不利于组织员工多样性的环境。

● 解释为什么对于管理者，员工会有积极和消极的模式化观念，这对于组织的工作可能会有哪些有利和不利影响。

现在人类多样性的特征是所有组织所共有的。当参与新员工的招聘或试图充分利用现有员工时，管理者可以从了解社会服务组织中多种形式的人类多样性以及人类多样性对组织工作所造成的影响中获益。

招聘和雇用

当社会工作管理者参与招聘和雇用员工时，必须解决一系列法律和伦理问题。接下来我们将研究一些最重要的问题。

招聘

招聘合格的、具有合作精神的员工一直是社会服务组织中社会工作管理者的重要职责。即使在拥有人事或人力资源（HR）部门的大型组织中，社会工作管理者也经常非正式地参与招聘过程。多年来，招聘的目标一直都没有改变，那就是从大量具有多样性的申请人中选出最优秀的某个人或某类人。然而，正如本章下文将要讨论的那样，选择"最佳"申请人，即未来可以向组织及其服务对象提供最多服务的申请人，这是一个复杂的过程。这不仅仅是雇用具有最佳学历或最具工作经验的个人的问题，还必须要考虑许多其他因素。

174   在撰写和发布职务公告之前，应该进行职务分析，包括问一些重要的问题。如果要设立一个新的职位，它将满足哪种组织需求？它的职责是什么？如果要填补现有职位，需要仔细分析当前的职位描述，准确吗？是不是过时了？需要添加或删除哪些内容？它是否反映了对该职位职务要求的任何预期变化？

还应该对当前员工的能力和组织的工作环境进行分析，然后评估现有员工的优缺点：现有员工目前缺乏哪些能力、知识或应该持有什么样的态度？需要什么样的员工特征来提供更好的多样性？什么样的员工特征有助于组织加强与服务对象及其工作环境的关系？有哪些人可以并且愿意指导新员工？对这些问题的诚实回答可以帮助管理者确定谁是"最合适的人"，还可以帮助确定职务公告中应包含或省略的内容，以便吸引具有所需特征的潜在申请人。

当然，任何职务公告的具体内容将随着要填补职位的变化而变化。不过，所有职务公告都应包含：（1）职称和职责的简要说明；（2）所需的最低条件。对组织的描述（通常需列出或解释其使命和目标）将有助于那些潜在的申请人，他们可能希望了解其职业目的和专业价值观是否与潜在雇主一致。如果有收到申请的时间要求和填补职位的日期，则应包括在内。机会平等/平权法案声明（本章后面讨论）应始终包括在内。总体而言，公告的内容应：（1）尽可能取消不合格申请人的申请；（2）提供充足的职位信息，吸引大量合格的申请人考虑申请；（3）鼓励合格的申请人进一步询问该职位的情况，或向该组织的代表（要求他们提交申请的人）或社区中的其他人询问。

与招聘有关的问题往往在职位空缺出现之前就已经得到了解决。招聘政策可以大大促进招聘进程。例如，可以制定政策来解决以下问题：谁拥有最终雇用权，能否雇用现任员员的亲属（裙带关系），将使用什么的方法来宣传职位，以及如何联系推荐人。这些政策应促进而不是阻碍招聘进程。偶尔也会有例外——如果已经找到了一个"完美"的人，而且有失去他或她的风险，这种例外也可能导致潜在的法律问题。所以只有在充分探讨了其所有后果和评估了所有风险之后，才能做出这些决定。

一旦收到申请，应按照书面程序来逐步完成，这也有助于推进招聘进程——以下是一个例子：

1. 提交申请。
2. 以信件、明信片或电子邮件的形式确认收到申请。

3. 由一人（或专责小组）进行筛选，以确定申请人是否符合工作的要求。

4. 向申请人发送两封信中的一封，感谢他或她的申请：通知他或她，说明他或她不 *175*
适合该职位（如果该申请人没有达到该职位的资格要求）；将继续审查该申请并与推荐人
联系。

5. 为所有仍在"竞选"中的申请人联系推荐人，并根据需要要求申请人提供附加
资料。

6. 拟定一份申请人的"候选名单"，并通知不在名单上的那些申请人。

7. 面试"候选名单"上的那些申请人。

8. 将名单上申请人的等级排序提交给有雇用权的个人。

在发布职位空缺或筛选申请人时，可能存在某些旨在禁止招聘歧视的政策和程序。例
如，可能要求在一定时间内公布一个空缺职位的公告，并且该公告必须出现在一个或多个
广为人知的州级或国家级出版物上，和/或所有合格的申请人必须得到面试的机会。有时，
招聘公告必须以确保所有潜在的"内部候选人"以及非雇员都知道的方式进行发布。无论
制定了什么样的政策和程序，都应保留"公平和公开"的搜查证据。在面对指控时，它提
供了一种保障，防止某项工作被指认为是"暗箱操作"，而这种指认尤其会损害一个本应
致力于社会工作价值观和道德规范建设的组织的声誉。

雇用中的其他问题

许多与雇用相关的问题可以通过标准政策或程序来解决。其他问题则不能，它们必须
根据具体组织或个案的情况处理。我们现在来看几个比较重要的问题。

其他机构的参与

即使只有一个人（通常是主管，或者较大的组织中的人事专家）可能有雇用权，还是
可以从很多方面来获得人员投入。在人事决策方面有雇用权的个人或组织通常不会缺少来
自他方的建议。但是，其他人的偏好对雇用或不雇用潜在员工的决定有多大影响？应考虑
或寻求哪些投入？以及如何利用这些投入？

例如，有雇用权的个人或组织不可能完全无视一个非营利组织中董事会成员的诉求。
比如，该成员可能有一位朋友或熟人正在寻求某个职位。事实上，董事会成员只能雇用或
解雇主管——而主管负责人事决策。他们不应试图通过表示优先雇用谁来篡夺主管（或人
事官员）的职权。然而，在现实中，情况并不总是如此，有些管理者因为拒绝考虑董事会
成员的首选候选人而被解雇！

申请人的潜在督导者会希望参与面试，即使实际雇用权在别人手里。同时，申请人也
希望见到他们工作时的直接领导。这些都是合理的要求。基于此有个不太好回答的问题： *176*

督导者是否应该批准新员工的雇用？要求督导者批准的规则（或表示强烈倾向于该规则的政策）可以确保督导者与新雇员之间开启良好的工作关系。但这样的规则也会产生问题。如果按照管理者的判断，一个潜在的员工或许正是组织所需要的，为什么督导者（无论出于什么原因）却说"不"呢？例如，一个非常有经验的申请人可能对对工作相对陌生的督导者构成威胁，或者，督导者可能仅仅因为申请人所说的一件事而心生拒绝之意，或者申请人在面试时看起来非常紧张。除了具有雇用权的人之外，任何其他人拥有"否决权"都可能是危险的。鼓励潜在督导者提供人员投入（有时包括推荐）的政策在社会服务组织中相当普遍。该政策表示他或她在招聘决定中占有重要的地位，并且可提供有价值的观点。但该政策仍然允许拥有实际雇用权的人推翻督导者的决定，以便做出符合组织最佳利益的决定。

未来同事的人员投入可能是有价值的，但通常更受限制。如果使用了"遴选委员会"，未来的同事可能会参与其中，因此也会参与筛选申请人，并制定一份"候选名单"，由拥有雇用权的人考虑。但很少有组织（即使是那些采用参与式决策管理方法的组织）允许所有未来的同事在最终决定是否雇用求职者时这样做，他们可能有很有价值的观点，但可能对组织的总体人事需求缺乏很好的了解。也有太多主观和自私自利的原因说明，为什么他们（比如求职者的潜在督导者）可能不喜欢最好的求职者，或者可能偏爱不那么优秀的人。例如，未来的同事可能会投票决定不雇用他们认为与工作小组其他成员"不太一样"的人，或者倾向于向他们展示自己缺乏某些能力的人。或者，他们会选择雇用那些他们认为可能很友善的同事，或者是那些具有相同工作态度但又不具备团队真正需要的其他特质的人。

在选择求职者时，应考虑兼容性（compatibility）。通常情况下，一种与团队相处融洽的工作风格将会是一种"优势"。新来的员工会很快适应，并且不会给团队带来什么麻烦。当然，如果该团队的工作效率不够高、工作方法不够好，那么可能有必要通过雇用可能提高该团队绩效水平的人来"重组"该团队。

潜在的下属一般都有兴趣参与可能成为他们的直接督导者的求职者的面试，这是可以理解的。然而，他们与督导者或更高行政职位的申请人之间的互动通常仅限于简短的社会礼节，比简单的介绍复杂不了多少。对是否应雇用申请这些职位的人，他们通常很少发表意见（如果有的话），而且绝对不会"投票"。但是，申请人可以从与员工简短的见面中找到一些有关组织氛围的线索。例如，他或她可能会得到一些关于员工士气或人际冲突程度方面的暗示。当然，任何结论都是试探性的。员工在遇到潜在的督导者或更高级别的管理者时，通常表现得最好。

可获得的补偿

对于被雇用者的一个明显限制是组织提供的工资和福利待遇。例如，这份工作的要求可能表明，理想情况下，应该雇用一名受过高等教育、经验丰富的专业人员。但是，预算中的薪金数额可能表明，考虑雇用学历较低和/或经验较少的人可能比较现实。然而，如果该职位不需要立即填补，则可能值得寻找具备所需资格的申请人。对于这样的工资，如果找不到可以为此而工作的人，那么以后可以重写职位描述，并重新刊登招聘广告，以吸引愿意为更少的薪水而工作的申请人。

虽然从事社会服务的人往往表现出高于平均水平的献身精神，但他们通常不会情愿自己的工资低于市场规定的工资范围，除非他们有第二收入来源。然而，人们知道，有些人在其他地方本来可以赚更多的钱，但却找了特别具有挑战性或在专业性上更令人满意的职位。对比一个提供工作保障的稳定职位和一个"不稳定"的由可能消失的补助金或合同资金资助的职位，有时也可以使低薪工作更具吸引力。灵活的工作时间、相当大的自主权、专业旅行、良好的医疗和牙科保险或慷慨的 401（K）计划[①]等福利待遇，与雇主提供的基本工资相比，可能是潜在的雇员为满足其个人需求所更加需要的。

许可证要求、专业组织准则和认证要求

招聘和雇用流程还受到其他因素的影响。州许可证要求可能会限制管理者选择雇用谁来填补职位。例如，如果"社会工作者"的称谓将成为工作描述中职位名称的一部分，则任何合格的申请人都必须通过一项或多项社会工作州许可考试。美国社会工作者协会的人员标准也不容忽视。虽然它们只是建议而非要求（例如，它们仅包含基于学术和专业证书的建议工资范围），但道德问题以及在就业市场中具有竞争力的需求决定了需要认真仔细地考虑这些条件，例如，设置职位的薪资范围。而且，在持续认证对其存在至关重要的组织（例如医院）中，认证标准要求受雇在许多工作岗位上的个人要具有一定的专业资格。即使那些选择与国家组织保持联系的组织，例如美国防止虐待儿童协会或儿童和家庭联盟，国家组织有时也会对其有要求或以其他方式来影响其招聘和雇用流程。

有组织的劳工和其他群体的要求

越来越多的社会服务组织建立了工会，并且工会也日益强大，其额外的要求可能会进一步限制谁可以被雇用以及在什么条件下工作，甚至雇用者所提供的薪资和福利待遇也可能是由该组织与工会之间现行的合同所决定的。其他问题，如资历，可能必须在雇用决定之中加以考虑。

某些组织要求应聘者必须满足国家公务员制度的要求。标准化考试的分数（有时会对 *178*

---

① 401（K）计划也称 401（K）条款，始于 20 世纪 80 年代初，是一种由雇员、雇主共同缴费建立起来的完全基金式的养老保险制度。——译者注

某些人生经历如服兵役给予额外的分数）也是重要的参考。

其他群体，如州雇员协会，虽然通常不如工会或公务员委员会那么强大，但目前似乎正在获得更大的"影响力"。它们有时会成为现有员工寻求晋升的倡导者，特别是如果员工已经达到"永久性员工身份"或者拥有类似的工作保障，这将有助于该员工在竞争职位时获得优势。如果该员工没有得到晋升，组织可能至少需要对员工协会做出一些解释。

法律要求

联邦限制在雇用决策（以及与保留、晋升等相关的问题）中发挥着重要的作用。在过去几十年中，我们看到了一些限制因素的演变，这些限制旨在抵消雇用和其他人事行为中的歧视力量。

在美国，1963 年的《同工同酬法》旨在防止基于性别的歧视。1964 年《民权法案》第 7 章的制定是非歧视的又一进步，它要求凡是拥有 15 名或更多员工的组织要说明并解释雇用标准的合理性。1968 年，行政命令 11246（后来修订为行政命令 11375）是政府在人事事务中作用日益增强的一个重要的里程碑。这也就是一般所说的平权法案。

平权法案的存在对雇用实践会有一定的影响，而且这种影响往往随着后来总统府和各州政府的态度和优先事项的变化而消退。一些具有里程碑意义的决定提供了支持，针对其的一些挑战也取得了成功。在 20 世纪后半叶，法院有一段时间没有频繁地执行平权法案。到了 21 世纪，一些州政府机构和各种利益集团（包括工会）的挑战和反对威胁着平权法案的继续存在。然而，管理者需要了解平权法案的基本要点以及它与雇用潜在雇员能力之间的关系。作为关注社会正义的社会工作者和寻求遵守联邦准则的管理者，为了不使组织陷入法律和财务危机，我们必须了解平权法案及其要求。

平权法案超越了非歧视的概念。它要求直接或间接接受某些联邦资金来源的组织（如大多数社会服务组织一样）采取措施纠正存在的就业不公平现象。具体而言，平权法案需要制定和实施一项计划，在雇用和其他人事行动中给予妇女、有色人种和其他群体优惠待遇，以增加其在组织中的代表性。在过去，这一要求有时会通过使用配额来实现，这是反对者所发现的一种特别具有攻击性的方法。其他批评主要围绕平权法案行动计划的潜力，可能导致这样一种情况，即一些指控是反向歧视。事实上，从某种意义上说，这正是它所要求的——主要是对白人男性的歧视。在平权法案中有一个潜在的假设，即结果证明手段——"牺牲"以白人男性为主的某些群体的短期优惠待遇的手段是必要的，目的是纠正目前在职场的许多领域，妇女和其他群体的代表名额不足的问题。在很大程度上，平权法案是对 20 世纪中期缺乏自愿努力以创造更多样化的工作场所的回应。

平权法案的核心概念在于理解完全合格和最佳资格之间的差别。完全合格意味着需要判断申请人是否符合某项工作的要求；最佳资格是指对所有完全合格的人进行额外的等级排序。从历史上看，雇用空缺职位的最佳申请人（具有最佳资格的人）是一种无可挑剔的做法。但根据平权法案准则，这并非总是可以做到的。唯一可行的标准是完全合格。

这意味着什么？在应用平权法案准则时，首先要仔细分析工作所需的资格，以确定它们确实是执行工作所必需的，而不是与性别、文化相关，或者对某一特定群体是没有必要的歧视。例如，如果一项工作不要求个人具有博士学位或更高层次的管理经验，则不能将其列入工作要求，因为这将使白人男性申请人处于有利地位——这些男性申请人在统计意义上更有可能拥有这两种属性。接下来，所有来自完全合格申请人的申请都会得到审查。根据法律规定，并不是"少数群体"的个人具有额外的、可取的但不必要的资格——例如，他懂双语或有比要求的更多的工作经验——这一事实不能用来说明雇用他而不雇用其他完全合格申请人的原因。事实上，应该雇用一名缺乏这些属性但被认为完全合格的少数族裔成员。当然，有"额外"属性的女性或其他来自少数群体的申请人被选中的机会还是大于那些缺乏这些属性的少数群体申请人的。

对许多人来说，从最佳资格到完全合格这一重点的转变与一种非常合乎逻辑的、由来已久的就业决策方法是完全背道而驰的。对他们来说，这代表政府侵犯了管理者对组织最佳利益进行评估的权利。平权法案的捍卫者则回应说，更加多样化的劳动力队伍符合组织和整个社会的最佳利益。一些社会工作者主张加强专业化，强调高级认证，却发现自己陷入了冲突之中。虽然他们赞成平权法案，但在雇用决策中，通常不允许对高级资格证书给予"额外加分"，因为从历史上看，白人男性持有资格证书的比例更大。

另外，争议较少的立法也影响管理者能雇用和不能雇用哪个人。例如，1974 年《越南时期退伍军人调整援助法案》第 402 条要求获得联邦资金的组织采取行动，雇用和优先考虑某些有资格的残疾退伍军人和在越南战争期间服役的退伍军人。而且，在其他战争期间服役超过 180 天（不包括培训）并获得荣誉称号的退伍军人（但不是高级军官）将获得公务员考试的额外加分。如果他们在考试中取得 70 分或以上（完全合格），他们将获得 5 分（如果他们有残疾并从退伍军人事务部获得补偿，或者因受伤获得紫心勋章，则获得 10 分）的加分。即使是阵亡军人的未婚对象，残疾退伍军人的配偶，以及在服役中牺牲或永久残疾的退伍军人的母亲也可能有资格获得加分。

1990 年《美国残疾人法案》（ADA）要求类似组织中的所有项目、服务和活动对所有 *180* 员工开放。"残疾人"的定义是相当广泛的，可以包括处癌症缓解期者、癫痫患者、心脏病患者、糖尿病患者、精神疾病患者、酗酒者，甚至是有毁容性疤痕的人或明显跛行的人。实际上，ADA 的意思是，不能因为在没有特殊便利条件下，某些残疾人无法履行职能，达不到工作要求，管理者就拒绝雇用他们。如果其他条件都是合格的，他们就不能受到歧视。只要合理，就必须提供岗位。对于什么是"合理的"，即改变组织的物理结构、工作环境等应该花费多少资金，仍然存在相当大的分歧。ADA 对雇用做法的最终影响尚待确定。它通过一系列法律挑战而继续发展。例如，2001 年，一名残疾的职业高尔夫球手成功地使用了该法案，允许他使用一辆机动车，以便与职业高尔夫球协会（PGA）巡回赛中的其他高尔夫球手进行比赛。最高法院的判决对他有利，该判决的反对者虽然不否认这位高尔夫球手的残疾，但认为不应该给他提供这种便利，因为从一个洞走到另一个洞是 PGA 比赛的要求。法院的裁决有效地改变了职业高尔夫球赛的规则。

还有其他因素可以决定谁可以或不可以被雇用。例如，如果一名前雇员因减员（RIF）而被解雇——虽然他们的工作能力很强，但由于经济原因而不得不被解雇——如果他们想回来为该组织工作，该组织必须为他们提供优惠待遇。

我们只触及了在雇用员工时必须加以考虑的许多制约因素的表面。管理者需要了解，如果他们有权雇用员工，他们能做什么，不能做什么。然而，正如我们所知道的，有些事情可能是合法的但不一定是合乎伦理的。美国社会工作者协会在与招聘相关的伦理问题上只提供有限的指导。《美国社会工作者协会伦理守则》第 3.09e 节（对雇主的承诺）规定："社会工作者应采取行动，防止和消除在雇用组织工作分配及其就业政策和做法方面的歧视。"[1]

社会服务组织中员工的"类型"

在社会服务组织工作的人通常属于几个广泛的类别或"类型"。用于描述他们的标签让我们初步了解我们通常对其知识、能力以及其他属性的期望，并表明通常如何配置他们。专栏 8-1 中展示了这些"类型"的定义。

专业人员

在社会工作实践中，当提到一个组织的员工时，我们最有可能想到的是专业人员。在大多数关于社会工作实务的本科和研究生的教材中，都有关于社会工作作为一种专业的讨论。我们的文献中最广泛使用的两个引文[2]经常被用来讨论社会工作是否符合某一专业的标准。我们不会专门从管理的研究中抽出时间去讨论社会工作是不是一个真正的专业。在我们的讨论中，让我们假设我们符合"专业"这个标签，这是基于这样一个事实，即我们满足了大多数（如果不是全部的话）通常适用的标准。它们包括：

1. 通过成功完成高等教育课程掌握知识体系。
2. 来自该知识体系的专业知识（能力）。
3. 坚持共同的伦理准则。
4. 理想的服务强调服务对象的福利而不是自身利益。

专栏 8 - 1　社会服务组织内的人员 "类型"

1. **专业人员**——通过在高级课程中进行广泛的正式准备，获得了知识、价值观、能力以及证书（如执照）等，从而能够从事某些高技能工作的人。

2. **职前人员**——那些渴望成为专业人员的人，他们满足了成为专业人员的大部分（但不是全部）先决条件。由于缺乏所需的学位或其他学历，他们不能从事与专业人员一样的工作。大多数职前人员最终满足了成为专业人员的要求。

3. **辅助性专业人员**——接受过专门教育和培训，为完成有限数量的任务做好准备的人。他们一般不会渴望成为专业人员。

4. **本地非专业人员**——缺乏正规教育和专业人员资格证书的人，通常是辅助性专业人员。然而，他们有生活经验和/或文化认同，特别适合服务某些服务对象以及解决他们的问题。

5. **后勤人员**——在一个组织内执行某些必要任务的非熟练或半熟练雇员，例如文职人员、保管人员、维护人员等。他们不向服务对象提供直接服务，而是为提供这些服务的其他员工提供便利。

6. **志愿者**——那些出于各种原因免费提供时间和服务的人。他们可以在一个组织内执行许多不同的任务，执行何种任务取决于他们的教育程度、经验、意愿和组织需要。

对专业人员的期望

这些标准告诉管理者对社会服务专业人员应该有什么期望？管理者如何最好地利用他们的属性为实现组织目的和目标做出贡献？管理者应该能够期望他们对服务对象及其福利有很高的承诺。这是合乎逻辑的，因为正如我们已经提出的，社会服务专业人员认为服务对象应该是主要受益人（尽管这经常受到其他人的质疑）。作为专业人员，他们应该已经被一定的价值观和伦理行为社会化了，这些价值观和伦理行为应该与组织培养的价值观和伦理行为相一致。他们应具备社会工作教育委员会（见第一章）所概述的某些必要的能力。

与其他员工相比，专业人员应该能够在更少监督的环境下完成工作。在需要专业判断的情况下所获得的知识和技能，很可能正是他们所希望利用的。他们可能会寻求机会进一步促进专业发展，并从与其他志同道合的专业人员的定期接触中获得智力刺激。

特别是在在高度官僚化的环境下工作的专业人员中，组织要求与专业价值观和优先事项之间可能存在冲突。文书、规则、程序以及对沟通渠道和权威的关注，对于那些向服务对象提供服务的专业人员来说是干扰而不是促进，甚至令人恼火。专业人员可能会认为，他们的专业自主权会受到限制，专业判断的使用不受重视，甚至是不被鼓励。可以预期的是，他们会批评组织中的某些工作方式，特别是如果这些工作方式被认为与专业伦理和标准相冲突的话。

这可能是一种陈词滥调，但受过教育的专业人员确实是社会服务组织的"骨干"。只要他们积极地看待组织和自己的工作，他们就会成为组织有价值的资产。但是，如果专业人员对组织及其活动感到痛苦和不愉快，那么他们也会对组织的稳定性构成威胁。除非得到他们的支持、信任和尊重，否则管理者在工作中会遇到极大的困难。

专业人员的角色压力

专业人员也似乎特别容易受所谓的角色压力的影响。角色压力可以来自多个来源和方向。一个来源是服务对象的角色期望与专业人员对其角色的看法之间的差异。服务对象（和普通公众的某些部分）中一个常见的误解是，专业的社会工作者以现金或商品的形式提供有形的服务，他们的工作是为服务对象的问题提供具体和有效的解决办法。然而，我们常常对我们的工作有不同的看法。我们希望服务对象能够解决自己的问题，并变得更加独立。对于拥有不同期望的服务对象来讲，这可能会让他们感到沮丧。服务对象的挫败感和随之而来的愤怒，对于那些工作做得很称职但遭受怨恨的专业人员来说，可能是非常有压力的。

当专业人员不得不与那些不重视或轻视他们专业资历的人一起工作时，他们也会感受到角色压力。受雇于医疗场所或精神病院的社会工作者往往觉得他们的工作和意见不如医生或护士那样"真正的专业人员"的工作和意见受重视。

在与其他较低学历或不同学历员工相处的过程中，受过社会工作教育的专业人员也可能会感到角色压力。专业人员倾向于相信社会工作教育的价值。他们通常会投入大量的时间和金钱来获取这些信息，而且他们可能对其他人（例如，志愿者或者在其他领域拥有学位的人）表示不满，因为这些人正在执行他们认为自己更有资格完成的任务。

在医疗环境中，为降低医疗费用所做的努力给社会工作专业人员带来了相关但不同的角色压力。关于可以提供多少和何种援助的问题，往往是由对于社会工作甚至任何其他医疗保健领域缺乏专业资格的人所决定的。专业人员认为，缺乏相关专业技能的人，仍然可以对他们的病人能做什么和不能做什么产生很大的影响。

与督导者的关系也可能导致专业人员的角色紧张。与商业或工业中的督导者的角色不同，专业督导者对他们所督导的那些人的教育发展和情感支持负有重大责任（见第九章）。这可能使他们不适当地演变成顾问或治疗师的角色，给那些想要帮助而不是"治疗"的专业人员创造了额外的角色压力。但是，你如何告诉撰写你年度绩效评估报告的人，避开和别插手你的个人业务呢？如果督导者恰巧是来自另一个对督导角色的期望不同的学科，那么有可能会产生更严重的角色压力。诸如在许多医疗环境中使用的多学科治疗小组中，社会工作专业人员可以发现自己被注册为由护士或医生督导。他们可能受到一种他们既不想也不需要的督导，而且得不到他们所期望的——从一个对社会工作者的独特角色有深入了解的人那里得到督导。

职前人员

职前人员渴望成为专业人员，甚至可能致力于成为专业人员，但无法满足一个或多个专业要求（例如，额外的课程作业或完成独立研究）。职前人员可能已经中断了他们的正规教育，或者他们可能只是尚未通过某些考试（如州职业资格考试或其他认证），但无论如何这些工作都需要他们通过专业人员的考试。

从技术上讲，学生不是职前人员，因为他们不是真正的员工。然而，完成实地工作或实习的社会工作学生在很多方面都非常像职前人员。但是，不同之处在于，学生通常不会因工作得到报酬，并且也不能期望他们的工作量超过职前人员或其他领薪员工。

由于许多社会服务组织中的认证标准、许可证要求和各种其他服务对象"保护措施"，导致职前人员可以执行的工作量和工作类型各不相同。通常情况下，职前人员与专业人员的工作量相当（有时甚至更高）——他们只是不能做特定的事情，而且得到的报酬更少。职前人员可以（学生也可以）"改组"一个组织。因为他们还在学习，他们可能会问很多问题，其中一些问题可能专业人员也很难回答。他们可以提供新的观点和想法，这对环境相对稳定的组织来说特别有用，因为员工流动率低，员工的行为已经变得常规化，传统的做事方式可能不会受到挑战。职前人员有时会质疑规则、政策或程序，或者质疑为什么做出某些决定。因此，他们可以带来某些需要的变更，当然，他们的问题和挑战也会威胁管理者和其他员工或使他们难堪，因为他们可能已经陷入某种难以解释的行为模式中。

辅助性专业人员

与职前人员不同，辅助性专业人员通常不希望成为专业人员（虽然后来他们有时会改变自己的想法）。他们通常已经完成了一个相对较短的专业课程，并获得了学位或证书来证明这一点。这个学位或证书可能来自一所公立的两年制学校或技术学校，或者是一所当地的营利性大学，有时也有可能是完全线上教育的。有些人只是接受了雇用他们的组织所提供的短期指导课程，把他们从其他员工中挑选出来，因为他们具有"潜力"，而且有兴趣承担更多的责任。

通常我们将辅助性专业人员的准备工作称作培训，将专业人员的正式准备工作称为教育。辅助性专业人员通过培训能够履行某些有限的任务和职责。但是他们没有资格完成专业人员可以做的所有事情——他们做的只是一些更简单、更常规的事情。他们的决策权通常也是有限的。大多数专业学科现在都使用辅助性专业人员来执行曾经由专业人员执行的一些工作。比如医生有他们的护理人员和医疗技术人员，牙医有他们的卫生师和助理，律师有律师助理，护士有护理技师，教师有教师助手，等等。他们把专业人员解放出来去从事那些需要接受更高级的教育才能从事的更具挑战性的工作。

在社会服务行业中，近年来，我们看到了辅助性专业人员使用的增加。在一些组织中，强调节约成本的做法导致一些以前需要专业证书的职位降低了要求。随着这种情况的发生，管理者注意到，辅助性专业人员确实能够处理许多被认为需要专业学位的任务。毫无疑问，在某些情况下，越来越多地使用辅助性专业人员也使专业人员失去了工作。但是，没有失去工作的专业人员有时会欢迎他们的存在。例如，让社会工作辅助性专业人员来进行服务人员的记录、通过填写保险报销表来支付服务费用、接送服务对象、提供儿童护理，或者做一些专业人员认为耗时且与他们作为专业人员的角色不符的其他工作。

本地非专业人员

20 世纪 60 年代和 70 年代首次广泛使用的第三种非专业人员是本地非专业人员。在此期间，经常有人（通常是白种人、中上层阶级）批评社会服务机构的工作人员，他们不了解组织的许多服务对象及其文化的最新情况，无法与其保持良好的关系。与此同时，消费者运动也要求服务对象更多地参与组织决策。出于某些生活经历和/或员工特征的考虑，社会服务机构开始雇用本地非专业人员。雇用他们是一种既可以阻止批评，又可以让组织与被服务的人保持更紧密联系的方式。

近几年来，雇用本地非专业人员的主要原因是他们与服务对象拥有相同的文化经验，也因为他们的个人生活经历和服务对象所遭遇的问题相似。由于他们与服务对象的相似之处，人们相信他们能够更好地与服务对象进行沟通，并且与那些可能过着截然不同的生活的专业人员相比，他们将更容易被服务对象所接受和信任。有类似问题的本地非专业人员可以理解克服这些问题（例如，家庭暴力、愤怒管理问题、精神疾病或药物成瘾）的困难过程。他们不会被服务对象指责说不懂这是什么情况。如果他们已经克服了这些问题，他们也可以作为一个榜样，同时为那些仍在努力解决问题的人提供有价值的帮助。通常情况下，他们的信誉比那些从未"体验过"的人要好得多。然而，他们对服务对象的耐心有时也不如专业人员。他们战胜了困难与问题，但是无法理解别人为什么不能做到！

本地非专业人员也很可能理解并接触到该组织所服务的社区内存在的非正式和正式的权力结构。他们是可用于社区组织任务的宝贵资源，因为他们知道应该联系谁以及怎么与他们建立关系以便完成任务。

有时管理者雇用和使用本地非专业人员也有明显的政治原因，因为他们已经在社区内获得认可和信誉。虽然将他们用于这些目的本身没有什么错，但他们最宝贵的贡献是作为变革的工具。如果本地非专业人员对决策几乎没有真正的投入，或者他们的活动受到严格控制，他们很快就会埋怨组织。他们实际上可能损害组织在社区中的形象，特别是如果他们开始被仅仅视为"象征"或用来"装饰门面"。但如果使用得当并给予他们有意义的角色，他们可以帮助组织与服务对象保持联系，并成为组织与其服务对象之间的沟通渠道。这些都有助于促进及时的变革，确保组织所提供的服务是那些服务对象所需要和想要的服务，并且增加这些服务的提供方式被使用的可能性。

后勤人员

我们通常不太重视优秀的后勤人员的重要性。技术人员和文职人员可以使得工作顺利进行，也可能妨碍他人的工作。接待员可以向来访者和服务对象传达友善和关心，也可能传达烦恼和不感兴趣。保管和维护人员的工作同样可以对组织产生积极或消极的影响。

在担任管理者的过程中，社会工作者知道雇用和留住优秀的后勤人员的重要性，但他们在努力这样做时常常感到沮丧。社会服务部门往往因其在各级职位的低工资而声名不佳，这是招聘优秀后勤人员的一个障碍。当后勤人员被雇用时，如果他们有能力的话，他们通常很快就会转到其他的工作领域中去，比如医生的团队或者可以提供更好的薪水和额外福利的商业机构。但是，也有一些非常优秀的后勤人员留在组织中。管理者的任务往往是找出其他好处和无形的回报，以留住这些留在组织中的优秀的后勤人员，并努力去寻找更多的好处和回报。

我们的一个优势是，在许多社会服务组织中，我们能够为后勤人员提供其他部门无法提供的工作保障。在后者中，如果需要削减预算，后勤人员往往是第一个离职的。在社会服务组织中，我们会尽一切努力将忠诚的员工留在岗位上。

后勤人员可在非正式组织中担任具有相当权力的职位（见第六章）。例如，长期接待员代表着连续性及知识和经验的来源，当专业人员和其他员工来去忙碌时，其他人会求助于他。这是他们重要性的一种体现。这些人也经常对大量的信息和办公室政治有深刻的了解，这使他们的工作更有趣，同时也使他们成为管理者的宝贵资源，因为管理者可能无法接触到这些资源。

后勤人员所做的大部分工作都是没有趣味性而且不断重复的。如果管理者能够将多样性引进工作当中或者让后勤人员拥有更多的决策权（工作扩大化，如第九章所述），那么这可以使他们的工作更有趣。但考虑到对于某些性质的工作来说，引进多样性是不可能的，那么后勤人员有时会找到自己的方法，通过从事非生产性的活动，如社会交往或玩电脑游戏，来保持工作的趣味性。这些活动可能有助于缓解工作压力，从而使优秀员工留在岗位上。除非这些非生产性活动导致雇员无法完成工作或者给服务对象或公众产生不良的影响，否则就不应该禁止这类非生产性活动。

志愿者

有些组织严重依赖志愿者的使用，多年来一直使用志愿者。例如，成人红十字会志愿者、青少年义工以及其他志愿者，长期以来一直是医院病人服务的组成部分。积极参与志愿活动的人数继续增加。年轻人和"婴儿潮一代"的退休人员比以往任何时候都更多地参与志愿服务。像美国志愿队与和平队这样的志愿组织现在的排队名单比 20 世纪 60 年代以来的还要长。

益处

一个有积极的志愿者计划的社会服务组织有许多益处。其中最明显的是，志愿者可以以最低的成本完成重要的工作，从而使领薪员工可以腾出时间来做其他工作。然而，即使从经济的角度来看，他们也不是"免费的"：他们需要指导、培训和监督；他们可以得到免费的食物、制服或报销各种费用；他们通常会得到诸如节日聚会、志愿者表彰晚宴等礼节性的奖励，以及其他可能变得相当昂贵的"额外津贴"。

使用志愿者的一些益处与成本无关。与本地非专业人员类似，志愿者可以提高组织在社区内的信誉。他们可以为我们的服务对象提供有价值的沟通纽带。他们可以帮助打破高度专业化的组织经常遇到的一些文化障碍。服务对象进入社会服务组织，并把他们所认识的志愿者看作社区的一部分，那么他们就认为该组织是合法化的组织。志愿者也可以做一些领薪员工经常做不到的事情：他们可以提供"长期关注，一对一关怀，以及有计划地对社区进行资源投入"[3]。

一些来自联邦、州甚至私人来源的合同和拨款可能需要社区的参与。志愿者可以帮助满足这一要求。志愿者也可以通过其他方式提供帮助。一般而言，志愿者提供的服务时数可算作"匹配"——当该组织从一些外部来源获得大部分资金时，该组织有望为该项目做出的贡献。

潜在问题

在消极方面，许多使志愿者成为组织资产的特征同样也可能导致问题。由于没有得到报酬，志愿者的行为往往比领薪员工更难以受到组织的影响。管理者无法控制这些情况：
比如志愿者何时会突然延长家庭休假，或者仅仅因为家庭突发情况而不出勤或早退。他们在财务上与组织没有联系，其他组织也会随时欢迎他们的服务。

有些志愿者可能是退休的专业人员或辅助性专业人员。如果是这样，他们可能会发现很难适应自己的新角色，经常试图让别人"按照一贯的方式"做事，或者试图以其他方式

"干涉"其他员工的工作。

　　在另一个极端，缺乏专业教育的志愿者不像专业人员，甚至不像职前人员或辅助性专业人员那样被社会化为具有同样的价值观和伦理观。虽然指导和培训可以帮助他们得到这些信息，但有些人可能永远不会"得到这些信息"。问题一般属于"边界问题"（boundary issue）的范畴。例如，志愿者可能不完全了解保密的重要性，可能与组织外的其他人分享了敏感和保密的服务对象的信息。或者，与服务对象互动的志愿者可能不适当地试图提供建议或咨询。

　　志愿者也可能因关心服务对象问题或组织政治而提出大量问题或以其他方式占用过多时间，干扰领薪员工的工作。不应在办公楼以外的地方讨论领薪员工内部的问题，这对志愿者来说应该成为一个常识。当志愿者给组织造成这类问题时，管理者很快就会后悔使用这些志愿者。

志愿者的挑选

　　多年来，管理者从经验中认识到，认真挑选志愿者与挑选领薪员工同样重要，必须解决大多数同样的问题。例如，招聘将采用何种方法或在哪儿进行？领薪员工或现任志愿者的个人推荐可能是一个很有效的方法，但也可能产生很多缺乏多样性的志愿者群体。在报纸、布告栏或其他公共场所刊登广告，可能会吸引大量潜在的志愿者，其中包括一些显然不适合为该组织和/或其服务对象工作的人，因而不能被录用为志愿者。对潜在的志愿者说"谢谢，但不用了"是一件令人不愉快的事情，而且会损害组织在社区里的声誉。

　　想要做志愿者的人应该填写一份书面申请，其中包括一份签名声明，证明其中所载信息的准确性。他们还应该签署一份同意表，以便调查他们的历史背景。背景调查是非常重要的，因为志愿者经常与服务对象合作并作为组织代表。犯罪记录、驾驶记录、就业史和健康状况通常与工作相关，因此必须进行调查。然而，对他们进行背景调查可能会耗费大量的人力和物力，并可能引起伦理和法律问题。应聘者可能对背景调查感到不满，但优秀的潜在的志愿者会理解为什么它们是必要的，并乐于合作。抵制这些调查的人可能正好有东西需要隐藏！

　　人们从事志愿服务有很多不同的理由。这些理由可能是"好的"，但也可能是错误的（例如，企图将其社会或宗教价值观强加于他人）。志愿服务的原因往往反映了一种个人需求和利他主义的混合，有时很难确定主要的动机。有些志愿者可以享受到专业工作环境所提供的智力刺激，有些可能因为成为团队的一员而获得相当大的满足感，有些则主要寻求工作环境所能提供的社会互动，还有一些人认为志愿服务是其宗教信仰的义务。学生们从事志愿服务可能主要是为了满足某门课程的要求，或者因为申请大学时这看起来是一个不错的加分项。

　　志愿服务的利他理由可能包括强烈需要帮助他人的愿望或希望为社区贡献自己的一份

力量。志愿者也可能坚信，他们应该为社会变革做出贡献。其他人可能希望分享他们多年来所学到的东西。有时，志愿者希望做一种"忏悔"，即为他人做一些他们从来不愿意为身边的人做的事情。即使他们的目的是以这种方式减轻个人的内疚感，这对一个组织来说也不一定是坏事。

志愿者，就像领薪员工一样，可能在工作中变得很情绪化，以至于他们觉得工作压力过大。有时这是因为一些最近的生活经历导致的。例如，这就是为什么临终关怀计划通常不会使用一些最近经历过亲密朋友或亲戚去世的志愿者。

当潜在志愿者接受面试时，重要的是要设法确定他们正在寻求什么。然后，可以评估这些志愿者的存在是否有利于或阻碍组织实现其目标。简而言之，他们的目标是否与组织的目标契合。如果管理者没有认识到志愿者的动机是复杂的，而只是把他们分配到有需求的任务中去，就好像他们是有报酬的员工一样，那么管理者很快就会发现自己很难招聘到或留住志愿者。大多数社区都有一个有效的志愿者沟通网络——事情很快就传开了。

协调志愿者的工作

志愿者动机的复杂性（我们唯一能确定的是他们不是为了钱）可能限制他们能做什么和将做什么。一般来说，志愿者希望做他们想做的事（与他们的动机一致的工作），并会强烈抵制或干脆拒绝做其他任何事情。与领薪员工不同，他们不必做那些不那么令人愉快的工作。如果被逼得太紧，他们就会离开组织。（对于那些表现不佳的志愿者，管理者或志愿者协调员有时会故意挑起这样的反应。）

有些任务，就其本质而言，是吸引志愿者的。有的任务没这么有趣，因此很少人会接受。例如，在医院里，通常不缺少志愿者来给病人读书、送花或者只是陪伴他们。更艰苦或回报更低的工作，如协助康复治疗，通常不被志愿者接受。幸运的是，这种复杂的驱使人们去从事志愿工作的需求，导致志愿者的喜好变化很大。一些对于大多数志愿者来说表面上不具有吸引力的工作可能与其他一些志愿者的需求很匹配。一旦他们意识到他们所拥有的无形回报，他们就会拒绝做其他任何事情。例如，临终关怀志愿者或艾滋病患者的"兄弟"或"姐妹"志愿者报告说，他们从工作中获得了极大的满足感。

189 志愿者在社会服务组织中的作用差别很大。他们可向服务对象提供有限的和专业督导的直接服务，参加公民行动小组，在非营利组织的咨询委员会中任职，参加自助或互助小组，或者做一些需要做的文书工作、半熟练工作，甚至是非熟练工作。任务的性质将决定所需的培训、教育和督导的数量。所有的志愿者都需要熟悉组织，需要了解并遵守其政策、规则和程序。

规模较大的志愿者项目通常雇用一名全职员工（一名志愿者协调员）来督导志愿者工作。即使只有两三个志愿者的志愿项目，也需要一个明确指定的人员来督导他们，并使他们的工作与领薪员工的工作相协调。

　　志愿者协调员的工作常常落在某个社会工作者的肩上。如果一个组织有大量的志愿者，那么它可以是一个全职的工作，或者在较小的项目中，它可能只是社会工作者的工作职责之一。要成为一名志愿者协调员，需要有管理者的知识和技能以及有能力做大量的协调工作。例如，领薪员工需要做好准备，即工作需要符合志愿者的期望，需要有效和适当地提供与志愿者合作方面的指导。同样，志愿者在受到剥削或不公平对待的时候，需要一个能够理解他们并保护他们的支持者。

　　志愿者需要书面合同和职位描述。协调员还应定期评估他们的工作，并支持改善他们的工作。必须保存人事记录，以记录其对组织的贡献，并记录可能采取的人事行动。例如，如果证明志愿者对组织及其服务对象来说是一种负债而非资产，则应解雇该志愿者（见专栏8-2）。（是的，志愿者有时也不得不被解雇。）

专栏 8-2　　志愿者协调员的一些职责

● 如果以前没有使用过志愿者，则让领薪员工参与招聘计划，让他们为预期的情况和如何联系志愿者做好准备。

● 制定并提供志愿者职位描述和书面合同，在试用期期间还要进行相互评估。

● 引导和培训志愿者

● 督导、"浇灌"、保护志愿者。

● 定期确认他们对组织的贡献。

● 定期进行绩效评估。保留记录：

　　可能的人事行动。

　　他们对组织的贡献。

开始一项使用志愿者的计划

　　志愿者现在是许多社会服务组织和项目的重要组成部分。然而，一些组织的管理者却选择不用志愿者。在决定志愿者是否能够代表一个组织的资产时，除了志愿者明显的财务优势，我们还应该看到他们别的潜质。领薪员工可能会抵制使用志愿者。然而，在选择使用志愿者之前，各组织的抵制程度往往因组织文化（文化规范）而有所不同。[4] 在使用志愿者之前，组织可能会提出许多问题。例如：

190

　　1. 有哪些任务适合现有志愿者的需要和利益？这些任务是否容易被界定，并与领薪员工的任务区分开来，从而使领薪员工的"地盘"不受威胁？

　　2. 领薪员工接纳志愿者为有价值的团队成员的可能性有多大？领薪员工对志愿者的员工特征及其志愿活动动机的容忍程度如何？

3. 是否有人有兴趣并有能力成为志愿者协调员？其他员工是否致力于志愿服务，并愿意分享通过专业教育所获得的一些知识和技能？

4. 组织氛围是否能够容忍志愿者可能带来的不确定性和不同观点的不断增加？领薪员工如何接受志愿者质疑当前做法的不懈努力？

有些情况似乎会使组织对志愿者的使用提出异议，但这些情况并不一定会妨碍志愿者的使用。这些条件也不会永久性存在。例如，可以帮助领薪员工改变一些信念和态度，否则这些信念和态度可能会限制志愿者的使用。有时只有志愿者的存在才能说服那些最抗拒他们存在的人。然而，引进志愿者这项工作应该逐步进行。有时，成功的第一步应该是先使用两三个精心挑选的志愿者来进行实验（至少是两个人相互支持），把他们放在一个能够有效激发他们最多成功潜力的位置。而后，当领薪员工认识到他们的良好工作绩效时，可以雇用更多的这类人员。但是，只有在有足够的有意义的工作可供他们做的情况下，这项工作才能逐步完成。是的，一个组织可以有很多志愿者！

案例

约琳（Jolene）最近被雇用为当地社区心理健康中心的治疗师。当她被录用时，大家一致认为，像以前在她的职位上任职的拥有社会工作专业硕士学位的社会工作者一样，她的工作量也会减少。但是，她的职责还包括担任志愿者协调员。该组织通常有 8 到 12 名志愿者，他们是从该组织所服务的社区招聘的。他们的主要工作是在患者接受咨询时为其子女提供儿童照顾。一位名叫克莱尔（Claire）的志愿者拥有社会工作专业硕士学位，她曾在一家住院心理健康机构工作了 30 年，最近退休，她被认为是儿童性虐待受害者专家。作为一名志愿者，她目前一方面是承担着少部分工作量的治疗师，另一方面在需要额外帮助时提供儿童照顾。

在开始新工作后不久，约琳从她的一位同事梅·贝尔（May Belle）那里得知，以前担任过她工作岗位的社会工作者并不是自愿辞职的（正如她所相信的那样），他是被要求辞职的。约琳问为什么。贝尔回答说："他通常会拒绝处理我们对某些志愿者的抱怨，而他们中的一些人正在做的一些事情是真的不专业。"

"比如说呢？"约琳问。梅·贝尔回答说："好吧，比如说一个已经辞职的志愿者，她一直在说她算是半个夏延（Cheyenne）人。她会穿着最时髦的服装出现，比起在我们诊所工作，她看起来更像是准备要在雨中跳舞。另一位是个年长的中国女士，她总是责备病人，如果不给孩子穿暖和点儿，他们的孩子是会生病的。她甚至去拉孩子们的裤脚，以确保他们的裤子足够长来盖住他们的腿！谢天谢地，她也走了。你的上一任工作者只是不想和他们打交道。"

就在这之后不久，约琳收到了她的第一个投诉，是关于一些志愿者的。两名治疗师向她报告说，在提供儿童照顾服务时，志愿者问了孩子们许多问题，比如他们的父母触摸他们的方式是否让他们感到不舒服，是谁给他们洗澡，以及其他一些问题，以了解他们是否受到过性虐待。病人们把这些情况告诉了自己的治疗师，显然他们是很生气的。一些人病人甚至威胁说要终止治疗。

约琳要求私下跟克莱尔谈谈，以便了解这些投诉是不是真有其事。克莱尔的回答是："我从来没有真正见过这种事情，我只在孩子需要额外的帮助和不去照顾其他病人的时候才去照顾他们。我想有可能——我确实和一个孩子谈过很多次，后来我才知道他是被他母亲性虐待的。然而，我按照书上写的做了，就像我们受到过的训练那样，没有给他施加压力或灌输任何想法。"约琳问当她和这个孩子说话的时候，是否被其他志愿者听到，克莱尔回应说："我想他们可能有，但我从来没有建议他们做这种调查。"

约琳迅速采取行动解决眼前的问题。她进行了她所描述的"复习指导"，要求所有志愿者参加。她感谢志愿者们的贡献。她着重强调了他们正在做的事情——儿童护理——的重要性以及如何做才能使患者有可能接受心理健康专家的治疗。她还强调，病人的诊断和治疗必须交给专业人员负责，他们是最清楚如何做到这一点而不会给组织带来任何法律危险的。当被要求针对她所说的举例时，她提供了一个例子。她指出，询问孩子在家里被怎么对待是不合适的。然而，如果志愿者根据他们所观察到的情况对这个问题感到担忧，他们应该与孩子父母的治疗师讨论这个问题，并让他或她来解决这个问题。在接下来的六个月里，再也没有关于志愿者的抱怨了。

问题讨论

1. 继续使用克莱尔作为治疗师和儿童护理志愿者是个好主意吗？为什么？

2. 当治疗师对志愿者向儿童提出的问题表示关注时，他们对使用志愿者的常见问题有何描述？

3. 你认为约琳是如何处理这个问题的呢？制定一个规则或政策，简单地写在给所有志愿者的备忘录里，这样会不会更好？为什么？

4. 知道前任志愿者服务主管所遇到的一些问题，为什么对约琳是有帮助的呢？雇用她的管理者如何能在不直接讨论前任志愿者服务主管的工作质量或他没有被要求辞职的情况下向她传达所需要的信息？

5. 以前的协调员对于所收到的关于志愿者的投诉没有采取任何行动是否正确？为什么？

6. 根据贝尔对专业人员向前任协调员提出的一些投诉的描述，该组织还存在哪些其他问题？约琳的工作就是解决这些问题吗？为什么？

什么是最佳组合？

对于适合任何特定组织的每种员工类型，没有任何公式或秘诀可以提供确切比例。即使我们能够获得这种知识，就在我们成功地实现最佳组合的时候，组织的需求也会发生变化，我们无论如何都要改变人员配置。然而，作为管理者，如果我们认识到影响一个组织中不同员工类型之间的良好平衡的那些问题，我们将做出更好的人员配置决定。

哪些员工类型的组合将最有利于有效地向组织的服务对象提供服务？对一些组织来说，掌握大部分专业技能并能营造"专业化"的环境的员工是最合适的人选。例如，在许多医疗环境中，高级学位和办公室墙上的证书，谨慎地使用诸如"医生"这样的头衔，着装规范，甚至（有时）穿白大褂，可以帮助服务对象确信他们正在接受最好的治疗。在其他地方，例如社区服务组织，有很高比例的职前人员、辅助性专业人员、本地非专业人员和志愿者以及只有少数专业人员可能是理想的。这种不那么专业的组合可能会创造一个更加轻松、悠闲的工作环境，这种环境强调服务对象和员工之间的相似性，同时仍能体现出足够的专业精神并坚持专业伦理标准。在其他组织中，最好的组合介于两者之间。

管理工作场所中的多样性

21世纪以来组织内部发生了巨大变化，工作场所已经变得比十年或二十年前更加多元文化了。组织内仍然有领薪员工和志愿者。员工在教育准备、一般职务分类或对工作的态度方面仍然存在差异。但是，如果管理者希望了解组织内员工行为的复杂性，其他差异即使不是更重要的，也往往是同样重要的。

多样性的类型

罗森纳（Rosenor）[5]确定了两种不同的多样性类型：初级多样性和次级多样性。初级多样性是指那些无法改变的形式。它们并不反映个人的"选择"。初级多样性包括年龄、种族、身体能力或残疾以及性取向。次级多样性（或多或少）反映了个人所做出的选择。次级多样性的例子是婚姻状况、父母身份和宗教信仰。

社会工作者通常能够理解多样性及其员工行为的重要性。在专业教育中，我们被教导要懂得欣赏和重视多样性，并赞同多样性给社会及其机构带来的丰富性。然而，正如任何积极的变化一样，组织内部多样性的增加会带来一些潜在的问题。管理者要能预见到这些情况并能影响工作环境，从而至少将其最小化。这不是自然而然的事情，我们必须使自己对文化和其他形式的多样性保持敏感，并学会如何与它们合作。

员工之间的多样性

朗格雷斯（Longres）指出了多样性最大的潜在问题：冲突加剧。在讨论社会工作教育的一个问题时，他指出，"多样性不是一种固有的善，也不是一种固有的恶。多样性只是社会生活中的一个事实。正如我们在社会工作文献中经常看到的那样，多样性带来了财富，但它也不可避免地导致了冲突"[6]。阿萨莫阿（Asamoah）就各组织内部多样性的影响提出了类似的意见。她说："尽管文化、性别、生活方式和价值观的混合可能有利于和刺激组织的成长发展，但它也可能导致冲突。"[7]我们在第三章中指出，管理理论家多年来对冲突持有不同的态度。一些古典理论家认为，如果组织管理良好，冲突是不会存在的。后来的理论家认为冲突是不可避免的，但它可以被控制在合理的范围内，管理者甚至可以有效地利用冲突。管理者的一项艰巨任务是确定：（1）何时存在与多样性有关的冲突；（2）对组织来说何时是有利的刺激，何时是不利的刺激。

管理者如何知道多样性何时成为组织的一个问题而非一项资产？有很多警示标志。它们表明，多样化的组织氛围不是有利的，并将继续助长冲突。例如，管理者可能注意到：

- 在某些群体如妇女或残疾人中，员工的流动量不成比例。
- 雇用某些群体的人很困难；他们甚至可能同意接受一份工作，然后改变主意。
- 员工似乎很乐意开一些玩笑，或是诋毁某些群体的外表、风俗或信仰。
- 员工似乎会避开那些需要他们与和自己不同的人一起工作的任务，并且愿意与那些与自己最相似的人"聚集"在一起。
- 经常发生的错误似乎是由于员工对文化差异的误解造成的。
- 员工向督导者抱怨同事间的文化差异（例如，服装、发型、口音和宗教饰品），而这些差异并不影响员工对服务对象提供服务。
- 某些群体的成员不会被邀请参加非正式的社交聚会，或者，如果他们被邀请了，他们只与同一群体的成员进行互动。
- 某些群体的成员不愿参加员工会议或其他会议。即便他们出席会议，他们的意见和贡献也会被其他员工忽视或"打折扣"。

有几个相关的术语对希望提高跨文化效率并创造一个以多样性著称且对组织有利的工作环境的管理者有帮助。文化知识是第一步。它只需要人们简单地熟悉其他群体的价值观、信仰、历史、习俗和行为。例如，管理者需要了解某些对犹太人、穆斯林、印度教徒等员工具有重大宗教意义的日子。其他一些重要文化差异的例子包括关于守时、个人空间、个人与群体的权利、哪些问题被认为过于个人化、用餐方式以及对年龄或权威的尊重的态度和信仰。文化意识包括学习文化知识，并利用文化知识增进彼此间的相互理解等。它带来了开放性和灵活性。例如，管理者可以了解某些宗教仪式对特定族裔群体的重要性，并用这些宗教仪式来提醒其他员工它们的重要性和尊重它们的必要性，就像我们在圣诞节或复活节等人们更熟悉的基督教节日中所学的那样。管理者还将通过避免安排重要会议或其他可能干扰参与重要宗教仪式的活动来树立文化意识。然而，管理者最终的目标是超越文化知识和意识，达到另一个层次，以显示某种能力。这就是所谓的文化能力。拥有文化能力的管理者采用一套协调一致的行为、技能、态度和政策，使组织和多样化的员工能够有效地合作。文化能力要求定期评估组织氛围，以确保服务对象和员工之间的多样性，并根据指示对政策、结构和组织体系进行更改。

我们的例子，宗教仪式，只是众多领域中存在重要差异的一个领域。在不同的文化和不同的群体中，肢体语言、身体接触、手势，甚至是眼神接触的存在与否，都有非常不同的含义。某些行为或错误的措辞很容易冒犯或误导员工。有效的管理者首先要通过学习他人对赞美、侮辱、羞辱等的定义（文化知识），来开始培养文化能力的过程。然后，他们向其他员工进行宣传，并经常通过实例传达信息，即他们在处理这些问题时应保持开放和灵活（文化意识）的态度。他们还宣扬差异只是一种存在的观点——它们既不好也不坏，通常被称为文化敏感性。

除非管理者培养文化能力并在工作场所推广文化能力，否则员工很可能对与自己不同的人的行为做出消极的解释。然而，即使在某些方面不同的同事表现出与他们相同的行为，员工仍然可能对其做出负面评价。从历史上看，在男性主导的组织中，这一直是女性所面临的问题。这无疑强化了许多妇女所经历的"玻璃天花板"（glass ceiling），她们试图进入更高级别的管理职位，但被拒绝了。对女性行为的不同（消极）解释被用来作为拒绝女性工作而将这一工作机会提供给男性的理由。这里有一些例子说明了即使是当一个男性和一个女性实际上以同样的方式行事时，这种情况是如何发生的：

- "他很自信"；"她很有侵略性"。
- "他是一个完美主义者"；"她很挑剔"。
- "他要求很高"；"她只是在发牢骚"。
- "他过度劳累"；"她一定有经前期综合征（PMS）"。
- "他坚持不懈"；"她不知道什么时候该辞职"。
- "他是一个有原则的人"；"她真的很固执"。
- "他是完美的政治家"；"她只会闲聊"。
- "他说的是他的想法"；"她太固执己见了"。
- "他知道如何完成任务"；"她只会操纵别人"。
- "他是一个有魅力的人"；"她太妖媚了"。
- "他以工作为重点"；"她缺乏社交技巧"。

多样性和种族中心主义

随着组织内部多样性的增加，管理者可能面临员工的抱怨，这些员工将文化差异（如着装、讲话或个人卫生等）称为"不专业"。（与出于个人恩怨的批评相比，这是一种更能被社会所接受的批评他人的方式。）在这种情况下，管理者可以有把握地认为，许多抱怨很可能是一种民族中心主义，即倾向于根据自己的文化、生活经历以及价值观来判断他人的行为和品味。如果确实是这样，管理者有责任帮助抱怨者理解他们为什么会被文化差异所冒犯，并帮助他们变得更具文化敏感性。

虽然向员工指出组织中有民族中心主义是一项艰巨的任务，需要相当的机智，但对管理者来说，如果员工之间的差异可能确实会阻碍某员工与同事或服务对象建立有效的专业关系的话，处理起来更棘手。我们愿意相信文化差异无关紧要，但在极端情况下，它们确实重要。例如，某些脏话在某位员工的亚文化中是日常用语，但是对他的一些服务对象来说却是冒犯性的，可能导致他永远无法与他们建立治疗关系。或者，另一位专业人员可能会遵循她以前文化中完全可以接受的个人卫生标准，或者以一种与她以前文化中的宗教规定和妇女的"地位"相一致的方式穿着打扮，但在西方文化中这可能会阻碍与服务对象的合作。

在上述两个例子中，差异可能无关紧要。但如果他们这么做了呢？如果服务对象总是无法超越文化差异去看待那些希望帮助他们的知识渊博的人呢？作为管理者，帮助我们的服务对象对文化差异更加敏感并不是我们的责任（尽管这可能是他们治疗的目的）。在这种情况下，管理者可能需要与员工讨论文化差异可能对他们与服务对象合作的效率产生影响的方式。即使巧妙地做到这一点，管理者可能也会引起愤怒，甚至是面临歧视的指控。然而，我们必须再次指出，组织的主要受益人应该是我们的服务对象。尽管这可能令人不悦，但管理者有责任采取必要措施，以确保他们尽可能获得最好的服务，从而最大限度地提高他们从中受益的可能性。

管理者之间的多样性

作为管理者，如果我们在很多方面与大多数或者是全部的员工不同呢？管理者自身的人口统计学特征及其生活经历会影响他们有效管理的能力。知道我们是谁，以及组织中的其他人是如何看待我们的，这有利于我们理解和预见组织中出现的某些问题，有助于解释为什么人们会对作为管理者的我们有不一样的反应。它还可以帮助我们理解，为什么作为管理者我们有时会轻易地获得成功，有时却会遇到来自员工的阻力、怀疑、怨恨和其他对完全合适的管理要求或行为的不理想的反应。了解影响管理的人为变量也可以为管理者提供一些提示：在组织中，具有不同人口统计学特征的人必须进行有效的互动，而管理者如何做才能克服组织中的某些个人仇恨。

管理者的人口统计学特征无疑会影响其管理能力。事情不该如此，但事实的确如此。在组织中，就像在任何社会制度中一样，我们是男性还是女性，是同性恋、双性恋还是异性恋，是年轻人还是老年人，都会导致差异。如果我们是某一族裔群体的成员或者我们身体残疾的话，影响更大。

管理者作为女人或男人或白人、非裔美国人、拉丁裔美国人、美洲土著人或其他群体成员的身份可能会影响员工与他或她的关系——这是一种区别对待。最初，它可以是一种优势，也可以是一种劣势，部分取决于他或她是否被认为与其他员工相似或不同。随着时间的推移，容易出现的情况几乎总是后者。

区别对待、偏见和模式化观念

区别对待其实是一个中性词，它是识别差异的活动。作为从业人员、管理者以及与更高级管理者有关的员工，社会工作者需要认识到人与人之间的差异，并适当地把这些差异联系起来。承认差异对于良好实践和良好管理是必要的，这一点在前几章中曾强调过。作为管理者，差异使我们能够理解个体员工的特殊属性，并最有效地利用这些特性。同样重要的是，员工要区别同管理者的关系；也就是说，他们必须能够认识到管理者的特点，即这些特点使他们成为独一无二的人，并了解如何最好地与管理者建立联系。然而，正如我们所知，区别对待更有可能产生消极的后果，而不是积极的结果。承认和欣赏差异（积极的区别对待）与承认差异和基于这些差异得出错误的结论，并基于这些结论以不好的方式对待人们（消极的区别对待）之间有很大的区别。后一种形式的区别对待是社会工作者最常看到的，也是他们为促进社会正义而经常需要努力面对和消除的。

我们知道，所有类型的员工都遭受了多种形式的消极区别对待。担任管理者的社会工作者是否也会成为针对他们的消极区别对待的受害者？当然会。关于妇女、种族和族裔多样性管理者的问题的文章和著作很多[8]，我们将在本书中简要讨论这些问题。为了更好地了解影响管理者及其员工的消极区别对待形式，有必要考查两个相关术语，即偏见和模式化观念。偏见被定义为"基于个人属于少数群体而针对个人的人际敌对"[9]。它与基于群体成员对人的消极感觉或态度有关——例如，因为他们是老年人、同性恋、非裔美国人、女性、残疾人等等。模式化观念与偏见密切相关，但有差别。它产生于认知功能（而不是情感功能）。模式化观念可以定义为"一种标准化的、过度概括的心理形象，它代表了一种基于个人被感知的群体成员身份的非批判性判断"。模式化观念否认或不承认个体差异。它假定"他们都是一样的"。

传统上，我们倾向于认为，消极的区别对待（以一种不太可取的方式对待他人，其依据是他们被视为属于一个特定群体）之所以发生，是因为人们持有偏见，导致他们陷入模式化观念。在他们关于这一主题的经典著作中，杰克·莱文和威廉·莱文（Jack

Levin& William Levin）对这一观点提出了异议，他们认为消极的区别对待可以带来回报（经济、社会、心理方面），认为我们是在用模式化观念和偏见来为消极区别对待的做法进行辩护。[10]他们的立场在我们的管理学研究中有一定的说服力。对于白人男性来说，将女性或某些种族或族裔多元化的人视为组织内的二等公民是否有利可图？"女性不能成为优秀的管理者"或者"非裔美国人不能监督白人"这样的模式化观念，是对白人男性有益的区别对待做法的合理化吗？也许是这样的。区别对待是由偏见造成的还是会导致偏见，是一个有趣的哲学问题，但对于管理者来说并不是一个特别重要的问题。重要的是要认识到，在组织中一个人的身份会影响这个人在不同级别上作为管理者的工作能力。我们需要认识到偏见、模式化观念，最重要的是，区别对待可能影响我们的管理能力，以及影响他人完成工作的能力，因此，我们要尽量减小区别对待对员工的影响。

消极模式化观念和区别对待

通常，当我们想到区别对待时，我们会想到一种行为，这种行为排斥或否定人们获得他们有权得到的东西。明显的拒绝形式，例如区别对待的工资等级和有限的晋升机会，已经尤其影响到在社会服务和所有其他就业市场部门的妇女和其他人。毫无疑问，社会工作者的管理能力受到他们所得到（或没有得到）的报酬，以及他们对自己晋升潜力的认识的影响。但是，最直接影响到人们履行其管理职能能力的是拒绝提供他们工作所需的信息。例如，如果上级或下属不向女性管理者提供组织内特别混乱的情况细节，就会妨碍她做出与之相关的良好管理决定。不提供或限制信息的这种做法可能是故意的，旨在阻碍她作为管理者的能力。也可能是源于家长式的作风，基于对她"敏感"或"情绪化倾向"的模式化观念，不提供信息可使她免于难堪。也可能是由于她没有"老男孩网络"的会员资格——周五下午下班后，经过一轮高尔夫球的时间或者男性之间非正式的交谈就能获得有用的信息。

缺乏与管理者、同事和其他员工的非正式社会联系对妇女或少数种族或族裔群体成员来说可能是一个很大的问题。当然，如果组织中的男性社会工作者感到自己在社会上被占主导地位的女性员工阻断了非正式联系，那么他们就会遭遇同一类型的信息缺失。管理者只有掌握良好的信息（以及很多信息）才能把工作做好。通过备忘录和其他类似的沟通工具进行正式沟通，不足以"保持领先"，也不足以做出合理的决策。管理者需要非正式沟通，社会孤立往往使他们无法获得有用信息。

作为管理者的社会工作者面临着与他们的员工相似的问题——基于他们的人口统计学特征对他们行为的解释和看法。他们可能正在做的或说的正是其他管理者正在做的或说的，但会以同样的方式被感知吗？例如，由于长期以来针对女性管理者的消极模式化观念，即认为她们对员工培养过度，因此她们对新员工辅导所付出的努力被认为是"出于需要"。同样，对员工能力不足而感到愤怒的年长管理者们可能有正当的理由对被解雇的员工进行适当的训斥，这仅仅是他们变得"年老易怒"的又一迹象。非裔美国管理者们可能会适当地执行规定和程序，其解释是为了满足一些内部需要，即对白人员工实行控制。一名白人男性管理者努力支持和帮助一名女性员工的工作，可能被认为是家长式的或居高临下的作风，更糟糕的是，可能会被认为是试图与她建立不适当的个人关系。

无论管理者的性格如何，员工都不可避免地会陷入一些基于管理者人口统计学特征的模式化观念。遗憾的是，模式化观念往往伴随着消极类型的区别对待。这可能导致管理者得不到应有的重视，也可能导致同事或他人对他们做出某些错误性的假设，并且这些错误性的假设只会导致在与员工互动时出现问题。当督导者、同事和下属与作为群体成员的社会工作管理者联系在一起且未能意识到管理者的独特性时，麻烦就会发生。其他一些基于管理者群体成员的危险和错误的模式化观念的例子可能包括：

- 管理者（年轻女性）并不真正需要这份工作，她很快就会怀孕并离开。
- 管理者（身体残疾）得到了满足平权法案要求的工作。
- 管理者（白人男性）并不是这份工作的最佳人选，但他通过"老男孩网络"得到了这份工作。
- 当工作量越来越大时，管理者（年龄大的员工）将无法承受其压力。
- 管理者（年轻的员工）不够成熟，不能督导年龄大的下属。
- 管理者（拉美裔）被雇来安抚拉美裔社区，但是很可能对管理一无所知。
- 这位管理者（前选美冠军）不太聪明，很可能因为她的外表而被雇用。
- 管理者（本土美国人）可能有酗酒问题。
- 管理者（男同性恋）更关心的是同性恋问题，而不是组织的工作。
- 管理者（退休军官）可能思想僵化，不懂变通。
- 管理者（犹太人）会对其他犹太裔员工表现出偏爱。
- 管理者（北方男性）粗鲁而迟钝。
- 管理者（南方男性）保守，并且是个种族主义者。

无论管理者拥有什么样的人口统计学特征，员工都会不可避免地持有一些消极的模式化观念。模式化观念会鼓励一些行为，这些行为会损害人的管理能力，并有可能侵蚀对良好管理来说非常重要的信任。管理者应该能够满足他们作为管理者的角色期望，使其行为动机不会被员工误解。但同样，事情应该如此，却实际上并不一定如此。

199 "积极的"模式化观念和区别对待

在这一点上，我们所有的模式化观念的例子都是消极的。当然，较少的时候，基于管理者的人口统计学特征的错误模式化观念可能是积极的。例如，年龄大的管理者最初可能被认为是非常有知识和经验的；退休军官可能被认为是个好领导；可以假定女性或美国本土管理者拥有"战胜困难"的能力并在组织中晋升；亚裔管理者可能是个数学奇才；白人男性可以被认为有充分的资格来督导所有的女性员工；年轻的管理者可以被认为有旺盛的精力；有 15 年经验的督导者肯定真正了解自己的工作；等等。这些模式化观念至少在短期内对管理者有利。员工可能尊重并敬重管理者（积极的区别对待），因为他们认为自己对管理者的看法是符合实际的。但是，如果管理者并不符合他们模式化的看法，又会怎样呢？个人可能不具备他们被认为具有的那些品质；他们作为管理者的能力可能存在于其他地方。当人们发现模式化观念（即使是积极的模式化观念）在现实中毫无根据时，也会导致失望、幻灭和愤怒。然后，员工可能以不太可取的方式（消极的区别对待）对待管理者。

除了作为管理者的人口统计学特征，管理者还应该帮助员工看到自己其他方面的特征。这并不是说良好的管理必然意味着我们应该对员工"敞开心扉"，或者透露比我们希望透露的更多的个人信息。然而，它确实表明，管理者对员工应该持开放的态度，即他们的管理理念、管理风格，有时人们甚至认为他们作为管理者的弱点和长处都应该对员工进行说明。员工会寻求一种有把握的工作环境，他们想知道他们可以从管理者的行为方式中得到什么，而不是去依赖那些可能是基于管理者特性的错误的模式化观念的假设。

让员工看到并认识到自己的独特性，可以减轻管理者的一些负担，因为他们往往是模式化观念、偏见和区别对待的受害者。21 世纪的社会工作管理者不得不设想对女性和少数族裔群体管理者来说，会持续产生一些特殊问题。但幸运的是，目前正在进行大量的实证研究，这些研究能为处理这些问题提供见解和帮助。

工作场所中另一种形式的多样性

人们在如何开展工作上受到超越其教育成就或性别、种族、文化归属等因素的影响。任何针对人的分类，即使有时可以帮助解释某些现象，如个人的特定行为，都是一种潜在的危险和误导性活动。这也可能是一种模式化观念！不过，寻找另一种办法对员工进行分类仍有一定价值，这种办法在商业文献中已被讨论多年。

阿尔文·古尔德纳（Alvin Gouldner）多年前的研究表明，领薪员工（他不研究志愿者）倾向于分为两类。他称一类为"本土主义者"，称另一类为"全球主义者"。他提出了三个标准来确定一名员工是本土主义者还是全球主义者：（1）个人忠诚的对象；（2）他们的主要参考群体；（3）他们对技能的熟悉程度。[11]

本土主义者对组织负有首要的忠诚。他或她的主要参照组是组织结构图上的他或她的直属督导者，无论该督导者是否受过相同的教育。本土主义者对自己的纪律技能的投入相对较低。例如，如果组织提供晋升机会使他们的工作从使用专业技能转向对其他员工进行督导，本土主义者就会热切地接受。

全球主义者具有相反的特点。他们首要的忠诚是针对其专业及价值观。例如，如果组织的要求与其专业价值观或伦理发生冲突，他们将采取与后者一致的立场。他们的主要参照组是他们的同行专业人员。对于一个全球主义者来说，同事对其工作的看法比一个受过其他学科教育的督导者的看法更重要。全球主义者都高度重视专业技能，并表现出使用这种技能的愿望。例如，他们可能对晋升管理的职位不感兴趣，因为在这个职位上，他们再也不能实践在专业教育中所学的技能。

当然，本土/全球主义的类型学是对现实世界的过度简化，有些人称之为错误的二分法。例如，许多人似乎同时具有本土主义者和全球主义者的某些特征。少数人这两种特征都没有，他们似乎是自私的，除了自己以外，他们对任何事情都不忠诚，不重视别人的意见，对专业技能和在组织结构中的提升几乎没有承诺。

尽管古尔德纳类型学有一些例外，但我们可能都认识符合其中一种或另一种描述的人。全球主义者并不一定是比本土主义者更为理想的员工，反之亦然。他们都对组织有贡献。这两种情况对管理者来说都代表着风险和潜在的问题。

本土主义者可能会毫不犹豫地做他们被告知要做的事情，他们想取悦他们的直属督导。他们不太可能就为了满足组织要求对职业道德进行辩论。如果要求他们执行超出职位描述的任务或超出他们所谓的专业领域的工作，他们通常不会反对。本土主义者也倾向于在一个单一的组织内开展事业；只要定期给予奖励，他们就不会离开。他们可以依靠在内部对组织进行良好的评价，并试图掩盖其潜在的令人尴尬的错误。他们往往尊重"以书面形式写下来"或"指挥链"等科层制特征，并密切关注这些特征。由于缺乏对专业技能的投入，本土主义者可能对持续的专业发展没有太大兴趣，也不太可能比全球主义者更了解他们所在领域的最新发展（但他们对现行规则、政策和程序手册中的一切都了如指掌！）。简言之，他们通常是"好官僚"。

从消极方面来看，本土主义者有时候会过于友善和顺从。他们不会"找麻烦"，即使有时需要他们"挑事"。他们不会公开表态，也不会提出有价值的批评。他们对权威人士的尊重在某些方面可以让管理者的生活变得轻松，但同时也会让管理者忽略掉某些有益的消极反馈。那些特别缺乏安全感或需要对自己的决定加以验证的管理者，往往会被本土主义者包围，他们对管理者所做的事几乎总是赞不绝口。这就导致管理者对自己的能力产生了一种扭曲的观念，而且更糟糕的是，他们开始忽视那些（全球主义者）甚至是由温和批评者所提出的意见和建议。不久之后，他们将只听本土主义者的意见，对于其他人的批评和意见都将视而不见。全球主义者给管理者提供了什么？他们为个人活动和组织内的活动提供了必要的批评视角。他们坚持要遵守职业标准。在社会服务组织中，他们往往为服务对象提供必要的支持和对他们权利的保护。他们提供了新的想法，这些想法既来自他们与组织外部专业人员的接触，也来自他们不断实践和提升能力的努力。他们不会过分专注于在组织层级中的晋升，也不会忽视服务对象的首要需求。与本土主义者相比，他们不太可能陷入手段—目的置换。他们会更加关注目的和目标，但他们可能会不时地质疑它们。

和本土主义者一样，全球主义者对组织的消极贡献实际上只是他们积极贡献的另一面。全球主义者有时会令人讨厌。他们似乎质疑和挑战的东西太多，有时候不能接受那些组织不够完善的正当理由，比如政治现实、财政限制以及效率需求等。他们可以与社区成员分享他们对组织的批评。他们可能缺乏对权威的尊重，并倾向于忽视行政等级和指挥链。在为服务对象服务时，他们往往采取"目的决定手段"（end justifies the means）的态度，往往无视规则和程序，过于随意地使用例外政策。有时目前的工作方式基本上没有什么问题，但他们还是倡导基于新的想法和做法进行变革。他们可能倾向于认为其他地方的条件更好。因为他们不致力于组织内的职业发展，全球主义者往往具有很高的流动性。如果他们在这个职位上感到不开心或者不称心，他们的专业团体的同事会帮助他们在别处找到工作。他们离职的理由可能不够充分，尤其是当他们对组织非常不满的时候。他们可能对其他全球主义者施加相当大的影响，怂恿他们离开组织，或至少使他们比以前更不满意自己的工作。

显然，这两者的某种混合（和不太纯粹的类型）是可取的。那些依赖严格遵守资助和偿还规则、政策和程序的组织，必须在相对不友好的工作环境中工作，这样来说对大多数本土主义者最有效。例如，一个公共福利组织不能容忍太多的全球主义者（而且不会吸引或保留他们），州监狱也不会。相比之下，私人收养机构或私人精神病诊所可能会吸引（并留住）大部分的全球主义者。一定数量的自然选择发生时——人们往往希望在重视其属性的环境中工作。如果他们觉得自己没有被赏识，他们会离开去另一个地方工作，在那里他们所提供的服务更符合组织的需求。对于自己的员工中有绝大多数是本土主义者或全球主义者的情况，管理者不应该感到惊慌，它很可能是自然选择过程的产物。当然，如果构成情况确实不对的话，就会有问题产生。

社会服务组织内发生的快速变化可能会给某些管理者带来"错误组合"的特殊问题。他们可能会发现采用本土主义者和全球主义者组合的方式在以前的条件下是理想的，但现在不再适合组织的需要。例如，当组织从慈善捐款中获得大部分资金时，拥有的员工大多数是全球主义者的情况是很好的，但在经济衰退期间捐款枯竭时，那全球主义者就过多而本土主义者不足了，该组织只能被迫寻求和依靠政府资助和合同来维持业务。

概念模型并不总是与真实的世界一致，本土主义者/全球主义者类型的使用是有限的。*202*
不幸的是，它在为管理者确定和解释实际和潜在的问题方面做得较好，在提出解决问题的方法方面较差。不过，它仍然为我们理解各组织内部的多样性（以及本章前面讨论的员工类型和研究的多样性问题）做出了贡献。

小结

现代工作场所的特点是人类多样性的增加。人类多样性有许多不同的形式。员工在人口统计特征、职位描述、工作认同程度以及其他重要方面存在很大的差异。虽然多样性增加了组织的丰富性，但它往往会导致人际冲突。如果进行有效管理，多样性会是一项重要的资产。它是一个有价值的组成部分，符合并支持大多数社会服务组织的使命以及社会工作价值观。它还有助于提高服务质量。

本章重点介绍了几种多样性的类型，每种多样性所带来的益处和问题，以及管理者在最大限度地发挥其对实现组织目的贡献方面的重要性。我们首先描述了在招聘和雇用多样性员工时必须要解决的问题。然后，我们考察了社会服务组织中经常看到的不同类型的员工。我们介绍了他们的一般特征以及每种类型的人员可以为组织带来的益处和潜在问题。虽然主要关注与员工相关的多样性问题，但我们还研究了管理者自身的多样性如何影响他们与他人的互动。最后，本章对已经存在很长时间的员工分类形式（本土主义者/全球主义者）进行阐释，以说明管理者在组织内遇到的另一种多样性。

我们选择在本章中更多地关注多样性，是因为它最直接地影响招聘和雇用员工。然而，多样性管理超越了其他所有的管理功能。优秀的管理者认识到，当组织完全致力于所有类型的多样性时——当所有员工都认识到它的重要性并接受它时，多样性对社会服务组织最有益。这种承诺通常反映在组织的使命、目的和目标（见第五章）及其政策、规则和程序（见第六章）中。但是，正如我们将要看到的，在其他管理领域也很明显，例如，在提升有效的工作绩效方面（见第九章），进行员工绩效评估方面（见第十章）以及应对工作绩效方面（见第九章）。

203　　应用

你计划下星期一开始你的新工作。主管的行政助理星期五打电话告诉你，你见过且要做你的督导者的人因严重的健康问题辞职了。然而，主管想向你保证，刚刚被录用的那个替代者非常能干，并且期待帮助你开始新工作。行政助理给你简要介绍了一下你的新督导者。阅读以下四种可能的描述，在你读到每一种可能的时候，快速地写下在你脑中浮现的五个形容词。

他叫韦恩·戴维斯（Wayne Davis），但大家都叫他"W. G."。他是亚拉巴马大学1985年的毕业生，2000年从佐治亚大学获得了硕士学位。他是著名的足球迷、猎人和垂钓者。他有超过15年的督导经验，包括作为缓刑官和在两个公共社会福利机构服务。

她叫约兰达·琼斯（Yolanda Jones），拥有斯佩尔曼学院的学士学位，2006年在霍华德大学获得了硕士学位。在获得硕士学位之前，她在华盛顿特区工作，在社会服务部当了十年的工作者和督导者。

她叫汉娜·戈尔茨坦（Hannah Goldstein），纽约人，持有亨特学院的学士学位和纽约大学的硕士学位。她曾在一些很有声望的医院工作，担任社会工作督导者，并且是一名有执照的家庭治疗师。她最近还在纽约大学教授催眠疗法的选修课。

她叫韩希福（Han Xifu），拥有北京大学的学士学位和南方神学院的社会工作硕士学位。她刚刚完成了她的社会工作博士学位，并计划在秋天开始攻读公共卫生博士学位。在不同的社会工作管理机构，她有超过十年的管理经验。

1. 被描述的所有人是否都有资格担任督导的工作？当你阅读每个人的描述时你会想到什么？这是一种模式化观念吗？

2. 你为每个人写下的形容词是积极的还是消极的？

3. 你最希望哪个人做你的督导者？在人口统计学上，这个人和你有什么相似或不同之处？

4. 你最不希望哪个人做你的督导者？在人口统计学上，这个人和你有什么相似或不同之处？

5. 现在把你对前四个问题的回答和其他完成这个练习的人的回答进行比较。它们在哪些方面相似，在哪些方面不同？

第九章

促进有成效的工作环境

学习成果

在本章结束时，你应该能够：

- 解释"满足的需求不再是激励因素"这个短语的含义。
- 列出影响员工工作绩效的其他因素（个人动机除外）。
- 解释工作小组的成员是如何提高或削减员工的生产力的。
- 列出督导者可以采用的不同形式，以及每种形式的优点和缺点。

确定不同的员工类型给组织带来了什么（人口统计学特征、正规教育、证书、人生经历）这一点很重要。然而，一旦他们开始工作，他们所做的大部分工作以及他们如何做到这一点将受到他们工作环境的影响。作为管理者，我们有责任在塑造工作环境中发挥积极的作用，使员工的行为符合组织的目的和服务对象的需求。

什么条件提高了员工工作效率和增加了服务对象获得优质服务的可能性？无论职位描述如何，我们对"优秀的员工"特征的了解都能为我们提供一些启示。他们的一些性格特征在很大程度上超出了管理者的控制范围。例如，我们知道优秀的员工在身体和精神上都很健康，他们不会太纠结于自己的问题和身边人的问题。然而，优秀员工还有其他一些管理者至少可以在某种程度上加以提升的特点，其方法主要是创造一个健康的组织氛围。优秀的员工对组织和组织目的持积极态度。他们会自豪地告诉别人他们在哪里工作。他们尊重同事并在工作上与他们进行合作。他们对自己的工作以及如何满足工作要求都非常了解。他们也有工作保障（他们的工作是安全的），他们相信他们所做的是正确的（合乎伦理的），并能够为实现组织的目的做出重要贡献。

理解个人的激励因素

影响员工对待他们工作的行为和态度的一个重要决定因素是他们的个人激励因素——他们试图通过工作来满足需求。作为社会工作者，我们习惯于帮助服务对象来满足他们的许多需求。我们没有类似的义务来满足员工的个人需求——他们不是我们的主要受益人（见第二章）。那么，管理者为什么要关心员工的需求，并确保尽可能满足他们的需求？这是因为，如果员工的需求能够得到满足，他们就更有可能成为优秀的员工，向我们的服务对象——我们的主要受益人——提供更好的服务。

我们可能都曾听到过有人厌恶地说"他没有激励因素"。说这句话的人可能是教师、父母、志愿者协调员或管理者。这句话为讲话者提供了一种发泄挫折感的方法，但这并不是对现实的准确描述。对于讲话者来说，更准确的说法可能是"我似乎找不出什么东西能激励他"，或者"我还没能用我对他的激励因素的了解来提高他的生产力"，或者"激励我的东西对他没有任何影响"。但是，每个人都有某种激励因素。没有激励因素的人活不久，他们不愿起床，不吃东西，很快就会死去。

我们认为，从事社会工作管理活动所需的知识和能力往往与从事管理活动所需的知识和能力相似。有效运用激励因素的知识是"人的技能"，对顾问或治疗师或宏观层面的从业者来说，肯定是一种财富，对管理者来说同样有价值。

对人类激励因素的研究并不缺乏。管理者和组织行为领域的学生很快就会发现，并非所有的员工都被同样的需求和力量所驱使或激励。这一认识在一定程度上是对泰勒等人的科学管理理论的回应（见第三章）。读者会记得，泰勒的理论依赖于对"经济人"确实存在的信念，即认为金钱是工人的主要激励因素。对泰勒理论局限性的最终认识，导致其他理论家得出这样的结论：泰勒对激励因素的信念从最好的角度看是一种过度的概括，从最糟糕的角度看是一种严重的误解。其后关于激励因素的信念倾向于强调影响个人行为的需求和力量的多样性。我们将研究一些更广为人知的激励理论，看看每种理论能告诉管理者些什么。

马斯洛的需求层次

其中一个比较为人熟悉的理论是亚伯拉罕·马斯洛（Abraham Maslow，1908—1970）[1]的需求层次理论。马斯洛的需求层次理论通常由一个包含五个类别或需求水平的金字塔来说明。按升序排列，它们包括生理需求、安全需求、社会需求、尊重需求和自我实现需求。金字塔说明了不同水平的需求，反映了马斯洛的观点，即许多人发现自己在第一个层次（生理需求）上停滞不前，处在第二个层次（安全需求）上的人数较少，在第三层次的更少，依此类推。公平地说，马斯洛的需求层次理论是在大萧条后发展起来的，这个理论分层可能更准确地描绘了当时人们的需求层次分布以及他们的动机。现在我们认为，至少在社会服务组织中，大多数人已经满足了他们最基本的需求，并且不仅仅是少数人（包括许多专业人员）受到自我实现需求的激励。因此，一些组织学领域的学生认为，倒金字塔可能是今天更真实的写照。

这五个层次反映了马斯洛所认为的个人间主要的激励因素。那些还没有满意地获得基本生活必需品（食物、衣服、住所）的人，受到了满足他们生理需求承诺的激励。在满足了这些最基本的需求之后，人们可能会达到安全需求水平。在这方面，激励因素采取的形式是保护人们免受威胁、危险或失去已获得的东西。对于那些满足了自身安全需求并因此达到第三个层次（社会需求）需求的个人来说，这反映了他们对"别人怎么看我？"这个问题的关注。在这一层次，归属和接纳是主要的激励因素。归属感是最重要的，能够适应环境的承诺对行为有很大的影响。在第四个层次（尊重需求），重要的问题更有可能是"我对自己有什么看法？"。在这一层次上，个人是由自尊需求所驱使的。认可、地位和声望很重要，但这仅仅是因为它们有潜力增强人们最想要的东西，即高自尊和对自己的良好感觉。第五个层次（自我实现需求）是最高层次的需求。它包括个人的才能、挑战、创造力的应用，以及充分发挥潜能的机会。在这一层次工作的人已经满足了所有的低层次需求，因此，对较低级别需求的满足将不再是他们的激励因素。

人们被不同的需求所激励，甚至需求在本质上是分层次的，这种说法其实并不是什么新鲜事。马斯洛的主要贡献是得出这样的结论：人类只受未满足的需求的驱动，特别是在已经得到充分满足的最高层次的需求之上。当然，在充分满足需求的概念中，隐含着这样一种认识：对一个人来说"足够"的东西可能对另一个人来说"不够"。人们对自己的需求满足往往有不同的门槛。有些人为了晋升到更高的层次，当前要求相对较少。有些人看起来好像被固定在一个层次上，似乎永远无法满足这种需求。例如，对恐怖主义行为的受害者来说，安全需求可能始终是他们的主要激励因素。或者，那些在最近的经济衰退中失去工作，用尽储蓄，只能靠失业救济金生活数月的人，可能需要很长时间（如果有的话）才能超越最低需求水平。

马斯洛的需求层次结构是解释服务对象行为的有效方法。例如，它有助于解释为什么一个缺乏基本生活必需品的服务对象（在生理需求水平上生活的服务对象）可能从旨在增强自尊的洞察力治疗或咨询工作中获得有限的益处。如何能够期望对更高层次需求的诉求来激励尚未超越第一需求层次的人？相反，马斯洛的概念化也解释了为什么一个富裕的服务对象在一个私人的独立的环境中可能更容易被周五晚上的宾果游戏（对第三层次需求的满足）所提供的与其他人的关系而不是赢得 10 美元大奖的可能性所吸引。毕竟，已经满足的需求（根据马斯洛的说法）不再是一种激励因素。

需求层次概念在社会工作者的管理活动中的应用是显而易见的。一名员工可能被一个层次的需求所激励，另一名员工可能被另一个层次的需求所激励。一个工作单位的员工可能会代表五个需求层次，这不是不可想象的。管理者有责任充分了解其员工，以便准确地评估哪些需求已经得到充分满足，而哪些（下一个较高层次）没有得到充分满足，而这些没被满足的需求才是潜在的动机来源。例如，管理者在向员工提供需要更多创造力和创新的新工作职责之前，应合理地确定员工被最高（自我实现）层次需求所激励。同样，管理者要在合理地确定社会需求对员工不起激励作用后再将他们安排到干扰更少的安静、孤立的工作环境中，在这里社交互动的机会很少。

一些批评马斯洛的人——比如劳勒和萨特尔（Lawler&Suttle）[2]——得出的结论是，即使存在需求层次，也几乎证明不了什么。他们只看到了两种不同类型的需求，即生物需求和非生物需求，只有在满足生物需求后才会出现非生物需求。其他研究者[3]指出，随着人们在整个生命周期中的进展，更高层次的需求自然地占据主导地位。这可能是职业发展甚至成熟的结果，而不是满足较低层次需求的结果。我们的生活状况的消极变化，例如损失（例如，健康危机、失去重要的他人），也可以使我们将"需求层次""倒退"到以前曾满意的水平。即使我们承认马斯洛的理论存在许多例外，或者认为它存在缺陷，但是它仍然为我们提供了一些值得反思的基本见解。具体而言，如果我们接受这样一种观点，即满足的需求不是激励因素，只有满足当前最高水平之后未满足的需求才是潜在的动力来源，那么我们将更有可能避免可能损害个人和群体士气的代价高昂的错误。只要有可能，我们将提供能够满足工人当前需求水平的奖励，而不是满足已经满足或尚未有需要的需求。

赫茨伯格的双因素理论

弗雷德里克·赫茨伯格（Frederick Herzberg，1923—2000）是一位著名的理论家，他反对马斯洛提出的受自我实现需求激励的人很少的假设。事实上，他在20世纪50年代和60年代发展起来的激励理论[4]是基于这样一种信念：当人们努力将自我实现的潜力投入到工作中时，大多数工人的工作效率会更高。

赫茨伯格提出，对于个人而言，工作包含某些特定因素，即保健因素和被称为激励因素的其他因素。保健因素包括例如高薪、工作保障、地位、良好的工作条件或附加福利等。有这些保健因素的话，一切都好，如果没有这些因素，那么个人可能对工作感到不满意。但是，很重要的一点是，这些因素的存在不一定能使员工有很高的积极性。它们不是激励因素，它们只是潜在的满意因素或（如果不存在）不满意因素。

激励因素可以激发人们自我实现的需求包括例如挑战、有趣的工作、自由、责任和成长潜力等。因此，它们是工作本身所固有的因素。

赫茨伯格和他的同事与雇主和管理者合作，在员工的工作中建立了更多的激励因素。他把这叫作工作丰富化。有时，赫茨伯格似乎认为，激励因素应该建立在甚至是牺牲保健因素的基础上。毫不奇怪的是，工会组织并不总是热衷于工作丰富化。总的来说，它们的努力都是为了获得赫茨伯格所说的更多的保健因素。然而，赫茨伯格从未说过保健因素不重要——它们只不过不是有效的激励因素。事实上，他认为最理想的情况是保健因素和激励因素共同存在。然后，工人既有很高的积极性，又对自己的工作感到满意。

工作丰富化并不十分适用于社会服务组织的所有员工，某些工作必然是枯燥和重复的。但赫茨伯格从未真正提出过，工作丰富化适合每个人，也适合所有的工作环境。他承认，就其性质而言，有些工作并不适合工作丰富化。做这种工作的工人很少或根本没有机会发挥创造力、自我实现等等，事实上，管理者也会劝阻他们。然而，赫茨伯格还有其他的解决办法，其中之一就是工作扩大化，这就需要有限地扩大个人的工作职责。在社会服务组织中，工作扩大化如何发挥作用？想想大型公共机构的保洁人员。地毯必须用真空吸尘器清理，必须清空废弃的垃圾桶，必须收集可回收物品，等等，这些通常每天都要做。没有什么可以使这项工作具有挑战性和刺激性，我们也不想在工作中鼓励创造性。但仍有可能使这份工作更有吸引力。它可以被扩大化，以便工作者在必须做出的决定中有更多的投入。例如，保洁人员可以帮助决定（甚至自己决定）应购买哪些牌子的清洁用品和垃圾袋，或者何时需要冲洗地毯。

一种相关的方法叫作工作轮换，它能体现工作的多样性，以缓解无聊和其他相关问题。例如，我们可以在楼层或部门之间定期轮换保洁人员。任务虽然没有变化，但至少经常有"景色的变化"，这样员工就有机会和不同的人交流。如果某些楼层或部门被认为比其他楼层或部门的环境更艰苦或不那么令人愉快，则工作轮换还可确保没有任何人比其他保洁人员更被"困"在这个工作上。

泰勒已经看到了工作丰富化，甚至是工作扩大化或工作轮换的需求吗？可能并没有。在泰勒看来，这些因素可能都是不必要的，因为他认为人们工作主要是被钱所激励。但是在现代的工作场所，我们经常看到人和环境对人们需求满足的支持。例如，我们可能看到，尽管存在各种保健因素，但合作伙伴并没有什么工作成效。有工作保障，薪水相对较高，而且拥有世界上最好的附加福利的工作可能不足以让社会工作者在枯燥、重复的工作中感受到乐趣，而且这些工作并没有提供任何的创造性。

我们还看到了一些有奉献精神、工作效率高的人，他们薪水低，与其他雇员共用工作间，而且几乎没有保健因素，但他们热爱自己的工作，并对工作和组织给予高度评价。我们可以推测，他们的工作可能充满了挑战、自由、职业发展的机会和/或赫茨伯格所描述的其他激励因素。

这给社会工作管理者提供了什么样的信息？与我们一起工作的许多专业人员和辅助性专业人员都可能期望满足他们的自我实现需求。毕竟，追求财富的人很少会选择从事社会工作或其他大部分的帮助他人的职业，从事这些工作的大多数人已经充分满足了其他较低层次的需求。作为管理者，我们可能不能做太多关于工作丰富化的工作，甚至关于保健因素我们也无法做太多工作，但是，为了建立更多的激励因素，我们需要时间和思考，以及督导者的支持。

工作丰富化可能激发许多专业人员的需求，但管理者不能假定所有的专业人员都一定满足了他们其他更基本的需求，而且现在也在寻求责任、挑战、自主性等等。有些人确实没有。对他们来说，自我实现的机会可能会受到更多的怨恨而不是欢迎，特别是如果它们被认为"只是在增加工作"，或者所提供的不是加薪或其他保健因素等福利。当然，从事上一章所述的其他类型工作的人（例如，辅助性专业人员或后勤人员）可以以同样的方式对工作丰富化的努力做出反应。

也有一些人对自我实现有强烈的需求，但他们可能不会通过自己的工作来满足它。他们可能是业余艺术家或厨师，或者他们可以翻新旧车或自己制作家具，以此作为发挥创造力的方法。如果是这样的话，他们可能只会从工作中寻求足够高的报酬来支撑他们创意渠道的成本。对于刺激新的生产力，他们不太可能通过努力丰富自己的工作来实施。他们唯一可能想要的丰富化是通过他们的薪水得来的！

此外，如果我们假定员工的行为与其主要需求直接相关，那么他们在工作场所的行为很容易被误解。例如，不是每一个寻求晋升或志愿加班的人都是出于自我实现需求，他们可能只是把晋升或加班当作达到目的的一种手段。也许，晋升将带来加薪，使员工能够购买她想要的新车。或者加班费将帮助她支付家庭中一个新生儿所带来的额外费用。反之，拒绝升职的人或拒绝加班的人也可能受到组织外部的刺激。也许，晋升需要出差，意味着没有时间陪伴家人，或者加班意味着他不能去观看已经买好票的篮球赛。

除非他们小心翼翼，否则管理者在解释和回应他们所理解的员工需求时很容易出错。或者，管理者可以准确地评估员工的激励来源，但错误地假设工作场所是他们努力满足自己需求的地方。并不是所有的员工都认为他们的工作对他们的身份和主要的需求满足来源至关重要。尽管这是非常必要的，但这也只是他们生活中的一部分。这没有问题，因为许多认为自己的工作"只是一份工作"的员工也可以为组织做出宝贵的贡献。

案例

拉马尔（Lamar）是个聪明、有活力、积极向上的人。28 岁时，他是一家大型员工援助组织（EAP）的主管，该组织聘用了 24 名专业人员，并与几家大型制造业公司签订了 EAP 合同。他在社会工作专业社区也受到了很好的尊重。

拉马尔的组织刚成立 4 年。最初，他雇用了另外 3 名社会工作者提供服务。所有的人都是他非常了解和尊敬的私人朋友。随着服务需求的增加和新合同的出台，该组织发展迅速。拉马尔仍继续积极参与所有的人事事务和与工作分配有关的决定。虽然他不再像在组织规模较小时那样了解他的员工，但他还是情不自禁地注意到一位新来的社会工作者——布鲁斯（Bruce）。他注意到布鲁斯的工作效率很高，似乎很受欢迎。两名高级员工也对布鲁斯的态度和工作质量表示赞赏。尽管他的工作量很大，但他还是自愿接了新的案子。他很早就来上班，经常工作到很晚。他似乎从来没有忙到不去倾听其他员工的问题，也没有只是听他们发泄自己的不满。拉马尔发现自己真希望能再雇十个和布鲁斯一样的社会工作者——拥有布鲁斯那样的能力、热情和奉献精神。当他看到布鲁斯的绩效评估（由他的直属督导者完成）时，拉马尔并不感到惊讶。这是他所见过的最优秀的员工。

　　作为管理者，拉马尔知道奖励工作做得特别好的员工很重要，他也知道像布鲁斯这样有能力的人在其他地方会很受欢迎，所以他想留住他。

　　拉马尔叫布鲁斯参加了一个会议，与组织讨论他的未来。他首先称赞了他的高绩效评估和同事们对他的其他好评。他对布鲁斯说，他真的很欣赏他的工作和他对工作的积极态度，并向他保证，他不会没有回报。布鲁斯显然很享受所有的赞美。拉马尔接着描述了他投标并希望中标的另外两份 EAP 合同。拉马尔指出，虽然他不能做出承诺，但布鲁斯正被考虑担任下一份合同的协调员。这将是一次晋升，意味着更多的钱、更高的地位和有机会来监督 4 名或更多的新员工。布鲁斯的回答是："我不确定我是否准备好了！"拉马尔认为他只是在谦虚。拉马尔毫不怀疑，当下一个协调员的职位出现空缺时，像布鲁斯这样的高成就者就会抓住晋升的机会。

　　8 月份拉马尔的组织签订了一份新的重大 EAP 合同，计划于第二年 1 月 15 日全面实施。员工在 9 月初被告知此事。其他 3 名现任员工立即申请了协调员工作，但布鲁斯没有。拉马尔要求布鲁斯提交申请信，并在一周后收到了这封申请信。在 10 月和 11 月，新的 EAP 计划逐步开展。在此期间，拉马尔开始收到有关布鲁斯工作质量的投诉。布鲁斯似乎没有那么热情；他请了几天病假，但没有任何医疗问题的证据。他曾经是组织最积极和最有能力的雇员，现在看起来却跟其他员工差不多。到了 12 月 1 日，拉马尔不得不就新协调员的选择做出决定时，他没有理由选择布鲁斯担任这一职务，他选择了另一位申请人。

　　没有人能避免更令人不快的管理任务，拉马尔把每一个没有被选中的申请者（包括布鲁斯）单独叫到他的办公室，在公开之前告诉他们他的决定。虽然他觉得和这三个人进行这种谈话都不轻松，但由于他和布鲁斯之前的谈话，他特别害怕向布鲁斯宣布这件事。拉马尔其实根本不用担心，因为布鲁斯似乎真的松了一口气。他向拉马尔透露，他真的很喜欢他现在的同事和现在的工作，也不想去督导别人。不久之后，拉马尔再次听到了对布鲁斯工作质量的积极评价。

问题讨论

1. 拉马尔是否应该在他的组织变得更大之后继续参与所有人事事务？为什么？

2. 拉马尔忽略了什么线索，这些线索可能告诉他，对布鲁斯来说升职并不是个好主意？

3. 参照马斯洛的需求层次，哪一层次的需求似乎对布鲁斯有作用？拉马尔是怎么误读的？

4. 与拉马尔第一次会面后，为什么布鲁斯的工作发生了变化？

5. 为什么赫茨伯格的工作丰富化策略在激发布鲁斯的个人动机方面可能是无效的？

6. 当拉马尔第一次和布鲁斯讨论时，你认为布鲁斯为什么没有说他对协调员的工作不感兴趣？

麦克莱兰的需求理论

戴维·麦克莱兰（David McClelland，1917—1998）对个人激励因素的看法与马斯洛或赫茨伯格的观点略有不同。他早期的研究表明，基本上有三种不同的组织"类型"[5]，其行为表明每个人都试图满足的主要需求。服务对象、同事、教授、亲戚或朋友似乎为这三种类型提供了很好的例子，麦克莱兰的概念化表述对于见到过这些例子的社会工作者来说很有吸引力。

根据麦克莱兰的观点，人们易被对于权力、归属感或成就的需求所激励。而马斯洛的理论认为，人们可以在满足一个主要的需求后转向另一个需求，而麦克莱兰的理论则认为人们的需求变化相对固定，事实上，他们的主要需求是永远无法得到满足的。

由权力需求所激励的人很可能会倾向于选择能控制和影响他人的职位和环境。他们喜欢行使权力，而且似乎从不满足于已得到的权力。作为个性类型，他们直言不讳，强有力，而且要求苛刻；这些特点经常在他们与他人的交往中显露出来。友谊是可以追求的，但主要是作为一种手段来获得更多的权力，而不是作为一种自身获得快乐或满足的来源。

有强烈归属需求的人对待人际关系的态度，与由权力所激励的个体完全相反。他们的行动似乎是为了得到爱和被人所接受，并避免遭到拒绝。他们喜欢各种形式的友好交流，当发生人际冲突时，他们会感到非常不舒服。他们不希望用权力凌驾于他人之上或控制他人，因为这样做可能会损害友谊或阻碍另一种友谊的形成。有归属需求的人倾向于不做判断并甘于付出，当然，他们付出的主要目的是为了得到回报。为了得到别人的喜爱和避免冒犯别人，他们的需求在极端情况下是显而易见的。

由强烈成就需求所激励的人渴望成功，但他们可能从未真正相信自己已经成功了。他们最害怕的是失败，正是这种想法激励着他们前进，尽管大多数外部评估认为他们已经"成功了"。对于"真正的成功"，他们总是有一些难以达到的目标。对他们来说，认为自己失败是不可避免的，但他们永远不会停止努力去实现这些目标。

正如我们可能指出的，在马斯洛的需求层次结构中，有些人的行为似乎反映了在不同的时间、不同的情境甚至同时存在两种或两种以上的需求。但这并不能否定麦克莱兰对我们个人激励因素价值的研究。如果我们假定，至少对相当数量的员工来说，三个需求中的一个需求始终占据主导地位，那么就会产生某些影响。

麦克莱兰的三个需求中的任何一个占主导地位，都可能会让一个人偶尔感到不愉快。但是，这三种类型的人都有可能为组织目的的实现和服务对象的服务做出重要贡献。正如我们在讨论本土主义者和全球主义者的优点时所提出的那样（见第八章），一个好的组合有可能构成一个非常有效的工作小组。每种类型的人对组织的贡献是什么？有强烈权力需求的人可以被期望在督导者的职位上积极有效地工作，该职位授予他们对自己和他人活动的权力。然而，如果他们的动机是特别明显的和/或他们喜欢对别人该做什么指手画脚，那么下属可能很快就会变得讨厌他们。高级管理者需要密切监视他们的活动，以确保他们不会与下属进行不必要的粗鲁或粗暴的互动。

具有高归属需求的人对组织有不同的贡献。他们一般都获得很好的社交能力——他们是很好的"闲聊者"。这些技能对于促进组织内愉快的工作环境是很有用的，还有助于促进良好的关系，即与其他组织的同事和任务环境的其他部分的关系。有归属需求的人的外交手段可以成为真正的财富。当分配给他们的任务能够促进亲密的友谊和愉快的社会交往时，他们就会工作得很好。但他们也可能无法在孤立或发生人际冲突时很好地发挥作用。为了取悦上司，并在需要的时候提供帮助，他们往往会做出个人牺牲。例如，他们可能不介意在家里打与工作有关的电话，也不介意服务对象不定期地在下午5点上门。消极的一面是，他们对于归属的需求有时会导致他们过于融洽。当对同事或服务对象需要说"不"时，他们可能很难说出口。他们给予和接受的需求也会占用他们大量的时间和精力。他们可能会被一些更注重完成任务的同事所避开，这样的同事厌倦他们为讨喜而不停地努力的样子。

像其他两种类型的员工一样，对于管理者来说，那些对成就有强烈需求的员工也是好坏参半的。他们很可能会努力完成那些可以获得个人认可或者是成功后具有某种有形指标的任务。他们很可能会在满足自我需求的同时完成许多对组织有益的工作。然而，他们也可能对下属和同事批评过度，并期望从他们那里获得不合理的成就。这会让下属感到自己所做的事情永远都不够好，从而士气低落。这对同事来说也是一种对抗和疏远，并制造令人不愉快的组织氛围。

自首次发表早期观察报告以后，麦克莱兰继续进行研究并完善他的激励理论。在20世纪80年代，他提出，可能有第四组激励因素——回避动机——为一个人在工作中的行为提供主要动力。他指出，例如，对失败的恐惧、对被拒绝的恐惧、对成功的恐惧和对无能为力的恐惧似乎对人们在工作场所的行为产生主要的影响。不过，麦克莱兰表示，目前还没有找到回避动机明显不同于他早些时候所认定的"三需求激励"的证据。事实上，批评者认为，至少他所指出的一些回避动机可能仅仅是"同一枚硬币的另一面"，而根本不是一种额外的主要需求。例如，可以说，对失败的恐惧可能与对成就的需求相同，对被拒绝的恐惧可能与对归属的需求相同。

个人激励因素的其他理论

马斯洛、赫茨伯格和麦克莱兰的激励理论似乎都认为，员工个人的激励水平取决于他们的工作性质如何满足他们的主要需求。其他致力于研究激励理论和管理者角色的理论家对激励的理解略有不同。例如，维克托·弗鲁姆（Victor Vroom，1932—　）总结说，组织行为是人们做出的有意识的选择，他们试图最大限度地获得快乐，并最大限度地减少痛苦和不适。弗鲁姆建议，如果员工对满足重要需求有强烈的希望，他们将被激励成为优秀的员工，但前提是他们相信良好的工作绩效将产生令人满意的回报，并且这一回报与生产它所需的努力相称。人们会同时问自己"好的（或不那么好的）工作绩效的后果是什么?"和"这些后果对我来说有多可取（或不可取）?"

还有其他的激励理论是从 B. F. 斯金纳（B. F. Skinner，1904—1990）等行为心理学家的工作中产生的。它们与强化的概念有关——强化是一种倾向，即重复那些过去导致积极后果的行为（并避免那些产生消极后果的行为）。

以上不难看出，各种激励理论是如何重叠的，以及它们是怎么建立在彼此的基础之上的。事实上，可以说，它们都很相似。然而，每一项都有助于我们对组织内如何"激励"员工的理解，并建议管理者如何塑造工作环境以吸引员工的激励来源。它们有助于评估员工的个人激励因素，并促进适当和有成效的行为。

影响工作绩效的其他因素

作为社会工作者，我们不能低估个人需求的重要性以及满足这些需求的动力。但我们知道，某些其他因素（除个人需求外）往往会影响组织内专业人员和其他员工的行为。

人类的行为是复杂的，而且常常是不可预测的，但是如果我们把它看作不仅仅是个人需求的产物，那就比较容易理解了。我们现在研究一些对组织内员工行为的其他影响。

专业价值观和伦理

社会工作教育的目标之一是学生的社会化。很明显，那些完成专业课程的人被期望将具备一定的能力（见第一章）。然而，社会工作教育也会灌输给我们专业的价值观和伦理。[6]我们的专业价值观是我们作为专业人员所信仰的，也是对与错的判断标准。我们的伦理反映了——通常基于这些价值观——我们作为专业人员会做什么和不会做什么。

一般来说，我们的专业价值观是积极的激励因素，也就是说，鼓励我们做与它们一致的事情。伦理更多的是作为对我们行为的一种约束或限制。有道德的专业人员不会做被他们的专业定义为不道德的事，例如利用与服务对象的关系谋取个人利益，或者在没有获得他们全面知情同意的情况下，将他们作为研究参与者。

员工执行或不执行所要求的任务或为完成任务投入更多或更少的精力也可能受到其专业价值观和伦理的影响。如果管理者的要求和他们自己的专业价值观和伦理是相辅相成的，那么员工可能会非常积极地执行这项工作。例如，对于一项似乎符合服务对象自决权（专业价值观）的政策，员工很可能会积极地遵守。然而，如果某些其他规则或政策似乎侵犯了服务对象的自决权或与某些其他专业价值观相冲突，则员工可能会抵制这些规则或者政策。

在管理者必须要求专业员工执行（从员工的角度来看）与专业价值观或伦理相冲突的规则或政策的情况下，管理者的某种解释往往会有所帮助。例如，假设督导者告诉员工，她必须拒绝为申请人提供服务，因为申请人没有足够的医疗保险，住在某一地理区域以外，或者因为申请人的根本问题与该组织的使命不一致。该员工作为一名社会工作者，可能认为这是麻木不仁的、过分僵化的，并且不符合社会工作价值观，因为这似乎未能帮助到一个显然需要援助的人。除非提供好的解释，否则她不会情愿拒绝向申请人提供服务，甚至可能会拒绝这样做。她的价值观（从组织的角度来看）是必须做某事的障碍。但是，如果为了解释组织规则的起源以及它如何能够为更多的其他服务对象提供服务（这一结果符合专业价值观），管理者做出了额外的努力，那么社会工作者更有可能愿意遵守这个要求。

专业价值观以另一种可取的方式影响员工的行为。意识到发生在组织上的资金削减、强制裁员或其他危及服务提供的情况的员工可能会放弃自身利益，至少在短期内会如此。作为专业人员，他们认为作为组织的主要受益人，服务对象不应为其无法控制的条件付出代价。因此，他们会尝试做任何必要的事情，以避免缩短服务。管理者对专业价值观的呼吁可能会导致专业人员的"加倍努力"。例如，他们可能会放弃旅行或延迟休假，以便项目可以继续运作。但是，如果这类呼吁过于频繁，或开始被视为一种提高效率的手段，并且由员工承担费用，那么任何专业人员都不可能继续对这类呼吁做出回应。此类管理应该被认为是为了服务对象的最佳利益而倡导的，而不是通过剥削员工来实现的。

工作小组的影响力

当我们成为工作小组的一部分时，它会对我们的态度和行为产生强大的影响。因此，它可以影响我们的工作绩效的质量。在一个健康的工作小组中，小组规范和标准可以培养组织及其服务对象所需的行为。一个不健康的工作小组可能会阻止需要的行为，并促成不受欢迎的行为。

员工总是会采纳许多其他群体成员的行为和态度，他们也对其他群体成员产生影响。工作小组成员资格还影响到员工个人与其他群体、工作小组内部的个人以及上司和下属的关系。与其他群体和个人的关系可以是全方位的——从合作和相互尊重，到产生反作用的公开对抗。

竞争

无论管理者如何组织员工加入工作小组，无论他或她多么努力地培养与各种群体之间的合作精神，有些竞争都是不可避免的。竞争并不总是功能失调的，有些竞争促进了个人的认同感和群体忠诚度。但是，正如我们大家所看到的那样，过度竞争也会导致精力浪费，并导致缺乏理想的协同合作。

我们熟悉竞争的益处和代价。穆扎弗·谢里夫（Muzafer Sherif，1906—1988）在儿童夏令营[7]中所做的关于比赛的经典研究经常被引用。从积极的方面来看，谢里夫得出的结论认为，群体之间的竞争（只要竞争保持紧密）会促进任务导向的行为，更大的结构，以及在每个群体中对顺从和忠诚的要求。这对组织是非常有益的。研究还确定了这种竞争的代价。群体之间的敌意会增加，交流会减少并形成对另一群体成员的模式化观念。

员工个人之间和群体之间的竞争虽然不可避免，但能够而且应该保持在一个可以容忍的水平，使之有可能提高而不是威胁生产率。如果个人和群体意识到一个人或群体的利益必然伴随着另一个人或群体的损失，那么竞争最有可能退化为非生产性冲突（下文将讨论）。这种情况被描述为零和博弈。[8]零和博弈的字面意思是，存在这样一种情况，即参与竞争的所有个人的收益总额必须等于零——一方只有在其他人损失相同数额的情况下才能受益。零和博弈确实存在。家庭或组织的预算状况是零和博弈的好例子。如果只有某些钱可以花，花一笔金额用于一项活动意味着可用于另一项活动的金额就会减少。在组织中，承诺使用绩效加薪（例如，根据最近的绩效评估将一笔钱分给绩效加薪）会导致零和博弈。如果一名员工的收入超过了"他的份额"，那么另一名工作人员的收入将低于"他的份额"。

幸运的是，并非所有竞争的情况都是零和博弈。事实上，有时尽管不存在零和博弈，但是组织内部各群体之间存在的许多对抗之所以发生是因为人们错误地认为存在零和博弈。当零和博弈确实存在时，承认它的存在是个好主意。例如，专业员工可能会争夺信息技术后勤人员的时间和协助。当他们只与一个个人或群体合作时，他们将无法与另一个个人或群体合作。这是零和博弈的一种情况，任何提出不同建议的管理者都可能是在侮辱员工的智力，并拿自己的信誉冒险。

　　然而，当不存在零和博弈时，指出它不存在的原因往往是有帮助的。例如，一个社会服务组织的两个不同服务单位的专业人员从管理者那里获得的赞扬和承认是有限的，这种情况并不少见。根据这一假设，员工可能花费大量时间试图诋毁其他服务单位员工的工作。在这种情况下，管理者需要强调没有零和博弈。他们应帮助员工认识到，个人或群体的良好工作会对组织的所有成员产生积极的影响，从而使他们受益。

216

　　冲突

　　正如第八章所指出的，员工多样性的增加几乎总是会造成冲突的增加。当然，有些冲突可能不是坏事，冲突也可能有益处。[9]例如，它可以使员工更多地参与活动，减少对工作的麻木，并可以突出存在合理专业分歧的问题和领域。不幸的是，冲突还可能暴露出个人和群体正处于最坏的状态，他们更关心的是赢得内部斗争，而不是妥协和/或做符合组织最佳利益的事情。这方面的一个例子发生在 2013 年的第 113 届美国国会上，当时，政党成员针对《平价医疗法案》的去留发生冲突，这使得预算不可能通过，并且许多政府职能也被关闭了。即使我们坚定地相信冲突的益处，我们也必须承认，在社会服务组织（和政府）内部，由于错误的问题而产生的太多的冲突也可能会导致功能失调。

　　管理者有时会得出冲突过度的结论。冲突吸引员工，并转移了他们的宝贵精力，而那些宝贵精力本应该用于实现组织的目的。当内部争吵干扰了良好的决策时，当个人忠诚优先于组织和服务对象的最佳利益时，管理者必须进行干预以减少冲突。

　　减少冲突的一种可能的方法是确定一个共同的目标，一个超越个人或群体利益的目标，并反复提醒人们注意这一目标的存在。如果管理者能找到每个人都赞同的目标（如果冲突激烈，这并不总是一件容易的事情），冲突有时就会被搁置一边。例如，管理者可能会提醒竞争员工，需要完成并提交一份资助申请，如果获得批准，将会产生一个新的需求项目。然后可以制定一项实现这一目标的战略，该战略要求员工为实现这一目标而合作，也许可以减少冲突。

　　减少冲突的第二种方法是确认公敌。对于政治学和世界历史领域的学生来说，这种方法并不新鲜。第一次世界大战后，阿道夫·希特勒用它来统一德国派系。最近，它被美国总统用来为入侵科威特、伊拉克和阿富汗进行辩护，并被后者用来组织反抗。在社会服务组织中，通常不需要捏造公敌，也不需要诋毁外部的一些群体。如果管理者让员工意识到预算削减的威胁和其他不友好的任务环境的威胁，那么内部冲突很快就会变得微不足道。在这样的场合，管理者强调的一个共同的主题是"现在不是争吵的时候"。如果不存在这种严重的威胁或公敌，一个熟练的管理者仍然可以帮助员工记住，社会服务通常是在一个长期不友好的工作环境中提供的，而这些环境的成员通常会寻找一个批评组织的理由。组织如果有内部冲突的话，就给对方提供了一个理由。提醒人们注意非支持性的任务环境的存在，可以推动竞争各组织之间的力量互动并开始谈判。这种提醒可以帮助各组织看到

"敌人"从持续的冲突中能获得的最大利益。

群体凝聚力

凝聚力是指一个群体"团结在一起",并具有统一的目标。成员受其他成员以及该群体的约束。对群体凝聚力以及凝聚力在工作小组之间的差异的理解对理解群体资格如何影响员工行为是必要的。[10]工作小组可以从缺乏凝聚力,往往带有模糊的界限、松散的结构,以及没有群体内的忠诚度,发展到具有较强的凝聚力,带有清晰的界限、紧密的结构,以及较强的群体忠诚度。

我们在这里使用的"凝聚力"一词涉及工作小组内部或多或少存在的一些可识别的因素。它指的是存在着的群体团结意识。它还指群体资格的自豪感和属于这个群体的社会愿望。当员工是一个有凝聚力的工作小组的一部分时,他们往往对自己的工作感到满意,也更有可能体现出对实现群体目标的高度承诺。

致力于实现组织目标的有凝聚力的工作组通常以愉快的合作关系为特征,在需要时成员可以随时相互帮助,里面有一种"团队精神"。人们自愿提供帮助,因为人们相信对自己有益的东西也会对群体有益,最终对群体的所有成员都有益。成员不想让群体失望,也不想隐瞒可能有助于实现群体目标的信息。成员对同事和群体领导者都有忠诚和承诺。群体中存在对同群体其他人的知识和能力的尊重。对大部分(当然不是全部)工作的兴趣和享受在外人看来是显而易见的。一种轻松、不拘束的氛围盛行,人们在这种氛围中畅所欲言,对发表不同的意见感到自在。成员们会听取他人的意见并予以考虑。分歧会存在,但针对的是问题,而不是个性。分歧不是个人的;背后隐藏的意图和对过去任何个人不满的怨恨都不会显现出来。

有些群体倾向于仅通过组织形式来提高凝聚力。例如,较小的群体往往比较大的群体更具凝聚力。成员在许多方面相似的群体往往比其成员之间存在许多差异(例如,在价值观、信仰或工作方式上存在差异)的群体更具凝聚力。此外,长期存在的群体通常比最近建立的群体更具凝聚力。

让我们假设管理者已经确定群体规范和组织目的之间存在普遍的一致性,可以采取哪些措施来促进更强的群体凝聚力,并间接地促进群体成员的理想行为?首先,这些措施应该有助于提高成员对相互间相似性的认识以及至少部分群体规范与组织目的之间的兼容性的认识。这可以通过对群体努力的热情支持、奖赏和表彰以及提醒员工他们的集体工作如何为组织目的的实现做出贡献来实现。管理者还可以清楚地表达,他们重视并将奖励合作,并且他们对危及个人和群体生产力的人际冲突持否定的看法。他们可以强调,他们希望员工基于客观评估其他成员在问题上的立场,而不是基于他们对提出问题的个人的感受。

管理者还可以通过其他几种方式影响工作小组内的活动,从而有助于提高凝聚力。他们可以以这样的一种方式来分配工作和建构任务，那就是使成员必须通过合作来共同完成工作。例如，该任务可能依赖于任何一个成员都不完全具备但只有两个或更多成员参与时才能形成的专业知识和观点集合。

通力合作和共同经历这两种方式可以帮助员工了解和欣赏彼此的贡献、能力和知识。他们可以提供经验去分享，提供回忆去追忆。当然，只有先前的合作被认为是积极有成效的，才能增强凝聚力。如果一起工作的经验让一个或多个群体成员认为，其他成员是不称职的，不承担公平的工作份额，或者不能被依赖，那么他们对同事的信心就会受到侵蚀，工作小组的吸引力实际上也会被削弱。给管理者的信息是明确的：努力设置需要合作才能完成的任务可能会给参与者留下积极的影响，并且任务成功完成的可能性也很高。

管理者可能投入决策，甚至对工作小组的结构和定期重组拥有全部的权力（见第七章）。当群体保持合理的稳定性时，凝聚力最有可能苗壮成长。要建立起对同事的信心和良好的社会关系，这需要时间。"旋转门"工作小组不必要的人员进出会破坏凝聚力。只要有可能，就应该尽量避免这种情况的发生。

到目前为止，我们已经讨论了提高群体凝聚力的必要性。至少从表面上来看，群体凝聚力作为提高生产力的一种方式似乎是普遍可取的。不幸的是，情况并非总是如此。例如，有些工作小组具有高度的凝聚力，但它们的凝聚力主要基于共同的价值观，即促进最低标准的工作绩效，对其他小组的敌意，和/或对管理者的敌对、被动—积极的态度。又如当一个群体抵制必要的改变，或者当它试图解雇一个管理员或者结束一个不受欢迎的项目时，该群体可能具有高度的凝聚力。简而言之，有凝聚力是工作小组的理想属性，但前提是群体价值观与组织目的之间是一致的。如果情况不是这样，那么管理者则必须考虑解散工作小组或削弱群体的凝聚力。

忠诚

随着时间的推移，忠诚会在组织内部发展。一旦到位，它们就会对个人和群体的行为产生强大的影响。忠诚，以某种形式或其他方式，总是存在于工作情境中，有助于组织目的的实现。如果它们错位，也可能成为目标实现的主要障碍。

组织忠诚是非常可取的。当员工对自己所在的工作组织试图实现的目的感到满意时，组织忠诚就会成为强有力的诱因，促使他们为组织的利益和组织的服务对象做必要的事情。例如，对组织有强烈忠诚度的员工或志愿者可以自愿推迟休假时间，以完成诸如及时提交资助申请书或搬迁到新办事处等任务。同样，对组织的忠诚将防止员工进行某些不受欢迎的行为（例如公开嘲讽该组织或与媒体讨论组织的问题）。

管理者偶尔会发现呼吁组织忠诚是有用的。当他们这样做的时候，他们实际上是在说"我不是为我自己，而是为了组织"。然而，对组织忠诚的呼吁应该被谨慎使用，如果经常使用，或者在没有真正紧急情况的情况下使用，则可将其视为仅仅是一种操纵或剥削员工的手段，从而导致适当的吁求也会遇到阻力。　　　　　　　　　　　　　　　　　　219

当然，个人忠诚也经常存在。员工可能忠于同事或管理者。与组织忠诚一样，对同事或管理者的忠诚可以促进理想的行为，但前提是他们忠诚的对象是一个有能力的、专注的人，他或她致力于组织及其项目的使命、目的和目标。如果他或她不是这样的人，对他们的忠诚将会失去意义，并且他们实际上可能会干扰组织目的的实现。

督导

大多数员工都希望自己能够胜任工作，希望为组织目的的实现做出贡献。他们被个人需求和我们讨论过的其他影响的组合所激励，但有时他们仍然需要额外的帮助，他们可以通过督导得到很多。

社会工作管理者本身就是督导者，或者他们指派别人做督导者。有很多书专门为读者提供了作为社会工作督导者所必需的知识。[11] 在这里，我们只讨论它们所涉及的几个主要的领域，并增加一些我们自己的来自社会工作实践的意见。

在理解督导的工作中经常遇到的一个问题是它所涉及的不同的功能。为服务对象提供直接服务的社会工作者最有可能将督导视为一个过程，旨在为他们在处理特定案件时提供见解和帮助。这通常被称为个案督导，但有时也被称为临床督导，也许更准确地说，被称为个案咨询。

个案督导基于这样一种认识：一些特别困难的情况需要高级专业人员的帮助，而该专业人员往往具有更多的经验和/或持有不同的观点。例如，主管可能更了解什么对特定的服务对象问题最有效（最佳实践），或可能提供必要的见解以帮助解决可能遇到的伦理问题。虽然这是一个合理的督导领域，也是一个必要的领域，但我们确实不能理解社会工作中的督导，除非我们扩大我们的理解范围，使之包括督导者与其下属之间的其他互动，虽然这些互动只对服务效果产生间接影响。

督导的角色和责任

艾尔弗雷德·卡杜山（Alfred Kadushin，1916—2014）首先通过将社会工作督导者的活动分为三个略有重叠的活动来帮助确定其他社会工作督导者的角色：行政性督导、支持性督导和教育性督导。[12]（在随后的著作中[13]，他谈及个案咨询。）总之，这四个角色提供了一个切实可行的督导概述，作为影响专业人员行为和促进专业人员成长的一种手段，而对职前人员、辅助性专业人员，有时是本地非专业人员来说，其影响程度则稍低。

卡杜山对行政性督导的描述最接近所有组织（从社会服务组织到大型制造工厂，到大型商店，再到快餐店）的督导要求。它涉及诸如工作分配和任务督导，监督，确保遵守规则、政策和程序，在高级行政管理者和员工之间起缓冲作用，以及将员工的能力与任务相匹配等重要活动。事实上，这是督导后勤员工或协调志愿者工作的社会工作者的主要职能。

卡杜山所描述的第二个角色，即支持性督导，突出了社会工作督导者和许多商业和工业领域中的督导者的角色历史上存在的重大差异。（这种情况正在发生一些变化，因为这些领域的管理者已开始认识到这一点的重要性。）在许多社会服务组织员工的工作中所固有的工作压力和紧张局势（例如，执行儿童保护任务，调查家庭暴力指控，或照顾患有绝症的人）经常要求督导者把大部分时间用于向受督导者提供情感支持（不是治疗）。有了这种支持，专业人员可以继续顺利工作，而不会被工作中固有的压力所压倒。

卡杜山所描述的第三个主要角色，即教育性督导，在一定程度上偏离了工商业人士所定义的督导。教育者的角色在商业机构或者制造业工厂中通常不被强调。如果有的话，这种角色可能是不合适的，因为它可能会损害执行主要督导职能（也就是行政性督导）所需的客观性。但在社会服务组织中，督导者应提供教育性督导，不仅要通过促进下属的继续教育（在下一章中讨论），还要充当榜样和导师，与他们分享他们需要知道和要做的事情，使得他们获得专业成长并在事业上取得成功。

良好督导的属性

如果督导是为了有效地促进理想的行为和态度，那么行政性督导应该公平公正，并应符合适当的人事标准和做法。例如，如果员工是社会工作者，督导程序应符合当前美国社会工作者协会社会员工实践标准和/或其他适用的地方、州或联邦标准。如果员工成立了工会，管理者必须遵守工会的督导要求。这不仅符合雇员的最大利益，而且如果员工申诉程序稍后启动，也会使该组织和员工处于可以辩护的地位。

良好的督导始终强调对高质量和符合伦理的服务的需要。为此，应鼓励员工通过参加讲习班和专题讨论会获得知识和技能，使他们更有能力胜任工作。随后，应为他们分配需要使用他们新获得的知识和技能的任务。如果需要，应鼓励他们在决策中行使自己的专业判断，并在决策中予以支持。

良好的督导为员工提供了实际的协助和树立了榜样，提醒他们有责任以符合组织目的和目标的方式来开展工作。良好的督导还可以提醒员工，他们不仅对自己的成长负有责任，而且对开发新知识供他人使用负有责任。

督导者应强调专业人员必须以现有知识（循证实践）为基础开展工作，并积极参与对其做法效果的定期、持续评估。如果督导要有效地促进员工的成长，就应该创造一种解决问题的环境，在这种环境中可以不受威胁并坦率地讨论错误。被督导者和他或她的督导者都应该乐于分享所需的信息。

替代性督导模式

社会工作中的督导一词通常倾向于暗示与具有相同或额外证书的高级人员建立一对一关系。但是，在为员工发展制定必要的督导规定时，传统的督导者—被督导者模式有几种可行的选择。它们包括：

1. 使用专家作为督导者。虽然在理想的情况下，最好是由来自同一学科、最近或目前从事某些相同任务的人员对员工进行监督，但这并不总是可行的。作为管理者，社会工作者有时认识到，员工的成长机会可能通过接受任何人的所有督导而受到限制。督导者可能缺乏知识和经验，无法督导员工从事对其成长至关重要的活动。例如，在心理健康医院中的社会工作者可能有兴趣更多地了解所提供的某种类型的集体治疗，唯一为这些群体提供便利的人是心理学家。为了不妨碍他获得这种经验和成长机会，督导者可以要求心理学家承担其督导者的角色，从而将部分教育性督导任务委托给心理学家。社会工作者可能会参加其中的一个小组，并随后与心理学家进行讨论。不过，社会工作督导者仍须负责处理他所有其他的专业活动，以及提供行政性及支持性督导，并会继续对员工工作绩效进行评估（见第十章）。

2. 在小组环境中进行督导。督导者可以选择在小组环境中进行督导活动，而不是一对一，但需要他们的全部或部分受督导者在场。出于多种原因，这种形式的督导是一种有吸引力的替代方法。首先，它是一种有效的督导方式，受督导者可能在行政性和教育性督导方面有许多相同的需求。通过在小组中解决这些问题，督导者可以节省在一对一督导期间多次执行此操作所需的大量的时间和精力。如果几个受督导者处于大致相同的专业发展水平，并且需要基本相同类型的援助，那么小组环境的督导可以很好地发挥作用。

小组环境的督导还可以为员工提供机会，在相对无威胁的环境中员工可以相互学习和向督导者学习。他们可以分享相关的学习经验，某种意义上汇集知识，以此提供获得更多知识的机会而不仅仅是督导者能够提供的知识的机会。

从消极的方面来说，某些督导的要求并不容易通过小组环境的督导来解决。例如，它可能不适用于法律要求的儿童保护案件或法院命令干预的其他类型的服务对象问题。有时，它也不是提供支持性督导的最佳选择。例如，遇到工作压力的员工，如果其他人承认有类似的问题，可以通过小组环境的督导来寻求支持，但如果其他人否认有同样的困难，他会感到更加不知所措和尴尬。

3. 小组督导。小组督导，即督导者在场，但人人相互参与督导，有时也用于员工经验丰富和表现出高水平能力的情况。它是参与式管理的一种变异，因此有一些相同的优缺点。行政性督导的主要责任由督导者承担。然而，其他类型的督导（支持性、教育性和个案督导）的责任是与小组的其他成员共同承担的。虽然小组督导可以与理解边界问题的个人有效结合，但其自身也存在问题。督导者的建议、告诫，甚至是指示，都可能开始就被认为比小组中其他人的意见更没影响力，有时甚至比直言不讳的同事的意见还要没影响力。小组成员可能难以辨别督导者在什么时候从专业知识或权威的立场上发言（以督导者的身份），以及督导者在什么时候提供作为同行的意见或建议。

在采用小组督导的情况下，受督导者之间也可能出现权力和影响力的竞争。个人可能会努力去争取最有知识或最有能力的职位（不会准确报告他们自己的挣扎，即使他们无法胜任这个职位）。这些问题和其他问题反映了一种角色模糊的危险，如果不谨慎地使用小组督导，就可能会出现这种问题。

4. 多学科督导。由于在许多医学和精神病学工作的环境中使用多学科团队（见第七章），因此多学科督导方式仍然很受欢迎。某种督导（通常是个案咨询）是由一个来自不同学科的人组成的团队所提供的，如医学、心理学、护理学、职业疗法和社会工作。在表面上，这似乎只是一个具有不同特征的小组督导的变体，但是，因为存在权力差异，它可能更接近我们所描述的小组环境中的督导。例如，在医疗环境中，医生和其他团队成员之间的关系通常是一种个案督导者和他或她的受督导者之间的关系。

当员工作为多学科团队的一部分接受个案督导和/或行政性督导时，应继续由社会工作者提供一些督导（例如支持性和教育性督导），员工的工作绩效仍应由这些人来评估，因为他们理解员工作为专业人员的行为责任、价值观和伦理规范。然而，这可能会导致一个问题。员工很容易失去对这位社会工作者的尊重，因为该工作者虽然拥有行政性督导权但已将大部分日常督导活动交给其他学科的人。例如，当对员工的绩效评估甚至只是轻微的批评时，员工就倾向于用"她知道什么？某某博士说我做得很好"这样的回答来驳斥任何建设性的批评。

下面举一名被指派在大型医院医疗专业楼层的多学科团队工作的社会工作者的例子来说明多学科督导的益处和危险。该专业楼层可能包括新生儿重症监护科、肿瘤科或饮食失调科。这样的任务提供了一种在专业领域内学习的体验，而这种体验在更通用的任务中是不可能提供的。显然，负责该专业的医生比专业领域的社会服务督导者更有知识。由谁来担任个案督导者的领导角色不言而喻，但是他应该承担多少督导责任并承担多少成本却是个问题。

社会服务主管如何避免这样一种情况，即社会工作者具有"肿瘤学治疗师"或其他一些有吸引力的身份，表明社会工作者对主管医师的学科有首要的忠诚？如何确保在医疗和社会工作价值观之间发生价值冲突时（例如，帮助患者决定是否希望接受医生推荐的化疗，而这种化疗几乎不可能挽救她的生命），社会工作者将寻求专业咨询和社会服务主管的支持，而不是简单地服从医生？解决这些问题并不容易，需要大量的思考和外交手腕。当使用多学科督导时，专业认同可能会变得混乱。因此，管理者可能需要经常强调保持专业身份的重要性，同时多学习其他学科的知识。

5. 远程督导。许多社会工作者发现自己工作所在的小型组织或农村地区没有具有必要的专业资格证书的现场督导者。即使在大城市地区，一些组织（最显著的是医疗和精神科机构）也力求提高成本效益，办法是建立一个更扁平的组织结构，取消督导者的工作，并将以前担任督导者的人员重新部署到直接服务部门。员工本身可能没有督导者，至少没有支持性、教育性和可能的个案督导。然而，这并不意味着员工必须单方面做出决定，或无法获得帮助。对专业员工的督导可以通过定期或偶尔的电子邮件和语音信息，或者通过与组织内外更有经验的同行使用 Skype① 进行。随着对技术的依赖增强，这种获得督导的方法在未来可能会变得更受欢迎。然而，为了使远程督导有效，必须在深思熟虑以后实施。管理者需要提供必要的时间和技术支持，以便有组织地开展这项工作，并强调其对做好工作和继续实现专业化发展的重要性（第十章的重点）。

小结

在本章中，我们相当程度地依赖工业心理学和组织行为的文献来探讨那些会影响员工在组织内所做的事情以及影响他们要这样做的原因的个人、群体和其他因素。我们强调必须准确评价员工的个人动机，以及对个人行为的其他影响，提出并讨论了几种较著名的个人激励理论。在本章中，我们一直强调，当管理者不能直接激励个别员工时，他们可以确定每个员工的主要动力是什么，并试图提供那些激发他们动力的因素。

个体激励被描述为主要来自个人满足的需求和压力，但也受到组织内其他个人和群体的严重影响。我们还对专业价值观和伦理及其影响员工绩效的潜力进行了研究。竞争和冲突被认为是对理想行为的潜在支持，如果它们成为工作人员的关注点，也可能对这种行为造成破坏。

如果认识不到群体凝聚力对组织内部行为的影响，就无法理解群体对组织行为的影响。如果小组规范与组织目的一致，凝聚力可以支持组织目的的实现；如果不一致，它也会破坏目的的实现。同样，虽然对组织的忠诚几乎总是可取的，但对组织中个人的忠诚可能对领薪员工和志愿者的行为产生积极或消极的影响。

我们还关注了对组织行为的另一个潜在的强有力的影响——督导——以及社会工作督

---

　　① Skype 是一种网络即时语音沟通工具。——译者注

导者应承担的各种责任。阐述了个案督导、行政性督导、教育性督导、支持性督导等功能。除了传统的一对一的督导之外，我们还阐述了其他几种选择，以及每种选择的利弊。

应 用

1. 一个或多个什么样的需求可能会影响你从事社会工作？你认为这种需求的来源是什么？（麦克莱兰）回避需求对你的决定有任何帮助吗？

2. 想想你为之工作过的上司。他或她似乎在试图满足哪些主要的个人需求？这种需求是如何被揭示的？它是否妨碍实现组织目的，或者妨碍你有效地完成自己的工作？如果是，怎么解决？

3. 有些管理者，特别是作为社会服务组织的第一任主管和/或在建立该组织方面发挥了重大作用的管理者，几乎成为其他高级员工崇拜的"英雄"。他们对管理者非常忠诚，很少质疑他或她的决定。为什么这对组织来说是个喜忧参半的事情？如果管理者离开并被替换，会产生什么问题？

4. 除了与我们提到的实践领域（儿童保护工作、调查家庭暴力，或照顾身患绝症的人）有关之外，你或你所认识的其他社会工作者在社会工作实践中遇到的其他压力是什么？督导者可以做些什么来提供有帮助的支持性督导？

促进专业发展

学习成果

在本章结束时，你应该能够：

1. 解释为什么良好的员工绩效评估通常基于"软"和"硬"的标准。

2. 如果管理者在员工绩效评估中除了对员工最近的工作绩效做出准确的评价外，还做出了任何其他评价，那么描述在一个组织内可能出现的一些问题。

3. 列出培训与员工发展之间的主要区别。

4. 列出员工晋升或调动工作可能需要的条件。

在前一章，我们简要介绍了专业成长的话题，我们注意到对社会工作督导者的期望之一是由他们提供教育性督导。在本章中，我们将比较详细地研究旨在帮助员工实现专业发展的其他管理职能。

员工绩效评估

如果管理者督导组织内的任何其他个人，他们必须（通常按照书面职位描述的规定）对下属进行定期的员工绩效评估。这是一项社会工作管理者和他们必须评估的人通常都不喜欢的任务。但是，如果正确且体贴地执行，绩效评估对各方都非常有益。

为什么社会工作者不喜欢绩效评估？

许多社会工作者害怕自己的年度绩效评估。自然而然，如果我们知道自己没有做好工作，或者不信任进行绩效评估的人，我们就不喜欢被评估。但是，即使以上两种情况都没有——我们会得到一个积极、公平的评估——我们仍然不期待我们的评估会议。为什么？我们对它们的部分厌恶可能源自我们过去的生活经历。它们可能会重新唤醒在童年或其他角色中与无能为力相关的各种感觉，在童年或其他角色中，我们依赖父母、教师和其他人的认可。它们可能再次提醒我们，我们和其他人之间存在着一种权力差异。

我们在生活中是否曾达到过不需要被人评估的地步？很大可能是没有的。我们会停止接受评估吗？不会。不管我们有多大年纪，也不管我们变得多么能干，我们都继续受到他人的评估，尽管常常是非正式的。评估者不只是我们的上司。有时，他们会是我们的同行，例如当我们向专业会议就我们的工作提交工作提案或向资助组织提交拨款提案时。每当我们的家人和朋友批评我们的言行（甚至我们的外表）时，他们都会对我们进行评估。评估是生活的事实，我们永远不会"超越"它。我们需要它。它提供反馈，如果没有反馈，我们就可能停止成长。

当社会工作者对他人进行绩效评估时会发生什么？他们会对自己更有信心吗？不，他们不喜欢进行绩效评估，这通常可以从他们的态度和行动中看出来。有时他们会与别人沟通，认为自己没有什么价值，评估是一种要求，但他们个人认为没有必要。我们听说有一位督导者从不安排评估会议，除非员工一再提出要求。另一位督导者由于不需要安排员工行程所以可以避免与员工接触。还有一位督导者非常害怕"评估时刻"，以至于她在召开评估会议的前一天晚上都睡不好觉。

为什么管理者对这种本来是人与人之间正常的、富有成效的交流反应如此强烈？毕竟，评估应该可以促进职业发展，我们都认为这是可取的。我们认识到在我们工作的其他领域进行评估的重要性；我们评估项目和个人干预措施的有效性；我们评估社会变革的政治氛围或社区的优势和资源。但是，当涉及评估与我们共事的同事的工作时，众所周知，管理者会竭尽全力来避免这项任务。也许是因为我们已经被社会化了，不愿再对别人评头论足。而绩效评估则是对另一个人的判断，至少是对他或她最近工作绩效的判断。这种判断旨在帮助促进个人成长，旨在为我们的主要受益人——我们的服务对象——提供更好的服务。

如果员工讨厌被评估，而那些评估他们的人不喜欢执行这种评估，你猜会怎么着？双方都有消极的心态。最终的结果很可能是一个自证预言，导致这个评估可能没什么价值。消极的经历将会为下一次评估创造一种消极的心态。如果不停止，这种恶性循环肯定会继续下去。然而，如果双方都以更积极的心态——作为改善沟通的选择和促进专业发展的手段——对待绩效评估，绩效评估可以是非常积极的经验。

绩效评估的益处

对被评估者进行绩效评估的主要益处是，它为职业发展提供信息。虽然没有任何评估是完美的或是对个人过去工作绩效百分之百的准确的描述，但所有的员工绩效评估至少能回答一些问题，如："我做得如何？""我最大的优势是什么，劣势是什么？"我们从员工绩效评估中可以学到更多的东西，它也告诉我们很多关于做评估的人、员工的督导者的信息。例如，它可能表明，评估者在某些领域比在另一些领域更重视员工表现，高度重视与其他员工的合作，注意外表或着装，或对一致性的重视高于主动性。通过这种方式，评估可以揭示评估者的价值观、优先次序和偏见。即使它们代表了作为管理者的评估者的缺点，这些也很重要。根据对这些情况的了解，员工可以选择改变他们的工作方式（尽可能地），或者至少，他们知道，如果他们选择不做出改变，在今后的评估中会出现什么情况。

员工的绩效评估还可以为被评估者提供其他益处。一个"突出的"或"超出预期"的评估（即使是因为评估者不惜一切代价避免冲突而"夸大"的评估）也可能是一个"保险政策"，使员工难以被降级、被解雇或经历一些其他消极的人事行动。即使整体评估不那么积极，例如"满足期望"，评估仍可提供某种程度的工作保障。如果评估总体上是消极的并且发现了各种不足之处，那么它还应该包含有关必须进行哪些改进以及什么将构成令人满意的工作绩效的具体信息。如果员工想要保住自己的工作，那他或她已经了解了必须要做的事情。

绩效评估还可以为评估者执行一些有价值的功能。它们提供定期的工具，以提醒员工组织的目的。特别是在大型的社会服务科层机构中，存在着一种自然倾向，即手段—目的置换（见第三章），员工可能专注于遵守现有的许多规则、政策和程序，而忽视他们应该做的事情——帮助服务对象。绩效评估为管理者和下属提供了一个机会，即他们可以停下来、后退并评估员工的日常活动对有效服务以及实现组织目的和目标的贡献程度。如果手段—目的置换正在发展，它可以提前被识别，并且可以启动消除它的步骤。

当然，如果进行评估的个人"只见树木不见森林"，并且专注于受督导者执行的旨在达到目的的任务，那评估会议将对双方和组织都没有好处。在这种不幸的情况下进行评估只会导致另一种手段—目的置换。管理者负有不忽视目的和目标的重大责任，即使员工可能看不到这些目的和目标。绩效评估有助于重新调整评估者和被评估者的活动和优先事项。

在进行员工绩效评估时，评估者必须采用某些事先确定的标准。这些标准的应用有时会使管理者改变他或她目前对员工的印象。例如，在组织内员工的日常互动中，人格特征有时会扭曲管理者对员工能力和成就的印象。一个有风度、自信、外向和善于表达的员工可能会给人留下知识渊博和有能力的通常印象。反之，沉默、孤僻的人更容易引起对其能力的怀疑。事实上，与更具社交能力的人相比，孤僻的人对组织目的实现可能会做出更大的贡献。更外向的人可能会使用一个有吸引力的风格作为掩护，以弥补工作绩效上的不足。评估标准的应用可以揭示这一点，同时也揭示了比较孤僻的人具有的真正价值。标准怎么确定？对与工作绩效无关的个性因素，绩效评估迫使管理者采用既不加也不减分的标准。如果员工的风格或某些人格特征是提供服务或促进生产性工作氛围的可验证资产或负债，则具有相关性。否则，它就没有相关性，在评估过程中也没有地位。

228   商业和社会工作专业文献中都有可以使用的员工绩效评估形式的例子，不过，一般情况下，管理者必须对其进行调整，以反映组织的独特性及其员工的角色。[1]网上还有许多其他可用的服务，还提供了关于有效利用评估会议的具体建议。[2]在许多组织（尤其是大型科层机构）中，管理者被要求使用特定的评估工具和程序。通过这种方式，对每个人的评估都采用了同样的标准，从表面上看，这些标准似乎促进了公平。但是，这种做法会严重降低绩效评估的价值，因为标准化的"一刀切"格式和程序通常不完全适合任何个人工作的独特要求。即使使用了标准评估形式，通常也会有额外的叙述性评论的空间。通过处理与员工工作的独特性有关的那些因素和问题，这些评估可用来帮助使评估过程更加公平。

在大型社会服务组织中，工作角色往往不重叠——例如，督导者除了督导什么也不做，只有直接的服务员工才能看到服务对象，等等——绩效评估为管理者（督导者）提供了更好地了解员工和更好地了解他们工作的机会。例如，督导者可以了解工作提供了什么样的满足感，或者哪种压力源经常成为其中的一部分。

在员工绩效评估期间，有价值的信息被交换了。讨论他们的工作满意度和职业目标的时候可能是员工唯一一次受到督导者关注的时候。他们对目前的工作满意吗？他们是否希望在不久或将来的某个时候进入一项管理职责更多的工作？他们愿意做其他工作，还是愿意在组织的其他地方做同样的工作？他们有多大的决心留在组织里，或者他们愿意去其他领域工作？因此，员工有机会与能够提供不同观点的人分享他们的一些愿望，而且这些人可能有助于实现他们的目标。例如，考虑谁是晋升的理想人选，决定谁可以从调动到另一个工作单位中受益，或为未来可能出现的职位空缺制订应急计划（见第五章）。

基于预定标准的非常积极的绩效评估是良好工作绩效的有力认证——比通常每天传达的一般认可感还要多。虽然员工可能感觉到或甚至知道他们的工作做得很好，但在绩效评估的背景下，书面和口头奖励会使接受者特别满意。从不那么令人愉快的方面来看，员工绩效评估可以为重新分配、拒绝加薪或晋升、降级等工作奠定法律和伦理基础，甚至为解雇不符合标准或对组织、服务对象和/或在社区中的形象构成负面影响的员工也奠定了法律和伦理基础。乐观地说，我们希望对绩效不佳的个人的评估将为变革和改进提供动力，管理者应假定员工希望并有能力改进。通过提供员工绩效评估，管理者提出了需要改进的具体领域，然后，他们可以通过加强督导或辅导和/或继续教育的形式，为改进工作提供

229   援助。但也可能出现这样的情况：一个员工缺乏提高到必要程度的能力或愿望，必须被降级、重新分配或解雇。在这一点上，书面评估提供个人工作绩效不佳、所需的警告和所有适当程序都已经到位的文件。由绩效评估组成的"书面线索"可用来提供证据，证明该决定既不是随意的、任性的、不公平的、冲动的，也不是所有相关方都无法预料的。因此，它们可以保护组织免受雇员的投诉或者甚至潜在法律诉讼的影响。

正如我们反复强调的那样，管理者执行的任何任务都有可能直接或间接地使我们的主要受益人，即我们的服务对象受益。员工绩效评估也不例外。当管理者为良好工作提供积极的支持时，他们会增加为服务对象提供更好的服务的可能性。然后，员工就会知道他们和他们的督导者以及组织之间的关系——他们感到安全。他们可以把更多的精力投到服务上，而不是试图纠正缺陷或担心自己的工作安全。即使管理者对员工的评估不太正面，他们通常也会建议如何改进工作绩效，并可能为更好地开展工作提供额外帮助。除非被干脆忽略，否则服务通常会得到改善。当然，不排除如果员工没有表现出任何改进，并且绩效评估仍然很差，服务对象也可能最终受益。但这提供了一个用其他更有能力的个人取代这些员工的依据。通过这种方式，绩效评估有助于保护服务对象，使其免受那些已经证明自己无法或不愿提供所需帮助的人的影响。

良好评估的特点

什么是良好的绩效评估？和其他任何管理任务一样，应以合乎伦理的方式进行绩效评估。《美国社会工作者协会伦理守则》告诉我们："负责评估他人表现的社会工作者应该在明确的标准基础上，以公平和为他人着想的方式履行这些责任。"[3]这一句陈述告诉我们很多东西，包括它所说的和没有说的。例如，它并没有说评判下属的工作绩效是不符合伦理的或不专业的，也没有说绩效评估不应该批评个人的工作。

公平

为什么公平在绩效评估中如此重要？对员工的不公平评估不仅不符合伦理，也是管理不善的做法。一次不公平的绩效评估就会破坏员工对管理者的信任和尊重。为什么？因为一名员工如果认为自己受到了不公平的低评估，就会感到愤怒和怨恨，他或她可能与其他员工分享他或她认为不公平的评估部分，然后其他员工就会害怕同样的事情也会发生在他们身上。或者，众所周知，如果一名员工没有做好工作，但得到了不公平的高评估，而其他员工也了解了这一点，他们就会感到愤怒和怨恨。在这两种情况下，组织氛围都可以迅速从相互尊重转变为愤怒和不信任。

管理者在进行绩效评估时需要建立起公平的声誉。公平的绩效评估有哪些特点？以下是最重要的：

1. 使用事先理解的标准。要对员工进行公平的评估，依据的标准应该是双方都清楚说明和理解的，而且是在评估周期之前制定的。如果以后采用新的评估标准，或者更糟糕的是，在进行绩效评估时采用新的评估标准，员工很快就会认为这是不公平的。

在员工刚就业时，应向他们介绍和解释评估工具和标准，作为初始任职培训的一部分。通常，它们也包含在规则、政策和程序手册中，但正如我们早些时候所指出的那样，手册中往往有免责声明，指出不应将其解释为与员工签订的合约。这对双方都有用。员工知道他们的评估应依据什么标准，并可利用这些标准对他们的工作绩效进行持续的自我评估。有标准存在，管理者不太可能犯员工评估中可能出现的一些常见错误，例如，依据自己的素质和工作节奏对员工进行评估；首先对员工进行一般性评估，然后再以与该评级一致的方式对员工绩效的所有方面进行下意识评估；或者永远不给新员工一个"杰出"的评级，以"留下提升的空间"。

2. 避免比较。使用其他员工作为参考点去评估员工，甚至在个人评估中参考另一名员工，这是不公平的。虽然管理者对员工进行一些比较是不可避免的，在履行某些职能时甚至也是可取的（例如，为晋升或某种荣誉或奖励而挑选员工），但个人的工作绩效评估不容许比较的存在。这相当于"曲线式"估计，这种做法在统计上是站不住脚的，因为，工作绩效在工作小组内往往不呈正态分布，以及管理者督导和评估的员工"样本"既不是随机的，也不是足够大的。如果评估是"曲线式"的，那么员工和他们的评估就容易受到所在群体的优势或劣势的影响。在一群极其优秀的同事中，一个非常优秀的工作者可能获得低的绩效评估。相反，一名能力弱的员工可能在一群非常弱的同事中是最优秀的，因此会得到高的绩效评估。很明显，这两种绩效评估都是不公平的。

员工比较评估也可能在员工中助长一种不受欢迎的竞争形式，抑制合作和协同工作，并促成一种利己的组织氛围。虽然这种竞争可能在短期内提高员工的生产力，但随着时间的推移，员工开始将其视为一种操纵和侮辱。成年专业人员不应为了获得高绩效评估和绩效奖励而与同事进行兄弟姐妹般的竞争，他们的工作应该根据其自身的价值来评判。

管理者在进行绩效评估时应避免将员工与其他员工进行比较的另一个原因与保密问题有关。管理者不可能在不透露太多关于其他员工评估的情况下，使雇员相信他们与其他人的比较是公平的。而如果透露了就是不道德的，还会阻碍对员工自身绩效进行富有成效和坦率的讨论，而这种讨论应该是任何良好绩效评估的一部分，因为员工可能担心所讨论的内容会被同事分享。有用的绩效评估取决于诚实的沟通，当讨论变得有所戒备时，它们的价值就会降低。

3. 员工的差别待遇。作为管理者，社会工作者有时很难将某些员工评为是低于其他员工的。因为这样属于妄下判断，他们接触不到员工的服务对象。因此，尽管员工的能力和生产力水平各不相同，但他们依然给每个员工同样的高绩效评估。这样做就是违背管理责任——绩效评估根本没有得到真正的执行。

简单地给每个人一个高绩效评估的做法对所有相关的人都是不公平的，特别是对那些获得最佳评估的人。学生很容易与这种不平等联系在一起。一个得了 A 等评价的学生往往对另一个也得 A 等评价但却做了 C 等工作的学生感到不满；同样，这个学生也对授予这个不该授予的 A 等评价的教授感到不满。当优秀的员工从小道消息中得知，督导者对他们"优秀"的评估与公认的能力不强的同事所收到的评估几乎没什么不同时，他们也会做出类似的反应。员工之间关于自己的评级的沟通交流很少。如果每个人的评估都是一样的，所有人在其他人的眼里也是贬值的。

员工知道，工作小组成员在动机、知识、能力，有时甚至是专业价值观方面存在差异，他们有权期望管理者的员工评估能反映出这些差异。如果所有员工都被评为"优秀"或被评为同等级别，则没有人会从中受益。那些应该得到较低评级的人最初可能对这种做法感到满意。然而，他们被剥夺了他们应得的反馈信息，这些信息本可以帮助他们成长为专业人员。

解决办法很简单：使用适用于其工作的预定标准来评估所有的员工，并提供叙述性描述，以解决其中未充分解决的任何重要问题。员工绩效的差异将会显现出来。

4. 应用现实的期望。绩效评估的目标是既不过于负面也不过于正面（即应公平、准确地描述员工的工作绩效）。只有当管理者在评估过程中引入其他考虑（不要与标准混淆）时，才能做到这一点。评估应基于对每个员工的现实期望的评估。诸如，员工的职业发展阶段、专业背景、明确的职业目标和以前的工作经验等因素是经常被考虑的变量。例如，没有人能够期望一个新的毕业生（在质量或数量方面）的绩效水平与一个经验丰富的资深专业人员的绩效水平相同。刚毕业的人应该会犯一定数量的错误；对经验更丰富的专业人员来说，犯同样的错误可能表明其有冷漠或动机问题。

另一个需要考虑的因素是工作本身的性质。在评估员工的绩效时，应考虑可用于帮助执行任务的因果关系知识（最佳实践）的数量。例如，我们非常清楚如何正确地与被指控遭受性虐待的儿童进行面谈，以及如何正确帮助服务对象申请医疗补助或社会保障残疾津贴。我们期望一名员工能够圆满地完成这些任务。然而，我们可能期望另一名员工在与被判定为性犯罪的人进行咨询方面，或在被迫加入青年帮派的青少年介入方面，取得更为有限的成功。

在评价哪些绩效标准是合理的过程中，还应考虑另一个因素。在评估社会服务专业人员的工作时，我们经常会遇到一些不明确的情况，甚至不清楚什么是成功的实践干预。例如，评估者应该怎么解释社会工作者的服务对象很少回来接受二次治疗面谈的事实？它是否表明无法形成治疗关系，或表明了危机干预方法的成功应用？或者，在三个社会工作者的案例中，婚姻的解除是否表明该员工作为婚姻顾问的角色表现不佳？也许吧，但是离婚可能是这些家庭最好的选择。要公平地评估员工的工作绩效，就必须听取和考虑所提供的任何解释。如果评估者知道（通过向员工提供个案咨询和/或通过其本人的实践知识和经验）通常会遇到哪些问题和障碍，这也是很有帮助的。

5. 认识到工作环境中的问题。在工作环境中，往往存在着评估者无法控制的条件或情况，但这些条件或情况却影响到他或她有效地工作的能力。例如，指导和培训可能不够充分。可能没有知识渊博的文书人员的支持。督导者可能因长期休假而在评估周期的大部分时间无法提供督导。同事可能没有进行合作和提供帮助。可能存在技术上的故障或不

232

足。吵闹的工作场所或缺乏隐私可能使工作变得更加困难。

如果在评估期间工作环境中存在这些或其他类似情况，公平性将会表明，管理者仍然对工作绩效水平提供准确的评估，但在绩效评估的叙述性描述中也包含了一些内容，即承认他们至少可能强化了被评估者个人的任何缺点。例如，可能会说："罗斯里纳（Rose-lyne）的个案记录落后，这一问题可能至少部分归因于这样一个事实，即当另一名雇员突然辞职时，她不得不接手另外八个案子。罗斯里纳意识到，如果她要在下次绩效评估中继续获得'满意'（或更高）的评级，这是一个必须纠正的问题。"

另一个应该考虑在内的常见情况是"继承问题"——可能是由先前的员工造成的，或是以前的员工遗留下来的问题。假设一个督导者被雇用来代替另一个被解雇的督导者。例如，前任督导者可能留下了本应完成的积压文件，或是下属在工作中行为不当，但从未因其行为而被质问。或者她可能得罪了另一个组织的主要员工，而该组织以前曾是服务对象转介的重要来源。要是这些问题被遗留下来，评估时再把这些问题认为是现任员工的责任，那这是不公平的。然而，在接受工作时，新员工确实要承担一些责任去处理所遇到的旧问题。那么，怎样才能公平地评估一个承担旧问题的员工呢？公平性意味着提供一个"宽限期"——在合理的时间内，常识认为解决这个问题是现实的。在宽限期内，对于个人解决问题的计划、为解决这一问题所做的努力以及所取得的进展进行评估是公平的。在宽限期之后，如果问题仍然存在，员工必须对问题承担责任，并对此负责。如果这仍然是一个问题，可以公平地说，这应该算作该员工绩效评估中的一个缺陷。

有时管理者知道工作环境中情有可原的情况。但是，并不总是如此。许多管理者现在要求其员工在进行绩效评估之前进行某种形式的自我评估。可能会要求他们准备一份自己的书面评估报告草稿。而该报告（至少）叙述了他们在评估周期的工作以及他们认为的主要成就和他们希望在今后所取得的成就。如果他们提供的是直接服务，通常包括所提供的服务和/或案例的清单。但是，也可以要求员工对其工作绩效提出书面评估，并说明他们认为管理者应考虑的与工作环境有关的其他因素。在评估会议举行的前一天或几天，向管理者提交评估，作为进行绩效评估时所使用的补充数据。当然，应当事先理解，管理者只负责考虑所提供的信息。因此，工作环境中情有可原的情况可能被描述得不那么严重，甚至被完全忽略，因为这与员工的工作绩效无关。

6. 使用"硬"和"软"的标准。随着诉讼和员工投诉的增加，现在许多社会服务组织严重依赖标准化的评估工具。但即使这些工具（它们差异很大，以至于我们无法在这本书中包括一个可以被描述为"典型的"工具）也往往包括有时很难测量的标准。这些工具总是反映了"工作绩效、个人能力和个性"的混合。[4]诸如准时上班，遵守规则、政策和程序，工作知识和质量，沟通技巧以及工作的及时性等标准因素，往往与对态度、主动性、合作性和团队合作、专业精神、适应性、督导的使用、文化敏感性、服务承诺以及与同事合作的能力等品质的更主观的判断相平衡。

在这个诉讼时代，可能有一种倾向，希望只使用那些"硬"的、可核查的标准来评估员工工作绩效，这些标准可以使管理者和组织免受主观或偏见的指控。但是，对自我保护的痴迷并不能产生准确、有用或公平的评估。只限于易于测量的标准的评估往往是没有价值的。例如，它可能表明，员工总是准时上班，不断地更新文书工作，并遵守组织的规则、政策和程序。但是，它没有查明一个事实，即员工并不是作为专业人员而成长的，没有很好地致力于向服务对象提供服务，或者不是一个好的团队参与者，这些都是非常关键的问题领域，应当加以解决。除非评估包括这类反馈，否则不需要对问题进行解决。如果管理者最终得出的结论，认为员工对组织来说是一种负债，而不是资产，那么解雇的法律和伦理基础将不复存在。

良好的评估采用一些容易测量的标准。但不可避免的是，它也包括较"软"的标准，234 因此更容易有主观性。虽然测量和记录员工的某些属性比较困难，但公平性表明，至少其中一些属性是用于绩效评估的适当标准。虽然不容易被书面记录下来，但还是需要提及一些不受欢迎的行为或态度，例如明显厌恶与有某些问题的服务对象合作，或无法与同事很好地合作。此外，还应承认其他非常可取的做法（例如，在分配额外工作时，对同事采取友好、合作的态度），并尽可能给予奖励。然而，在一些员工很少与他人互动的组织中，良好的同事工作关系等因素可能与绩效评估无关或至少不那么重要，不应成为员工绩效评估的一部分。例如，如果允许员工在家或在另一个非办公室环境中从事大部分工作，不管何时、何地或者他们是如何做到的，真正重要的（而且应该得到奖励的）只是他们的工作做得如何以及他们的工作效率如何。这就是所谓基于绩效的评估趋势的本质，这在一定程度上是对技术（见第十二章）如何经常变化甚至取代传统工作场所的反应。

管理者可能希望将其他"软"标准纳入员工绩效评估中（各组织的标准各不相同）。一个常见的标准是"对组织的价值"。这很难记录，但很重要。它是管理者随着时间的推移而感觉和感知的东西，而不是基于对行为的简单观察而进行的评估。这就是为什么管理者会说："如果我只能留下一名员工，她就是我想要留下的那个人。"

运用"软"标准来测量员工的绩效并不会给管理者和/或组织带来麻烦。"软"标准只有在没有合适的警告，或者适用于某些员工而不是其他具有相同工作能力的员工的情况下才适用。研究者现在认识到，要真正了解一些问题或生活经验，需要定量和定性的研究方法。比较主观的方法是对比较客观方法的补充。同样，大多数员工现在认识到，如果绩效评估是以判断和可记录的事实相结合的方式进行的，就能最好地实现公平。他们认识到，任何评估标准都不可能百分之百客观。因此，他们不反对包含"硬"标准和一些倾向于"软"标准的一揽子标准，只要他们事先知道这些标准的含义，并相信这些标准也同样适用于其他人。当然，如果管理者以公平和良好的评估技能赢得了声誉，那么使用这些标准对员工的威胁就会减少。

如果公平需要平衡"硬"和"软"的标准，那么正确的平衡是什么呢？与以往一样，这将取决于各种因素。一些组织，通常是那些在相对不友好甚至不利的任务环境中运作的组织（见第二章），可能无法冒险使用许多"软"标准。它们可能不得不在很大程度上依赖容易测量和记录的标准，而这些标准不太可能导致令人尴尬的法律行动，也不太可能导致不满员工或前雇员的歧视指控。相比之下，一个拥有更友好、支持性更好的任务环境的组织可以安全地使用更高比例的"软"标准。如果任何一个组织中的个别评估人员都需要站在更安全的立场上（可能是因为过去他们的人事行动中存在过问题），他们可能会决定最好少使用"软"标准。但是，在这样做时，他们可能会牺牲一定的公平。

为他人着想

《美国社会工作者协会伦理守则》还规定，绩效评估应该是为他人着想的。是什么使评估为他人着想呢？为他人着想的评估为被评估的个人提供了大量的投入和解释的机会。它承认所取得的成就，并指出优缺点。它为改善缺点和专业发展提供支持。

绩效评估也承认并尊重员工的尊严。这是基于这样的一个假设，即员工能够并且希望尽可能地胜任工作并富有成效。因此，它的目的是建设性的，而不是破坏性的。它能找出缺陷，并以一种巧妙的方式清楚地描述它们。例如，无论在评估会议上的口头评论中，还是在人事档案中绩效评估的书面部分，评估者都不应讽刺或试图以贬损的方式"幽默"。评估者不应提及员工的种族、性别、年龄、性取向等等，即使是以一种支持性的方式。

在讨论公平性时，我们描述了如何解决个人无法控制的工作环境中的问题——提及这些因素可能是情有可原的，但仍可将个人评定为与实际工作绩效相符的级别。但如果问题更多是个人性质的，例如，与失去伴侣、疾病或家庭中的法律问题有关的临床抑郁症，可能会对评估期间的工作表现产生负面影响，那该怎么办？即使准确地描述了最近所做工作的质量或数量，给经历过这样的个人问题的人一个较低的绩效评级，难道不是不公平和不为他人着想的吗？不是。当评估者意识到这样的问题时，就会多加考虑。但是，对评估的了解不能影响评估本身的水平。评估者和被评估的员工仍然需要对最近的工作绩效进行准确评估。这也符合组织的最大利益。即使是出于同情或善意，提供一个夸大的、不准确的评估也是错误的。接受评估的员工如果要努力改进工作，就需要了解那些工作绩效未达到标准的领域。如果后来发现，即使没有个人压力，工作绩效也没有改善，那么这对评估者和组织来说也是一个问题。如果人事档案中有夸大的评估，随后的人事行动（降级、调动甚至是解雇）可能会更加困难。

在评估会议上，评估者不应提出员工的个人问题，即使这个问题广为人知。否则的话，即使是以支持性的方式提出，也可能表明它某种程度上干扰了评估者提供准确评估的能力。如果员工提出这一问题，也许可以作为最近工作绩效不佳的一个解释，那么评估者应听取意见并简短讨论。本次会议的目的是业务——分享对员工最近工作绩效的评估，现在不是进行支持性督导的时候。那么，为他人着想从何而来呢？为他人着想要求评估者礼貌地对待员工，正如员工都希望得到的那样。它提供保证性支持，以便将工作绩效提高到可接受的水平。也许可以提供比通常（有时限）稍长的宽限期，使员工能够在采取任何纠正行动之前达到这一水平。

如果员工的工作水平不能达到可接受的水平，他或她往往会意识到这一点，评估结果应该也不会理想。然而，评估者仍然需要对他或她最近的工作绩效提供准确的评估。这项工作应以口头和书面形式（"供记录"）进行，但评估过程不应加重问题本身，也不应加重员工对其工作绩效影响的任何关切。即使评估者得出结论，认为员工最近的绩效水平显然是不可接受的，而且不能允许这种情况持续太久，但仍然可以以明确但尊重的方式进行沟通。最后，如果该员工因该问题得不到有益的帮助，则应给予他或她寻求帮助的支持。如果组织有雇员援助项目，那该项目在这方面往往很有帮助，因为在安排咨询或其他援助时通常会考虑到员工的工作时间表。但是，如果获得帮助需要占用员工的休息时间，那么管理者可以考虑调整员工的工作时间，以方便其获得帮助，同时仍然满足其工作要求。

进行绩效评估

大多数组织有进行绩效评估的书面规则、政策和/或程序。例如，它们规定了员工必须被评估的频率以及必须遵循的步骤。必须遵守这些规则。尽管组织最近努力确保不把这些列入合同中，但是，不遵守这些规则仍然会造成问题，例如，由于"错误解雇"对组织提出工会申诉或法律诉讼。

规则、政策、程序和必要的文书工作往往因组织而异，但它们也有许多共同之处。例如，绩效评估通常有两个主要组成部分：书面评估和评估会议。

书面评估

典型的书面评估可包括对评估期内所做工作的描述，例如载有所用评估标准的量表和对每项标准的评级，以及对评级期间工作绩效的叙述性概述。即使在员工撰写全部或部分评估草稿并在评估会议之前将其提交给评估者的组织中，书面评估的最终形式仍由评估者负责。这就是应该的方式。客观地评估自己是困难的，有可能产生一个过于苛刻的评估，或者有可能避开某些缺陷或重要问题。即使认真而诚实地撰写了草稿，在某些领域，评估者对绩效的看法也必然不同于员工。在员工所写的内容上简单地"签批"可以避免承担责任，而且会剥夺员工专业发展所需的反馈。

评估会议

没有面对面的评估会议，绩效评估的过程就不完整。如果社会工作管理者知道评估不是非常有利，他们最可能害怕召开评估会议。然而，如果他们一直都在做管理者的工作，那就没什么好担心的了。这次会议应该仅仅是对他们通过定期的书面、口头和非语言交流发送信息的确认。由于在评估阶段开始之前就应澄清和理解评估标准，因此在评估会议上所说的或以书面形式所提供的任何内容都不应使员工感到意外。

虽然没有"一种最好的方式"来召开评估会议，但有一些方法可以增加它们既公平又为他人着想的可能性。例如，应该提前安排好会议，并且应该尽一切努力避免重新安排。虽然重新安排对评估者来说似乎不是什么大问题，但年度或半年度的绩效评估对于员工来说非常重要并且可能非常有压力。不必要地推迟是轻率的。评估者应该计划会议议程，或许甚至可以排练所说的内容。这就降低了人们冲动地说或做任何事会后悔的可能性，甚至更糟的是，成为某种抱怨的基础。

通常情况下，会议开场很愉快，或许评估者表达了对员工贡献的赞赏。随后可能会对所开展的工作进行审查。在某些时候，会提供评估者的书面评估草案，给员工一定时间来阅读然后讨论。评估者应该听取对其中所述缺陷的任何解释，但应避免对它们进行辩论。会议可以以"展望未来"结束，员工可以谈论他或她希望在下一个评估周期实现的目标，评估者可以提供方法以便更容易地实现它。组织鼓励员工在组织内或其他地方讨论他或她可能拥有的任何长期职业目标。总的来说，大多数评估会议是愉快、富有成效的会议，可以交换有价值的信息。当然，如果评估不是非常有利的，那么信息交换可能不那么令人满意，但仍然有用。

在评估会议结束之后，评估者在必要时修改书面评估，并安排第二次简短会议，以便双方签字。对一个人的评估签字并不意味着员工必须同意其中包含的所有内容，只是说它已被阅读和理解。如果仍然存在严重的分歧，通常允许员工写一份附件，说明在哪里出现的分歧，以及他或她不同意这些意见的原因。在双方签字后，书面评估（包括任何附件）都会在员工的人事档案中归档，并附有评估会议何时举行的记录。

有时会出现问题

在社会服务组织中，管理者应及时提供书面评估，并召开评估会议。如果他们不提供，他们和组织都可能陷入严重的麻烦。在有工会的组织中尤其如此。例如，如果决定解雇一名长期雇员，而要求的年度或半年一次的评估没有及时进行，那就给抱怨提供了充足的理由。即使雇员没有什么保护——临时雇员、以"软"钱（"soft"money）① 雇用的人或大多数"有工作权"的州的人有时也是这样——定期评估是对管理者的公平和为他人着想（即伦理的）的期望。例如，从法律上讲，虽然有可能在没有任何解释的情况下立即解

---

① "soft"money：软钱，软资金（美国政党资金，必须存入政党在州一级银行的账户，可用于基层组织、人员招聘、广告宣传等，不得用于与总统竞选和国会竞选有关的活动）。——译者注

雇担任提供资助职位的雇员，而且他或她在任职期间也从未进行过员工绩效评估，但一个有道德的社会工作管理者永远不会这样做。

未来绩效审查的承诺（或可能是威胁）可能对员工的行为施加相当大的影响。员工知道会有会计周期日，所以他们不太可能做出他们无法证明或容易受到不佳评估影响的行为。我们所有人（包括课堂教师）都倾向于（或多或少）把自己的评估工具放在脑后。其应用的必然性可能会抑制那些我们知道可能导致批评审查的行为，并鼓励其他会得到有利审查的行为。当然，痴迷于获得良好的绩效评估也会适得其反。如果专注于获得良好的绩效评估，员工可能倾向于"玩弄"评估工具。例如，这可能会导致一些行为，例如逃避职位描述中没有的任务（因为他们可能得不到关于它们的"信用"），或选择不对你的服务对象采取某些干预方法（例如对抗），这些方法可能非常合适，但也可能导致服务对象的投诉。敏感的管理者意识到，当员工的评估承诺成为令人恐惧的幽灵或成为员工决策背后的主要推动力时，就存在着危险。他们意识到即将到来的绩效评估不可避免地会在某种程度上影响员工的行为，但是他们不会通过频繁地提醒员工来增加绩效评估的影响力。

绩效评估的趋势

在前一章中，我们描述了对传统督导模式的一些选择。产生这些成果的一些同样的事态发展（采用参与式管理、更多地依赖信息技术和"扁平"组织）也导致了员工绩效评估的一些最新趋势。其中之一是同行评估，即由同行（而不是督导者）进行评估。只有在采用同行督导的情况下，同行评估（其中只有同行评估员工）才有意义。但是，如果使用其他督导模式，督导者仍可能要求同行提供督导意见。它通常局限于同行最了解的领域，例如合作、分担责任、对服务对象的态度，或表明个人有能力成为一个优秀的团队参与者并采取适当行动的其他属性。当要求同行提供这类有限的投入时，这只应构成评估过程的一个组成部分——督导者可能缺乏的洞察力或视角。督导者的工作是将其与背景联系起来，并获得关于员工工作绩效的这些方面的任何必要的补充资料。

如果将同行评估用于建设性的反馈，则可以很好地发挥作用，但我们坚信评估不应匿名进行。匿名可能提供保护，但它也助长不负责任情况的滋生；它鼓励人们夸大或以其他方式歪曲真相。此外，如果同行的负面评论或评级具有价值，那么接受评估的人应当能够向提供评估的人询问具体情况，或许还可以提供一个解释，以及如果他们认为这种批评是正当的，那就采取必要的措施来纠正这种错误。同样，当你知道了正面的评价或评级的来源时，它们才是最有意义的。

案例

斯科特（Scott）是一家提供各种咨询服务的大型家庭服务组织的个案督导者。他以前在精神病院做过 6 年的精神病学社会工作者。他被极力推荐接替最近退休的前个案督导者。

总的来说，斯科特"继承"的社会工作者是一个敬业、能干的群体。然而，有一个明显的例外。斯科特接受这份工作时，米尔德丽德（Mildred）57 岁。在她和斯科特的第一次督导会议上，米尔德丽德尖锐而愉快地提醒他：她的孩子比他大；她计划再工作 8 年，基本上做她一直做的事，然后退休。

斯科特很快就知道，事实上，米尔德丽德一直做得很少。27 年前，她和斯科特的前任——她的前上司——一起从社会工作专业硕士学位项目中被雇用，并继续与她保持定期联系。然而，当斯科特更多地了解米尔德丽德并更好地了解她时，对于米尔德丽德参加第一次会议的态度，他最初的恼怒也消退了。他发现自己真的很喜欢她。虽然他希望她能够提高工作效率，但很快就得出结论，她可能无法做得更多。当他给她分配了许多新案子时，她错过了约定，而且似乎变得不知所措。在其他情况下，当他要求她做更适合她工作描述的工作时，她通常证明自己是完全不称职的。其他员工对此表示关切。他们委婉地建议斯科特不要打扰她，不要要求她做比以前更多的事情。她的职责包括执行她负责多年的案子，偶尔做一些人员纳入记录，给所有办公室的植物浇水，保持候诊室整洁。她还把咖啡壶装满，把冰箱打扫干净。

根据组织政策，斯科特要对所有人进行年度绩效评估。第一年之后，对于米尔德丽德的评级，他认真考虑过这是不令人满意的，要正视她的缺点。但他撕毁了他所准备的书面评估的初稿。他决定，如果客观地评估米尔德丽德，那她会很伤心，尤其是她一直被作为朋友的前任督导者评为"优秀"。他设想了一次伤人的、泪流满面的评估会议，双方都感到痛苦，而斯科特对米尔德丽德的麻木不仁，让其他员工感到怨恨。他无法想象，鉴于她有限的技能和多年来她的绩效模式，她如何能够有效地利用批判性评估来提高自己。他选择了阻力最小的道路，在妥协上稍做努力，他在 8 个绩效类别中将米尔德丽德评为"优秀"，在 2 个类别中评为"需要改进"。在他们的会议上，他迅速向她解释说，每个人（甚至他自己）都需要在 2 个方面"改进"——准时和注意细节，他们一起笑了起来。总的来说，这次会议是一次令人愉快的交流。

斯科特感到如释重负。米尔德丽德的反应比预期好得多，这使他更喜欢她，似乎证实了他选择了正确的行动路线。斯科特决定不给她分配任何新的工作。这会让米尔德丽德感到高兴，并允许他继续对她所做的工作给予高度的评估，而不会严重扭曲事实。毕竟，她做的咖啡很棒！

在接下来的 2 年里，米尔德丽德继续做得很少。她的同事继续为她打掩护，斯科特继续给她有利的评估。后来又来了一位新的行政主管。在失去一份重要 EAP 合同后，资金大幅减少。董事会给新的行政主管一项任务。她将设计和实施组织重组，通过削减一些中层管理职位来"扁平化"组织结构。董事会还拒绝允许她替换两名最近辞职的社会工作者。

主管没有浪费时间，作为对董事会指示的部分回应，她打电话给一线督导者并解释了情况。她指示他们每个人制订一项计划，不减少服务，同时充分利用剩下的员工。斯科特考虑了所有可能的备选方案。没有一个是理想的，而且都涉及一些变化，这将增加米尔德丽德的工作职责，并将迫使她与更多的服务对象进行接触。他最后得出结论，最好的解决办法是指派她全职做记录，让剩下的社工和他自己做更多的治疗工作。可以预见的是，米尔德丽德的反应充满了怀疑、伤害，甚至有点儿愤怒。她暗示她可以早点儿退休，这一想法给斯科特带来了不少虚假的希望。但是，在她能够继续实施她的威胁（大多数人怀疑无论如何这都会发生）之前，另一种情况出现了。

由于改组，除了米尔德丽德外，其他 8 名员工的工作量增加或被重新分配工作。其中 6 名是最近被雇用的，但立即都被分配了大量的案件。这与通常的组织惯例背道而驰，即在工作的头 6 个月里给新来的社会工作者 3/4 负荷的工作量。6 个都是女性。其中有一人说服了其他人，最终甚至说服米尔德丽德，向该组织提出性别歧视诉讼。事实上，行政主管、斯科特和大多数其他督导者都是男性，这更增加了投诉的可信度。

当主管做了一些调查，了解到米尔德丽德多年来是多么无能时，她变得乐观起来。斯科特告诉主管，他和他的前任都不认为他们可以信任米尔德丽德来承担高级专业职责，因此他们只把她用于日常工作。主管要求提供文件。斯科特不得不承认，他没有文件可以提供，但这些只是他的印象。主管要求查看米尔德丽德的年度员工评估报告；当然，这些评估非常正面。主管很生气，拒绝接受斯科特所能提供的唯一解释。

对于公众对一桩指控社会服务组织中性别歧视诉讼的反应，董事会并不想冒风险，于是他们同意为诉讼参与者提供实质性的财务赔偿。随后米尔德丽德和参与诉讼的其他所有员工，除一人外，都辞职了，留下了几个新的空缺职位，其中大多数由于新的预算赤字而无法填补，必须进行另一项痛苦的重组。

问题讨论

1. 对于给米尔德丽德高的评估并分配给她做较少专业水平的工作，斯科特是如何证明他的决定是合理的呢？

2. 当提起性别歧视诉讼时，斯科特是如何继续高度评价米尔德丽德，从而使该组织处于法律危险之中的？

3. 还有谁可能被斯科特的行为所伤害？怎么受到的伤害？

4. 斯科特怎么能以一种既公平又为他人着想的方式对米尔德丽德进行绩效评估，同时又能反映出她真实的业务水平？

5. 如果有的话，斯科特会做些什么来使米尔德丽德成为更有效率的组织成员呢？什么能起作用，什么不起作用？为什么？

6. 尽管米尔德丽德是一个"继承问题"，但为什么斯科特可能会从他自己的督导者那里得到一个糟糕的绩效评估？

241　　　　正如我们在第四章中所指出的那样，绩效评估也不像以前那样总是"自上而下"。下属可能会被要求评估他们的督导者或管理者的工作绩效。这种情况出现时，可以提供有用的反馈。例如，督导者认为自己很随和，易相处，但发现有的员工认为她很孤僻，而且很难接近。或者督导者可能会发现，她被员工认为在分配工作时表现出偏袒，或者对建议没有任何反应。但是，下属的评估应该只是督导者或管理者自己的绩效评估的一个组成部分。它们不应该特别重要，因为有很多原因可以解释为什么下属会这样评估他们的上司，有些是正确的，有些则是不正确的。

还有一个新的选择反映了"任何人都可以评估任何人"的态度，就是360/多重评议（有时也称360度评估）。它允许许多不同的人（例如同事、下属、经常与管理者或员工打交道的组织以外的人）对个人进行评估。这类评估的主要好处是，它为员工的绩效提供了许多不同的视角，因此可以对员工绩效有更多的了解。但是具体由谁参与评估过程，会对结果产生很大的影响。例如，一些有权势的董事会成员可能只会选择他们认为对董事表现持批评态度的人（而不是那些知道她做得很好的人），然后利用评估作为解雇董事的理由。

继续教育

员工为社会服务组织带来的正规教育背景和经验一般不足以使他们在新的工作环境中立即成为"优秀的员工"。他们需要学习，例如，什么是规则、政策和程序限制，他们能做什么和不能做什么，以及在组织内执行某些必要任务的"正确"方式。之后，一旦掌握了基本的工作要求，他们将需要帮助，来继续促进专业发展，并学习如何适应将发生的不可避免的变化。入职培训和督导可以帮助他们完成这些任务，但他们也需要其他的学习机会。管理者的职责是确保根据需要提供这些服务。

《美国社会工作者协会伦理守则》规定：

3.08 继续教育和员工发展

社会工作行政管理者和督导者应采取合理步骤，为其负责的所有员工提供或安排继续教育和员工发展。继续教育和员工发展应处理与社会工作实践和伦理有关的当前知识和新出现的发展。[5]

在组织内部学习是不可避免的。人们每天都在学习，向同事、督导者、下属、服务对象、文书人员和与他们有联系的任何其他人学习。对管理者来说，问题是：他们学到了什么，以及他们学到的东西对于促进有效的服务和他们自己的专业发展有用吗？有时候是有用的，有时肯定没用。例如，从同事那里非正式地学习可能会给记录的保存提供一条捷径，从而为服务带来更多的时间。"节余"可能没有消极影响，或者如果被发现，可能导致灾难性的联邦补偿损失。高级员工对新雇员的其他非正式"指导"可能导致对管理者的不尊重，因为如果没有老员工的一些偏见输入，管理者本可以得到尊重。如果管理者不能提供正规的学习，其他的学习方式将补充这个空缺。但这可能是错误的学习方式。

即使提供良好的学习机会，也不能保证员工会"接受"，至少不能按预期的方式接受。例如，为确保雇员遵守适当的专业旅行费用的报销程序而设计的培训课程可能会无意中提出利用专业旅行开展个人业务的方法。正规化学习计划中所传达的内容应该由管理者加以验证和加强，以确保不会产生意想不到的结果。

继续教育的类型

员工有各种各样的学习需求。从技术技能到理论知识，再到专业价值观的适当加强，不一而足。某些形式的继续教育适合某些学习需求，但不适合其他的学习需求。三个术语——培训、教育和员工发展——经常被相当自由地甚至可以互换地用来描述现有的各种继续教育的方法。了解它们在目的、内容和过程上的差异，对于管理者确定员工在持续的职业成长中可能需要什么样的反应是非常有帮助的。

1. 培训。与其他两种类型的继续教育不同，培训旨在激发员工标准化的"正确的"行为。像规则（在第六章中讨论过）一样，它旨在禁止行使专业自由裁量权。虽然在某些情况下，管理者希望在员工中促成主动性和创造性的解决方法，但其他情况则需要标准化。例如，儿童保护工作者在处理可疑的虐待行为或完成第三方报销服务的表格时，都会采取一些正确的或者错误的方式（合法并专业），在这时发挥创造性和主动性是不可取的。任何偏离"正轨"都是不能容忍的。

人们可以被培训成以规定的方式对可预测和反复出现的情况做出反应。如果我们事先知道一种情况将会发生，我们会用一种可以接受的办法来应对，而且我们可以合理地肯定，这种办法将是有效的，那么，在这种情况下进行培训是可能的，也是可取的。培训通常包括以批准的方式进行实际操作。例如，我们能够而且应该培训员工正确接听电话，或者如何以专业方式对电子通信做出反应，保护服务对象数据免遭网络盗窃，使用无性别歧视的语言，正确填写表格，将信息输入组织的电脑数据库，或者遵守健康保险组织的报销要求。

243 　　培训是社会化的一种形式。它帮助员工得到基本的角色能力，并以可接受的方式完成他们的工作。在使用对工作有直接价值的技能方面，培训传授知识和提供经验。因此，它帮助员工达到角色期望，即"成长"并可以胜任当前的工作。

　　培训可以是一种成本效益很高和很有价值的继续教育形式。大量员工可以同时接受培训。经过充分的培训，新员工可以迅速提高生产力，减少错误。这反过来又减少了他们和组织的尴尬，使员工对自己的工作绩效感觉更好。这样，他们就不太可能旷工，抱怨会更少，也不太可能寻找其他的工作。随着工作要求的变化，更多的资深员工从再培训中受益。培训帮助员工更自信、更舒适地适应变化。

　　专业员工有时会抱怨不得不参加培训。但如果有效地执行，当他们得到的东西付诸实施的时候，他们几乎总是会感激培训。一旦学会了应对事先可以指明的情况的正确方法，员工就可以更加自主地运作，并确信他们对情况的处理是正确的。培训可以帮助员工感到不那么受控制。例如，如果通过培训，员工已经内化了用于安排家访的正确协议，那么家访将看起来很自然、正确，并且扩展了他们自己的工作习惯和风格。

　　培训通常有时间限制和相对正规，而督导是持续的而且不太正规。但它们是相互支持的。培训支持（特别是）行政性督导，反之亦然。训练有素的员工需要较少的督导。反过来，他们的督导者也可以投入更多的时间来督导其他需要更严格督导的员工或执行其他任务。

　　如果员工受过良好的培训，他们很可能提供更好的服务。当他们接受训练的行为成为"第二天性"时，他们就可以投入更多的时间和精力去处理那些培训不能让他们做好准备的一次性情况和决定。自信、训练有素、受过良好督导的员工有一种对工作感觉良好的倾向。他们可以做得更好，有时还可以做更多的工作。更重要的是，培训是有效的。员工和组织不接受培训的损失（在错误和尴尬中）往往要比培训的费用高得多。不幸的是，在财政紧缩时期，培训有时被视为一种奢侈品，通常是第一批被减少或取消的活动之一。这是虚假经济的一个例子。在由于员工的经费削减或不可替代或"断裂"而进行重组的时候，比以往任何时候都更有必要使所有剩余的员工都得到良好的培训。

　　2. 教育。在许多方面，教育是为满足学习需求而设计的，而这些需求几乎与通过培训所解决的需求截然相反。教育是大众知识的交流。它的设计是为了使学习者能够在某些未来的环境中胜任工作，而这些环境的具体情况是无法清楚地设想的。对于这些专业人员经常遇到的有可能只发生一次并且不完全可预测的情况，只有教育才能为其提供准备。如果我们确切地知道情况将是什么，需要什么，那么我们可以做的不仅仅是教育——我们可以为此进行培训。

244 　　关于培训和教育这两个术语各自的目的和含义，往往存在混淆。社会工作专业的学生和教育者都熟悉培训和教育各自的含义所造成的混乱，以及由此产生的挫折和其他问题。教员将自己视为教育者，通过向学生提供广泛的知识，帮助他们在未来某个未知的实践情境中发挥作用，帮他们做好准备。然而，许多社会工作领域的学生参加专业教育的项目是期望得到大量的大多数教员认为不可能提供的培训。他们可能期望得到明确的"食谱"（"cookbook"）答案，以及在实际情况下如何使用的知识。

虽然社会工作教育可能有一些培训内容（最常见的是在实地机构内，有时是在进行更多的技能培养的实践课程中），但优势课程的目的是教育而不是培训。这种强调有一个令人信服的逻辑。我们无法预测服务对象或服务对象群体在未来某种情境下的确切需求，或社会工作者的正确决策或回应。此外，没有两种实践情境和两个社会工作从业者是相同的。社会工作者需要能够评估各种情况，利用通过教育获得的经验和广泛的知识，以独特的、一次性的方式应用专业裁量权。

如果社会工作者只接受培训而不接受教育，他们将难以适应未知的未来的需求。例如，那些在 1990 年之前接受过专业培训的人，在艾滋病成为一种慢性病而不是致命的疾病时，对于为艾滋病患者及其家人提供服务，或者为新确定的无家可归者的类别提供适当的服务，他们并没有做好充分准备。或者，在 21 世纪之前参加社会工作项目的社会工作者并没有做好准备，向遭受新的国内恐怖主义行为（如 2013 年的波士顿马拉松爆炸事件）或前所未有的灾难（如 2010 年墨西哥湾的大规模石油泄漏事件）的受害者提供援助。他们也没有准备好为网络欺凌或"性骚扰"的受害者提供帮助。

目前许多社会工作项目的毕业生仍需要在 2040 年及以后的社会工作实践中工作，他们需要广泛的知识来解决我们还不能预见的问题。虽然一些培训（例如在普通实践情况下应用专业伦理标准的培训或面试培训）将始终是社会工作者专业准备的一部分，但它们不能取代教育作为对未知未来的准备。员工往往依靠教育来促进他们的专业成长。他们可以报读个别的学术课程、一套可在某些专业领域（如老年学或药物滥用）取得高级证书的课程，或修读高级学位课程。如果有可用的资源，雇主给予可用时间甚至学费补贴将受到高度赞赏。

由于员工获得了更多的教育，特别是如果他们获得了高级证书和学位，他们很可能期望增加工作责任、提高工资、继续职业发展。对员工来说，把时间、精力和费用花在了回到学校，然后回到原来的工作岗位承担同样的责任，可能会使员工的士气低落，甚至连获得高级学位或证书所花费的时间也会觉得白费了。除非员工因为他们的教育成就而得到奖励，否则他们很可能会辞掉工作，到其他会得到"更多的赏识"的地方去。

3. 员工发展。第三种形式的继续教育——员工发展——在处理问题情境，或在不断变化的工作环境中向员工提供有效运作所需的新的或更新的学习方面，对管理者来说特别有用。员工发展是一种混合的学习方式，它包含了一些培训和教育的元素。

区别员工发展的是其特定的问题焦点。不断变化的知识、不断变化的技术、不断变化的服务需求以及不断变化的服务输送标准，可能在员工中造成实践知识的差距和压力。在过去的几年里，某些问题为员工的发展创造了及时和适当的主题。在 20 世纪 80 年代初，它往往是工作倦怠或发现虐待儿童的问题。在 20 世纪 90 年代，是与管理式照顾有关的各种议题，在公共部门，则是整笔拨款和福利改革。最近出现了各种问题，这些问题涉及诸如甲基苯丙胺或"摇头丸"等非法物质的使用普遍增加、美国《平价医疗法案》的要求，或最近战争退伍军人及其家属家面临的适应问题。总的来说，员工发展倾向于满足从业人员的需求，即对与最近发现的（或至少是最近被关注的）问题或发展有关的当前知识的需求。它通常采用短期密集的安排，重点相对集中：介绍和讨论最先进的知识，并对可能遇到的问题提出切实可行的建议。有时，还会包含一些体验式的学习方式（解决这些问题的练习）。

员工发展为管理者提供了一个有用且受欢迎的工具来影响员工的成长。员工通常喜欢花时间来获取新的和正在出现的知识，并处理在专业和非专业界广泛讨论的问题。

继续教育的提供者

许多不同的个人和群体可以提供继续教育。理想的情况是，教育是学院或大学教育机构负责的领域。培训通常由组织内的员工进行，至少在那些专门雇用员工担任培训者的大型组织内进行。员工发展是一个有争议的领域，拥有各种专业联系的人都声称这一点。然而，这些概括越来越不准确。社会工作类的学校和其他学术单位已经从实习社区聘请了越来越多的兼职教育者作为"兼职教师"教授课程。他们可继续在其充分就业的组织内提供培训。同时，财政的必要性和机会的日益增加甚至导致全职的学术界人士在为社会服务组织进行培训和员工发展。专业机构和私人、营利承包商也抓住机会提供培训和员工发展。目前的环境对社会工作管理者来说可能是一种混乱的环境，他们不清楚自己究竟想要什么来继续教育他们的员工，以及他们愿意为此付出多少金钱和非金钱成本。以下我们将探讨一些可供选择的成本和效益。

受雇的员工

对于选择内部继续教育提供者的管理者来说，存在着某些明显的优势。这些继续教育提供者已经在薪资名册上，并对组织及其目的和目标做出了承诺；通常可以假定其有一定程度的组织忠诚。他们还了解组织及其独特的需求、政治制约因素和服务对象。

246 　　使用内部员工只需要简单的安排和协议（例如从他们的一些通常工作要求中释放的时间），以及最低限度的文书工作和繁文缛节。涉及复杂预算和多个级别的耗时审批的合同在很大程度上是不必要的。然而，广泛使用自己的雇员和中断多级的审查和批准程序可能是昂贵的。由于没有书面协议和合同，监测和质量控制很困难。

过于依赖自己的员工也会导致缺乏新的想法或创造性的应对方式。雇员可能不熟悉和无法获得组织以外的其他人如学术界人士可以随时获得的理论知识。

具有讽刺意味的是，雇员作为继续教育提供者的最大优势也是他们的最大责任。他们明确地认同了组织和及其带来的所有优势。但这种认同也威胁到他们的信誉，因此威胁到他们教学的效果。雇员是否会接受他们的专业知识，就像接受一个可能拥有较高学术证书的外部"专家"，或者是某个有声望的组织的雇员一样？事实上，他们在提供继续教育，特别是培训方面可能知识渊博而且有能力，但他们的雇员身份是否会使雇员怀疑他们的提供者身份？因为他们被视为组织的代理人，受训者是否会在他们所说或所做的事情中寻求隐藏的意义？他们可能承担双重责任，既被视为"没有荣誉的先知"，又被视为"间谍"。提供继续教育的人，即使是通常被接受和受人喜爱的人，也可能注意到参与者在以新的身份与他们打交道时会变得非常谨慎和不坦诚。雇员作为继续教育提供者的作用可能仅限于继续教育活动，在这些活动中，最不可能存在对能力和忠诚的怀疑。

一般来说，当我们认为组织的员工是继续教育的潜在提供者时，我们倾向于考虑已经被聘为培训者的人或有经验的高级员工。但是，社会工作管理者可能有另一个可供他们支配的宝贵资源。作为一种继续教育——入职培训的提供者，雇员的同行可能是他们的选择。同行培训是"用一个更有经验的同行把自己特定的知识和技能传授给同一级别和职位描述的新员工"[6]。它可能发生在课堂上，或者更常见的是，发生在一对一的情况下。在一个组织的常任培训人员或其他管理者的指导下，往往在有时限的基础上指派同行培训者。这样做有几个潜在的优势：

● 易接近性。当地的同行培训者通常比常任继续教育人员或更高级的员工更容易帮助新雇用的员工，因为那些人员的时间被项目管理和其他雇员的许多需求所消耗。

● 个性化的关注。最近可能经历过与新雇员相同的学习需求的同行培训者，可能能够识别并联系到他们的学习困难。

● 培训者的选择。受训者及督导者可从不同的人中选出个性和教学/学习风格最适合的人。

● 信任。新员工可能会发现信任同行和对同行坦诚相待更容易。比起询问高级员工或全职培训员，他们对于询问同行培训者自己担心的"愚蠢"问题会不那么拘束。

使用同行培训者的缺点主要在于他们可能威胁督导者的作用和权威。只有在有关各方都清楚了解员工的社会化、工作准备和绩效评估的最终责任仍由督导者承担的情况下，才可以雇用同行培训者。应当强调的是，他们获得了有限的职能权力（见第七章），而且该权力也有时间限制。

私人承包商以及既定的继续教育项目

一些大型组织（无论是私立的、营利的还是大学里相对独立的项目）都在深入进行继续教育事业。向私人承包商或大学内的继续教育项目寻求继续教育的管理者同时购买的是能力和经验。这些组织既想要也需要这项工作，其员工能否继续工作也取决于此。提供者在提供继续教育方面一般有多年的经验，并且了解组织需要什么和什么符合这些需要。他们经常开发出有吸引力的、受版权保护的软件包，并知道如何开发新的或修改过的软件包。这些软件包包括学习支持，如工作簿、PowerPoint 演示文稿、CD 和其他辅助工具，这些既受到参与者的喜爱，又具有有效性的记录。

　　既定的继续教育项目通常允许消费者指定所需要的东西，但将负责更具体的开发和包装阶段。由于继续教育对提供者来说是一项业务，并且受市场规则的约束，因此他们必须按时并令人满意地交付。对未来合同的依赖——以及可能采取的法律行动的威胁——保证了这一点。

　　与既定的社会工作继续教育项目达成的协议往往比较昂贵。需要承担管理费用和行政费用，必须开发和购买材料，必须支付培训或员工发展费用，必须支付员工的每日生活津贴和差旅费，等等。这些项目也有其优先事项。由于继续教育是一项业务，而且是以营利的形式开展，所以这些项目最感兴趣的是那些涉及最大补偿的协议。它们积极寻求能为员工提供最大就业保障的高额长期合同。管理者如果想跟它们谈一个为期半天的工作培训或其他低成本的继续教育项目，可能会得到"我们不感兴趣"的答复，或者可能不得不等到项目在其他更有利可图的协议之间找到空余时间来提供给他们。

个别的社会工作教育者

　　高校中缺乏独立继续教育单位的那些社会工作学术项目的教师往往是某些类型的继续教育的良好来源，通常是低成本甚至是免费的。高校教师通常能为社区提供一些服务（伴随着教学和研究），宁愿无偿，因为他们也需要跟上社会工作的步伐。提供为期一天的工作培训或员工发展会议的机会满足了这两方面的要求。因此，向他们提出的这种请求往往受到欢迎，特别是对那些希望充实简历以供晋升和/或任期考虑的人来说。

　　与教师签订继续教育协议有一个好处，那就是教育者的光环，至少在某些人看来，他们可能具有"即时的信誉"。学者们被认为在他们的领域具有知识和专门技能。当然，这并不总是正确的。教育者的信誉可以被一些评论给迅速破坏，这些评论表明，他们与专业实践的现实世界脱节，例如，他们把 TANF 和旧的 AFDC 项目混淆了，或者反映出对什么是和什么不是性骚扰的误解。而且，有时，教育者被简单地假定居住在他们的"象牙塔"中，而且无论如何都与外界脱节，不管情况是否真的如此。

　　在使用那些主要职责不是继续教育的人方面还有其他潜在的问题。在产品交付过程中可能会出现某些错误，而在既定的继续教育项目中人可能不会犯这些错误。除非他们在这方面很有经验（与他们更年轻的同事相比，高级教员往往对继续教育不那么感兴趣），否则当使用个别社会工作教育者时，不可能有顺利、实施良好的产品。教育者也可能试图从他们现有的课程材料中调整内容，利用捷径发展继续教育课程。这可能导致过于理论化和深奥的报告，可能与员工的日常需求几乎没什么相关性。教育者也习惯了大力捍卫学术自由的原则。他们可能会反感并拒绝管理者对交付内容和/或格式的影响。对于那些习惯于在教学内容和教学方式上行使很大自主权的学者，管理者从他们那里购买继续教育时，可能几乎无法控制实际呈现的内容。

其他学院／大学单位

在社会服务组织中所需的一些专业知识和专门知识只在社会工作项目中得到最少的传授。寻求由公认的其他相关领域如公共卫生、护理、医学或法律等领域的"专家"所提供的持续教育可能是可取的。

员工可能会发现，被来自另一学科的人所教导是令人耳目一新的。他们以前可能对内部员工或社会工作教育者所提供的继续教育感到失望。当然，如果提供者被认为不了解社会服务提供系统的独特性，那么来自另一个学科这件事对他们来说反而是不利因素。

在使用其他学科的提供者时，缺乏对社会工作价值观和伦理的认同也可能是一个主要问题。在选择他们之前，管理者应该确定将提供继续教育的个体是否可能以符合社会工作价值观的方式来看待服务对象和服务。例如，如果一个提供者明确地认为所有单亲家庭都不正常，体罚是父母的权利和责任，或者医疗保健是一种特权，而不是一种权利，不能与任何有不同信仰的人联系在一起，那么由他提供的再好的继续教育的方法也没有什么价值。

提供继续教育协议

组织外的人员所提供的继续教育服务采用三种基本协议，分别是咨询协议、资助和合同。对每一种协议的意义和含义的混淆可能会导致有关方面的问题和大量的不满。无论是在与继续教育提供者谈判时，还是在监测所达成的协议时，管理者都应小心避免使用这三个术语，就好像它们在某种程度上是可以互换的。其实它们并不是。

咨询协议

因为需要一些特定的专业知识，咨询协议的目的是将一个或多个人员带入组织。雇用顾问也是因为他们是客观的。据信，他们被认为不忠于（任何级别的）任何员工，对任何人的立场是否正确也没有先入为主的偏见。

在社会服务组织中，有时会有人说，如果员工中没有人拥有必要的资格证书或专门知识，我们就雇用"顾问"来提供定期的持续服务（例如个案督导）。但这实际上是对顾问这个词的滥用。这些人其实真的只是兼职雇员。真正的顾问往往是在以问题或需求为重点的基础上，在非常有限的时间内参与一个组织。例如，他们可能被邀请来帮助重新设计一个组织的人事福利，使其服务对象记录系统电脑化，为拟议的项目设计需求评估，教导董事会成员如何进行策略规划，或者帮助组织保留其认证。他们很少被用于职业发展，但确实也有可能。例如，可以雇用一名顾问，帮助专业人员了解如何和何时对遇到某些问题的服务对象采用一种新的干预形式。顾问可能是其他一些组织的管理者，而这些组织已经成功地对类似的服务对象实施了干预。

实际的书面咨询协议可以是相当正式的（例如，退伍军人管理部门需要大量的文书工作和更高级别的安全许可），但它们通常只涉及一份概述一般目的、职责和报酬的协议书。通常，组织会购买一定数量的顾问的时间或天数。如果咨询访问是协议的一部分，可以用一些时间来准备咨询访问。顾问可以要求组织提供文件，以帮助为访问做准备，甚至可以要求员工在与任何组织的成员实际会面之前完成某些任务，如编写记录或保存日志。由于顾问被假定为专家，在访问期间对员工要求的具体性质可事先具体说明。这往往取决于顾问的判断，他们应该处在知道如何做好这项工作的最佳位置。

尽量使协议模糊以符合顾问的最佳利益，这给了他们最大的自主权。然而，雇用顾问的管理者可能希望在顾问允许的范围内制定具体的协议，以确保组织得到它所需要的东西。

资助

资助可以最准确地理解为给个体或组织在其专业领域开展工作的一笔钱，其中最常见的是因为申请人被认为拥有在某些领域成功进行研究所必需的知识和技能而发放的研究资助。经常向研究者和学者发放研究资助，可以使他们能够继续开展研究议程，或使他们能够更大规模地从事现有的一些研究领域。共同的资助来源是联邦机构（例如，国家心理健康研究所、美国教育部、美国卫生和公众服务部）。

大学教师喜欢并积极寻求研究资助。资助可以以暑期工资的形式提供大量的工资补贴和/或减少教学负担。还有其他一些有吸引力的好处，例如用于雇用研究助理、专业旅行 *250* 或购买电脑硬件和软件方面的预算。只要教师在资金支出方面表现出合理程度的问责制，资助者将允许他们在如何设计研究或如何分析研究数据等具体问题上使用自由裁量权。

社会工作者也熟悉项目资助，即竞争性地发放给机构的资金，以发起、扩大或帮助支持社会服务项目。项目资助的共同来源是联邦机构，但也有私人慈善基金会，如杜克基金会（Duke Foundation）或捐助者资助的组织，如联合之路劝募会。组织管理者寻求并经常依靠项目资助来维持其生存，特别是在非营利部门。

事实上，用于继续教育的资助相对较少。那么，为什么要在这里提到它们呢？不幸的是，联邦机构有时使用培训资助一词来描述一项协议，以发展和提供我们将定义为培训的内容，但也包括教育和员工发展。然而，当这个词被使用时，它实际上是一个误称。虽然资助一词意味着对提供者开发和交付高质量产品的信任程度相当高，但联邦培训资助的要求往往是非常具体和严格的，很少有自主权。

以管理者的身份参与寻求外界继续教育服务的社会工作者，应谨慎使用资助一词来形容这种协议。尽管资助经常涉及冗长的书面协议和经过公证的签名，但使用资助一词表明，授予资助的组织将尊重资助接受方的高级知识和技能。此外，在继续教育方面寻求外部援助是很危险的，在大多数情况下，合同更好地满足了组织及其员工的需要。

合同

由于在咨询协议和资助的使用中隐含了自由，所以在寻求外部继续教育服务的组织中的人更愿意使用合同。合同更容易执行，要求继续教育的提供者直接负责以组织可以接受的方式履行承诺。合同具有法律约束力；如果没有按照合同规定提供继续教育，可以不予支付，也可以扣留部分约定费用。与此相反，要是对基于咨询协议或资助的服务表示不满，那可能会导致提供者专业声誉受损，并且也无法获得未来的机会。然而，很少有其他惩罚。

与资助一样，合同通常是在竞争的基础上授予的——有几个组织或个人通常会根据组织的招标书（RFP）提交一份建议书来进行"投标"。只有在能够证明只有一个组织或个人有资格提供所希望的继续教育服务的前提下，才允许存在"唯一来源"（不进行竞标）的情况。

最好将继续教育服务合同理解为几乎与房主签署的在家中安装新地毯的合同相媲美。材料质量、交货时间和工作质量必须是经房主同意并经房主批准的，否则房主在法律上没有义务付款，可以不支付全部或者部分付款。但是，如果符合所有的条件，则要求房主全额支付。合同的目的是保护双方。如果事情以一个人或另一个人没有预见到的方式展开，或者后来得知他们对工作所需的理解不一致，那么他们就会受到保护。

合同往往用法律术语和非常详细的方式进行谈判和写出来。它们不能由随便哪个人签订，通常只有组织的主管和/或董事会主席有权签订。与咨询协议或资助不同的是，提供者或购买者没有多少裁量权，至少不应该如此。 *251*

遗憾的是，如果继续教育提供者不了解合同与资助或咨询协议之间的区别，即使使用合同有时也不能排除问题。私人、营利性组织的继续教育的专业提供者非常清楚这些差异。然而，个别教育者尤其因混淆了这三种类型的协议而声名狼藉。许多教育者的心态是赞成资助或咨询协议的，因为这些是他们最常看到的协议。他们可能错误地认为，任何有关继续教育服务的协议都规定了类似的自主权，并行使其专业裁量权。当他们后来发现自己错了，就会出现紧张的关系。

另一个常见的麻烦来源是，教育者迟迟才意识到，合同通常将用于继续教育的材料和教具的所有权授予购买者（组织）。教授们使用多年来开发的宝贵课程材料或根据其继续教育合同专门开发的新课程材料，当得知他们不再拥有"他们的"材料时，可能会大吃一惊。我们知道有一位教育者几年前同意为某组织的一小部分儿童保护工作者开发和提供一个关于职业倦怠的讲习班。他得到的只是一小笔培训费用，但他花了几天时间开发他的教材，并合理地认为这是一项很好的投资。他只需要一次准备时间，因为在随后的讲习班上，他已经有了材料，只需要交付内容就能拿到同样的钱。客户对他的讲习班的评估是非常好的，他预计很快就会被邀请回去把它提供给下一批员工。但这种情况从来没发生过。他后来得知，该组织的培训部门的一名成员参加了他的讲习班，做了大量的笔记，现在正利用这些笔记向几个员工群体提供同样的讲习班，使用的正是该教育者的 PowerPoint 幻灯片和讲义。

虽然与大学签订的任何形式的继续教育合同一般都是组织与组织之间的协议，但如果不理解合同的执行很容易受到实际提供培训、教育或员工发展的人的影响，那就太幼稚了。个人对工作的态度可能受到以下因素的影响：工作是自愿的还是被分配的，自我需求，财务考虑，职业地位以及其他能够提高学习质量或降低学习质量的因素。因此，管理者应尽可能尝试了解谁可能是执行合同的最佳人选，并在合同中指明要求谁来执行。

总的来说，当管理者知道员工需要什么才能获得专业发展时，合同为他们提供了最好的保证。然而，在对所描述的三种继续教育类型之间的差异有更深入的理解之前，即使使用合同，也不可避免存在一些误解和相关的问题。因此，管理者在任何合同协议的前端都有很重的沟通责任。当关于继续教育服务的协议没有得到充分理解和/或提供者认为他们被误导时，最有可能受害的是潜在受益人（员工），他们可能无法获得提升专业成长所需的热情和高质量的学习。

晋升
252

员工绩效评估是管理者评估员工能力的基础。通过日常观察，它们有助于形成以下印象：谁能够有效地利用继续教育促进专业成长，谁可能有兴趣并有能力承担不同或更大的责任。这些印象反过来又有助于管理者，对于在出现空缺时就推荐谁晋升的问题，管理者会提出建议或做出单方面的决定。

当员工获得晋升时，通常会传达出"工作做得好！"的信息。而且管理者相信他或她已经表现出了专业成长，并且能够继续在不同（通常是更大的）职责的工作中表现出色。但是，当另一个人或多个人想要这份工作时，选择一个人也会引起那些没有晋升的人的怨恨。推荐一名员工，而不是推荐其他人（他们可能也有能力）晋升，可能会让管理者处于一种"没有胜算"的境地。除非巧妙且圆滑地处理，否则管理者为公平而精心培养的声誉就会受到损害。

常见问题

在决定谁可能是填补职位空缺的最佳人选时，管理者需要考虑一些关键问题。其中一些是我们在第八章中讨论过的与雇用新员工有关的问题。

制约因素

在有工会的组织中，管理者可能没有自由选择他们认为最适合某份工作的人。为了保持良好的劳资关系，他们可能需要遵守工会准则。平权法案的要求和组织的规则和政策也可能影响谁将被选的问题。

在工会的资历要求和联邦非歧视和平权法案要求之间困扰是很正常的。最近许多组织雇用的妇女和少数族裔或残疾人的资历可能最低。按照工会的标准，他们不太可能符合所谓的"提早"晋升的标准。消除区别对待（以及我们作为社会工作者的专业价值观）所做的努力表明，为了实现更好的多样性，我们建议他们得到提升。有时，对于能够影响晋升人选的选择的对方力量，我们没有一个完美的晋升候选人，也没有一个完美的解决方案可以取悦。

过去的绩效

过去是未来的一个好指标，但它离完美还很遥远。虽然我们不能确定一个员工晋升后的表现，但是过去和现在的行为和态度给了我们一些很好的提示。

被选中晋升的人（在管理者看来）至少应该在他或她目前的职位上做得很好。虽然可以想象，一个职能微乎其微的员工如果晋升，就会上升到新的高度，但这是不太可能的。"晋升激励"的概念几乎没有任何意义。除了不太可能成功这一事实外，它还向其他员工发出了错误的信息：做一件出色的工作，我们会忽视你；做一件微不足道的工作，我们可能会提拔你。一位优秀的员工被忽略而一位能力较弱的被晋升，也会传达同样的信息，因为杰出的员工被认为在目前的工作岗位上太有价值。一些管理者在拒绝员工晋升后，对他们给予了这种"恭维"，但员工的反应却并不那么感激。

关于社会工作专业人员的晋升问题，传统上，最好的直接从业人员被选为督导者。一个优秀的从业者通常被假设会成为一个优秀的督导者。然而，情况并不总是如此。对一个从业者来说，成功的一对一干预、熟练领导治疗或支持群体的能力，以及其他在直接实践中非常重要的能力，都可以很好地服务于社会工作者的督导者角色。同样，显示出的社区组织技能或与社区领导者有效联系的能力可能表明，另一个从业者在更宏观的实践环境中会是一个优秀的督导者。当然也可能不是这样。晋升到督导者角色意味着承担额外的管理责任，而个人可能对此没有准备，因为这需要不同的能力（例如与组织内不同级别的专业人员合作的能力）和观点（例如理解遵守规则、政策和程序的重要性，以便不给非友好的任务环境更多批评组织的理由）。

过去，在许多科层机构中，成功的督导者或中层管理者在组织层级结构中被提拔得更高，其中最优秀的人最终被选为最高管理者。虽然这种模式可能很有效，但也可能会导致问题。当一个人被雇用到足够长的时间而成为主管时，他或她可能已经忘记了更低层职位的生活是什么样子的，或者那种生活已经随着时间的推移而改变了。此外，还可能出现一种不幸的现象，即员工离开他们可以发挥良好作用的职位，持续得到晋升，直到他们不能再有效地发挥作用才不再晋升，这就是所谓的"彼得原则"[7]。然后，他们留在那些职位上，往往使组织付出巨大的代价。

个人属性和人口统计学特征

个人属性如何？它们在挑选晋升人选方面有多重要？它们没有我们最初想象的那么重要。某些属性，如主动性、智力、概念能力、问题解决技能、人际交往技能、正直、沟通技能和对组织目标的承诺，往往被认为是个人有能力"提升"的迹象。这些都是值得拥有的属性，但这些属性和文献中提出的大多数其他属性是组织中任何级别的专业人员和其他员工所需要的。此外，它们中有多少是可取的？例如，要成为一个优秀的督导者需要多少智力？我们知道，与你所督导的人相比，一样聪明或者更聪明都是有帮助的，但是在什么时候督导者和员工之间的智力差距会成为一个问题？我们还可以确定哪些人是优秀的管理者，但是他们似乎缺乏一个或多个这样的属性，而这些属性通常被认为是成功担任高级职位的先决条件。

是否应考虑人口统计学特征？众所周知，在挑选晋升的员工时，管理者会自动偏爱这样的员工，即具有上一任员工的人口统计学特征，甚至是最像管理者自己。这可能导致问题的产生。假设上一任员工是白人男性，在这项工作中非常成功，这并不意味着下一任员工应该是白人男性。这项工作可以由不同的人来完成，也许女性、少数族裔或残疾人会做得更好。当然，以管理者认为不适合这个职位的任何人口统计学特征为由拒绝提拔一个合格的人，从另一方面来说是危险的。这可能是区别对待指控的依据。而且，我们应该记住，挑选一个人晋升主要是因为他或她有一定的人口统计学特征可能导致同样的指控。

对于被考虑晋升的人来说，一个重要的属性就是渴望做更多的管理者的活动（见第十四章）。一个有用的问题是："这个人是真的想要这份工作，还是只想得到与之相匹配的福利？"事实上，如果我们不相信一个人愿意花更多的时间去管理，并且愿意努力做好这件事，那他或她可能就不是一个好的晋升人选。

组织的需求

一个职位的正式工作描述可能只给出一个关于最佳人选的有限提示。例如，如果这是涉及督导一个富有成效的、合作的、自我激励的专业群体的职位，那么某一种类型的督导者可能是合适的。另一个职位，虽然有相同的职位描述，但可能需要一个能够发挥必要的控制作用的督导者，以提高变得冷漠或有职业倦怠的那群人的工作效率，因为他们看起来像已经退休了一样。尤其是在挑选督导者的任务中，潜在的督导风格和组织需求的匹配变得极其重要。

当出现高级职位空缺时，管理者是否应只考虑那些目前在工作单位内的人员（或者，也许只考虑那些目前在组织内工作的人），或者是来自其他地方的人员？有时是政策，有时甚至是规则（例如要求在媒体上刊登一定时间的招聘广告）使这个决定对管理者来说很容易。但是，如果一项政策要求同时考虑这两种备选方案，或者如果没有可用的组织指导，则可以评估组织及其工作环境的现有备选方案的成本和效益。

如何为辞职的个案督导者挑选一个替代者？初看起来，从单位内部晋升似乎是合理的选择。在出现晋升机会时，不选择现有员工的模式可能会使员工士气低落。但是，如果通常的做法是从内部晋升，员工不仅感到他们有机会晋升，而且他们还会认为他们的员工身份使他们有更好的晋升机会。更重要的是，考虑自己的雇员晋升的管理者比考虑不太了解的单位或组织以外的人更有可能做出明智的决定（他们更有可能了解候选人的优缺点）。为什么不挖掘自己组织的管理潜力呢？

虽然从内部晋升的做法有其令人信服的逻辑和几个明显的优势，但有必要对其使用提出一些警告。一般来说，员工倾向于喜欢从内部提升的想法，以及它潜在的向上流动的潜力。但是，嫉妒和对抗会在有内部晋升政策的组织中发展。竞争一个可能在未来某个时候出现的职位可以刺激生产力，但它也会助长一种态度，例如，不鼓励与同事（晋升的潜在竞争对手）分享基本信息，或其他形式的不合作。员工大部分可能倾向于从事自私自利的行为。

还应记住，晋升一名有能力和成熟的员工可能会削弱该员工原来所属的团队。是否可以在组织内部找到适当的替代者（双重破坏）或从外部聘用？有时不可以。

关于从单位或组织以外填补高级职位空缺的讨论主要涉及这一做法如何有助于避免与我们刚才提到的内部晋升有关的问题。虽然从外部雇用不会直接削弱工作团队，但如果这种情况发生得太频繁，员工可能会开始感到职业生涯受阻，并决定离开去另一个得到晋升的可能性更大的组织。从积极的方面来看，让外部的人得到某员工自己想要的工作，而不是让同事得到晋升，这种情况对员工个人来说不会那么尴尬。虽然员工可能不同意从组织外部来填补高级职位空缺的原则，但与从组织内挑选其他人相比，这通常不会给想要这份工作的员工带来同样程度的失望。

在现有雇员和外部申请者中公开竞争一个职位似乎是一个很好的妥协办法。它允许管理者从更多的申请者中进行挑选。然而，为了维护公平的声誉，证明竞争确实是公开的，这也给管理者带来了沉重的负担。尽管存在这样的政策，但对于那些寻求却没有得到工作的员工来说，他们似乎往往希望从一开始就合理地认为某份工作是被"暗箱操作"的。因此，即使是公开竞争也会让一些员工感到愤怒和不满。说到晋升，管理者有时会觉得他们就是没有胜算！

其他可能相关的问题

还有其他几乎无限多的因素可以影响决定谁是晋升的最佳人选。例如，组织是否处于相对稳定或变化的时期，具体职位的政治知名度，前任员工离职的原因，可用于协助新晋升雇员的指导类型以及下属和同事的反应。人不可能想到所有应该考虑的事情，有时候和同行进行咨询会很有帮助，这可能意味着他或她可能忽视了以前遇到的某个因素或问题。

调动

工作调动，即将员工调到组织其他地方的同一级别或类似级别的另一个职位，有时会对个人和组织都有利。有时，由于进行了一系列绩效评估和长期观察，管理者得出结论，员工的能力和/或兴趣在组织的其他地方，他或她在那里可能表现得更好和/或更快乐。

256　如果组织能够容纳，哪些人是调动的好人选？他们通常具有以下一个或多个相关特征：

- 他们对组织的使命和目的做出承诺，并希望做出不同的贡献。
- 他们的职业目标与当前的工作不一致。
- 他们在充分履行职责，但似乎并不喜欢他们的工作。
- 他们因当前工作所固有的压力而精疲力尽。
- 他们的能力高于或不同于当前工作所需的能力。
- 他们认为他们当前的工作不太有挑战性。
- 他们在当前的工作中已经停止了专业化的发展。
- 他们当前工作绩效中的任何问题都是由情境造成的，而不是他们自己的过错（例如，个性冲突或与其资格不符的工作要求）。
- 他们是组织的一项潜在资产，但尚未得到尽可能多的利用。
- 他们对重新开始新工作的可能性充满热情。

我们刚才提出的描述都没有表明，在当前工作中表现不佳的员工会是一个很好的调动人选。与晋升一样，将一个绩效不佳的员工调到组织内的另一个职位通常不是一个好主意，原因有几个。首先，一个态度不好、技能和知识有限和/或工作绩效不佳的个体在新职位上不可能比在旧职位上更成功。如果我们调动了这个员工，就是把问题交给了另一位管理者——这并不能使我们和同事之间产生良好的感情，尤其是如果我们在调动时对该员工以往的工作绩效表现得不够诚实。以前和现在的同事也不太可能很好地接受这项调动。

即使对以前的同事来说，他们可能会对该员工的离去感到高兴，但这也传递了这样的信息：工作表现差的唯一后果就是允许他们在其他地方重新开始，甚至是在更理想的工作中重新开始。除非这位员工在新职位上取得了成功，否则他或她的新同事会因为团队中增加了"薄弱环节"而感到愤怒。简言之，在调动绩效不佳的员工所产生的可能后果中，大多数是消极的。有更好的办法来对付不能或不愿满足当前工作期望的员工。这些问题将在下一章中讨论。

小 结

在本章中，我们研究了旨在促进员工成长的管理者的一些重要任务。我们讨论了为什么员工绩效评估往往对管理者和下属都是不愉快的，以及为什么他们没有必要这样感觉。绩效评估为所有相关人员提供了许多好处。我们还强调了公平和为他人着想的重要性。我们警告说，过于依赖容易测量的评估标准的绩效评估往往价值有限。有价值员工的一些最重要的属性难以测量。然而，在促进公平方面，使用这些"软"标准是不可避免的，也是可取的。

在研究继续教育在员工专业发展中的作用时，我们做了一些重要区分。首先，我们强调了培训、教育和员工发展在目的、内容和过程方面的重要差异。选择继续教育提供者的任务得到了充分考虑。我们注意到了各种选择的优缺点。我们还研究了获得继续教育的正式协议选择，对咨询协议、资助和合同进行了界定和比较，特别强调了它们常见的误解及其可能造成的问题。 *257*

员工绩效评估和继续教育都可能导致晋升建议，以及不太常见的调动情况。虽然两者都能使员工个人和组织受益，但并非每个员工都是其中一个或两个的好候选人。我们描述了应该考虑的因素，包括任何一种人事行动可能产生的问题。

应 用

你被指派督导一位新雇用的但非常有经验的社会工作者。他一直得到很高的绩效评估，并在他以前的工作地点受到督导者的大力推荐。然而，他工作的地方是一个著名的住院治疗机构，专门为患有严重精神疾病的人提供长期治疗。你的组织的使命是只为那些被诊断出有类似问题的人提供危机干预，然后通过药物治疗和门诊咨询相结合的方式帮助他们保持自我。

1. 你认为你的新的被督导者可能需要哪些领域的新知识来满足他对新工作的期望？应采取何种形式（培训、教育或员工发展）？为什么？

2. 在向他解释你将如何在员工绩效评估中评估他的工作时，你希望强调什么标准？

3. 在对他进行第一次员工绩效评估时，尽管他是一位非常有经验的社会工作者，但公平和为他人着想意味着什么？

4. 当出现高级职位空缺时，在推荐他晋升之前你想了解他的什么方面？

第十一章

员工管理问题

学习成果

在本章结束时，你应该能够：

1. 描述何时能够适当地通过自然后果来处理员工的不良行为。

2. 在解决不良行为上，解释为什么集体训诫是无效的并可能破坏团队士气。

3. 在员工的工作绩效未达到要求的标准时，根据渐进性惩罚原则列出员工通常需要遵循的步骤。

4. 描述管理者如何以不同方式处理员工因工作绩效不佳和严重的不当行为而被解雇的问题。

    尽管会产生问题，但管理者让现任员工晋升是一项相对令人愉快的管理任务。它允许管理者奖励过去的绩效，并建议员工有能力取得更大的成长，承担更多的责任。如果新的"匹配"结果是好的，并且员工在新工作中既能取得成功又会感到快乐，那么协调调动会是令人满意的。

    不幸的是，对员工的定期观察和绩效评估也显示，有些人远远达不到当前职位的期望。如果那些工作绩效不佳的人是社会工作者，那么对其采取行动是合乎伦理的，正如《美国社会工作者协会伦理守则》所概述的那样：

    标准 2.10   同事的不称职

    如果社会工作者知道某同事在社会工作方面的不足，那他或她应在适当时机与该同事进行协商，并协助该同事采取补救行动。[1]

处理特定的问题行为

有些员工的工作做得很好，但是如果他们有一次或多次出现某种行为，虽然这种行为对组织或其服务对象不会构成重大威胁，也不允许继续出现——例如，员工花太多时间和志愿者聊天导致经常开会迟到，或有时当着服务对象的面使用攻击性语言。管理者可能对这些行为问题从以下两种途径采取应对措施。

自然后果

对于一些问题行为，至少在最初阶段，管理者可以选择什么都不做。根据管理者的经验和判断，当问题不严重、可以持续一段时间、很可能自然消失时，不采取行动的决定是适当的。为什么这种行为会自然消失？根据管理者的经验，有时它经常会存在一段时间，然后自行消失。或者来自同行的从微妙的（逐渐观察到其他员工没有这样做，但最终遵守团队规范）到直接的（一个或多个同事的对抗）压力，最终都会导致它在管理者不必处理的情况下消失。教师有时会依赖自然后果，例如，教师可以选择不去与破坏课堂行为的学生进行对抗（至少一段时间是这样），因为她观察到如果学生没有得到所渴望的注意，他们就会停止破坏，而如果他们没有停止，其他的学生通常会以施加集体的压力的方式来达到一致性。同样地，一个社会服务组织的管理者可以总结得出，处理一个新的儿童保护工作者的愤怒和挫败情绪的爆发通常是没有必要的，因为根据管理者以往的经验，当这名儿童保护工作者在工作中变得更适应，并且学会如何更好地处理随之而来的压力时，她的情绪爆发很可能会停止。或者，有的员工在休息室喝咖啡以及提供咖啡给客人，他却没有对咖啡基金做出任何贡献，对于这种情况，管理者可以选择不与他进行对抗，因为她相信在与该员工对抗之前，他的同事已经注意到他的这种行为很久了。

我们先说清楚，通过自然后果去处理一种行为的决定，应该只是来自对各种可能性的仔细权衡，以及管理者的什么都不做（至少现在）才是最好的行动方案的信念。这种方法不应该与以下两种方法混淆：一是一些管理者因为不愿处理而忽视一个棘手问题的不好倾向；二是管理者倾向于不对他们知道应该解决的问题采取行动，但假定问题最终可能自行解决。这两种方法都不是通过自然后果来处理的，而是没有履行管理责任。

当然，只有在问题有限的情况下，自然后果的决策控制才是适当的。甚至针对一些最终可能自行消失的问题，也不应该允许它们存在足够长的时间后再自行消失，等待其自然后果的到来是不可取的。例如，不能忽视员工一再恐吓同事的指控，即使管理者有理由相信，随着时间的推移，这种行为将会因同行的压力（或受害者搭档的愤怒）而消失。或者，如果员工不尊重服务对象，尽管管理者相信该员工最终会注意到他的同事不会那样对待服务对象，而且他也会停止再这样做，但管理者仍需要立即处理这种情况。无论在哪一种情况下，为了组织的利益，都要求用另一种手段来处理——也许是指令（见第六章）、制裁（下一步讨论），甚至是更严厉的措施。

惩罚和制裁

管理者有时需要对某些行为进行惩罚和制裁，虽然这些行为不能成为解雇优秀员工的理由，但也不能被接受，也不允许再次发生。当然，有些员工的某些其他行为确实太不道德，以至于对组织和/或其服务对象构成直接威胁，所以这些行为理应受到谴责。管理者需要以立即暂停或终止的方式采取果断行动。我们将在本章后面讨论如何处理这些行为。

在社会服务组织中，或者至少在专业人员内部，惩罚和制裁的使用并不频繁。对于很少用到这些惩罚和制裁，有一个很好的理由——很少有需要。专业人员的行为通常会充分地受到例如员工绩效评估以及他们的专业价值观和伦理等因素的影响。或者，根据其严重程度，机构会使用如口头或书面训诫等其他手段（下文讨论）来解决这些问题。

消极制裁虽然不常使用，却是管理者职权范围内一种合法的应对措施。此外，消极制裁的用途虽然有限，却非常有效。在实施惩罚或制裁时，员工很快就会了解到或者被提醒禁止他们做什么以及如果这样做所带来的消极后果。要是触犯了这些禁令，后果可能相当严重。例如，假设一名员工报销了两次家访的差旅费，但是后来发现他并没有进行家访，对于这名员工的惩罚可能是从他的工资中扣除报销款。（管理者还可能会告知他，今后他所提出的任何差旅费报销的要求都会受到严格审查。）管理者一般不会向其他员工隐瞒实施惩罚的原因，因为要是员工了解了这一点，管理者的做法将成为一个很好的警告，提醒员工滥用组织资金的行为会受到严格的惩罚和制裁，而且这些惩罚和制裁不是简单的口头威胁而已，而是真的实行。

惩罚和制裁措施是有效的。要是员工明白如果他们触犯规则，就会付出相应的代价，特别是当他们看到别人为此受到惩罚时，他们就会避免做出不合规则的行为。但制裁在提高员工积极性或开展理想活动方面的作用不大，若是员工和管理者认为制裁措施过于严厉或旨在羞辱他们，也会对组织的士气以及员工和管理者之间的关系产生非常有害的影响。因此，制裁应该非常谨慎地使用，而且只用于处理那些严重违反伦理的行为，但是我们仍然不能忽视这些行为并且不允许它们再发生。

工作绩效不佳

通常，员工所面临的问题更多地与总体的工作绩效不佳而不是任何具体的行为或行动有关。针对员工履行职责不力的问题，大多数组织有相应的应对措施，涉及一种日益严厉且有次序的措施，可称之为渐进性惩处，这是担任管理者职务的社会工作者所必须完成的最困难和最令人不悦的任务之一。

要是员工接二连三犯同样的重大错误，或表现不佳，那么管理者需要尽可能地提醒他们的不足，并为员工的改进提供支持，可能是通过继续教育、其他工作人员的指导或加强监督。但是，如果情况没有得到改善，应该警告他们会有失去工作的危险。要是这样的话情况仍然没有好转，他们会被解雇。如果定期对员工的绩效进行合理且真实的评估，那么就可以为所有这些活动打下坚实的基础。但是，即使绩效评估是负面的，员工也有可能认为是由管理者的不合理预期或偏见造成的，或者是由该员工和管理者的风格不同或性格冲突造成的。同样，员工也可以无视管理者对其工作绩效表示不满的"友好提醒"或非语言沟通（如面部表情或肢体语言）。当这种情况发生时，就需要其他形式的沟通，而这种沟通是不能轻易忽视的。

261

口头训诫

进行惩罚的第一步通常是口头训诫，在一些组织中，简单地称其为"劝告"。不过无论使用哪个术语，它都指一对一的会议（有别于员工绩效评估）。讨论员工行为和/或工作绩效方面某些具体的不足，意味着对员工的缺点进行直接、保密以及私下的沟通。根据组织政策，口头训诫可能需要在雇员的记录中注明日期，说明口头训诫的内容及其原因。训诫的对象或许需要书面签字以确认收到了口头训诫。

管理者不喜欢使用口头训诫，他们通常采用直接对抗的方式，并且这对他们来说也没有任何不妥之处，他们认为员工在某些方面存在缺陷并需要做出改变。由于他们讨厌一对一的训诫，所以管理者有时会采用一种既不适当又会产生新问题的替代方式——集体训诫。

集体训诫本质上是矛盾的，与个人批评不同，它是公开的，而不是私人的、保密的。因此，它不是在保护受批评者免受同行的嘲笑和闲话，而是让该员工陷入尴尬的局面，这对工作小组其他成员来说也是一种不当措施。

为什么集体训诫是糟糕的管理做法？这里有一个例子可以证明。假设督导者桑德拉

（Sandra）与员工杰瑞（Jerry）之间存在着一个持续的问题，因为杰瑞在保持与服务对象联系的最新记录方面是远远落后的。但是桑德拉不敢直接质问杰瑞，因此她试图通过每周的员工会议上进行的集体训诫来解决杰瑞的问题。在集体训诫中，她语气严厉，表情严肃，声明严谨，说着类似这样的话："你们当中有一些人没有与服务对象保持最新的联系记录，这是违反组织政策的，不能再继续下去！说谁谁心里知道！"

桑德拉感到宽慰的是指出了这个问题，同时也避免了与杰瑞不愉快的会面，她甚至会相信已经有效地解决了这个问题。但集体训诫可能会导致什么结果呢？那些没有落后于记录的员工会推测桑德拉在会议中说的是谁，如果他们怀疑是杰瑞，便会对他很生气，因为他们并没有违反规则，却不得不听桑德拉侮辱性的批评。同时，他们会对会议中浪费时间的做法感到不满，并且桑德拉会因为没有勇气直接质问杰瑞而失去大家对她的尊重。

其他一些有能力、有责任心的员工偶尔在短时间内会落后于他们的记录，但是他们可能认为桑德拉在会上批评的是自己，他们会觉得受到了惩罚，并且对她的严厉反应感到震惊，即使以后遇到了紧急情况，他们可能再也不敢落后了。

与此同时，杰瑞——这个集体训诫的真正对象，或许认为桑德拉并不是在谈论他自己。即使他知道自己是集体训诫的对象，但也会在某种程度上理所当然地认为他显然不是唯一一个在记录上落后的人，因此，他认为没有必要对此采取任何行动。除了在会议记录中含糊地提及之外，也不会有关于该集体训诫的任何书面记录，如果以后采取更严厉的人事行动，那就没有证据证明杰瑞曾因工作绩效不佳而受到过训诫。

集体训诫可能会破坏士气，也会破坏管理者期望创造的那种富有成效的组织氛围。他们不是在履行管理责任，而是在逃避责任。然而，合理使用的、直接的、一对一的口头训诫虽然是令人不愉快的，但对于管理者的工作来说却是绝对必要的一部分。在礼貌的表达中，口头训诫不应该被看作权力差异或羞辱的提醒，它们是员工坦然接受批评所需要的东西，即具体、诚实地交流在哪些方面没有达到期望，而又在哪些方面需要如何改进，以避免今后产生更多令人不愉快的后果。如果在一段时间内这种情况依然没有得到改善，员工最终会被解雇，口头训诫和书面记录会加快推进这一决定的执行。

书面训诫

通常在一个或多个口头训诫（并没有充分改进）之后，对同一问题的下一个谴责则是书面的。书面训诫的副本通常保存在雇员的人事记录中，但管理者可以选择使用保密的书面训诫，经与员工商定，如果弥补了不足，则从记录中删除。书面训诫是非常具体的，它详细说明员工的工作绩效有哪些不足，可能包含为解决问题而实施的新要求的描述和/或参考帮助来源。员工被要求签署这份文件，以证明已经收到并阅读了该文件。就像口头训诫所产生的书面记录一样，它是"文件记录"的一个重要组成部分，必须保留，用于将来可能有必要采取的人事行动。专栏 11-1 就是书面训诫一个很好的例子。

263 ## 专栏 11-1　书面训诫案例

雇员姓名：玛丽·多伊（Mary Doe）

时间：2014 年 9 月 5 日

亲爱的多伊女士：

由于你的工作迟到情况严重，而且当你不能如期工作时，并没有按要求及时向我汇报情况，这份通知是对你的书面训诫。你在 2014 年 6 月 3 日和 7 月 1 日曾因这些问题受到过口头训诫，但是，从那以后，我审查了你的出勤记录，我发现你还有 6 次缺席，而其中有 4 次（7 月 8 日、7 月 11 日、7 月 24 日及 8 月 8 日）并没有告知我。此外，你在 8 月 19 日和 8 月 26 日这两天也缺席了，而我直到下午才收到你没来上班的消息，当时你的一位同事给我发了一封电子邮件，说你在家。但这些信息没有说明你缺席的原因，也没有说明你是否打算申请病假或申请年假。而且从 7 月 1 日起，你又有 9 天上班迟到的情况。

从现在开始，如果你因病不能上班，你必须在上午 10 点之前打电话给我或者我的行政助理。当你回到工作岗位时，你还必须提供一份医生对你的病情的简要陈述。若是遇到紧急情况将按个案处理。年假必须至少提前 5 个工作日进行申请和批准。不遵守这些要求将构成不服从和拒绝接受督导者合理且适当的要求。

作为协助，我建议你联系榆树街 201 号的雇员援助计划（EAP）的家庭服务部门，他们可以提供咨询，帮助你满足工作要求。你可以拨打电话（555-1234）进行预约，不过所有的探访应安排在你的私人时间，比如周末或晚上。

如果我们想为服务对象提供有效的服务，我们必须是一个积极、合作的团队，并坚持采用可接受的标准和做法。你过去的缺席和迟到会让你同事的工作变得更加困难，你的任何偏离正常工作时间的行为都可能导致进一步的纪律处分，包括解雇。如果你对这份通知的内容有任何疑问，请告知我。

接收者：

玛丽·多伊　　　　2014 年 9 月 5 日

雇员签名　　　　　日期：

萨莉·史密斯（Sally Smith）　　2014 年 9 月 5 日

督导者签名　　　　　日期：

（签字只表示已收到并阅读过此文件）

偶尔，一次行动造成了一些相对严重的问题，但不足以证明可依此解雇一名优秀员工。即使没有类似的行为模式，也没有以前的口头训诫，但关于此事的书面训诫仍然可以放在个人的人事档案中。书面训诫可以用来传递信息，即员工的判断非常差劲并且犯了一个非常严重的错误，如果这种情况再次发生，它可能成为解雇的理由。例如，在一个非常寒冷的夜晚，一位社会工作者出于同情，让一位无家可归的妇女睡在该组织候诊室的沙发上。不过，这名妇女从桌子上偷了一本支票簿，并兑现了几张她自己写的代理支票。在发现她的盗窃行为之前，该组织为此付出了数百美元的代价。之后，主管被迫关闭了代理的支票账户并开立了一个新账户——这一做法造成了严重的不便，同时这位社会工作者受到了上司的书面训诫，并放在她的人事档案中。

警告和协议

如果在一次或多次书面训诫之后，这种情况并没有得到足够的改善，那么通常会给员工最后一次机会，其中包括另一个更具体的书面文件，通常被称为警告或协议，有时甚至是最后的书面训诫。这份书面文件描述了以前发生过的所有其他渐进性惩处行动，以及自上次以来持续存在的所有问题，概述了为避免被解雇而必须要做的工作，并酌情规定的最后期限（如需要在完成尚未做完工作的情况下）。管理者在本文件中明确表示，员工最后有一次机会避免停薪留职或直接解雇，以两者中的任何一种为准。如果员工希望有最后一次机会，那么他或她必须在文件上签字，同意按书面要求行事，签字是表明他或她理解不这样做的所描述后果的理由。

解雇

任何管理者都很难解雇不想离职的员工。作为社会工作者，解雇对我们来说特别困难，因为我们是来帮助人的，而不是使他们的生活变得更加艰难。我们也学会了要寻求共识，而一些员工无法相信他们被解雇是因为没有完成足够的工作。我们甚至会为员工的失败而责怪自己——也许我们认为我们本可以做得更多（什么时候不是这样？）帮助员工变得更有能力。然而，解雇有责任感的员工对组织及其服务对象来说，有时都是一项无法逃避的任务。

什么是"合情合理的"解雇？

如果我们理解其中的一些问题，并且知道如何恰当地完成工作，那么即使是管理者工作中令人不快的部分，比如解雇员工，也会变得更容易。在解雇一名尽了最大努力但仍未能达到预期的员工时，管理者希望实现以下几个重要的目标：

1. **要公平、负责**。把适用于绩效评估的相同标准运用到员工解雇的问题上，其中公平是指在提供尽可能多的帮助和仔细权衡备选方案之后做出决定，它要求遵守伦理标准以及手册或其他文件中所规定的规则、政策和程序。

2. **维护个人尊严**。应尽一切努力不羞辱员工，这一过程应尽可能保密，以免不必要地使对方感到难堪。要直截了当，但也要机智应对——没有必要让员工解雇更"私人化"，解雇是个人的工作绩效所造成的，而不是个人本身的表现。

3. **降低组织的法律风险**。避免引起歧视或"不当解雇"的指控。

4. **保护组织的声誉**。即使没有法律依据可用以提起诉讼或申诉或以其他方式抗议解雇决定，该组织的声誉也会受到愤怒的被解雇员工或其同事和朋友的言语攻击，因为他们会在社区中批评该组织的决定，而管理者要想尽一切办法避免这种情况的发生。

5. **尽量减少对工作环境的干扰**。如果知道某员工被解雇和/或在解雇通知发出后该员工继续留在该组织完成未尽事宜，那么就会对该组织工作环境造成严重的损害，而管理者必须想尽一切办法来处理这种情况，以免造成进一步恶化并干扰组织工作。

由于工作绩效不理想而被解雇是一种"最后的处理手段"，之前经过了一段时间的努力去改正员工的缺点，而在此期间，应反复告知个人，需要采取哪些措施才能使工作绩效达到标准，如果不符合标准，就会被解雇。管理者应该积累一份书面记录，它将包括一系列一贯的低员工绩效评估、口头和书面训诫，以及一个或多个警告。

避免失败的解雇

假设适当程序的所有必要措施都得到适当使用，并确立了了"正当理由"，但仍然存在这样的可能性，即组织内外的其他人都认为以绩效不佳为由解雇员工的决定是不公平的或者是具有歧视性的——如果可能的话，应当避免这种现象发生。在解雇程序开始之前，可能需要回答几个最终问题：

● 与某一员工密切合作的大多数其他员工是否会对解雇该员工的决定感到惊讶？（管理者不应该是唯一一个注意到该员工的工作是不合格的人。）

● 组织内部过去是否曾存在过类似情况，而涉事的其他员工得到过不同待遇？还有谁没有因为工作绩效一贯糟糕甚至更糟而被解雇呢？如果管理者一直记录着工作绩效不佳的例子，那么其他工作不达标的员工是否也有类似的记录？这类员工会被解雇还是另做安排？

● 在员工的记录中，是否有任何内容与该员工不能充分完成工作的结论相矛盾？最近的任何绩效评估是否表明该员工"达到预期"？关于"本月最佳员工"奖，或者甚至是可以称作"绩效提升"的近期小幅加薪，有没有与该员工相关的推荐信？这些情况中的任何一项都可能将使解雇员工存在一定的难度。

简而言之，管理者应该避免一场没有胜算的战斗，试图解雇一名员工，然后却得知不能这样做，或解雇一名员工结果该员工赢得上诉并复职，这对管理者来说都是一种尴尬，对其他员工来说也是很有破坏性的。要是从现在看来员工可能会成功地避免被解雇，那么管理者最应该做的就是等待，仔细记录工作绩效，同时避免采取任何可能妨碍或推迟今后解雇的行动。不过，有必要提醒一下，管理者不能总是等到做好充足准备才开始采取行动。以管理者的专业判断来看，如果继续雇用一名员工可能对该组织及其服务对象的运作造成严重的损害，那么即使可能会引发冲突，也有必要继续开展相关工作并解雇该名员工。鉴于目前人们倾向于提出申诉，并要求工作恢复原状或复职（即使在提供很少或根本不提供保护的所谓"工作权"的州），这些情况是完全无法避免的。一个人骄傲地说"从来没有人起诉过我，甚至没有人对我提出申诉"，这种人可能从来没有冒过必要的风险。对今天的管理者来说，诉讼、抱怨和威胁都是现实生活的一部分。当员工（或服务对象）威胁起诉或声称他或她受到歧视时，管理者无法承受每次都受制于此。有时，在组织或服务对象利益受到威胁时我们要把握住机会解雇员工。这就是为什么个体专业人员和社会服务组织要承担医疗事故保险，而许多组织也会雇用法律顾问。

进行解雇面谈

管理者一旦因工作绩效不甚理想而决定解雇员工，就应该安排一次非公开会议，证人（通常是人事官员或上级行政官员）也应在场。如果非常紧急，那么离职面谈通常会安排在一天结束时，甚至周五下午晚些时候进行，这样，雇员就不必在离职后继续面对同事，可以回家得到家人或朋友的安慰。

解雇面谈有正确的方法但同时也有错误的方法。[2]管理者应从一开始就表明，解雇是面谈的重点，而且这个决定是不可改变的。解雇通知书应该事先准备好，在面谈开始的时候发给员工，并且该信要尽可能简短、实事求是，一般用一行说明该员工已被解雇的事实和生效日期，但任何其他东西都可能是危险的。例如，没有必要说明解雇的理由——因为它在这一点上没有任何用处，而且可能会因不当解雇而成为申诉或诉讼的一部分。

这不是开玩笑或社交的时候，管理者对于员工解雇的事应该直接而明确。例如，开口说的第一句话可能是"谢尔比（Shelby），在 8 月 7 日之后你不会在这里工作了"或"苏泽特（Suzette），我决定解雇你了"。更含糊的说法，如"苏泽特，我想你到别处工作可能会更快乐"是不合适的，不够直接，而且似乎暗示了管理者的决定可能不是最终的结果。

员工无疑会知道自己被解雇的原因（已经给予过充分的警告了），但他或她仍可能会对管理者的决定或要求提出异议，想了解为何会在此时做出这一决定。如果是这样，管理者最好要有礼貌地倾听，并通过重申决定是最终的而不是采取防御态度来避免争论。如果该员工试图让另一些员工参与谈话（例如，他们可能询问为什么没有解雇另一位同事，也没有解雇他们），管理者应直接和简洁地告诉他们，对其他工作人员的讨论是不合适的，也不可能发生。

未来的就业建议可能在当时面临解雇的情况中得不到重视，只会让被解雇的员工感到愤怒。就算支持性的评价是善意的，也可能引起被解雇者的反感。所以能不用就不用吧。有些评价甚至可能为申诉或诉讼提供证据。例如，对因工作表现不佳而离职的员工，诸如"我承认，在你这个年龄，学习这么多新东西一定很困难"或者"我确信，作为唯一一个非裔美国人不会让你的工作变得更轻松"这样的陈述永远都不要出现，因为它们肯定会让管理者和组织陷入歧视诉讼。不要提及员工的任何人口统计学特征。即使员工用他或她的人口统计学特征来解释过去的工作绩效，管理者也不要做出回应。要小心，不要暗示解雇的决定受除了个人工作能力差以外任何其他因素的影响。

即使员工受解雇决定冲击太大而很难倾听，管理者也应该概述该员工可享有的任何福利（解雇补偿金、未用休假日补偿金、持续医疗保险等）。如果没有别的，管理者对剩余福利的描述可能有助于强调解雇这一决定的现实性。管理者可以稍后重复这些信息，也可以由人事办公室的专家（如果有的话）重复这些信息，因为他们可以协助处理任何所需的文件。

在传达完必要的信息后，面谈应该就结束了。一旦处理了必要的事务，并且（希望）员工情绪稳定，离开了管理者办公室，解雇面谈就不应该继续了。离职员工离开后，应在同一天（如有可能）写一份保密备忘录并亲手递交，以确认是否进行了解雇面谈，而副本应放在个人的人事档案中。

如果有机会让管理者表现务实，那就是在解雇面谈中。在做出解雇该员工的决定之时，不应有任何的反省和情感上的斗争。在进行面谈时，管理者应保持敏感性，但也应考虑到组织的合法利益。如果管理者遵循了所有适当的行动方针，并做出了对组织和服务对象最大利益的决定，那么管理者可以从以下事实中得到安慰：虽然解雇该员工可能会很困难，但做出的决定是正确的。

处理被解雇的员工

管理者在完成解雇面谈后，可能会感到很轻松，因为一项不愉快的任务终于完成了。但最不愉快的部分可能还在后面。被组织按一定时长雇用最后却因工作绩效不理想而被解雇的员工很可能还会在工作中停留一段时间。一般来说，组织政策规定，对因工作绩效不理想而被解雇的员工，至少应提前两周通知解雇面谈的时间，有时最多30天。这些员工有时会把省下来的假期放在这个时候用，而不是回去工作。但是，组织政策可能允许他们选择来工作，并在离开时获得累积假期的报酬。

管理者可能希望避开被解雇的员工，而这种感觉可能是相互的。但是对于管理者来说，这种逃避的做法是不负责任的。首先，可能会需要进行后续面谈。如果该员工在解雇面谈期间情绪激动或情绪低落，他或她可能没有提出有关离职的问题，或可能没有听到或没有理解管理者所说的全部内容。此时应提供后续面谈，同时也应该明确指出解雇这一决定仍然是不可改变的。而被解雇的员工通常会拒绝后续的解雇面谈，因为他或她不想再和管理者有任何瓜葛。

即使没有必要或没有兴趣进行后续面谈，管理者也不应避免与离职员工联系。为了组织的利益，管理者可能需要应对一名怀恨在心且公开表示敌意的被解雇员工。即使一名员工在面谈时保持冷静，似乎对解雇决定听之任之，也有可能在很大程度上压抑着自己愤怒的情绪。管理者应监督被解雇的员工的情绪和行为，以确保他们对被解雇这一决定的反应在正常范围内。如果反应过于偏激，而且没有消散的迹象，那么建议被解雇的员工进行咨询是很有用的，但不要尝试提供咨询！因为在进行这类咨询时，社会工作者对人类行为的了解是非常有用的。

268

如果被解雇的员工继续待在工作单位，会对其他人造成一定的困扰。而做出该决定的管理者可能要承受巨大的痛苦，因为被解雇的员工或者其他员工可能认为这一决定有失公正。即使有些同事知道一名员工已被解雇的事实并赞同这一决定，但就如何与被解雇的员工保持联系这一方面仍然存在很多的问题。

有些被解雇的员工会选择什么也不做或者做得很少，就只是保持低调。还有一些员工会在工作的最后一天依旧努力工作（也许比过去更加努力），也许他们想证明解雇他们的决定是不正确的，或者他们继续抱着不切实际的希望——上级可能会改变主意。还有一些员工似乎想挑起尽可能多的麻烦，这些员工给管理者造成了一定的困扰。通常，被解雇员工的态度反映了一种"如果我不按你说的做，你打算怎么办——解雇我?!"的态度。[事实上，这可能会构成（下文讨论的）严重的不当行为和立即解雇的理由。]众所周知，被解雇的员工还会公开敌视其他员工和服务对象，甚至会故意做一些例如破坏服务对象的记录或办公室设备的事情，让该组织陷入困境，不易开展工作。

要是一个痛苦不堪的被解雇的员工待在家里，那么对该组织来说可能会更好。但是，如果该组织有一项规则，即被解雇的雇员必须继续工作才能得到报酬，那么这一情况是不可能发生的。

案例

韦罗妮卡（Veronica）在一家扩展护理机构担任社会工作服务的督导者。她在接管这份工作不久之后就意识到了，她的一名员工克莱德（Clyde）在工作上存在问题。他做了该做的事，然而却毫不掩饰地说他不喜欢这份工作。居民们似乎也不太喜欢他，试图避免与他接触。在两个不同的场合，有两名员工报告了克莱德对一位老人说了侮辱性的语言，而韦罗妮卡与他对质时，他却说自己只是在开玩笑。然而，自己的观察和其他员工的抱怨，证实了韦罗妮卡的推测，即克莱德对老年居民的态度是越来越糟糕。克莱德显然不喜欢为他们服务，并公开表示很烦现在的工作。当其他员工向他寻求帮助时，他经常粗鲁地做出回应。

在之后 6 个月的时间里，韦罗妮卡为帮助克莱德改善他对当地居民的态度和行为，制定了一份"书面记录"。同时她还认真遵守该机构的渐进性惩处政策。在进行必要的训诫后，她给了他一封警告信，并与他讨论了如果他想在 60 天后仍被雇用，需要纠正哪些缺陷。克莱德怒气冲冲地走出她的办公室，说："我会考虑的。"

269 　　但克莱德并没有好转。韦罗妮卡和主管讨论了她认为克莱德应该被解雇的理由。主管同意了她的意见，并在记录克莱德的缺点这一方面，称赞她做得很到位。

韦罗妮卡仔细地排练了解雇面谈的场景。当她见到克莱德和人事主管时，她给了克莱德一个提前两周的解雇面谈的单行通知。即使他站起来，用手指着她，说"一直以来你都想解雇我"，她也绝不允许引起大家对她决定的讨论，并且从未失去过镇静。克莱德还称她为"憎恨男人的人"，不过她没有反驳他的指控，并重申她的决定是最终的。

克莱德继续报到上班，但只是拒绝做任何他不想做的事，并忽略了韦罗妮卡与他会面的所有企图。他告诉其他员工，他受到了虐待，他准备起诉韦罗妮卡和该机构。他当着其他员工的面，公开嘲笑她的一切，从衣着举止到她是个单亲妈妈的事实。他曾对一位秘书说过：韦罗妮卡的儿子有饮食紊乱症，"因为他被病态的母亲搞得一团糟"。

韦罗妮卡去找人事主管处理这件事情，但主管在度假。韦罗妮卡的行政助理说，他不确定被解雇的员工是否要继续工作才能拿到工资，但每个人好像都是这样，所以这是一条规则。韦罗妮卡很沮丧，克莱德还要在这里工作 4 天，她不知道自己是否能应对这种情况，于是她决定休 4 天年假。如果她不在，克莱德可能就不会再找麻烦了。

由于韦罗妮卡的休假，克莱德把他的愤怒集中在该机构和当地居民身上。他告诉任何愿意倾听的人，为什么他要迫不及待地离开。在他离开之前的第二天，一位护士发现两个居民在哭泣，并问他们是怎么了。她得到的消息是，克莱德一直在告诉居民，该机构由于管理不善，很快就会倒闭。

护士直接去找主管，告诉主管她所听到的消息。主管立刻叫了两个警卫，和他们一起去找克莱德。主管告诉克莱德说，他已经"不属于这里"，并申请限制令，禁止在他未被逮捕的情况下继续涉足这里。主管和警卫押送克莱德到他的车上，直到克莱德开车离开。

接下来主管通知他的秘书，他想立即在他的办公室见到韦罗妮卡。当秘书报告韦罗妮卡正在休假时，主管打电话到她家里，要求她过来见他。30 分钟后韦罗妮卡赶到，主管怒不可遏。当她试图为自己的行为辩解时，主管根本不听。主管告诉她，自从克莱德被解雇后，她的处理完全不当，他认为她个人应对克莱德所造成的混乱和给居民所带来的痛苦负责。此外，主管还通知她，在她的人事档案中会有书面训诫，并且她对克莱德的处理情况将反映在她下次的绩效评估中。

问题讨论

1. 你认为韦罗妮卡解雇克莱德的做法是正确的吗？她事先尝试过其他方法来改变克

莱德的态度和行为吗？如果有，是什么？

2. 你认为韦罗妮卡对克莱德的解雇面谈处理得好吗？为什么？

3. 克莱德在解雇面谈后继续出现，这对机构环境有何威胁？

4. 这对该组织的主要受益人来说是个什么样的问题？

5. 韦罗妮卡在和人事主管解雇克莱德时做错了什么？

6. 为什么韦罗妮卡要休假到克莱德不再来上班不是个好主意？韦罗妮卡应该做些什么来应对这种情况呢？

弃职

一些员工的工作做得勉强算好一些，达到了最低的工作要求，但他们大部分时间在请假。即使他们对于缺勤至少做出了部分解释（如慢性病或家庭中的医疗问题），他们也可能会给组织造成负担。例如，他们平日的工作往往不足以处理服务对象的紧急情况，也不足以公平地分担需要做的额外工作。因此他们受到其他员工的怨恨，导致团体士气受到负面影响。

在许多组织中，有一种办法可以解雇长期缺勤的员工：弃职。如果他们连续几天没有报告工作，又没有按照正确的程序请病假或通知行政主管，那么可以给他们发挂号信，通知他们已经被解雇了。（据我们所知，有一名雇员是以这种方式被解雇的，后来发现他之前居然在做两份全职工作！）

弃职可以是让一个人失业的一种快速且相对"无痛"的方式，不需要事先警告，它只需要一份行动的书面通知（放弃职位），一份员工缺勤日期的清单，以及一个提醒，提醒他或她已经被指控无故旷工的天数。引用该组织的规则或政策，给该员工一个日期（例如一周的合理时间期限）——对其缺勤提供一个可以接受的书面解释，除非接受了该解释，否则解雇通知将于该日生效。

严重不当行为

除了工作绩效不佳或经常无故缺勤的情况之外，还有另一个原因导致员工被非自愿解雇：严重不当行为。它的处理方式与因工作绩效不佳而解雇员工的做法大不相同。

之所以会发生因严重不当行为而导致员工被解雇，是因为人们认为一个人的某些所作所为是不可容忍的，以至于他或她会"当场"被解雇。解雇是在工作中或工作外发生的某些行为的结果，这些行为显然是书面禁止的，或者是明显违反职业道德的。虽然某些类型的行为不当可能对于特定的组织和服务是独有的，但也有许多方面几乎是普遍的，其中一些列于专栏 11-2 之中。

专栏 11-2 "严重不当行为"的共同表现

- 工作时酗酒或滥用药物
- 偷窃
- 暴力或暴力威胁
- 重罪定罪
- 损害组织或其服务对象的利益
- 性骚扰
- 违反伦理
- 拒绝服从合理的命令

解雇有严重不当行为的员工不需要遵循渐进性惩处的进程，就像弃职一样，不需要事先警告。根据机构政策，对于其他被解雇雇员所享受的福利，这种被解雇类型的员工可能享受得很少或根本没有这些福利，例如，因严重不当行为而被解雇的员工很可能无权享受任何未用假期或带薪假期的报酬。

在实际解雇之前，人事标准可以要求有一段的停职期（既可付薪也可不付）。如果是这样的话，则在此期间会进行进一步的调查，被解雇的员工有机会对指控提出异议或对决定提出上诉。

以严重不当行为为由解雇员工并不是管理者裁量权或判断的问题；如果不解雇有严重不当行为的员工，那么管理者将因没有做他或她本应该做的事而受到指责。如果一名员工有严重的不当行为，那么这名员工的持续任职会使该组织及其声誉受到严重的威胁。如果管理者对于这种情况不立即采取行动，那么管理者似乎在说，这种行为是可以接受的——这是任何一个社会服务组织所不希望传达的信息。同时管理者也不想就此事和其他员工进行沟通。事实上，迅速、果断地采取行动是为了使组织摆脱问题，同时提醒其他员工这种严重的不当行为是不能容忍的。

因严重不当行为而被解雇或停职的员工一般会在几分钟内离开工作场所，因此，管理者不必处理他们对工作环境的破坏性影响。当然，如果该员工对解雇决定提出上诉或提起法律诉讼，敌对关系所造成的影响可能在组织外部持续数月甚至数年。而且，被解雇的员工总是有可能得到无错证明并重返工作岗位，甚至有可能拿回欠薪和额外补偿。然而，幸运的是，这种情况很少发生。指控某员工的证据（证人、书面文件等等）通常非常有力，否则他或她一开始就不会被停职或立即解雇。

离职面谈

离职面谈（通常在员工上班的最后一天进行）是为所有离开组织的雇员提供的（因严重不当行为而被解雇的雇员除外）。对于自愿离职者来说（例如退休者、为获得更好工作而离职者、迁出该地区者、能力达不到工作要求者，甚至是那些大规模裁员的受害者），这次面谈也提供了一个很好的机会，可以回顾他们工作的美好时光，或者他们对组织发展做出的贡献。离职面谈通常是管理者和即将离职员工之间愉快地相互致意，也许还需要即将离职的员工提出一些关于变革的建设性建议，而这些建议是他或她以前可能不愿意提的。

因工作绩效不佳或因弃职而被迫离职的员工，可能会拒绝离职面谈。管理者应该提供离职面谈，但不应该"强迫"。但如果员工同意离职面谈，则对各方都有利。被迫离职的员工所感到的愤怒和尴尬并不会在他或她离开组织时自动消失，这种消极情绪可能被带到以后的工作或社区，并对一个组织的公共形象产生不利影响。要是被解雇的员工有机会在离职面谈中稍微喘口气，则会部分"化解"他或她的痛苦情绪。

如果被解雇者接受离职面谈，那么这次面谈可能会对今后该组织的运作做出宝贵的贡献，即将离职的员工所做的评论有助于管理者选择替代雇员和规划他们所需要的支持，还能帮助管理者深入了解组织士气和人员流动的问题。[3]即使雇员的离职可能令人不悦，管理者也应该把它当作一个获得潜在有用信息的机会。被解雇的员工所说的一些话也可能是一种文饰，或是一种想把绩效不佳归咎于他人的努力。当这种情况发生时，管理者应当倾听，但不应对所说的话发表评论或以其他方式说明理由（例如点头表示同意）。然而，有些解释可能包含了真实的元素，而且对管理者来说是很有用的信息。这些解释可以向管理者提供可能引发变革的深刻见解，从而预防以后有员工再犯类似的问题。

小结

在本章中，我们讨论了员工有时所表现出的态度和行为问题，以及管理者应该如何解决这些问题。有些工作出色的员工仍然会做出一种让人接受不了的行为，我们讨论了管理者处理这种问题的两种方式——自然后果以及惩罚和制裁。自然后果对于处理那些相对无害的行为非常管用，而这些行为经常发生新员工身上。根据管理者的经验，这些自然后果会随着时间的推移或是由于同行的影响而自行消失。惩罚和制裁往往用于应对那些对组织或其服务对象造成威胁的行为，而这些行为经常发生在"本应更了解组织规范"的员工之中。与大多数其他类型的组织相比，社会服务组织中较少使用惩罚和制裁这种方式。

由于各种原因，并非所有员工都有奉献精神，认真负责，或者尽管他们已经尽了最大的努力，但仍没有绝对的能力。没有达到工作要求的员工则需要采取一系列行动，抓住一切机会来弥补不足。本章描述了被称为渐进性惩处的通常顺序，包括口头训诫、书面训诫、警告和协议。

如果员工不对渐进性惩处做出早期努力，则他们很有可能会被解雇。我们强调，解雇面谈是一个特殊时期，因为被解雇的雇员可能在寻找应对的办法，要么让管理者推翻解雇决定，要么为投诉或诉讼搜集证据。

另一种选择，即弃职，有时被用来解雇没有足够的能力完成工作小组所分配的工作的员工。这种处理方式可以直接将员工从该组织中开除，而不必走耗时的渐进性惩处的路线。

有时，员工由于某些绝对不能容忍的行为而被停职或立即解雇，但是他们会对该组织及其服务对象构成威胁。因为严重不当行为而解雇员工是非常令人不快的，而且这会对组织造成严重的影响，但又必须要这样做。

最后，我们研究了如何与即将离开组织的员工开展讨论，即离职面谈，这种方式非常有用，对员工、管理者和组织都是很有益的。

应用

下面列出了在社会服务组织中可能发生（而且大多数已经发生）的七个事件。你认为管理者处理这些问题时最好的方法是什么？

1. 作为组织的行政主管，你在网上阅读晨报时，看到你的一名员工在一篇关于女性"玻璃天花板"的文章中被提及，有人引用她的话说："无论我在哪儿工作，性别歧视很猖獗，女性是被剥削的对象，经常加班加点，没有任何女人能够摆脱督导者的管控。"（你认为这些指控都是不真实的，而该员工是称职并且很受重视的。）

2. 办公室管理者告诉你，一位员工要求她订购 5 本特定品牌的绿皮笔记本，以便"帮助我更好地组织通信"。办公室管理者想知道她是否应该以每本 15 美元的价格为这位员工购买这些笔记本。办公室管理者告诉你：她的女儿和这位员工的儿子在同一所学校上学。这位员工要求的笔记本正是发给所有家长的通知中所描述的笔记本，通知中说所有学生都必须购买这些笔记本。

3. 你是一个青少年校外活动中心的主管。你观察到，一位新招聘的女性社会工作者（是社会工作硕士），她一直穿着低胸背心和超短裙来上班，并和几个男孩"调情"。而这里并没有任何其他员工这样穿着或有这种行为。

4. 一位服务对象打电话抱怨她接到的一个电话。这通电话是她对接的社会工作者的丈夫打来的，他提出要给她免费估算一下她家的乙烯壁板用量。在进行一些询问之后，你会发现社会工作者（你监督的人）已经向她丈夫提供了一份名单，上面列出了她拜访过的几位服务对象的姓名和电话号码。

5. 有两名员工向你报告说，一名低收入但敬业的辅助性专业人员正在翻针对你的机构进行慈善捐赠的物品，并把其中一些好的儿童衣服拿回家给她的孙女穿。

6. 在审查最近的财务记录时，你注意到，当一位社会工作者看到一对夫妇在一起做了一个小时的心理咨询时，她向县社会服务部开了两个小时的账单，而当她看到一个家庭进行了一个小时的家庭联合治疗时，她又开了三小时以上的账单。

7. 一名员工请求允许她参加迈阿密的一个专业会议，讨论如何为艾滋病毒阳性病人提供服务。她的所有费用都从该机构的专业旅行预算中报销。然而，你从一位参会的同行那里得知，她没有参加任何她登记过的会议。之后她公开向同事们吹嘘，她刚刚度过了一生当中最棒的一次三天狂购。

第十二章

财务和技术管理

学习成果

在本章结束时，你应该能够：

- 说明单项预算和方案预算之间的区别。
- 讨论技术进步如何影响非正式组织和现代工作场所的沟通方式。
- 列出由于技术进步，管理者所面临的一些新问题。
- 在决定购买新技术的请求是一种需求还是一种愿望时，列出管理者应采用的标准。

现在我们来看看两个管理活动，这两项活动在本书的早期版本中很少受到关注。然而，近年来，各级社会服务管理者却花费越来越多的时间和付出更多的努力在这两项管理活动上。

管理和获得资源

《美国社会工作者协会伦理守则》表明我们对那些向我们提供服务对象所需的资源的个人和组织负有道德义务，此外，《伦理守则》规定："社会工作者应勤勉地管理其组织的资源，在适当的地方明智地节约资金，并且不得滥用资金或将其用于非预期目的。"[1]

管好资源

从历史上看，财务管理的重点是编制预算和监督支出，以确保组织不超出预算范围。

此外，如果一个领域显然需要更多的资金，而另一个领域需要的资金较少，那么则需要尽可能地将资金从一个预算项目转到另一个预算项目。

我们在第五章中简要介绍了作为一种有效利用组织及其项目可用资源的计划方法的预算编制。我们在第六章中再次提到，管理者可以通过这种方式影响员工的行为——他们可以为一些活动提供财政支持，而不支持其他活动，而且预算的类型、具体程度和灵活性都各不相同。

单项预算可能是众所周知的类型。它包含许多不同的项目，每个项目都反映了组织的某些支出类别（例如，薪金、办公用品、专业旅行、公用事业、租金）。由此可以说明项目预算是包容的；也就是说，每一美元的预计花费都包含在其中的一个类别之中。总计数目显示在预算表底部右边，反映了总的（通常是年度）预算。有时可以在右边增加一个或多个栏目，用来反映未来一年或多年的预计费用。这些数字通常基于预期收入和通货膨胀对成本的影响。单项预算简单地说明明年组织的运作将会花费多少钱，以及将如何分配以支付预计的各项开支。对于小型组织来说，单项预算通常运作良好。这样的组织通常负担不起全职会计师；管理者（通常是主管）创建并监控预算。尽管单项预算看似很简单，但在不断变化的经济中，它们也有可能是棘手的。有些项目的成本比其他项目的成本更具可预测性。例如，办公室租赁五年，可以使该项目（租金）具有可预测性，但另一个项目比如专业旅行的费用可能随着汽油价格的波动而迅速变化。因此，管理者需要知道，例如，哪些资金可以在一个单项预算中从一个项目转移到另一个项目，而哪些又不能，或者是否可以将未用的资金结转到下一个年度预算。有时，甚至对单个"细列项目"中的项目也可能会有限制。例如，一些联邦拨款允许某一组织将资金的15%从一项开支转移到另一项开支，而不必经过要求修改预算的烦琐过程。但是，除非事先得到书面批准，否则不允许从一个项目向另一个项目进行较大幅度的资金转移。

在许多社会服务组织（尤其是大型组织）中，可能有几个半自治的项目。当存在不同的方案时，细列项目通常按方案（方案预算）细分。然后，每个方案在预算表中都有自己的一栏，在分配给它的每列上都有美元金额。因此，如果有五个方案，其中一栏是工资，那么在五列中，每列都有美元数字，以反映每个方案的工资预算金额。如果不同的项目分担一项费用，如租金或水电费，则"租金"和"公用设施"列中的美元数额将按比例分摊，以反映每个方案实际占用的百分比。

方案预算比简单的单项预算更便于对单个方案进行监控，从而实现更多的问责。然而，方案预算也会在方案之间造成不良竞争。当编制方案预算时，个别项目管理者不可避免地感到"缺斤少两"。例如，在管理者被迫在她认为是"只是个梗概"的预算范围内运作时，她可能开始相信，其他一些项目是"金童"，在一个她认为是过于慷慨的预算内运作。或者，另一位管理者的员工在狭小的隔间里工作，同时她的项目组和另一个项目组占用相同的办公面积，唯一不同的是另一项目组是新装修的带有窗户的私人办公室，不过他们却分担同样比例的租金和公用设施费用，因此，管理者会认为这种做法是很不公平的。

"办公室政治"有时也会影响方案预算。最近，在一个大型组织里，一位管理者很高兴地得知，分配给她七名新员工，而这七名新员工长期以来都是她提出的项目预算中所要求的。然而，她很快就发现，虽然这七名员工的工资成本会在她的方案预算中显示出来，但她还是需要"非正式"地把其中的四名员工借给她的上级使用。

20 世纪下半叶（特别是联邦政府内部）对问责制的强调导致了其他类型预算的出现。强调效率，特别是每一项"成功"的成本，就是基于绩效的预算。这是对"你（通常是指纳税人）的实际收入是多少？"这个问题的一种回应。然而，由于许多社会服务组织，特别是公共部门缺乏有效的绩效衡量保准，使用基于绩效的预算是很困难的。目前，非营利部门正在使用该预算类型或该类型的各种变体，像联合之路劝募会这样的组织也正在使用它。如果一个组织申请为下一年继续提供资金，则会被要求提供过去一年所取得的成功证据。在此基础上，申请会被批准，但也会被完全拒绝，或者减少所投入的资金量。问责制也是 20 世纪后期首次倡导的另一种预算编制方法的一个重点。这种预算方法被称为零基预算，它要求一个组织或其项目每年都要"从头开始"，并为其下一年所需要的每一美元的用途进行说明。除非一项请求有正当理由，否则会假定它是不必要的，不论在过去它是否已编入预算。这种预算方法的目标是取消那些过去因为"我们去年就有资金"或者"每个人都有自己的项目"而没有受到质疑的预算拨款。零基预算在哲学意义上类似于所谓的日落条款，现在支配着一些社会服务项目的延续。它们要求一个项目只能在一定的时间内获得资金，除非它能再次证明是必需的，不然与零基预算的情况一样，过去的供资并不能代表未来。

优秀的管理者都知道预算编制过于死板的危险性。严格的预算，不允许资金从一个细列项目转移到另一个项目，不允许管理者退回不必要的资金，或者不允许将资金结转到下一个季度或财政年度，有时会为了实现目标和为对象提供积极的服务而产生交叉目的。这种预算提倡一种"要么花钱，要么输钱"的心态，这种心态导致一些人花了不必要的钱，而另一些人却因缺乏足够的财力而尽可能合理地花每一分钱。如果下一年的预算拨款在很大程度上依赖于前一年有指定用途资金的全部支出证据，那这种不良现象就更有可能会发生。非营利组织的管理者尤其意识到，良好的财务管理还要求保持广泛的财务记录，记录组织的资源和收入金额，以及如何使用这些资源和收入，以维持其 501（c）（3）的地位。这些记录必须按要求进行审查。每个接受联邦资金的组织还必须由注册会计师（CPA）提交它们的年度审计报告。

获得资金

对可动用资金熟练、合乎道德的监测和支出仍然是良好管理的一个重要因素。然而，由于对资金的竞争日益激烈，管理者现在常常花费更多的时间来筹集资金。

从历史上看，社会服务的资金来自以下几个方面的组合：政府拨款；私营部门的拨款（联合之路劝募会和私营基金会等联合机构）；费用（直接向服务对象或者通过第三方支付收取费用）；补助金和合同；个人或者公司的出资。近年来，撰写拨款提案、协商合同、寻找从个人或公司获得资金的创造性方法来实施新的、必要的项目或继续运作现有的项目，这些对管理者来说无疑越来越重要。

在通过撰写拨款提案或协商合同寻求资金的过程中，由许多级别的员工对撰写提案做出贡献已经不再是不寻常的事了。编制一份有很大资金潜力的可信文件需要一些专业的知识，而这些知识可由组织任何地方的员工提供。有时，拥有所需专业知识的人甚至是志愿者或学生。我们知道一位管理者，她注意到墨西哥工人最近涌入社区的这一现象，于是得出了一个结论：当地的县福利机构可能愿意签订翻译服务合同，以帮助其个案工作者更好地为墨西哥家庭服务。她寻求并得到了这样的一个项目资助，而且几个讲西班牙语的学生——曾经是美国和平队的志愿者，现在从事社会工作，也对这个项目资助做出了重要贡献。对于设计这样的一个项目——既有文化敏感性又会吸引这些授予合同的人，他们所提出的建议很是有用。

因为机构越来越依赖资助，所以成功的资助申请的撰写者现在非常有市场价值，而且据说他们是"价比黄金"。以下是一些切合实际的见解和建议，可增加成功获得补助金的可能性（不分先后次序）：

● 做好功课，看看你的组织是否有机会入选基金会。基金会也会在其网站上列出过去资助的组织名单。你的组织符合它们的要求吗？如果不符合，而你又想申请资助，那么你有可能是在浪费时间。

● 获得资金的可能性也受提案提交方式的影响。现在许多向政府机构或大型基金会提出的拨款提案完全是在网上提交。这意味着一个基金会过去对于提供 10 000 美元的资金收到过 100 项提案的话，现在可能会收到 2 000 项提案。这有可能导致你的提案希望渺茫，这时也许你最好应该把寻找资助的时间花在别处。

● 把拨款提案想象成一个有许多碎片的拼图，而我们有足够的时间把拼图拼凑起来。即使对于一个有突破性想法的 6 人小组来说，30 天的时间也不足以完成一个庞大的联邦拨款提案。计算出你认为完成拨款提案所需的时间，并至少再增加 30 天。在网上递交计划书时，你不再有借口说"它是准时邮寄的"。（也要记住，在 60 分钟后，一些在线提交的提案可能会由于"超时"导致你会失去所有没有保存到电脑上的文件。）

● 有些文件对于申请拨款提案基本上都是作为附件的，其中包括总体组织预算、董事会名单、董事和关键人员的简历、国家的 501（c）（3）批准书（在适当情况下），以及某些情况下该组织最后一次年度审计的副本。为了节省宝贵的时间和精力，把每一个副本保存到你的电脑上，并将纸质副本存档。我们知道有一位管理者错过了一个重要申请的截止日期，就因为没有一份组织当前预算的副本，而且她的主管和会计此时也都在休假，无法及时处理此事。

● 把你的提案写得清晰明了，并把内容整理好。为了获得高分，提案必须在每一个有要求的部分都有足够的、具体的信息。一个提案的审查员可能会读到 30 个或更多的提案，而此时关于不同提案项目的信息在他脑海中可能开始变得模糊。要"像拉着他的手一样"把提案审查员引向所需的信息。同时，也可以使用特定的标题或用黑体字来标记目标短语。

● 如果你的提案申请是 100 万美元的资助，就要有一个 100 万美元的构想。但也许审查员会拒绝提供资助，因为拟议项目只配得上资助 10 万美元，而该组织的要求远远超过这些。有经验的提案审查员知道预算里"填充"了什么。

● 相反，要注意为一个拨款提案项目提供充足的资金。你可能因为获得资金而受到赞扬，后来又因为没有获得足够的资金来实施提案中所承诺的想法而受到批评。如果可能的话，与那些实际管理该项目的人交谈，以获得关于人员需求的想法，以及使一个想法成为现实所需的时间、行程及设备。想想前面所提到的例子，一个获得资助的精明的撰写者总是在她写的每个提案中都要求购买新电脑，也许目前她不需要用到新电脑，但一年之内她也会需要。

● 在撰写提案时，增加一些短语或句子，表明你了解你所申请的基金会或组织的使命。但是，不要勉强。如果你的想法或提案明显不符合资助机构的相关要求（RFP），就不必再提交提案了。有经验的提案审查员一旦发现糟糕的匹配提案，便会很快拒绝它。

● 如有可能的话，在撰写提案时，尽量打个电话或发个电邮给资助机构的联络人，介绍一下自己，快速提出意见或问一个技术问题，并且保持专业和乐观，给对方留下一个好的印象。和其他筹款一样，拨款提案一旦获得成功，一部分原因是建立了良好关系。

● 大部分申请拨款的提案会为提案的每一部分分配特定的"分"值。例如，在总分为 100 分的情况下，预算可能值 20 分，人员配备值 10 分，项目合理性值 40 分。根据"分"值合理分配你的时间。举个例子，不要浪费 4 天的时间写一个只值 5 分的介绍部分！

● 拨款提案的某些要求可能会列在最后，但应先处理这些要求。例如，由其他组织的董事、社区领袖和政治领袖给出的支持信，并且他们知道你的组织所做的工作。他们可能需要时间来了解这些要求（包括几个请求），所以要提前开始。这些信件应以组织信笺抬头（即使是以电子方式提交的），并应具体说明你所提议项目的目的和宗旨。聪明的拨款提案撰写人与其他组织的对应方达成了非正式协议，在协议中，他们将相互提供支持函，条件是他们非常了解对方的工作，并能合乎道德地提出积极的建议。你需要给来自社区和政治领袖的信件留出更多的时间，因为这些领袖收到了很多这样的请求。如果你正在申请州或联邦补助金，那么要让你所在地区的州或联邦级别的当选代表知道你正在为尽早提交提案而不懈努力。

● 留出时间让其他读者审查你的作品，不只关注语法和拼写，而是确保提案中的每一个必要的部分都是存在的，并且是完整的。在担任提案审查员期间，我们看到一些有创新想法的提案并没有得到资助，因为提案写得不好或缺少必要的信息，而其他的提案虽然缺乏创新性，但在技术上是正确的，所以这种提案在评分系统中会胜出。

如果管理者知道撰写拨款提案是他或她管理职责的主要部分，那么开设一个撰写拨款提案的研习会就是"必需"的。一些地区的组织，如联合之路劝募会和美国社会工作者协会，它们用最低的成本开设了优秀的撰写拨款提案研习会。一些私人基金会免费开设拨款撰写研习会，仅仅是因为它们的审查员厌倦了阅读这么多糟糕的提案！

279

案例

克拉丽莎（Clarissa）对她在学校服务处的新工作很感兴趣，这个非营利组织为她本人所在市内学校的教师提供了资源和其他支持。她很了解这里教师所面临的困难，即他们往往缺乏如书籍、教学视频或互联网等最基本的用品。

在工作面试中，克拉丽莎给该组织的主管塔比莎（Tabitha）留下了很好的印象。克拉丽莎有很强的表达能力、管理经验丰富而且人际交往能力也很出色。克拉丽莎得知，她的工作就是督导在内城拜访多所学校为有需要的教师和学生提供服务的五位社会工作者。塔比莎对克拉丽莎只有一点担忧，她说："你知道我们的组织是由拨款驱动的，如果你被雇用，你将负责撰写拨款提案书，而你需要撰写的第一个提案是即将到期的联合之路劝募会的提案。"克拉丽莎没有撰写拨款提案的经验，但她认为这应该不会很难，她认为网络搜索应该能给她提供所需的材料。

克拉丽莎很快就适应了这份工作，她参观了学校，会见了每位校长，而且这些校长似乎都对这个项目表示赞赏。她很乐意慢慢了解她所督导的这些人。她对日历上写着的"60天后提交联合之路劝募会提案"的项目关注度不高。她认为两个月的时间肯定足以写一本书了，更不用说一个简单的提案了，此外，她所在的组织在过去也一直都有得到联合之路劝募会的资助。

在截止日期的前四个星期，克拉丽莎看了看提案的说明，并开始感到不安。其中一节指出："提供可靠性和有效性的具体数据，用来说明你将用于评估你的成果目标实现情况的各项指标。"另一节要求她提供项目的逻辑模型，并提供其每个组件的相关讨论。克拉丽莎很迷茫："这些到底在讲什么？"

网络搜索提供了一些解释，但仍然让克拉丽莎感到不知所措。一切看起来都那么有技术性，又那么耗时！她打电话给她最有经验的社会工作者海伦（Helen），请她来帮忙。对于向海伦求助，她感到很尴尬，但对于撰写提案她又很绝望。海伦回答说："我们以前的督导者总是写这种提案，但如果我能帮上忙的话，我会帮你的。"克拉丽莎让海伦向社区领导和学校校长征求支持信，因为她没有足够的时间自己来完成这项工作，而且她还要完成其他的拨款提案要求。海伦回答说："我不确定他们会不会为我这么做，这真的应该由你来做，但我想我能做到。"

拨款提案应在周五下午5点提交。那天早上，克拉丽莎问组织的会计要一份预算的副本，但却被告知预算正在修改中。她搜索并最终找到了一份董事会成员的名单和组织章程。下午4点45分克拉丽莎的车开进了联合之路劝募会的停车场，她跑上楼，庆幸自己还有12分钟的空闲时间。办公桌旁的行政助理盯着她问："你知道你可以在网上提交这个提案吗？"

联合之路劝募会并没有直接拒绝这个提案。然而，学校服务只得到了克拉丽莎所要求的30%的资金。当她要求对此决定给出一个合理的解释时，一位代表告诉她："你知道，你的提案在我们审查员那里得到的分数是最低的。这个提案在几个方面都没有遵循指示，而且在其他方面也是不完整的，只有一封支持信。为了让你得到尽可能多的资助，我不得不为你辩护。我们知道贵公司做得很好，而且我真的很尊敬你们的主管，但是，坦白地说，除非我们下次看到更好的提案，否则你们获得资金的机会很小。我们必须要公平。"

克拉丽莎很是沮丧且疲惫地回到了办公室。她在大厅里遇到了塔比莎。塔比莎问："你收到我的电子邮件了吗？是关于克拉克基金会的消息。虽然我们不符合他们通常的受赠者条件，但我想我们应该尝试一下，尤其是在我们失去了联合之路劝募会资金之后。不过，周转时间很短，只有两周时间。"克拉丽莎想知道她是否真的适合这份工作。

问题讨论

1. 当把获得资助或筹集资金列为职位描述的一部分时，你认为面试者在面试时应该问什么问题？

2. 克拉丽莎在准备联合之路劝募会的提案上犯了什么错误？

3. 你认为让克拉丽莎请海伦帮忙合适吗？为什么？

4. 你认为把申请支持信的任务交给海伦是个好主意吗？为什么？

5. 你认为联合之路劝募会的员工在资助学校服务方面是否公平？为什么？"政治"对他们的决定有何影响？

6. 为什么寻求克拉克基金会的资助很可能不会成功？克拉丽莎应该怎么做才能让塔比莎将自己人尽其用？

非传统的资金来源

在竞争激烈的环境中寻找新的资金来源的需要，也给管理者带来了其他的变化。他们必须学会创造性地思考，这意味着对潜在资金来源采用一些十年前可能被认为是不合适甚至不专业的非常规的方法。例如，一个非营利组织的主管向即将获得一次性联邦退税的人邮寄了数千封信，她提醒他们这是个意外的好运，并建议将其中10%的钱（提醒那些属于某些宗教教派的人"什一奉献"）捐给她的组织。这一要求非常成功，特别是在当地的政治家当中。显然，这些政治家认识到，小额免税捐助是一笔划算的交易。因为他们知道，该组织的大量员工和社区支持者将会在该组织印发的通讯中看到捐助者名单，并对他们的慷慨留下深刻的印象——足以在下次选举中为他们投票！在捐款滚滚而来的时候，这位管理者让一位自称是"纳斯卡赛车狂热分子"（NASCAR fanatic）① 的中层管理者，利用她的个人关系，看看某个车队是否有兴趣成为该组织的赞助商。在被指控作弊之后，这家赛车队需要做积极的宣传，而该组织当然可以利用赛车队更广泛的知名度来获得不断增加的捐款。

　　在过去的十年里，互联网极大地改变了筹款活动。创建网站既简单又便宜，几乎所有的社会服务组织和公益事业都有这样的网站。许多人甚至在脸书上创建网页，有时在聚友网（MySpace）② 上也有。这些发展为管理者筹集资金提供了挑战和机遇。目前的挑战是，成千上万的其他公益事业正在网上争夺资金，还有一些假扮成真正的慈善事业，而实际上只不过是一种不道德的骗局，目的是攫取人们的钱。越来越多的人〔通常通过贝宝（PayPal）③ 或信用卡〕开始投入网上慈善事业，而在线筹款的机会也在不断增加。这种方法对于21~40岁年龄段的人尤其受欢迎，同时他们将培养出下一代的慈善捐助者。

　　圣诞节期间，救世军一直以红色水壶的形象出现，这是一个组织紧跟筹款方式不断变化的一个例子。它仍然保留了一个巨大的邮件列表，经常通过"蜗牛邮件"（snail mail）④ 向忠诚的捐赠者发起呼吁，并用手写的感谢信回复捐赠者。然而，为了让那些捐赠者不需要离开他们舒适的电脑屏幕，该组织还发起了一场"网上水壶"（online kettle）⑤ 运动，并开始允许捐赠者在许多水壶上刷信用卡和借记卡。

　　在21世纪，最成功的财务管理者将还是那些富有创造性、见解独特并能抓住这些新的筹资机会的人。然而，优秀的财务管理者也认识到，并非所有为组织筹集资金的机会都是可取的。有时候，正确的回答是"不，谢谢"。为什么？如果能为一个面临无法支付工资危机的组织带来资金，那么为什么一个管理者会拒绝任何机会呢？尽管可能还有其他原因，但优秀的管理者之所以可能拒绝供资机会，是因为这两个明显的原因：这不是对员工

---

　　① NASCAR 是指美国纳斯卡赛车，是一项在美国流行的汽车赛事。——译者注

　　② MySpace 成立于 2003 年 9 月，是目前全球第二大的社交网站。——译者注

　　③ PayPal 于 1998 年 12 月建立，是一个总部在美国加利福尼亚州的在线支付服务商。PayPal 也和一些电子商务网站合作，成为它们的货款支付方式之一。——译者注

　　④ 电子信息时代出现之前的所有邮件都可以称为蜗牛邮件。——译者注

　　⑤ kettle 是一款国外开源的 ETL 工具，纯 Java 编写，可以在 Windows、Linux、Unix 上运行，数据抽取高效稳定。中文名称叫水壶，该项目的主程序员希望把各种数据放到一个壶里，然后以一种指定的格式流出。——译者注

时间的有效利用；这会对组织形象造成威胁。例如，一个管理者不能让三个忙碌的员工在一周中除了帮助策划一个能带来 1 000 美元收入的筹款活动外，其他什么也不做。成本（他们的工资、他们因此做不了的日常工作等等）意味着参加活动将产生净损失。有时，有些人表示愿意成为赞助商或"合作伙伴"，即使不需要员工投入，只是从门票销售或其他收入中获得一定比例的收入，那管理者也应予以拒绝。管理者可能会认为，只要把组织的名字借出去，组织的形象就有可能受损。又或者这一活动在社区中并不受欢迎（当地商人抱怨说，停车拥挤会损害他们的生意），或者这不符合该组织的目标（例如，活动会卖酒）。我们认识的一位管理者，尽管她的组织只要参加就可以获利 5 000 美元，但她还是拒绝了"乐队之战"（Battle of the Bands）慈善晚会，因为赞助该晚会的组织因街头斗殴和非法使用毒品而在当地臭名昭著（警方记录）。

无论管理者在寻求资金方面多么有创造力，不可预见的问题以及经济危机的周期性特征都会导致周期性的资金短缺。当这种情况不可避免地发生时，犯错的余地就会减小。效率会变得至关重要，不能允许浪费有限的资源。

经济紧缩对管理者的财务管理活动有何影响？这可能需要制定有关专业旅行的新的限制性政策，或制定若干"应急预算"，以反映经济的改善、资金水平或进一步的资金损失。在 2009 年的经济危机中，许多国家机构的管理者被要求制定"应急预算"，预算削减 5％、10％和 15％，而这种削减预算方式会产生一种"地堡心态"（bunker mentality）。员工需要投入到管理者的决策当中，并且至少他们关于削减预算在哪个领域所造成的影响最大而哪个领域又最小的意见要被考虑到。不幸的是，这种情况并不总是发生。

技术管理

在 20 世纪的某个时期，我们曾想当然地认为汽车的发明比历史上任何其他发明都更能改变人们的生活。（在汽车的发明之前是火药。）现在，几乎所有的人都一致认为，电脑才是。

在社会服务组织中，信息技术（IT）的成功使用在很大程度上取决于管理者的知识水平和敏感性。根据管理者选择如何使用它或阻止它的使用，信息技术可能要么是实现组织目的的助推器，要么是一种障碍。一般来说，是介于两者之间。

信息技术让我们的工作发生了巨大改变。不管我们与同事的距离远近，我们通常都使用电子邮件和短信与他们进行交流。我们在网上看专业杂志。我们下载大量的材料来帮助我们完成日常工作。如前所述，我们经常会在网上收到拨款申请或提交拨款提案。以前通过面对面交谈或至少通过电话完成的许多任务，现在都是通过电脑完成的，甚至"虚拟会议"也越来越普遍。例如，管理者会在其他组织的咨询委员会中任职，在这些组织中，所有会议都使用 Skype 进行，成员不需要离开办公室。当然，这对管理者来说是一个真正的节约时间的方法，但它的缺点可能是失去有价值的人际交往，并且要是一个人缺乏重要的非语言沟通可能会引发其他一些问题。

已发生的改变

我们已经看到了，由于信息技术的引进，工作场所发生了巨大改变。接下来我们会提及其中的几个，希望它们会帮助我们为即将到来的未知变化做好准备。

非正式组织

在许多工作环境中，对技术依赖性的不断增加可能会导致非正式组织发生快速、令人不安的变化。通常是那些"科技极客"（technology geeks）或者喜欢把爱好与工作结合起来的人很快会获得更高职位。他们不仅知道并已经使用了最新的技术，而且还知道如何运用这种语言，他们对技术行话的掌握程度让那些努力学习但只是为了获得基本技能的人羡慕不已。很明显，他们比那些不懂电脑知识的同事甚至上级更有优势。当然，他们会被选为团队精英，并无私地奉献自己的时间和专业知识。或者，如果他们愿意，他们可能更愿意帮助那些尊重他们的人，拒绝帮助那些不尊重他们的人，从而建立一个权力基础。

那些迅速上升到非正式组织高层的人很可能对于社会服务组织来说是个新人。他们很可能是年轻人和/或是在科技背景下长大的应届毕业生。在过去，通过搞好人际关系和有政治头脑或随着时间的推移证明自己是非常称职的员工，并且通常还要等很长的时间，他们才能获得非正式组织的地位和/或权力。但现在他们只需掌握一种其他人都觉得很难习得的技术技能，就可以升职。同时，在工作小组看来，工作多年的"老手"工人的地位可能会突然降低，而且以前被人赞赏的知识和技能在现代人看来可能已经过时。例如，多年来发展起来的服务对象入户诊断技能和洞察力，突然变得不如使用软件包所需的技术技能重要，因为软件包可以根据服务对象自己输入的数据进行精神诊断。在一个高度重视技术的组织中，能力很容易成为这样一种代名词，比如懂得如何使用最新、最小的手持设备或了解互联网上即时访问所需信息等。

沟通

从逻辑上讲，信息技术应该有助于更好的沟通，而更好的沟通应该会利于做出更好的决策，至少设想上应该是这样的。但实际上，更好地使用技术设备进行信息传递可能产生也可能不会产生更好的沟通。

至少在刚开始的时候，许多组织中员工之间的隔绝程度在不断地增加，这一条件不利于更好的沟通。在大多数社会服务组织中，信息技术最早是由书记人员引入的，他们使用电脑进行文字处理。很快，大多数专业人员学会了自己处理一些基本工作，如文字处理、数据输入、材料分析以及组织间的相互沟通等这些工作。这导致书记人员无事可做，被安排去做其他工作。专业工作人员很少再需要与他们互动或相互交流。以前，即使是那些不太喜欢对方的人也必须要相互沟通、合作才能完成他们的工作，而现在很少需要面对面的交流。办公室的门常常是关着的，直接交流的机会大大减少。

20世纪后期，在社会服务组织引入信息技术后，人们的沟通方式发生了改变，这为后来的改变提供了一个暗示。人们的沟通变得越来越快、越来越容易。管理者通过互联网获取大量可用数据（其中一些数据比其他数据更可靠）使他们的部分工作变得更容易。例如，当遇到一个问题或需要做一个困难的决定时，管理者会迅速用谷歌搜索关于这个主题的调查研究和理论结果，或者学习同行是如何处理的。

对通信技术的依赖日益增加，是否还有其他代价？是的。电子邮件就是一个很好的例子。管理者现在必须花大量时间筛选数百封电子邮件，决定什么样的邮件需要即时回复，什么样的可以等待，或者什么样的可以视为垃圾邮件。

电子邮件也会影响沟通的质量，因为它们不会直接表达幽默或体现社交礼节。为什么要费心询问家人或同事的健康状况呢？——直接说重点。有些人选择不用完整的句子或他们只关注语法或句法，使用常见短语的缩写表达形式。这可能是一种有效的沟通方式，但它是不是一种良好的沟通方式，即在同事和其他人之间建立有价值的关系？它是否促进了有价值的人际关系网？它是否传达了这样的信息：我们重视他人，我们真的想和他们建立良好的工作关系？

我们的服务对象怎么样？我们与他们的沟通是否受到技术因素的影响？今天的社会工作者在与同伴交流时，他们不需要讲话，也不需要观察和解释肢体语言，那么他们在与服务对象交流的时候也能这样做吗？他们是否能够有效地进行会面或与服务对象建立良好的关系？他们能忍受长时间的"切断（电话服务）"而去倾听他们的问题吗？没有技术帮助的口头交流对他们来说会不会非常无聊？

这些潜在的问题（大部分我们才刚刚开始探讨）都是可以克服的。有了良好的管理实践，技术对我们的工作绩效来说，与其说是一种负担，倒不如说是提供了帮助。然而，除非管理者努力做到这一点，否则这种情况是不会发生的。

技术泛滥

在过去的几年里，关于工作场所技术可能只是简单明了地讨论了互联网的正确使用。随着无线通信、脸书、推特、微博和其他分散注意力形式的出现，对于管理者来说，目前工作中的技术问题更加广泛多样和复杂。

　　评估新技术的一种方法是问："它们是否提高了生产力？"如果提高了生产力，这些新技术可能成为工作中的有用工具。然而，同样可以用来提高生产力的手段也会成为一种干扰。在决定什么是允许的或者作为一个整体的组织是否应该对新技术的使用加以限制时，管理者必须做出正确的决定。

　　早在 1998 年，就有一位学者观察到，一些管理者开始专注于所谓的信息技术悖论。[2]我们生活中的科技进步是前所未有的，几乎也是不可想象的。但是，克鲁格曼问道：信息技术是否提高了员工的生产力和成本效率？他指出，"员工办公桌上价值 2 000 美元的电脑每年可能要花费 8 000 美元的隐性成本"，其中包括技术支持、新软件和对员工的反复培训。虽然克鲁格曼的数据现在似乎已经过时，因为电脑的价格越来越便宜，而且越来越多的组织鼓励员工在工作中使用私人电脑而不是提供办公电脑，但他的担忧仍然有效。管理者仍然需要在隐藏成本和提高生产力之间进行权衡。完全相信信息技术的好处则会适得其反，并且最终会导致组织花费比技术节省的更多的成本。

互联网

　　互联网曾经是工作场所的奢侈品，现在已成为工作中不可或缺的一部分。只需点击几下鼠标，一位员工就可以在谷歌上搜索服务对象的家庭地址，找到潜在基金会捐赠者的背景信息，或者阅读有关服务对象心理健康诊断的最新研究结果。这应该会大大提高员工的生产效率。然而，从发电子邮件或发信息给朋友和家人，到在易趣网（E-Bay）上竞标或在亚马逊（Amazon）上购物，再到在 YouTube 上看昨晚的真人秀，员工们很容易把整个工作日都浪费在非生产性的互联网活动上。1993 年，盖勒塔和波拉克（Galletta & Polak）在有互联网接入的机构中，完成了一项对 571 名员工的调查研究。[3]即使在当时，他们发现员工平均花费 10.4 小时，即他们每周工作时间的 25％用于个人互联网的使用。工作满意度低也与互联网使用率高有关。研究者发现，男性、电脑新手和小公司的员工在工作中更有可能滥用互联网；而女性、更有经验的员工以及那些在大型机构工作的人不太倾向于滥用互联网。在发送完个人电子邮件之后，看新闻和浏览娱乐网站、追求个人爱好和购物是最常见的电子产品浪费时间的例子。

　　许多机构和组织在可用的网站上设置锁定，就像家长在家用电脑上使用家长控制一样。在锁定的情况下，机构可以封锁如 YouTube 的几乎所有网站。有时，要选择关闭什么网站以及如何关闭是很复杂的，而仓促的决定可能会付出很高的代价。例如，在寻求了解帮助性虐待受害者的最佳做法时，儿童保护服务的员工可能会感到沮丧，因为任何包含"性"一词的网站都被一个过分热心的管理者所阻止，而这位管理者试图禁止员工在线观看色情内容。

　　其他机构和管理者通过检查该组织电脑上的浏览历史来被动地控制互联网的使用。直到最近，即使员工已经清理了个人的文件记录，管理者还可以通过使用 Index-Dat 这样的软件来检查员工电脑上的个人浏览记录。但是，Index-Dat 这种工具只能在早期的电脑上使用，而不能在火狐和苹果浏览器上运行，因为这两种浏览器使用不同的缓存方法，而这两种方法都可以很容易地被用户清除，并且安全可靠。因此，如果员工对浏览器的使用非常谨慎，那么管理者将很难对他们使用浏览器的情况进行监控。而且，如果他们使用自己的电脑完成与工作有关的任务，除非他们同意将其电脑的行政控制权交给组织，否则组织不可能对他们以前访问过的网站进行监测。其他减少互联网滥用的策略，还包括把员工安排在高度可见的工作环境中，以及采用严格的生产力配额和评估的方法。然而，员工的士气会因此受到影响，因为组织并没有传达出相互尊重的信息，也没有传达员工希望富有成效并做好工作的信念。这些方法类似于"X 理论"（见第四章），而且这些方法也可能只会鼓励员工寻找新的方式来实现网络滥用。

　　管理者有义务让员工知道，任何在组织电脑上获得的信息都可以提供给组织，但员工并没有总是这样做，或者只是没有注册信息。例如，最近一位社会工作专业的硕士毕业生受聘为一家国家公共卫生机构提供西班牙语口译和笔译服务，但他经常闲坐在书桌前。几个月过去了，他在公司配备的电脑上花了越来越多的时间，而且在让他给讲西班牙语的服务对象做翻译时，他就会常常感到很恼火。凭直觉，他的主管检查了他经常访问的网站历史，当确定他经常利用工作时间参与纽约证券交易所的日间交易时，他被解雇了。

　　如果组织自己的网络是由网络管理员监管的，那么管理者可以通过多种方式控制互联网的接入和电脑的使用。只要员工用的电脑上没有行政级别的访问权限，那么大多数的这些方法将是很有效的，但每种方法都需要在安全性和生产力之间进行权衡。

　　● **个人电脑上的端口拦截软件**。这个软件在聊天和即时通信服务（Skype、美国在线公司、雅虎、微软等）所使用的端口上阻断了网络流量，而有限端口拦截也包含在后来的 Windows 版本中。

　　　● 赞成者：端口拦截软件防止人们滥用这些应用程序。

　　　● 反对者：端口拦截软件完全阻止人们使用这些应用程序。

　　● **互联网安全协议（IPSec）政策**。网络管理员可以设置这些政策来控制网络上的流量，包括对网络服务器的访问、对网络上个人电脑的对等访问以及对本地网络（如公司服务器）以外的远程服务器的访问。这些政策本身并不监测或控制互联网的访问，但在大型网络上工作时，会有不同用户账号类型（管理者、领薪员工、志愿者等）的不同访问级别，而此时这些政策是必不可少的。

　　　● 赞成者：这些政策控制对网络不同级别的访问，并维护网络安全。

　　　● 反对者：这些政策要求对用户的访问进行预先设定，并且需要指派一名员工担任网络管理员来维护。

● **防火墙**。防火墙是用户和网络其他部分之间的屏障，其中包括互联网本身，它监控通信量，就像保安监控进出大楼的通道一样。从本质上说，一个防火墙可以同时完成所有端口拦截软件对单个端口的工作：它可以同时控制端口所有的进出流量。可以通过端口号（如 531）或应用程序的名称（如美国在线公司的即时通信）来屏蔽或打开特定端口配置大部分的防火墙，一旦配置完毕，可以锁定这些设置给非管理员用户。实际上，较低级别的用户使用被屏蔽的软件，将无法访问互联网或其他电脑。

对于使用无线路由器或员工自己的电脑的网络，网络管理员可以封锁路由器防火墙的端口，但不能封锁员工电脑的端口。使用路由器，这种阻塞效率较低，因为如果某些消息软件（例如雅虎）的首选端口被阻塞，则默认值为端口 80。不过，封锁端口 80 意味着会封锁所有互联网的接入。

● 赞成者：防火墙对于任何网络的安全都是绝对关键的，尤其是有互联网接入的网络，防火墙不让黑客入侵，限制网络内外应用程序的访问，在某些情况下，可以阻止受感染电脑上的恶意软件和木马程序，避免这些受感染电脑发送敏感信息到断网的电脑上。因此，没有防火墙的网络电脑就像没有上锁的房子或汽车。

● 反对者：防火墙需要根据每个组织的需要进行配置，并且除了非常基本的设置之外，这种配置还需要一个专业的网络管理员。

● **Windows 用户账户**。Windows 用户账户是网络管理员所使用的最简单的方法：在组织的电脑上限制网络访问和软件配置。对于每个用户账户，管理员决定是否可以安装软件或硬件，是否可以使用已安装的某些应用程序，以及是否可以访问网络上的其他电脑或硬件。虽然用户账户不能控制特定的互联网行为，但它们可以防止用户安装与互联网相关的软件（例如雅虎或即时通信软件），它们还可以限制恶意软件和恶意网站的危害，而且用户在合法（或非法）活动中可能会无意中发现这些危害。用户账户是保护电脑的第一道防线。事实上，大多数安全专业人员建议每天都使用一个限制访问的账户，甚至对高级用户也是如此。

● 赞成者：用户账户限制用户访问关键的电脑和网络功能，而这种有限的访问会降低安全漏洞和系统故障发生的可能性。

● 反对者：即使需要访问某些功能，有些账户也会限制用户访问关键的电脑功能。和互联网安全协议（IPSec）一样，使用这些账户需要事先决定谁可以访问，而维护它们则需要一个网络管理员。

● **家长控制网页浏览器**。尽管员工可能会对这一做法感到不满，但家长控制可以通过内容类型、域名或特定的网址来屏蔽一些网站。这些需要管理员级别的访问进行配置，但可以由任何拥有这种访问级别的人进行更改。家长控制是网络管理员的第一道防线，他们想限制脸书、聚友网和其他社交网站的访问。IE 浏览器 7 和后来的版本都配有不错的家长控制，零售软件在网上和商店都有广泛的应用。与浏览器控制一样，员工使用此软件需要限制访问 Windows 用户账户。

● 赞成者：家长控制限制访问管理者想限制的网站。

● 反对者：员工可能会认为家长控制是一种贬低。如果配置不当，家长控制有时也会严格限制访问合法网站。

实施部分控制或全部控制的管理者仍然需要知道员工们可以采取哪些措施来隐藏不适当的电脑、网络或互联网使用，而不依赖以上任何一项措施的管理者需要特别注意，其中包括：

1. 清除浏览器的历史记录和缓存。

2. 安装他们自己的软件，但将图标隐藏在桌面或"开始"菜单中。

3. 将个人文件（图片、视频、歌曲等）添加到组织电脑中，并将其存储在隐蔽的位置或隐藏的目录中。

高级用户会采用更复杂的方法来隐藏非法活动，因此管理者应该始终保持谨慎，不要对自己发现非法活动的能力过于自信（所谓上有政策，下有对策）。如果安全或责任特别重要，那么一个优秀的管理者就必须依靠 IT 专业人员来建立并维护该组织的网络。

总体而言，管理者应将信息技术作为一种平衡手段：他们需要确定组织的需求，并在这些需求与建立、保障和维护电脑网络的成本之间进行权衡。对于当地一个小型的非营利组织来说，这里描述的大多数选择是多余的；而对于一个大型组织来说，它需要处理电脑网络上敏感或机密的信息——尤其是有互联网接入的网络，所有甚至更多的这些步骤都是必需的。管理者需要自己决定平衡点在哪里，但他们应该始终意识到，IT 是在使用其的成本和使用的利益及风险之间进行权衡。

电子邮件

电子邮件可能是管理者最好的朋友，也可能是最大的敌人。在 21 世纪上半叶，电子邮件成为社会工作者沟通的一种方式。对于此并不难分析出原因。电子邮件的传送速度很快，而且它也可以是简短的，直奔主题。此外，电子邮件可以让发送者能够同时与几十人，甚至数百人进行交流。电子邮件也有其他潜在好处，其中包括改善与服务对象的沟通、获得支持以及方便从笔记本电脑、个人数据助手（PDA）和手机等各种来源获取信息。

但是，请记住，已经发送的电子邮件是不可能撤销的。在发送电子邮件之前，任何人或许都在想："如果这个电子邮件与别人共享，甚至变得众所周知，那将会发生什么呢？"事实上，每次在一个组织内发送电子邮件，都可以为性骚扰、歧视或不当终止雇用等指控提供证据。即使电子邮件并没有当作证据，那它也比其他书面信件更容易被非收件人或非发送人查看（如电脑技术人员、系统管理员和其他电脑用户）。与传统的部门间的沟通相比，电子邮件一般保密程度不会很高。

在发送电子邮件时，员工应考虑以下方面：

● 谁是邮件收件人，以及此人将如何解读该邮件的措辞和内容？（电子邮件由于措辞简洁，缺乏视觉或听觉内容，很容易引发误解或认为其对文化的敏感度不高。）

● 内容是否适合任何人观看？如果电子邮件是发给组织内外的其他人，会发生什么情况？（这些都适用附件以及文本。）

● 电子邮件是否符合组织的规则、政策和程序？

如果这些问题得不到充分解决，那么会发生什么？2008年，美国众议院司法委员会开始鼓励"举报人"挺身而出，揭露腐败现象和存在的安全风险。于是其在一个网站上设置了一个表单，接收那些没有匿名的信息，但同时要向那些提供信息的人承诺他们的信息将会受到"严格保密"。

为了感谢参与人员，众议院司法委员会发出了一封后续电子邮件。然而，其将电子邮件地址放在"收件人："字段中，而不是"密件副本："字段中。不用说，司法委员会的举报信息数量在接下来的几年里急剧下降。

这似乎是显而易见的，但管理者应该确保每个人都明白抄送（在线人员列在电子邮件上并收到一份副本）和密送（在线人员收到副本，但未在原始电子邮件中列出）的区别。据了解，如果员工不小心点击了"全部回复"而非"回复"，就会陷入很大的麻烦之中，因为他们将回复发送给收到原始电子邮件的所有人，而不是仅发送给原定的发件人。

许多政府部门和私人机构现在对电子邮件中不适当的内容有严格的政策，其中包括：

● 色情图片；

● 亵渎、歧视或带有种族偏见的语言；

● 非法复制或共享音乐；

● 盗版软件或游戏；

● 连锁信（chain letters）[①]或骗局。

自动回复电子邮件，这种可以方便地说"我将在度假时离开办公室……"的邮件提出了另一个潜在的问题。自动回复可以验证垃圾邮件发送者的电子邮件地址，也可能让网络窃贼知道一个空无一人的办公室，或者也会给收件箱造成不必要的混乱。为了减少这类问题，我们需要建立一套标准，确定谁将收到自动回复。

在所有电子邮件流量中，垃圾邮件占的百分比相当高，因此每年都要花费数十亿美元来对抗它们。管理者经常能发现垃圾邮件中所表述的承诺——迅速致富，购买廉价药品，轻松减掉10千克体重，或者在6个月内获得博士学位。虽然大多数垃圾邮件是无害的，不过一旦引入病毒或特洛伊木马，一些垃圾邮件会对个人、服务对象和组织造成破坏性影

[①]　连锁信（chain letters）：收信人须转交他人的信。——译者注

响。电子邮件更危险的一面是，它引入了一个全新的威胁类别。

电子邮件诈骗通常有一个共同之处：它们要求用户点击一个超链接到一个未知的网站，有时伪装成一个已知的网站（像谷歌或微软）。管理者应该提醒员工"对于你不认识的人，千万不要点击他或她电子邮件中的链接"。到目前为止，这个基本的用户错误是最常见的出现电脑安全漏洞的原因。该链接不可避免地会导致网站非法收集信息，安装恶意代码以及恶意软件，或让用户感染病毒、按键嗅探器和特洛伊木马——在互联网上发现的几乎所有的安全威胁都存在于这些网站。其他直接或间接困扰电子邮件用户的问题来自使用过时的软件，在不安全的无线网络上发送未加密的电子邮件（黑客可以扫描网络并读取未加密的传输），以及在社交网络和其他公共网站上发布过多的个人信息。脸书等社交网站为黑客提供了大量的新信息，他们去网站可以找到某人免费提供的信息，如他或她高中学校的名字，或母亲的姓氏，然后黑客去银行查看信用卡账户，点击"忘记密码"就能够回答安全问题并获得机密信息。2008 年，共和党副总统候选人萨拉·佩林（Sarah Palin）的个人电子邮件账户被人给黑了，原因是黑客在一个社交网站上知道了她宠物的名字，从而能够正确地回答安全问题，继而获得机密消息。

管理者可以传授一些简单而实用的建议，以保护电子邮件信息免受黑客和病毒的攻击：

● 不要要求从垃圾邮件发送列表中删除。此操作需要用户提供他或她的电子邮件地址，并让垃圾邮件发送者知道该地址是真实存在的。

● 用户应只打开他们所知道的有效附件。如果在电子邮件中发送附件，发件人应在正文中注明所附文件是有效的。

● 许多电脑会提供储存密码的功能。对这种做法应予以制止，因为该电脑的任何用户如果访问级别相同，就可以使用储存密码访问别人的账户。

● 密码至少应为 8 个字符，如果允许的话，密码则应是大小写字母、数字和符号的组合，而不应该包含与用户个人信息有关的短语或单词（生日、宠物名字、家乡、喜爱的食物——其他用户可以用来猜测密码的任何信息）。

● 密码应根据所储存信息的敏感性每 3 至 6 个月修改一次。

组织的其他保密威胁

要是一个人的出生日期、地址、驾照号、社保号、信用卡或借记卡号或其他信息被盗贼"窃取"用来获取金钱、货物、工作等，身份盗用案就会发生。当个人身份被盗时，盗贼通常会从受害者的信用卡或账户提取数千美元的现金。此外，受害者也通常会自掏腰包损失 200~1 000 美元，但是这个成本不包括恢复信贷、驾照、信用评分和银行账户所需的大量的时间和压力。

身份盗用可能发生在单个人身上，也可能同时发生在成千上万的人身上。在所谓的"T. J. Maxx 案例"① 中，在零售店外手段高明的黑客能够从手持支付扫描仪上窃取数据，9 400 万服务对象的账户信息被曝光。2012 年，南卡罗来纳州税务局的文件因为没有充分加密，使得黑客能够访问任何在线提交的州纳税申报单，从而导致数百万纳税人的收入数据、社会保险号码、银行账户号码和其他个人信息被盗。

从组织的角度来看，对于员工、服务对象、财政捐赠者、董事会成员以及任何储存过机密信息的人，管理者必须考虑他们的身份可能被盗的问题。他们也应了解与该组织有关的政策，包括：

- 邮件分发；
- 应储存哪些信息以及在何处储存；
- 谁有权访问哪些信息；
- 哪些信息将被粉碎以及如何粉碎。

翻垃圾箱是通过一个组织的垃圾来获取敏感信息的一种做法。一个为儿童提供保护服务的社会服务组织发现，光粉碎垃圾是不够的。员工尽职地将无根据的案件档案逐页粉碎，然后把碎纸放在塑料垃圾袋里，最后把垃圾袋放在大楼的垃圾箱里。不过，在接下来的一个晚上，飓风侵袭了整个小镇，并撕开了垃圾箱里的垃圾袋。第二天早上，镇上的居民在街上、树上和灌木丛中发现了一些碎纸屑，上面显示的是一些毫无根据的虐待或忽视儿童的报告。不过，一些仍然可见的名字多年来一直是这个小镇上流言蜚语的话题。由此，管理者学到了一个重要的教训：在销毁机密信息方面，横切碎纸机比竖切碎纸机更彻底。

展望未来

在以后的十年里，对使用信息技术的最佳预测是：根本没有办法预测。例如，就在这本书写完的十多年前，很少有管理者会预测到他们必须对员工个人脸书账户的使用制定相关规则。当时并没有社交网络，但到 2014 年 3 月，社交网络在全球拥有 12.8 亿的用户。2009 年，在许多词库中，"非好友"一词在许多同义词库中被认为是最热门的"新词"，意为将某人从你的脸书账户中删除。

拥有脸书账户和其他社交网站账户的人经常在网上发布关于自己的信息，其中包括个人信息更新、照片和视频。这些信息可能揭示出一个人生活的细节，但模糊了个人和职业之间的界限。许多组织现在把搜索求职者的社交网站作为一种惯例，人们之所以被迅速拒绝，是因为一个网站显示，例如，他们使用种族歧视语言，张贴自己的挑衅图片，或使用

---

① 　T. J. Maxx 是美国最大的折扣商城。——译者注

非法药物。当员工选择把服务对象、实习学生、组织的捐赠者、非营利组织董事会成员加入他们的脸书好友名单时，组织便会陷入伦理困境。管理者有权制定规则来控制这种情况吗？显然，是的。一些组织试图在脸书上制定关于谁可能不是"朋友"的指导方针。但是，关于谁应该被列入名单的问题有很多。例如，它应包括：

- 服务对象，而不是以前的服务对象？没有人曾经是服务对象？在什么情况下该规则会变得过于严格？

- 该组织的员工？所有员工或仅一些员工，例如，下属？所有非专业员工？学生还是实习生？

- 董事会成员或该组织的捐赠者？如果该员工已与其中一人或多人有社交关系，该怎么办？应该破例吗？

技术的重要性越来越大，不过这也给管理者带来了许多麻烦。管理者可能会制定政策或规则，禁止使用所有类型的个人数据助手，但对它们不恰当的使用正变得越来越容易隐藏，其中包括个人手机通话、听音乐、看网络视频或电视，以及发短信，所有这些都在员工工作区的半隐私范围内。例如，手机不在视线范围内，而是藏在桌子下或口袋甚至钱包里的时候，熟练的"短信发送者"仍可以通过手机向朋友发送信息。当短信可能是"色情短信"，也就是说，通过互联网发送的是露骨的色情信息或挑逗的图片时，对管理者来说就更成问题了。管理者如何在幽默但与工作相关的短信和员工之间的性沟通短信之间划出界限？这不仅是法律和伦理问题，而且也是非常实际的问题。

随着个人数据助手变得更小、更实用、更便宜而且更容易隐藏，管理者的挑战也随之不断增加。作为父母的员工可能希望把手机"调到"位于孩子托儿所内的摄像机以了解孩子的大致情况，这样做可以吗？偶尔在易趣网或亚马逊网站购物怎么样？是否值得管理者完全禁止这种行为？多少是太多了？黑色星期五过后（美国感恩节过后的那个星期一）已经成为许多组织中工作效率最低的时期之一，因为员工们回到工作岗位上，却把大部分时间花在网上查看假期后的交易。这一问题变得越来越复杂，而且往往没有一个简单的答案。例如，管理者是否应该允许秘书使用个人电脑，而他们的工作就是为了阅读电子书、玩纸牌游戏或其他视频游戏，比如说《糖果粉碎传奇》？

当然，并非所有关于技术进步的预言都已成真。办公室的运作并没有完全无纸化；当食材用完时，大多数冰箱仍然不会自动订购食材；网络电视作为新闻来源并没有消失（尽管纸质报纸似乎正在消失）；个人移动设备并不像预期的那样受欢迎；赛格威（Segway）① 本应改变人类运输的未来，但它从未流行起来；总有一天，汽车会自动行驶，但会比预计的 2010 年要晚；3D 打印的使用是在我们的未来，但对于大部分组织来说，3D 打印还是过于昂贵。

---

① Segway，一种电动代步车。——译者注

影响管理者与信息技术关系的一个事件是本世纪头十年所发生的全球经济衰退。鼓励更多的员工使用私人电脑在家工作，这样做确实有一些节约成本的好处，例如，办公室的面积会减少，电脑的采购也会减少。允许在家办公的雇员的满意度会越来越高。"在家工作"或员工弹性工作时间的相关实践（员工根据自己最方便的时间来安排自己的工作时间）所带来的挑战也会很多。计算员工的工作时间几乎是不可能的，你如何计算一个在家里用电脑工作，炉子上放着饭，院子里有人在修理空调的员工的工作时间？你怎么知道他们是否把一整个星期的时间都用于工作？这个问题（考虑到员工的时间）不是一个新问题，但是在家里工作的时候，随着私人电脑和个人数据助手的使用，这个问题会变得更加复杂。一种可能的解决办法是基于生产力的评估（我们在第十章中作为一个备选方案提出过）。毕竟，如果分配给员工一个合理的工作量，他们完成了，而且工作质量也有保障，那么他们花了多长时间、在什么时候或在什么条件下完成的这份工作，真的重要吗？管理者真的需要知道这些吗？

近期，技术管理的一个主要部分是决定购买和使用什么样的技术。我们所知道的是，总有一些新的东西比我们现有的要好。（下个月会有更好的。）管理者已经开始期望员工（尤其是那些最热爱技术的人）定期要求他们购买最新的软件或电子设备，并且给出的理由也是令人信服的，尤其是当一个员工比管理者更了解技术，并且很容易用专业术语令管理者相信技术会带来许多好处时。但是管理者应该抵制每一点新技术的炒作和员工接受新技术的压力。相反，他们应该始终牢记在成本——包括上述的"隐藏成本"——和其可能带来的利益之间的平衡。

显然，组织预算基本上都会同意购买可以让员工工作做得更好的所有技术。那么，对于购买一项新技术，管理者如何知道什么时候该说"是"，什么时候该说"不"呢？在某些情况下，决定是相当简单的，所涉及的问题并不比父母经常要做的多——认识到需求和愿望之间的区别。非常小的孩子不够成熟，他们只是简单地陈述他们想要什么，并要求得到它（"但我想要甜点！"）。当他们长大一点儿时，就会意识到，把向父母提出的请求作为一种愿望的表达时并不是很有效。因此，他们开始把它描述为一种需求。（"我需要一件新夹克。""我需要那条 200 块的牛仔裤。""我需要一辆车。"）对他们来说，这实际上似乎是一种需求（可能是因为同龄人的压力），尽管它仍然只是一种愿望的表达。

成人员工有时也会搞混需求和愿望之间的区别。对于在个人生活中总是必须掌握最新技术的人来说，技术的每一项进步都是他或她完成工作所绝对必需的。然而，管理者可能（而且经常应该）会对购买新技术有不同的看法。所要求的往往是一种愿望，而不是一种需求。在决定是否应该进行购买时，即使预算允许，管理者也已经学会了问一些问题，其中包括：

- 组织内部是否还有其他更迫切的技术升级需求？
- 购买新技术真的会直接或间接地改善针对服务对象的服务吗？

- 新技术是否也使其他员工受益，或者主要是使提出要求的个人受益？
- 新技术的购买和使用将如何影响人与人之间的沟通？
- 新技术是否会增加其他员工购买其他物品的需求？如果是的话，能得到满足吗？
- 是否要求组织或其项目与其他组织保持竞争或进行有效协作？
- 新技术是否可能很快过时，从而需要为依赖它的员工购买升级版本？
- 哪些其他组织或单位购买了新技术，它们使用新技术的经验是正面的还是负面的？
- 还有哪些其他选择（包括批准使用个人的设备）？

那未来呢？购买技术会成为管理者经常面临的问题吗？可能是，也可能不是！现在，越来越多的社会服务组织允许员工使用私人电脑和手机工作，与所有的技术都由组织提供相比，这种工作模式当然不是一个问题。但是，员工在工作中使用个人电子设备，主要是与保密有关的电子设备时，潜在的伦理困境就显现出来。例如：

- 一名员工完成了一项家庭调查，并写了一份关于一对夫妇被指控忽视其子女的报告。而这位员工十几岁的儿子用电脑写他的英语课论文，并且"意外"地读了包含他班上一个女孩名字的研究报告。

- 一名员工正在为第二天的庭审撰写摘要，并将未完成的报告带回家完成。她筋疲力尽，便要求她的搭档根据自己的笔记完成摘要。最终不仅摘要写得好，而且效果也不错，但她的搭档在组织的假日聚会上也提到了这件事。

- 一名员工不小心把她的苹果手机落在了一家餐厅。为了找到失主，餐馆老板首先给手机的联系人名单上的十几个人打了电话，不过他们中的一些人想知道餐馆老板是如何知道他们的名字和电话号码的。

294　　　随着私人电脑使用的增加（我们认为这很有可能是由于组织预算紧张导致的），未来办公室的面貌很可能会改变。对于一个预算紧张的 10～20 人规模的组织来说，为所有雇员建立互联网接入只需要从百思买（Best Buy）买宽带连接和价值 65 美元的无线路由器；虽然这提出了一些我们之前已经讨论过的安全问题，但建立可以让他们的私人电脑进行互动的网络，只会稍微贵一点点。另一个由经济衰退所驱动的改变是"开放源码"软件的使用不断增加。社会服务组织的传统观念是："免费的一定不是好的。"因此，管理者经常花巨资购买软件许可证，比如微软 Office 的生产力许可证或是 Blackbaud① 的会计许可证。自从最近的经济衰退以来，越来越多的机构正在研究使用基于 Linux 操作系统的电脑的可能性，这种电脑通常比基于 Windows 的电脑更便宜，此外还有开放式 Office（免费）以提高生产力的可能性。其他开放源码软件在网上广泛使用，并且通常可以作为商业软件一个可行的替代品。

无论技术会带来怎样的改变和问题，有一件事是肯定的——随着技术发展步伐的加

---

① Blackbaud，网络社区系统下的网络用户管理工具。——译者注

快，这些变化和问题的发生将比过去任何时候都更快、更频繁。除此之外，作为管理者，我们没有什么可准备的。但是，只要具有灵活性，与员工保持良好的工作关系，并具备一定的常识，优秀的管理者就可以利用未来的技术，造福于组织及其所服务的对象。

小 结

在本章，我们考察了两项管理活动，而且它们的重要性在迅速增加——财务管理和技术管理。然而，它们的共同点比它们日益强调的重点要多。在周期性的经济困难时期，在许多社会服务组织经常经历的不友好的环境中，财务和技术管理都是成功管理的关键。

我们讨论了传统的财务管理任务，如预算编制和监控支出，并提出了不同类型的预算。但财务管理现在包括资金收购。我们还比较详细地讨论了社会服务组织对拨款和合同需求日益增加的问题，它们建议既要了解拨款建议的审查过程，又要撰写成功的拨款建议书。

我们回顾了最近工作场所科技的发展历史，注意到发生了多么迅速的变化。几年前还很重要的问题现在已不再是最重要的，因为其他问题已经取代了这些问题（例如，与从事组织工作有关的个人电子设备问题）。我们知道还会有更多的改变，但几乎其中大部分改变是不可能预测的。所有这一切都表明了管理者的一个基本原则——对技术进步要保持灵活性，并保持一个开放的心态。这些改变可能会对健康的工作环境和组织目的的实现构成威胁或提供帮助，或者两者都有。

应 用

回顾第四章的道格拉斯·麦格雷戈的 X 理论和 Y 理论。

1. "X 理论的管理者"如何看待员工在工作场所使用个人电子设备的问题？这位管理者对这些情况的出现会有何反应？

2. "Y 理论的管理者"如何看待员工在工作场所使用个人电子设备的问题？这位管理者对这些情况的出现会有何反应？

3. 你会支持哪种理论（X 理论或 Y 理论）？为什么？

4. 何时鼓励员工使用私人电脑从事组织的工作是良好的财务管理？你（作为管理者）会执行什么规则或政策，以确保不会使组织付出比其节省的更多的代价，或不会使公司陷入法律危机？

第三部分
完成管理图

前几章所述的管理活动代表了社会工作管理的大部分内容。然而，管理还有一些职责很重要，而且值得特别注意。这些都在第十三章中进行描述。接下来，第十四章讨论了经常伴随着管理者角色的个人内部压力和人际压力。这部分借鉴了前几章的材料，旨在帮助读者决定，当有机会时，他或她是否想要增加管理责任。最后提出了发展和识别管理风格的一些建议，以及培养管理者身份认同的一些方法。

其他重要管理职责

学习成果

在本章结束时，你应该能够：

1. 列出员工拒绝改变的原因，即使值得做出改变。
2. 描述管理者可以用来减少昂贵的员工流动费用的方法。
3. 描述项目输出和项目结果之间的区别。
4. 描述监测项目与评估项目时管理者角色的不同之处。

从历史上看，一些管理任务仅由组织最高管理层的人员（例如行政主管或其他拥有类似职称的人）负责。然而，随着时间的推移，我们逐渐认识到，在许多不同级别的员工参与的情况下，部分管理者会表现得更好。至少，我们都需要了解管理任务的含义以及我们如何为完成这些工作的人提供必要的支持。

变革管理

许多不同领域的变革往往会影响社会服务组织的工作环境。我们认为的最佳实践（例如，家庭治疗方法，矫正机构康复方法，针对特定服务对象群体的社区工作与机构工作）的变化可能需要在组织内进行快速和全面的改变。确定新的服务对象群体（例如，网络欺凌或性侵犯的受害者，近期网络诈骗的受害者，或因比以前更为严重的自然灾害而流离失所的人）可能会需要新项目和服务。

资金来源的丧失可能导致项目减少或取消。许多领域都可能发生变化，例如服务、组织结构、员工的角色、信息技术的使用和人事。

例如，为了避免代价高昂的错误而实施的新规则在很大程度上是对管理者发现的问题的响应。这些变化有不同的起源，例如，它们可能来自行政命令、董事会压力、财政权宜或联邦法规的变化。

变化产生的过程可能会占用管理者很大一部分时间。本书前面章节的大部分内容（例如，对非正式组织的概念或组织忠诚度的讨论）应该对需要管理组织变革的管理者有所帮助。但是，从组织内部变革影响的研究中可以得出一些其他建议，这些建议对于希望组织变革成功实施的管理者尤其有用。我们已将它们纳入随后的讨论中。

在变革时期，必须保持组织的连续性和作为一个系统的完整性。该组织的基本特征及其公共特性不能被改变到危及与其他组织和系统的重要关系和联系的程度。

在发生变化的同时，组织的工作也必须继续进行。这在社会服务组织中尤其重要。制造工厂可以短暂关闭以重新装配明年的模型，或减少产品线，又或者添加新的产品线；而社会服务提供系统不能因准备或实施变革而停止其对服务对象的服务，其余程序必须继续，服务必须继续提供。应帮助员工和服务对象认识到，在大多数情况下，组织的任务、目的、目标和基本特征将基本保持不变。就算可能改变，变化也应是增量的，并以可接受的额度实施。

当变革不是其想要的时，选择变革的时机往往会动摇员工对组织的承诺以及他们与管理者的关系。管理者与其员工之间的关系可能会在变革时产生异常压力，而变革推动者（管理者）自然就会成为怨恨的目标。管理者应该预见到这种反应，试着理解这种反应，全面合理地看待，而不是将其个人化。如果整个变革周期能够完成，那么管理者的变革方法则是成功的，即完成了库尔特·卢因（Kurt Lewin，1890—1947）所描述的解组、变革和重组的三个过程。[1]（这种变革模式在直接实践中同样适用，例如，社会工作者可能想要帮助服务对象脱离虐待关系。）在解组阶段，被要求改变的人（为达到我们目的的员工）必须是因为旧的做事方式十分不舒服从而想要改变。管理者的解组可以通过数据的呈现、对专业价值观和伦理的呼吁、逻辑、谈判甚至威胁等任何组合来实现，无论使用什么方式只要能使员工走出他们的"舒适区"。最有效的策略或者策略组合将根据管理者和员工或成员的不同而有所不同。它还取决于可用于变革的时间，所需变革的范围和性质，以及变革要求所固有的灵活性。第二步，变革本身，只有在解组后才会发生。当实施变革时，首先"尝试"新方法。应该充分加强学习，管理者可以采取各种形式的奖励、赞美和鼓励。但是也有可能会犯错误，当我们学习新的或不同的东西时可能会经常出错。优秀的管理者能理解这一点，并且当员工不能"马上纠正"时，他们也不会反应过度。

一旦完成了前两个阶段，应进行重组。如果变革是可以"接受"的，员工不会重新回到原来的工作方式，那么变革就是必要的。虽然这种情况可能永远不会完全发生，但是我们怎么才能知道是否至少有一部分已经进行了重组呢？当重组有些许成效的时候，新的做事方式就会成为常态。它就成了很简单的"我们做什么"或"我们如何做到这一点"。它会变得令人非常舒服，它甚至不再被认定为是别人的想法、建议或指令。它看来既合乎逻辑又正常，而且随之产生了一些个人所有权。

管理者有时使用参与式管理方法来实施变革。例如，员工如何投入才能以对服务干扰最小的方式实施变革从而产生使服务对象更加配合的变革方法呢？然而，在变革的性质或实施变革所需的时间限制不灵活的情况下，管理者有时会错误地使用参与式管理方法。例如，从州或联邦授权或从财政紧急情况演变而来的变革可能给地方一级的谈判或创造性投入留下很少的空间或根本没有空间。通过征求员工意见来假装不会实施这样的变革，只是在浪费员工的时间和精力。

在变革期间，员工需要并欢迎管理者的支持。但是，不同的人可能需要不同形式和不同量的支持。例如，密切监控可能会受到一个相对较新或不熟悉要求的人的欢迎，但受到另一个完全能够在很少或没有管理者支持的情况下进行调整的人的厌恶，因为他将其视为微观管理。类似地，有些人可能需要频繁地确认自己是否达到预期，而另一些人可能更愿意开始的时候接受指导，然后独自工作，只是偶尔与管理者"接触"。

对变革的抵制

几乎任何变革都会在某种程度上受到一些员工的抵制。人们抵制变革的理由有很多，它们略有重叠，但无论是个人经验还是团队经验，它们都是管理者寻求实施变革的巨大障碍，其中包括：

1. 变革可能会违反职业价值观。如果专业人员认为某项变革侵犯了服务对象的权利或专业伦理，他们就应该抵制这项变革。（如果员工的担忧是正确的，管理者们应该质疑自己对这一变革的立场。）

2. 惯性。物理学定律表明，"静止的物体倾向于保持静止，而运动的物体则倾向于保持运动"。通俗点儿解释，除非受到挑战，否则我们倾向于不做出改变，继续做我们一直在做的事情。但是做任何事情都需要有意识的努力，例如，当座位上没有贴名字时，人们往往会在教室或会议中坐在同一块区域。我们会走同样的路线去上班，即使有其他更好的路线。按照惯例做事既舒适又省力，可以不用多想。我们抵制那些可能要求我们做一些不同的事情，或者以不同的方式做同样的事情的改变。

3. 变革会产生不确定性。员工根据经验了解到，他们可以用旧的方法成功地做事情，但进行变革后却无法保证可以继续这样做，他们做事可能会很吃力甚至会失败。

4. 对变革的误解。谣言传播迅速，在完全理解变革之前，往往会出现夸张的情况。一个尚在提议中的变革可能会因其产生的一到两个负面影响而被广泛议论，好像它们是必然会发生的事一样，即使是级别最高的员工也会遇到这种阻力。因此员工讨论拟议变革时经常会讨论"最坏情况"。

5. 害怕失去。变革可能导致各种淘汰。担心失业是最严重的阻力来源，特别是那些资历低或绩效评估不佳的员工。但是，失去地位（或担心失去）会导致员工，特别是那些目前因其知识和能力而受到重视的员工，同样强烈地抵制变革。

6. 不信任提出变革的人。即使是对员工有利的变革，员工有时也会因以前与管理者进行互动时产生的不信任而进行抵制。提出变革的管理者可以预想到抵制并做出准备，特别是如果员工不信任他或她，以及不知道他或她变革的动机是什么的时候。

7. 对管理者缺乏信心。员工可能喜欢拟议中的变革，并信任试图实施它的管理者，但由于对管理者的"成功"能力缺乏信心，员工仍然会抵制变革。因为当变革过程中出现问题时，管理者可能有过优柔寡断或无法以某种方式有效运作的历史。

8. 缺乏参与。在可让员工参与变革的情况下，他们可能认为，凭借他们在组织中的专业知识或职位，本可以参与计划变革，但却没有让其参与。这样一来他们原本对变革可能是支持的，但对不让其参与的不满，最终会导致员工对变革的抵制。

9. 看不到对变革的需求。员工可能真的不相信有必要做出这种变革。旧的方法或程序可能没有造成任何问题，所以为什么要改变？"如果它没有坏，为什么修理它？"

10. 时机。有些变革通常是可以接受的，但在工作已经积压、员工空缺或在最近其他变革之后又要进行变动的时候，变革可能会受到抵制。这说明个人（以及组织）对变革的容忍是有限度的。

11. 对社会关系的威胁。如果变革威胁到现有的社会结构，员工可能会抵制变革。例如，如果拟议的变革使员工无法与密友和同事继续合作项目，甚至连与以前的同事一起步行到停车场的机会都没有，那么员工可能会对完全合理的变革建议产生抵触。

12. 变革可能破坏权力平衡。组织内部不可避免地存在着派系和小团体。某一变革对一个群体似乎比对另一个群体更有利。管理者们有时会发现，如果双方的成员都认为对方可能比他们自己群体的成员受益更多，那么几乎所有人都会抵制变革提案。

13. 同事的压力。为了与同事保持友谊或良好的工作关系，员工可能会抵制他们本来可能支持的变革。在他们看来，比起与他们在日常工作中更密切的人和他们更重视的关系进行对抗，还是不赞成管理者更可取。

14. 变革被视为批评。如果没有恰当地提出，那么变革可能被认为是员工做得不正确或不够好的信息。虽然有时情况确实如此，但并不总是如此。

15. 反抗是自然产生的。有些员工天生消极悲观，他们扮演了"拖后腿"的角色，并抵制任何改变，因为他们认为这是他们的期望。

16. 抵制变革有其自身的好处。能力较差的员工发现，通过抵制变革，他们可以：在不同能力的同事中结交新朋友，他们可能有正当理由抵制变革；将注意力从自己过去的工作绩效中转移开。

许多抵制变革的原因有一个共同之处：它们源于个人的认识或信念，即变革可能贬低一个人的价值，特别是经验的价值。具有讽刺意味的是，在大多数其他情况下管理者可以依赖的那些人可能成为抵制变革的引领者，除非他们确信自己的技能和知识在未来将继续受到重视。那些工作绩效不佳的人不太可能抵制变革，他们又没什么可失去的。的确，对员工来说在某种程度上变革是一种均衡器，尤其当发生特别大的变革时，每个人都必须重新开始，努力证明自己的能力。

对变革的一致抵制很少发生，这也许算是一种安慰。由于工作小组内部存在着派系和个人差异，员工对所有事情的反应很少完全一致，变革也不例外。几乎总有一些人会支持变革，也有一些人总是会反对变革。

实施变革

库尔特·卢因关于组织变革的经典研究可以用于理解管理者如何影响变革。根据卢因的力场分析理论，驱动力（支持变革）和抵抗力（对抗变革）同时存在。[2] 当驱动力和抵抗力达到均衡时，就能实现平衡，维持现状。只有均衡被破坏时变革才会发生。这可以通过增加变革的驱动力以压倒抵抗力来实现，或通过减小抵抗力以使驱动力占优势来实现。第一种方法，增加驱动力，这是一种不太理想的方法。原因是什么呢？因为增加驱动力往往只会增加阻力——人们"拒绝让步"并更加强烈地抵制变革。然后必须再次增加变革的驱动力，这会使阻力进一步增加，如此进行，将形成恶性循环，并且经常会导致权力斗争。实施变革的首选方法是确定存在的抵制力，然后管理者可以选择一些更有希望的（最容易解决的）作为目标，并尝试减少或消除它们。

通过积极主动的方法可以避免或者至少能减少与变革有关的问题，这些问题包括阻力。[304] 管理者需要反复强调，在社会服务组织中，进行变革是很正常的，也是可取的。考虑到社会服务的程序和性质以及任务环境中成员支持的级别和来源的不断变化，发生变革是不可避免的。若以下面的方式呈现，变革在发生时不太可能被视为一种批评。在进行工作面试和雇用员工时，应首先传达这一信息，即变革只是公共服务中的"一种生活方式"的转换。然后，应该在此之后定期强调这一信息，即使是在（可能，尤其是在）并不亟须进行变革的时候。

提出变革的策略

文献有助于提出各种体现成功变革的策略，强调了保持有利于变革的管理氛围的重要性。

变革的准备和实施都是管理者应该持续负责的任务。在讨论主管的角色时，卡杜山[3] 提出了最有可能促成成功变革的条件。例如，如果员工从一开始就参与变革计划（在可行的范围内），如果他们提前了解变革的性质，如果变革的引入缓慢（最好是通过一些初步的尝试），并且期望是明确和可理解的，那么便能以最大限度实现变革。如果变革与员工意识中的组织规范和目标一致，如果能够些许地确定它将达到预测的效果，如果管理者自己对变革的可取性（稍后将详细介绍）有强烈的信念，如果对它将给员工带来的困难有一些体谅和同情，并且做好准备以将其最小化，那么员工对变革的抵制就会降低。

在人际管理行为的所有领域，分寸感都是必不可少的，尤其是在提出变革时。管理者需要以真诚、直接的方式解释变革的必要性及其最可能产生的后果。如果可能，应对威胁工作安全和可能失去地位的限制进行讨论。如果可以提供，应该给予员工额外培训和其他支持的保证。因为他们经常需要重新定义角色，所以在变革的时候可能提供某个机会来奖励一些员工或惩罚其他人；管理者应该避免采取其中任何一种行为。因为这样做只会破坏信任，它对成功的管理至关重要。当出现新的角色期望时，必须制定具体的工作绩效标准，以避免对管理者的武断和偏袒的指责。[4]

当必须对项目或服务及其提供的方法进行变革时，还需要与员工一起审核我们对服务对象的了解以及他们对变革的可能反应。（这将有助于强化这样一个信息，即服务对象的需求仍然是最高优先事项。）应提醒员工，许多服务对象，特别是公共部门的服务对象，可能在安全需求层次上的要求更多。立法者威胁要削减或限制不受欢迎的"权利"计划，服务对象经常能意识到立法者的这种政治姿态，服务对象可能认为任何变革都是朝这个方向发展的。如果某种变化好像会对他们的安全构成威胁，他们的担心就会以不信任或愤怒的形式表现出来。[5]管理者可能需要帮助员工预测、理解和处理这些反应，这样这些反应就不会在变革期间给员工带来额外的压力和挫折。

305　如果管理者自己对变革的价值感到怀疑怎么办？毕竟，它也可能对我们（甚至对我们的工作）构成威胁，或者我们可能真的认为它不符合我们服务对象的最佳利益。而且，我们可能对即将进行的变革没有任何意见，为别人对员工做出的决定进行辩护会很困难；如果管理者不同意该决定，那么工作可能会变得更糟。那么，管理者应该如何向员工提出变革呢？当管理者对必须实施的变革的可取性表示怀疑时，提出变革时进行适当的怀疑通常是无害的，这只是说实话而已。怀疑论传达了对变革价值的怀疑，但能评判变革的只有时间和真诚的努力。它表达的观点是："正如你可能想象的那样，我自己也有一些关于变革的怀疑，但我会对它付出百分之百的努力，我们将在以后评估它是否成功，我希望你也这样做。"

对有关专业人员来说，对变革持一定程度的怀疑是自然的和正常的。愤世嫉俗是不恰当的，它会造成什么呢？愤世嫉俗可能导致管理者嘲笑变革和/或那些需要变革的人，夸大变革可能带来的问题，淡化变革可能带来的好处。它向员工传达了这样一个信息，即管理者认为这种变革是可笑的，而且不会成功，他或她甚至希望变革不会成功。这可能导致一个自我实现的预言，如果管理者或员工只是半心半意地为实现成功变革而努力，那么几乎肯定会失败。进行变革的时候，愤世嫉俗是没有用的，它只会在员工需要支持和鼓励的时候，加强他们的消极态度。

变革期间对员工的支持

在变革时期向员工提供支持时，必须解决许多问题。例如，需要哪些类型的支持，由谁提供？是否有足够的时间进行必要的培训或"重新教授技术"？如果时间充足，可以招聘哪些人员来提供这些服务？如何以一种得体、尊重的方式来解决不可避免的错误、促进学习，而不会导致尴尬或怨恨呢？如何对员工的工作绩效进行公平的评估，以反映对承担新职责或学习执行任务新方法的难度的理解？最后的这个问题特别重要。在变革之后，根据员工为实施变革所做的努力，而非变革本身的成果，对其进行评估可能更公平。因为后者可能是他们无法控制的。

随着变革的实施，管理者需要保持对变革的乐观态度，并应传达一种信念，即大多数变革最终会产生积极的结果。经常与员工就变革问题进行使人害怕、令人焦虑的讨论，可能会损害士气。在变革时期，管理者可以而且应该成为他人的榜样，保持一种态度，即变革通常是必不可少的，而且往往是有益的。

在变革时期保持幽默感也有助于树立良好的榜样。社会服务组织内部的变革有时发生得太快，或是准备的时间太少，以致我们要么变得愤怒、不知所措，甚至无法行动，要么嘲笑这种荒谬的情况，但尽我们所能地处理它们。第二种反应对组织和每个人的心理健康都有好处。

防止员工流动

几乎所有组织都有员工流动的特点。然而，在社会服务方面，这对管理者来说尤其成问题。在一些压力更大、薪酬最低的公共部门领域，如儿童保护或为贫困家庭提供临时援助中，似乎存在着一个虚拟的"旋转门"。

非营利部门的员工流动问题也很严重。为了留住优秀的员工，管理者有时必须特别有创造力。规模较小的非营利组织通常不能提供养老金计划，但它们通常可以提供个人401（k）、IRA① 匹配等等。有些组织可能无法为它们的雇员支付医疗保险，尽管有些组织可能必须找到一种方法，在全面实施《平价医疗法案》之后，为全职雇员提供医疗保险。许多小型非营利组织无法为雇员提供病假和休假，但是它们可以为员工的任何事由提供个人

---

① IRA，Individual Retirement Account 的简写，是 401（k）以外美国人管理退休金的另一个常用账户类别。是由个人负责，自愿参加的个人储蓄养老保险制度，适用于所有能在美国合法工作的美国人与绿卡持有人，任何有收入的个人都能开立 IRA 账户。——译者注

工作日休假（一般每年 15 天）。在财政年度结束时，休假剩余天数的一半可进行存假，甚至可转给其他员工，比如那些有严重疾病需要延长休息时间的同事。

在非营利组织中，旨在容纳和留住优秀员工的创造性解决办法特别重要。很少有非营利组织能够为员工提供资金，使他们能够攻读高级学位或获得相关证书，从而使他们有资格在其组织内获得更高级别、薪酬更高的工作。然而，一些非营利组织每年可以拨出一些钱作为工资奖金基金。奖金的发放方式是，首先根据上年的工作绩效评估，给工资最低的个人发放奖金，然后逐步提高，直到奖金基金发完为止。虽然这种方法可能有助于减少员工的流动，但对于一些非营利组织来说，这种方法并不合适，因为这些组织几乎没有足够的现金流来支付每月的工资。如果组织的重点是团队（而不是个人）的成就，那发放奖金可能不是一个好主意。

员工流动给组织和它们的服务对象带来了很多问题。即使在公共部门，招聘、面试、雇用和培训新员工直到他们达到充分的生产力可能需要六周或更长的时间。这会导致组织资源的流失，并可能对服务对象的服务产生负面影响。让新员工加入进来也对其他员工提出了要求，他们可能不得不通过接受额外的案子或指导新来的员工来"协助"工作。对那些部分收入依赖于收取服务对象费用的组织来说，人员流动也可能是一种经济损失。在职位空缺或新员工接受培训期间，可以提供的服务更少，因此获得的收入更少。即使新员工开始承担全部工作，也可能会出现失误和判断错误。这些成本在许多方面对组织来说都是昂贵的（例如，员工士气下降，对督导时间的需求增加，甚至损害组织在其社区内的形象）。

作为管理者，社会工作者还能做些什么来帮助留住优秀、高效率的员工呢？他们为什么要在别处找工作？虽然加薪的承诺可能是一个因素，但这往往不是员工选择离职的主要原因。其中最常见的三种是：倦怠，缺乏专业刺激，缺乏晋升机会。第四个常见的原因是，员工的兴趣和才能与工作要求之间不相"匹配"。例如，他们可能认为自己不喜欢服务于青少年或者在服务青少年方面做不好，而青少年是该组织的唯一服务对象。如果是这样的话，就没有什么能够留住这些人。他们在其他地方会更快乐，而组织和其服务对象可能与"更合适"的人相处会更好。

倦怠

倦怠被定义为"一种身体、情绪和精神疲惫的状态，这是与处于情绪要求很高的环境中的人打交道所造成的"[6]。在 20 世纪 80 年代和 90 年代，倦怠问题受到了广泛的关注，这是许多员工开展研讨会的重点。倦怠是一种职业风险，它会导致态度和行为的改变。例如，在儿童保护等领域工作时被确定为"倦怠"的员工可能表现出玩世不恭的态度，开始对虐待儿童行为的受害者表现出较少的人道主义关切。他们可能会"走过场似的"完成自己的工作，继续满足工作要求，但很容易对同事、主管和"工作体制"失去耐心，他们会因为无法对解决问题起到很大作用而感到沮丧。在临终关怀服务机构工作的员工可能表现出一些类似的行为，但更有可能表现出情感枯竭，并"无法给予更多的付出"。

倦怠的概念可能被滥用了一段时间。许多不愿意或不能完成工作的员工试图用工作倦怠作为他们工作绩效不佳的借口。但是，若他们一开始并没有真正投入，又怎么可能产生倦怠呢？

尽管在某些情况下不恰当地使用了这个概念，但在一些社会服务工作中，倦怠（或潜在的倦怠）仍然是一个非常现实的问题。人们最近发现并讨论了一种与倦怠密切相关的现象，即同情心疲劳。它涉及社会工作者经常与正在遭受严重精神痛苦的服务对象相处时所经历的精神和身体伤害。一个管理者可以做些什么来防止倦怠或同情心疲劳，从而降低一个优秀员工可能觉得有必要离开到别处工作的风险？根据可能产生这些问题的情况，人们已经提出了各种各样的方法。提供额外的督导（特别是支持性督导，见第九章）似乎是一个好的开始。支持小组和雇员援助项目的咨询（如果有的话）可能也会有帮助。如果可能的话，管理者可能会考虑重新安排工作，或许可以更改职位描述，以增加其与同事的互动，因为很多经历过倦怠的员工会抱怨有孤独和被孤立的感觉。甚至还可以考虑轮岗工作（见第九章）。

积极主动地处理倦怠这样的问题是至关重要的。对于管理者来说，在确定了倦怠确实存在之后，做任何可能阻止员工离职的事情都可能太晚了。

缺乏激励

倦怠代表一种情绪负担过重的现象，而缺乏激励也会导致优秀员工到别处找工作。当组织相对静态，要求员工年复一年地以同样的方式工作时，就会出现这种情况。例如，在一些精神卫生机构中，非专业人员的主要工作很容易在一段时间后变得重复和无趣。即使是专业人员的工作职责，员工一旦掌握了就可以不用太多思考地完成这些事情，就会感觉工作不再有趣或失去了激励性。

对于那些没有"压力"或没有处于情绪压力下，只是厌倦了在相对静态的组织里一遍又一遍做同样事情的有能力的人，管理者能做些什么呢？为了重新找回他们以前对工作的热情，某种形式的继续教育可能会有所帮助。应鼓励员工成长，寻求新的和不同的责任。只要有可能，就应该建立一种重视朝新方向努力的奖励制度。奖励可能不需要什么费用。例如，可以在员工会议上表彰员工在专业刊物上撰写文章或在专业座谈会上介绍其想法或研究成果。这将向其他员工表明，职业成长和终身学习对个人和组织都很重要，并可能鼓励他们也找到一些可以让他们的工作保持有趣的东西。

偶尔也应考虑和讨论将专业工作人员重新分配到组织内不同的工作岗位上。例如，经验丰富的专业人员可能会被重新分配到要求他们提供新类型服务的任务中，为与他们通常的服务对象有着不同问题的对象提供服务（工作轮换，见第九章）。从表面上看，把有能力的工作人员转移到其他工作岗位上似乎没有意义，至少最开始的时候，这些工作人员的能力会下降，而且很可能会出错。但有时在特定实践方法或特定服务对象群体中，经验较少的员工可以通过新获得的经验"恢复活力"，服务对象也可以从他们新建立的热情中获益。

一个组织可能在外部看起来是静态的，稳固而又完善，被社会所接受，并且做着它最擅长的事情，但它仍然可以是动态的。实行创新奖励和成长奖励的管理者，以及致力于为组织内员工寻找新挑战的管理者可以帮助控制专业激励的缺乏，从而降低组织失去一些优秀员工的可能性。

缺乏晋升机会

即使在非常富有活力的社会服务组织中，另一个问题也可能会损害员工士气：专业人员可能会发现他们没有向上晋升的可能性。在许多职业中，随着职业发展，人们可以期待更美好的未来，例如，增加收入、责任、地位和其他福利。例如律师，可能在毕业后开始担任法律助理，然后可能成为初级合伙人。在接下来的 30 年、40 年甚至 50 年间，律师的工作可能会越来越好。最终，成为一名高级法律合伙人，她可能在六七十岁时达到收入和地位的顶峰，她可以自己分配时间，可以自主选择最有趣的案子。医生通常有类似的职业模式。这两种职业被称为"后期上限"（late-ceiling）职业。它们拥有一种内在的动力源：相信更好的日子会到来。

案例

内森（Nathan）是一家知名的私人精神病诊所的主任。该诊所最资深的临床医生是埃尔薇拉（Elvira），作为一名非常称职的家庭治疗师，她在专业领域中备受尊敬。当内森定期进行服务对象满意度调查时，埃尔薇拉的前服务对象几乎总是高度赞赏她以及她给自己家人提供的帮助。

当要对埃尔薇拉进行年度绩效评估时，鉴于过去五年中的经验，内森写评估根本"毫不费力"。内森从各方面评价她的工作都很"出色"。他在叙述性评论中指出，她是员工中较为初级的家庭治疗师的榜样和导师。内森邀请她见面并讨论对她的工作评估，但他对埃尔薇拉对于这次评估的回应毫无准备。

几分钟之后，内森很明显感觉到，这次会议并不是过去那种愉快的交谈。当内森称赞她出色的工作时，埃尔薇拉似乎对这些赞美并不是特别满意。即使她将获得大幅加薪的消息似乎也没让她产生任何热情。内森想知道她是否有一些个人问题。他问她一切是否正常。她看了他一会儿然后回答说："我想我只是倦怠了！我已经到了一定的地步，害怕看到另一个家庭遇到同样的老问题。我想我需要做一些完全不同的事情。"

内森放下心来。他告诉她每个人都会不时地有这种感觉，即便是他自己也会这样，睡一觉第二天早上她可能会感觉好一些。埃尔薇拉回答说她不这么认为，她已经这样想有一段时间了。事实上，她有一个想法，她想知道他是否会支持她的计划。她想参加一个关于老年人回忆疗法的员工发展研讨会。她想申请个人休假，并会自费。然后，她想为年长的服务对象开设两个小组，以运用她所学到的知识。如果这些小组进展顺利，她希望能花大约一半的时间领导其他小组为老年人服务，另一半时间仍然会继续做家庭治疗。

在埃尔薇拉描述她的计划时内森一开始觉得很有趣，后来他有点儿生气了。他告诉埃尔薇拉，她是一个非常有价值的员工，是他认识的最好的家庭治疗师，她的工作得到了很好的回报。虽然他很欣赏她，认为她可能想尝试一些新的东西，但他需要她继续做她擅长的事情——家庭治疗。那是她对组织最有价值的地方。他答应再考虑一下她的想法（因为这让他感到意外），如果她仍然有同样的想法，他们将在第二年的员工绩效评估中再次讨论这个问题。"但是，"他总结道，"到那时我相信你会认为这不是个好主意。你是一个很棒的家庭治疗师，做其他事情你是不会快乐的。"他说他希望能再和她多说几句，但他还有另一个行程安排。埃尔薇拉走了，看上去很生气，但没说什么。后来内森无意中听到她向同事抱怨说，她"厌倦了这个地方"，但他认为她只是当天过得比较糟糕而已。

一年后，内森再次与埃尔薇拉会面，讨论她在上一年的工作绩效。和过去一样，她受到高度赞扬。他没有提到她想在与年长的服务对象打交道方面提高能力的想法，她也没有再提起这件事，这让他松了一口气。尽管自上次评估以来，她曾四次向他提及此事，但他猜测，现在她终于认为这不是一个好主意。他们讨论了一会儿后，她问："我们结束了吗？""当然，"他回答，"还需要补充的是，你仍然是我们最好的家庭治疗师，我希望你知道我有多感激你的工作！"对此她没有回应。

两周后，埃尔薇拉要求见内森。她问他是否愿意为她写一封推荐信。她在附近的一家中级护理机构申请了一个小组治疗师的职位。内森同意了，但脱口而出："你为什么要这么做？"接下来的一个小时，他第一次倾听了埃尔薇拉的话。他终于明白，她对家庭治疗师的工作已经失去了兴趣，这份工作并没有为她的成长提供足够的机会。她参加社会工作是因为它能提供各种各样的工作经验，但是她15年来除了家庭治疗什么也没做，她已经准备好做出改变了。

内森记得她一年前说过的话。他为没有听清楚她的意思而道歉，并要求她重新考虑离职这件事。她回答说，她已经决定如果有人向她提供那样的工作，她就会接受。

埃尔薇拉没有得到那份工作。当她告诉内森时，他立即请她到办公室来讨论他的一些想法。他决定接下来的一个小时，以及今后的一个月里每周花一个小时跟她一起讨论如何

310

让她的工作变得更有趣。他提出，如果她同意继续做家庭治疗师，他会送她去参加下一个关于回忆疗法的员工发展研讨会。在那之后，她可以减少家庭治疗工作，并尽快组织老年服务对象参加回忆治疗小组。埃尔薇拉告诉内森，她还想从一名被认为是该领域专家的员工那里了解更多关于儿童游戏治疗的知识。于是他安排埃尔薇拉参加那位员工正在组织的游戏治疗会议。内森向埃尔薇拉保证，如果六个月后能雇用另一位有经验的美国家庭治疗协会认证的员工，她就可以完全停止家庭治疗的工作了。

埃尔薇拉在回忆治疗方面并不是非常熟练，但她的小组成员赞赏了她的热情和兴趣。她很快就接触到了足够多的游戏疗法，她明白这些疗法对孩子是有益的，但这并不是她会喜欢的事。过了一段时间，她又重新开始接触更多的家庭治疗，但也开始了解个别的青少年对酒精上瘾的情况。她继续带领她的两个回忆治疗小组为老年人服务，直到几年后才离开，到她女儿和孙辈居住的另一个州工作。

问题讨论

1. 和埃尔薇拉进行第一次绩效评估会议时内森犯了什么错误？

2. 为什么内森拒绝了埃尔薇拉改变工作的计划？他这样做是正确的吗？

3. 埃尔薇拉真的像她说的那样"倦怠"了吗？还是她只是在工作中缺乏激励？有哪些指标可以说明？

4. 支持埃尔薇拉的计划对组织来说需要付出什么成本，又会有什么效益呢？

5. 将来，内森是否应坚持要求所有员工学习新的干预方法，或以其他方式寻求"专业发展"？为什么？

6. 你认为工作丰富化、工作扩大化或工作轮换（见第九章）这些方法对于留住像埃尔薇拉这样不再觉得工作有趣的专业人员有用吗？

当然也会有"早期上限"（early-ceiling）职业。比如，职业体育、时装模特或其他类型的工作，其中年轻的朝气、外表或体力对成功很重要。不幸的是（以及其他原因），社会工作和其他一些助人行业也有可能达到早期上限。从事早期上限职业的人往往在职业生涯中相对较早地达到顶峰。有些人，如职业运动员或时装模特，到达顶峰后，随后的状态和收入会迅速下降。虽然社会工作者和其他专业人员经历早期上限期后收入通常不会出现下降，但他们可能会发现他们很少或根本没有机会在他们目前就业的组织中达到更高的管理职位。社会工作者在完成专业教育后很快就会在组织中就任相对较高的职位（主管，中层管理者），这并不罕见。特别是在小型、扁平化的组织中，他们可能会认为除非他们的上司离开（这不太可能），或者他们离开组织到一个更大的组织找工作，否则他们几乎没有任何继续向上晋升的可能性。在某些情况下，管理者很难为那些相对年轻的、认为自己已经"达到顶峰"的专业员工提供很大向上晋升的希望。

留住早期上限专业人员

特别是在小型组织或更大型的组织中，在某一特定的专业领域内只会雇用少数人员，因此必须努力留住早期上限专业人员。除非成功地做到这一点，否则管理者可能会发现自己需要经常雇用和培养新的员工，当他们真正能够胜任工作并因此在其他组织中"适销对路"时，他们就会离开。

一种有时会起作用的方法是设法让员工把更多的时间花在具有挑战性和刺激性的工作上，这有时被称为重新设计。它在许多方面与赫茨伯格的工作丰富化类似（见第九章）。例如，管理者们可以雇用一些辅助性专业人员，甚至使用志愿者来接手一些通常属于专业人员的常规重复性工作。这样可以免除专业人员诸如收集医疗保险信息或录入历史信息方面的任务。此时就可以要求他们参与正在规划阶段的新项目的开发，或参与诸如项目评估等研究（本章下文将讨论）。重新设计工作可以使员工摆脱单调乏味的工作，并使他们有更多的时间从事一次性的、更高层次的工作，这可能对自我实现需求有吸引力。因此，虽然他们可能无法在组织中晋升，但他们可能觉得没有必要离开。

管理者经常利用非货币因素来增加留住早期上限人员的可能性。休·亨利（Sue Henry）总结说，社会工作者对进一步充实职业、为职业做出贡献和行使职业自主权的努力表示赞赏，这可能与在向上流动受到限制的情况下选择留在工作岗位有关。她认为参与式管理结构的价值在于"通过系统传播留用激励措施"[7]。

有时候真的是钱的问题。员工可能明白，在没有机会晋升到本组织的下一个职位等级时，他们不得不离开目前的工作以改善自己的财务状况，因此，他们觉得有必要去别处寻找一份薪水更高的工作。例如，家庭健康危机或家属数量的增加可能导致员工到其他地方寻找高薪工作，即使他们确实喜欢目前的工作。如果该员工是该组织不能失去的员工，则应避免这种情况。但是应该怎么做呢？部分解决办法可能存在于所谓的双重职业阶梯中[8]。这似乎有点儿不寻常，因为它与传统的人事惯例背道而驰，所以有可能会使一些员工不满。因此，要取得成功，双重职业阶梯需要组织各级的支持。

在传统的（单一职业）阶梯上，只有那些有能力并愿意晋升到组织结构下一个更高级别——例如，从个案工作者到督导者或从督导者到主管——的人才有机会赚更多的钱。随后的每个职等的薪金范围都高于上一个职等，没有重叠。要想赚更多的钱，唯一的办法就是"往上走"。因此，敬业的、高技能的社会工作者在工作中既要付出经济上的代价，也要付出个人的代价：他们现在的收入比成为主管后的工资低，而且他们可能不得不处理同事含沙射影的问题，因为同事无法理解为什么他们从未在组织内晋升过。

与此相反，在双重职业阶梯上，组织内不同级别的薪金范围之间有相当大的重叠。例如，个案工作者的薪金范围可能为每年 35 000 美元至 55 000 美元，个案督导者的薪金范围可能为 40 000 美元至 60 000 美元。因此，督导者的报酬可能低于其督导的社会工作者，这取决于他们的相关工作经验、高级学位或证书或其他属性等因素。虽然这可能"看起来不合理"，有时会在个人之间造成问题，但从组织的角度来看，这实际上是有道理的。双重职业阶梯在某种程度上表明，对于一个组织来说，一个相对较新的督导者不一定会比被她授予行政权力的称职的高级员工更有价值，该督导者甚至可能连同样的价值都达不到。能够在不必接受个人不想从事或可能不成功的工作的情况下获得更多的收入，可能不会激励员工提高生产力或更好地工作，但它可能为一个优秀的员工提供足够的经济补偿，以避免其在另一个组织中寻找报酬更高的工作。

项目管理

大多数社会工作从业人员对社会服务组织内的项目有着透彻的了解。项目是一个复杂的综合系统，是为解决某些问题（例如无家可归、青少年怀孕或虐待老人）而建立的。它往往是一个组织的组成部分，或多或少独立的一套东西，通常有自己的目的和目标，有时甚至有自己的规则、政策和程序。它有自己的预算。员工可以被分配到一个特定的项目中，或者他们可以不那么频繁地在两个或多个不同的项目中工作。

大多数项目有自己的管理者，他们的工作是为项目进行计划、宣传、监督，并且，当不使用外部评估员时，他们可以帮助判断项目的整体价值、作用或优点。大多数社会服务组织有多个项目，这些项目都应该与组织的使命相一致，并相互支持或至少相互合作。有时，高级管理者会发现自己陷入了一个艰难又吃力不讨好的任务中，那就是试图协调一个组织内存在的各种项目。这些项目之间的竞争（尤其是对资源的竞争）可能非常激烈，那么管理者就必须承担仲裁人的角色。例如，当有必要将资金从一个项目转移到另一个项目时，或者当员工意识到如果实施一个未筹备资金（但却急需）的新项目几乎肯定会导致现有项目的财政和员工资源的流失时，管理者可能需要找到减少不满情绪的方法。

有些项目之间的冲突几乎是不可避免的，即使没有资源的竞争。通常，两个或多个项目的某些方面存在重叠。例如，一个治疗药物滥用的项目和另一个治疗家庭暴力的项目可能都需要向服务对象提供类似服务，这会产生地盘保护问题，管理者必须设法解决。

313 对于作为管理者的社会工作者来说，把一个项目看作一个社会系统是很有帮助的。例如，管理者在"接口"的系统概念下，可以预见到一个新项目对超系统的所有其他要素的影响，从而可以在许多潜在的问题发生之前就将它们避开。或者，他或她可以很容易地理解，缺乏员工流动会导致缺乏创造性和创新（一种封闭的制度），必须加以解决。

在商业文献中，项目通常被描述为是有时间限制的。这是合理的，因为它们很自然地被看作用来解决需求或消除问题的方法。在社会工作方面，许多项目（特别是拨款资助的项目）也有时间限制；除非能够找到替代的资金，否则在一段时间后，这些项目就进行不下去了。然而，其他项目相对来说是永久性的，有些甚至是法律规定的。它们处理后的问题（例如对寄养的需求）能够得到某种程度的缓解，但不会完全消失。还有一些项目开始时是有时限的，后来也许应该取消时限，但由于科层机构的性质（见第三章）或人民的既得利益，它们仍然存在。

项目和逻辑模型

现在的项目通常用一种叫作逻辑模型的形式来描述。逻辑模型是对以下各点之间的逻辑联系的简洁表达：

- 项目设计旨在解决的问题；
- 旨在解决这个问题的活动；
- 项目应产生的产出、结果和影响。

逻辑模型这个术语是通用的，没有单一的逻辑模型。快速的互联网搜索会显示许多不同的示例（以及可用于创建示例的模板）。然而，比起不同点它们有更多的相同点。它们都反映了项目的关键组成部分，以及它们是如何被设计组合在一起的。它们的长度通常不超过一到两页，虽然一些逻辑模型可以用箭头、循环和其他工具来反映从一个要素到另一个要素的流程，但其他的逻辑模型相对简单。有些要素在所有变体中都是相当标准的。表13-1中是它们的定义。要注意的是，服务属于"活动"的范畴，但一个项目的活动不仅仅是服务。专栏13-1是工作培训项目的逻辑模型的一个示例。

专栏13-1　逻辑模型的通常组件

- 投入＝项目可用的资源（人力、财力、组织、社区）。
- 活动＝员工（包括服务部门）在投入下所做的工作。
- 产出＝项目活动产生的产品或服务的数量。它们可能包括活动的类型、级别、数量和目标。
- 结果＝项目的预期收益和成就；参与者的知识、技能、行为、功能水平或状态的变化。通常指"即时结果"和"中期结果"（如项目完成后一年）。
- 影响＝该项目对其服务对象和其他个人及社会制度的长期、广泛的影响。这种影响应该是积极的和可预测的，但也可能是消极的或无法预测的。
- 指标＝衡量和记录结果的方式。

314

表 13-1　某培训项目的逻辑模型

问题：目前的工作培训计划针对的是长期失业者。需要制定一个项目，帮助那些担任过负责任的职位的老年失业工人在目前的经济形势下就业。

目的：帮助参与者制定现实的就业目标，并找到和保持足以满足基本需求的工作。

投入	活动	产出	短期结果	中期结果	长期结果
● 2名兼职培训者、2名社工及3名志愿者。 ● 在当地的社区大学，每周有3个晚上使用一个教室进行培训，为期6周。 ● 购买职业兴趣测试材料。 ● 机构办公空间和计算机协助。	● 推广该项目并寻求建议。 ● 职业兴趣测试。 ● 支持小组。 ● 关于失业问题的个人和家庭咨询。 ● 简历写作培训。 ● 为了能成功地与年轻工作者竞争入门级职位，进行面试的角色扮演练习。 ● 关注与年龄歧视相关的法律问题。	● 48名参与者将参加该项目。 ● 至少90%的人将完成该项目。 ● 完成该项目的所有参与者将在最后阶段至少对入门级职位进行两次面试练习。	● 参与者将能够陈述切合实际的个人短期就业目的。 ● 完成该项目的参与者中至少有三分之二将在完成后的30天内完全就业。	● 在项目完成6个月后，三分之二的就业人员仍将在同一职位或同等职位上工作。 ● 至少20%的就业者将被提升或调动到其他地方的另一个更高级别的职位。	● 5年后，完成该项目的所有参与者中有75%将进入管理职位或退休并获得足够的养老金以维持退休后的家庭生活。 ● 家庭破裂（离婚，与重要亲人分离）将在该年龄组的正常范围内。

*还需要指明所有产出和成果的有效指标。

315

　　逻辑模型对管理者来说是一个非常有用的工具。当为一个项目寻求资金资助时，一个设计良好的逻辑模型可以给评估者留下深刻印象，并增加成功的可能性。因为它显示了项目中的所有东西是如何"融合运作"的，增加了一个集成良好的项目的可能性。一旦一个项目正在运行，参考它的逻辑模型就可以降低浪费精力和项目资源的可能性。例如，它通过识别当前似乎并不适合项目中任何地方的活动以及其他没有发生但应该发生的活动，来保持项目"在轨道上"。

管理与项目评估

　　管理活动可能占用社会工作者相当大一部分时间和精力，因为需要收集和分析与已计划项目或现有项目相关的数据。这涉及一部分活动，统称为项目评估——使用研究方法评估一个提议或现有项目的价值、意义、优点。项目评估采用多种形式，有许多不同的目的。当项目处于规划阶段或对现有项目的需求受到质疑时，或者项目正在实施时，试图评估其成功与否还为时尚早。当项目已经实施一段时间或即将完成又或者已经完成，此时应该能够证明它是否已经成功。此外，有几种不同的专业评估形式，侧重于项目的特定方面，例如，管理水平、成本效益或项目似乎已经失败的原因。

有许多书籍和专业期刊专门讨论项目评估的主题。它们描述了我们所知道的收集数据、解释数据和得出有关项目结论的最佳方法。它们主要关注的是外部评估员的作用——一个被认为在项目中没有既得利益的人，可以对该项目进行客观的评估。然而，在规模较小的、非拨款资助的项目中，项目管理者自己可能对评估其项目的成功与否负有主要责任。当这项任务落到外部评估人员的肩上时，社会服务组织的项目管理者几乎总是会参与两种形式的项目评估——需求评估和项目监测。

需求评估通常是为了了解是否需要实施某个项目，如果需要，它应该是什么样子的项目。不太常见的是，需求评估旨在了解是否仍然需要一个现存的项目，如果需要，它会显示出哪些变化。因此，需求评估的一个结果是项目描述，通常是以叙述的形式，但也可以以逻辑模型的形式进行概括和显示。管理者可以聘请外部评估员进行需求评估、自己设计和实施需求评估，或者将其分配给其他员工进行评估。进行需求评估通常使用各种定性和定量研究方法收集数据，包括管理标准化工具、社区论坛、电话调查、焦点小组、邮件或电子调查以及直接观察等方法。数据来源包括前服务对象、现有服务对象、潜在服务对象、员工、"关键信息提供者"，甚至是社区内某个项目的潜在支持者和反对者。

需求评估通常是一次性的，有时是每五年或十年一次，而项目监测则是项目管理者的持续责任。（在非常大的项目中，项目监测可能通常被分配给质量控制专家。）项目监测的主要任务是确保项目保持其逻辑模型，通常定义为项目保真度。这就需要在许多领域监督该项目，包括其预算支出、人员配置模式、服务对象及所提供的服务等。然而，没有哪个逻辑模型是"一成不变"的。因此，当项目逻辑模型的某些组成部分被证明不切实际或在现实中不起作用时，监测时也需要对逻辑模型进行必要的修改。例如，管理者可能通过监控了解到，虽然逻辑模型需要使用许多志愿者，但他们的工作效果并不理想，此时可能需要协助性专业人员成为逻辑模型投入的一个组成部分。当然，这可能会导致项目逻辑模型投入部分预算的变化。

用于项目监测的数据可以包含任何有助于确定项目相对于其逻辑模型的"位置"的信息。例如，它可以用来回答以下问题：

- 项目目前的人员配置是否合适？
- 所服务的服务对象的人口统计学特征是什么？
- 预算不足还是超支？
- 员工是否有足够的时间提供服务？
- 哪些非预期活动占用了员工过多的时间？
- 提供了多少小时的服务，（如果适当的话）是否收到了服务补偿金？

如果管理者不细心，原本有效的监控可能开始看起来像微观管理。员工不应将监测视为"检查"。就算被要求保存记录以至于几乎没有时间去提供服务，他们也不应该感到不知所措。如果一开始就表明为达到监测目的而收集数据是为了改进项目，而不是对其进行评判，并且这些数据是该项目中所有专业人员的财产，那么就可以避免许多潜在的问题。每个人都应该收集数据，并可以查看该数据（在保密和法律约束的范围内）。

管理者还有一些与其他形式的项目评估相关的额外职责。第一，他们需要确保项目任务、目的和（特别是）目标的表述方式能够让外部评估人员在了解某个项目是否正在实现或已经实现其目标时能够对其进行评价。第二，他们应努力创造一种工作环境，使收集和分析数据被视为日常活动的正常组成部分，并被视为一项有价值的活动。第三，他们应该知道什么是可行、有用、公平和准确的评估。第四，他们应警惕不利的任务环境中的成员误用评估数据的方式，并应尽一切努力在可能的情况下保护这些数据。如果数据在公共领域不能对其进行保护，管理者应该保证它们被充分和准确地（而不是选择性地）呈现，以便它们能公平地代表项目及其服务对象。

需求评估和项目监测中的伦理问题值得特别提及。虽然这两种形式的评估研究旨在创建有效的项目并改进现有的项目，但有时它们也可用于其他目的。例如，需求评估的真正目标可能是证明董事会或董事已经就某个项目（比如应该提供的项目）或者应该终止某一现有项目而做出的决定是正当的。使用评估来执行这些隐藏的议程是否符合伦理要求？如果评估是公正和客观的，并且旨在确认（或未能确认）已经持有的印象，则可能存在伦理问题。如果最终决定一个项目命运的人保持开放的心态，愿意根据调查结果重新考虑决定，那么就可能没有伦理问题。毕竟，研究经常寻求对我们想证实的研究假设的支持。有时我们发现恰恰相反，不过如果它能影响我们未来的决策，也能说明我们的发现是有用的。

管理者也可能被诱惑去使用项目监测来保护组织或转移负面宣传。例如，了解到某个项目中的某些问题可能会暴露在公众面前，管理者可能决定迅速增加项目监测，这样当问题出现在报纸或晚上 7 点的新闻中时，就可以说"我们已经制定了一个全面的计划来监测项目，以确保这个问题永远不会再发生"。这有助于缓冲来自不利的任务环境的批评。这是对评估的不合乎伦理的利用吗？答案并不明确。这在一定程度上取决于监测结果实际用于改进项目，还是仅仅是用于对公众的批评做出回应。

董事会管理

到目前为止，我们在本章中描述的管理任务在或大或小的程度上取决于组织内的各级管理者。但是，还有另外一项重要任务，只有最高级别的管理者（通常是具有董事或行政主管头衔的管理者）才能执行并做好：董事会管理。这项任务如果不能完成好，会严重妨碍组织的工作，也可能导致管理者失去工作。

董事会管理是一种特殊的"管理"（在第四章中介绍过）。管理者必须经常提醒董事会成员的责任，协助他们的工作，有时需要去反对他们的意见和优先事项，但要与他们保持良好的工作关系。这需要好的技巧和处理人际关系的手段。

最近，董事会成员和管理者之间的关系这个话题受到了更多的关注。[9]以下（没有特别的顺序）是我们从以往经验中收集到的一些成功的董事会管理的实用建议：

- 尽可能影响董事会的组成，使其包含一些强有力的支持者。
- 董事会的组成以及他们的优先事项和偏好每年都会变化，要记住这一点，并做好相应调整的准备。
- 确定并回应必须对其服从的少数董事会成员。对他人要亲切、尊重。
- 制定和执行政策、（最好是）规则，阻止或禁止下属与董事会成员之间的直接接触。
- 保持良好的沟通。向董事会成员及时通报重要的进展情况，不管情况好坏。
- 为你的员工辩护，但知道什么时候该回避。
- 小心地提醒董事会成员注意自己的责任，但如果他们选择不履行职责，就要做好承担责任的准备。
- 做好你的工作，让董事会成员觉得你非常出色。

小结

在本章中，我们讨论了一些管理职责，这些职责与前面章节中讨论的内容有些重叠，但并不完全只适合于其中一个章节。然而，它们很重要，并且随着管理者角色的变化而不断变化，占据了管理者越来越多的时间和精力。我们讨论了变革管理、员工流动管理以及项目管理和评估，这些活动对各级管理者来说都变得越来越重要。还简要提到了董事会管理，因为它对最高级别管理者的职能非常重要，也因为它能够影响作为管理者的各级员工的工作能力。

当然，还有其他一些我们没有详细讨论的任务，虽然没有那么重要，但仍然占用了管理者的大量时间。例如，主持和参加社交活动（其中一些管理者宁愿不去参加）、处理媒体事务、计划营销或帮助解决员工之间的分歧也是不容忽视的重要任务。根据个人的观点，这些任务可能被视为有益的活动或仅仅是必须完成的工作。在本书的最后一章中，我们将看到社会工作者对这些以及我们所描述的其他任务的态度如何成为决定其是否应该寻

318

求更多管理职责的重要因素。

应　用

假设在你的一门课程中，课程大纲表明你的最终成绩将取决于你在三门多项选择考试中的平均成绩。但是，在对第二次考试进行评分后，你的老师宣布他不会组织第三次考试，而是要布置学期论文。

1. 你会试图抵制这种变动吗？为什么？为什么你不会"无动于衷"（见第三章）？

2. 如果你（也许和其他班级成员一起）拒绝这种变动，那么在本章列出的人们拒绝改变的 16 个原因中，你认为对你来说最重要的原因是什么？

3. 其他的原因中有哪些也可能是你觉得要抵制变动的原因？

4. 你的老师（课堂管理者）说什么或者做什么可以让你对变动不那么抗拒？

第十四章

作为一名成功的管理者

学习成果

在本章结束时，你应该能够：

● 列出社会工作者在承担更大管理职责时经常遇到的压力来源。

● 列出管理者在与员工进行人际交往时需要解决的问题。

● 解释为什么这是个好主意，即与前任管理者相比，新任管理者向员工强调他或她是与众不同的，并将以不同以往的工作方式处理问题。

● 讨论为什么那些想完成管理任务的人更有可能成为管理者，而那些仅仅想成为管理者的人更有可能会失败。

在第一章中，我们强调每个人都是管理者，也就是说，每个人都在自己的个人生活和职业生活中执行管理任务。但是，在组织中一些人比其他人承担更多的管理责任，这主要取决于他们在组织中的位置和职业描述。

我们已经研究了管理的主要任务，以及一些使其执行变得困难的因素。在这一点上，读者至少应该对什么是社会工作管理有一个很好的理解。并且关于哪些管理任务看起来有吸引力，而哪些没有吸引力，读者应该会有一些想法。

毫不奇怪，管理者的角色不仅仅是执行某些任务。就像任何角色一样，人与人之间也存在着期望。在生活中，有些人很快乐；有些人则很不愉快，压力很大。有些人可以从容地处理潜在的压力；而对于其他人来说，这些潜在的压力会让他们非常不愉快，以至于让管理者几乎无法忍受。在本章的最后，我们探讨了一项有更多管理责任的工作是什么样的，以及一项成功的管理工作需要满足哪些条件。

管理者之间的共同压力来源

任何工作的压力都是"在所难免"的。社会工作者每天把大部分时间用在为服务对象提供直接服务方面，而且他们知道，他们的工作也面临着很大的压力。虽然他们每天花在管理活动上的时间相对较少，但他们有时也会面临管理方面的压力，例如，当几个小时太少而不能处理所有的事情时，他们就需要安排一整天的时间，或者当他们必须同时处理几个服务对象的危机时，他们的压力就会很大。然而，偶尔经历这样的情况是一回事，但像行政主管甚至督导者这样的管理者会经常面临这种情况。随着时间的推移，这种情况可能产生一种复合效应，即让管理者难以承受管理工作带来的压力。

批评和冲突

当社会工作者从事的工作中有一大部分时间是在执行管理任务时，他们很容易被看成别人挫折遭遇的来源。他们不能承担"我们"（从业者）和"他们"（管理者）这两种舒适的职位，而这些职位对那些没有重大管理责任的人来说是可以接受的。他们正在成为他们曾经批评过的那一部分人其中的一员。员工和服务对象都可能向他们表示不满，特别是在高度科层化的组织内，管理者常常因下属的压力而受到指责。事实上，他们往往要为其中的许多事负责。例如，他们往往已经建立或负责执行规则、政策和程序，而这些规则、政策和程序会让从业者经常感到沮丧并限制他们对服务对象的服务。

另一个压力来自这样的一个事实：在组织结构中，当下属和管理者的上级之间发生冲突时，管理者往往"夹在中间"，这种情况容易发生在各级管理层。例如，监督者夹在受监督者的需求和上级主管的要求之间，行政主管夹在董事会的命令和组织的雇员与志愿者的需要之间。在这种情况下，管理者的主要忠诚度在哪里？（对下属？对组织及其服务对象？还是对上级？）如果她选择为下属辩护，她就有可能遭到上级的批评；如果她不这样做，她可能会被指责为"出卖"下属。这可能会造成一个尴尬的局面，也使得管理者面临很大的压力。

当然，作为管理者下属的员工之间也存在冲突。当发生这种情况时，管理者应该介入，以最公正的方式帮助解决这些问题，使员工能够回到组织工作中。但是，如果没有妥协的可能，而且管理者实际上同意一方或另一方的意见，或者相信一方是对的而另一方是错的，那又会怎样呢？可能有必要迅速解决冲突，使一方满意，但另一方会不满。当这种情况发生时（有时它应该发生），管理者很容易被指责为"偏袒"或"偏心"，即使管理者知道解决冲突的有效方法，也是有很大压力的。

失去与服务对象的联系

许多社会工作者之所以会（在其专业教育中选择"微观层次"实践的那些人）进入该行业，是因为他们希望直接与服务对象个人或群体进行合作。他们寻求满足，因为他们知道他们能够帮助服务对象解决其遇到的问题。当他们被提拔或者承担一份有更多管理责任的工作时，他们则希望仍能做少量的具体服务工作。但他们很快发现这是不可能的。管理活动很费时，而且常常无法直接服务于服务对象。大多数管理者（尤其是大组织的管理者）不得不花一整天的时间来完成管理工作。他们可能会失去与服务对象直接联系的机会。当他们必须尝试解决服务对象的投诉时，他们与服务对象的唯一联系可能是不愉快的。

321

决策责任

在组织中，人们对别人（他们的上级）做出的影响他们工作和生活的决策感到不满，这种情况并不少见。他们希望能够自己做决策，但是做决策并不是那么有趣，它会带来压力。有时候，与自己负责做决策并承担决策后果相比，让别人做决策所面对的压力要小得多。

管理者每天都要做很多决策。有些管理者有上级来为他们承担所做决策的最终后果；有些管理者可能自己就是最上级。但是，对所有管理者来说，做决策是他们自己的责任，后果也需要他们自己来承担。其中一些决策（例如，必须解雇尽其所能但不能充分完成工作的员工）可能会对人们的职业和个人生活产生消极影响，会产生很大的压力。其他的决策（例如，由于预算不允许，拒绝向服务对象提供运输或日托服务的要求）也可能会对服务对象所提供的服务产生消极影响。通常，即使管理者知道自己做出了正确的决策或唯一可能的决策，但他仍然感觉不好。

管理者经常会觉得他们所做的任何决策都会受到批评。例如，在 2001 年 9 月 11 日美国遭受恐怖袭击期间，一些董事暂停了他们的社会服务组织，让他们的雇员回家与家人团聚。他们被批评为过于情绪化和"反应过度"以至于给别人带来不便。而其他决定继续提供服务的董事则被批评在极度不确定时期无视员工的个人需求。

在一个更常见的情况下，即经济状况良好的情况下，管理者可能会被告知她有一笔钱（比如当前工资预算的 3%），她可以按照自己喜欢的任何方式来分配这笔钱，作为第二年员工的加薪。她希望能公平并且被每一位员工认可她的公平。她可以给每个人加薪 3%，但这意味着一些员工（收入较高的可能最不需要这笔钱的人）将比低收入者获得更大的工资增长，工资差异只会增加。此外，那些在过去一年中获得最高绩效评估的人可能会获得与表现不佳的人相同甚至更少的增长，他们可能认为这是不公平的。那么管理者该怎么做？她可以根据绩效分配加薪，并使用最近的年度员工绩效来进行评估。由于绩效良好，一些员工可能会得到更多的加薪；而其他人由于较低的绩效水平加薪可能会相应减少。虽然那些获得高绩效加薪的人无疑会对这一决策表示赞赏，但那些低报酬的员工会认为这一决定是公平的吗？关于员工加薪的任何决策都可能被一些员工认为是不公平的。不幸的是，管理者经常发现自己处于决策的环境中，无论他们做什么决定，决策都会使某些人不高兴。而且，处理员工的不满可能会带来压力。

权力问题

管理者对自己的决策责任感到不满的地方，很大程度上与权力问题有关。有些管理者希望他们没有他们目前所拥有的一些权力。另一些人则认为，他们没有足够的权力有效地开展工作。

许多从事助人职业的人对拥有和行使对他人的权力没有兴趣，许多社会工作者尤其如此。作为专业教育的一部分，我们应该授权他人，而不是滥用我们对服务对象的权力，例如，把我们自己的价值观或愿望强加于他们，或者为了个人利益而利用与服务对象的专业关系。虽然这（授权他人）也是很好的管理实践，但有时管理者不得不行使与他们的工作相匹配的权力。这就要求他们做出不受欢迎的决定，而这些决定都是我们所不喜欢的。在很多情况下，这意味着该说"是"的时候我们说了"不"。

不久前，一个研究者[1]得出结论：（除了广为人知的"玻璃天花板"现象之外）历史上很少有女性社会工作者获得甚至寻求更高级别的管理职位，原因之一是她们可能被男性社会化了，认为权力对女性来说没有很大的意义。尽管这种情况已经发生了变化，但可以肯定的是，许多社会工作管理者（包括男性和女性）仍然对与管理者的工作相匹配的权力感到不安，权力并不是他们进入这个行业时所寻求的。然而，为了良好的管理实践，他们还是不得不使用权力。

与权力相关的压力常常以非常不同的方式出现在其他社会工作者身上。尽管他们的工作具有合法的权力（权威），但他们经常觉得组织内部发生的大部分事情确实超出了他们的控制范围。例如，为了协助员工和服务对象，他们会因为可用资源有限而受到限制——他们希望他们更有所帮助，但他们却做不到。他们也会因为那些他们无能为力的高层决策而受到指责。

一个常见的抱怨是管理者拥有的权力要比别人认为的小得多。尽管他们努力影响员工的行为，但员工更喜欢随心所欲。例如，管理者试图强制实行一项准则，即在工作时间里禁止打个人电话和发私人短信，但事实上，管理者经常是无力阻止这种现象的发生，甚至不用"盘旋"于员工周围或者进入他们的工作场所就能监测这一现象。特别是在那些员工经过短暂评估后可获得长期雇员的地位或终身任职的组织中，管理者注意到，有些员工可能会礼貌性地听取意见，但这并不能保证他们会按要求行事。一位我们认识的管理者形容他的工作"就像在墓地当管理员，你下面有很多人，但没有人在听!"。

323

与下属的人际关系

社会工作者在担任管理者角色时，经常会遇到另一个问题，即如何保持与下属的关系。理想的管理者应该是公平、客观和值得信赖的，他们不允许一些员工认为自己是组织中最受欢迎的。因此管理者通常也不能与下属（或自己的上级）保持密切的私人友谊，这些可能让管理者感到非常孤立，特别是如果他或她基本上很善于"社交"的话。

在组织内同一级别的同事中，在工作中（有时是下班后）保持一种或多种个人友谊是自然的，而且通常是无害的。但是，当一个人对其他人拥有行政权力时，往往会引起问题。我们知道，管理者不能像对待比如同一级别的其他督导者那样对待下属，不管是在工作中还是在非工作中。但这种关系有什么不同呢?

对于管理者与那些例如他们所督导和评估的人，如果他们之间存在亲密的个人关系，就会被普遍认为是不道德的。但与管理者有关的友谊关系都会受到谴责与阻止吗?创造一个友好的、相互支持的工作环境不是管理者工作的一部分吗?难道管理者就不能和下属保持某种程度的友谊，同时又能成为一个公平的管理者吗?这些问题没有简单的答案。正如我们在整本书中所提到的那样，如果管理者被认为是值得信任的，那么他或她的大部分工作将会得到帮助。如果与下属的友谊超出了工作要求，有可能导致其他员工质疑在分配工作或进行员工业绩评估时，管理者是否秉持公平的态度，而不是偏袒某些员工。与此同时，刻意努力成为"全业务"的管理者，并与所有下属保持社会距离，也会削弱员工的信任感。不太了解我们的人很可能认为我们是不值得信任和难以相处的。此外，这种冷漠很容易被看作在提醒大家注意管理者与员工之间存在的地位差异。

理想的情况是，管理者和他或她的下属之间存在完美的友谊。管理者能找到这一友谊，并与所有人保持同一关系。但是，在现实世界里，事情不是这样的。有些员工希望与管理者保持某种程度的友谊，有些人可能只是单纯不喜欢管理者这个人而想要与他或她保持距离。管理者（老实说）天然会更喜欢某些下属。管理者虽然（希望）公平地对待下属，但他或她不希望与某些人建立友谊关系。因此，没有普遍的解决办法。但是，管理者和一个或多个下属之间最恰当的友谊和距离是什么?答案和大多数管理问题一样，这要视情况而定。有些组织（通常是有扁平组织结构图的较小的组织）的一些管理者与一个或多个员工保持工作期间甚至下班后的社会友谊，实际上似乎培养了一种信任关系。对于其他工作环境中的管理者来说，任何这样的关系都会威胁或损害信任。寻求建立理想平衡的管

324

理者应该认真考虑以下三个问题和它们最可能的答案：

● 在不影响我客观判断的情况下，我能在多大程度上与一个或多个下属保持个人友谊关系？我是否有能力保持职业界限？

● 他们（必须单独考虑每个人）在多大程度上与我保持这种友谊关系，同时在我担任管理者时仍与我保持适当的关系？他们是否有能力维持职业界限？

● 无论我们自己处理得多么好，别人对我的客观性和可信度的看法会在多大程度上因为我的友谊关系而受到影响？

第一个问题主要通过自我分析来解决。我们可以评估我们的"局限性"，在需要的时候，我们在多大程度上能够实现必要的角色转换（从朋友到上级，再回到朋友）。举个极端的例子，我们可能会问："我能不能在周日晚上在员工家里吃饭，并在周一客观地进行她的员工业绩评估会议？"我们中很少有人能够做到这一点而不损害我们的客观性，从而进行有效的管理。但我们大多数人可以在周末参加组织的假日聚会，与下属进行社会交往，并在周一客观地进行员工绩效评估。有些管理者甚至不能做到这些。因为他们有足够的洞察力来认识这一点，所以他们选择与他们的员工断绝办公室外的一切联系。他们知道这可能会限制他们的管理能力，因此，他们故意避免与下属交往或有任何表面上的友谊，即便是在工作场所。

即使管理者完全有能力做出必要的角色转换，但其他人也可能没有，或者可能试图利用私交操纵管理者的行为。他们可能试图利用友谊或共同的社交场合为自己谋取利益，或者对管理者施加压力（"我以为我们是朋友！"）或向其他员工暗示存在"特殊"的关系。因此，管理者的任何关于私人友谊的暗示都是错误的。消除角色障碍只会为剥削和操纵提供机会。一些下属会很容易地认识到维持不同角色的重要性，并做出相应的转变。其他人可能故意（甚至无意）让角色模糊了一点儿。最后，管理者可以轻松地"换帽"，既能成为员工的朋友，又能成为员工的上级。后者需要认识到严格的角色区分，并能够做到这一点。事实上，与一名或多名员工建立的社会关系可能完全独立于他们的职业关系，而且绝不会影响他们的职业关系。但其他员工可能仍然认为情况并非如此。

为什么会有这种情况，为什么会引起问题？员工有一种自然的倾向，即认为管理者对某些人有偏爱并给予优待。在无聊的日子里，猜测谁是最受欢迎的（办公室八卦）是很有趣的。对于那些没有得到良好评估或被拒绝晋升的人，他们可能特别需要对自己以及对其他人解释为什么会发生这种情况，管理者与一名或多名其他员工之间的友谊可以满足他们的需要。（"或者我应该多和上级打交道，我可能会得到更好的评估！"）

如果其他员工也有这种看法，就连员工/朋友也会受到这种消极的影响。如果他或她获得了奖励或晋升，其他员工可能会贬低它，并且假设这是因为他或她与上级的友谊关系。（"我想我们知道为什么会这样，不是吗！"）这种关系还可能影响到其他员工与他或她的关系。有些人可能变得异常友好，希望通过社交获益。有些人可能会怨恨和回避，尤其是当他们对管理者有意见的时候。由此可见，良好的诚实沟通和集体工作关系最先会受到损害或被阻止发展。

即使是非正式的社交活动，管理者也必须对工作环境的需要以及个人权利保持敏感。例如，管理者往往认为，如果员工不时地在社交场合聚在一起，他们的工作就会更有效率。他们可能会鼓励存在星期五下午的社交时间或类似的场合。但是，应该向员工说明，下班后与同事（有时是管理者）进行社会交往是自愿的，而不是工作的要求。对于个人的工作和对管理者的感觉来说，"命令性"的社交更能产生坏的感觉。这可能被视为对员工个人时间的无理干涉。许多人只是想做好自己的工作，而不想在工作环境之外进行任何社交活动。下班后，他们可能更愿意独自一人或与家人、朋友或邻居一起享受生活，并把工作（包括在那里工作的其他人）留在办公室。优秀的管理者尊重这种选择，并保护他们免受与同事交往的压力。只要他们在工作，他们就有权接受或拒绝工作以外的社交提议，并且不因他们的决定而受到谴责、惩罚、批评或嘲笑。他们每周有一定的工作时数要求。可能会发生一些紧急情况，有时管理者会要求他们多工作一些时间。但是，管理者、组织或同事对于员工的休闲或娱乐时间没有合法的要求，这与他们的工作职责没有直接关系。

很难知道社会化的程度（在或不在工作岗位）对组织的健康有多重要。有些人争辩说，如果对别人有更好的了解，就会更好地与他们打交道。但是，知道他人的工作角色而不是私生活，有助于富有成效的互动。员工需要了解和理解管理者的管理风格，管理者需要了解下属的工作风格。我们很少会对别人在工作中的行为或态度感到吃惊，但不必对彼此有更多的了解。此外，有时看到同事的"另一面"会损害我们与该同事共事的能力。这会导致失去尊重。例如，最好不要知道他可能会辱骂他的伴侣，或者她在社交场合喝得太多。

管理职业适合你吗？

迟早，几乎每个社会工作者都将有机会进入一个职位，这个职位要求一天中的大部分时间花在管理活动上。通常，当给某人提供一个主管职位时，是否"进入管理层"的问题就会出现。这个机会可能是一个有回报的职业生涯的开始，同时管理责任也会不断增加；也可能是一段沮丧和不幸时期的开始。需要采取谨慎、明智的方式提出进入管理职位（包括与已经担任类似职位的人进行咨询）。[2] 不过，经常会事与愿违。

并不是每个社会工作者都需要成为全职管理者。社会服务组织需要优秀的管理者，但也需要有能力的从业人员，他们只想花费最短的时间来执行必要的管理任务。只有一小部分的社会工作岗位要求社会工作者是全职管理者，甚至每天都需要花大部分的时间来完成管理任务。

有些人根本没有成为全职管理者的良好潜力。他们可能缺少我们通常与好领导联系在一起的一个或多个特征（见第四章）。如果他们要承担更多的管理责任，那么他们所具有的某些其他的性格特征可能是有问题的。（例如，他们可能需要获得所有人的喜欢，可能长期处于混乱的状态或可能具有"一触即发的坏脾气"。）他们也许自己知道，如果不知道，其他人也会发现，这就使得他们可能不会在管理职位上任职。

在那些被认为具有更多管理责任的理想特征的人中，他们可能知道管理意味着什么，他们更愿意让别人去做。不接受管理职位的提议对他们来说是容易的。但对于许多其他潜在的管理者来说，"我应该接受还是不应该？"是个难题。

决策中的错误

一些社会工作者冲动地说："不，谢谢！"他们本有机会承担更多的管理责任，但他们拒绝了，因为他们只能想到管理的消极方面。例如，他们永远不想在职位上必须解雇需要某份工作的人，或者他们知道他们会错过直接与服务对象合作所获得的满足感，或者他们可能错误地认为管理不是真正的社会工作实践。不管出于什么原因，他们匆忙地拒绝了承担更多管理责任的机会，后来又对自己的决定感到遗憾，希望自己能更仔细地研究这项工作的具体内容。

一个更常见的错误，就是在被提供管理职位时冲动地接受该职位的倾向。许多新任管理者对待他们的新工作抱有完全不切实际的期望。他们很快就不高兴了，幻想破灭了。有些人最终学会了更现实地看待工作的利弊，他们适应了，成为称职的管理者。有些人干脆辞去工作，离开组织，认为自己永远不会再犯这样的错误。少数一些人可能能够转到组织中的另一个管理职责较少的职位，有些人甚至可以恢复原来的工作。他们是幸运的。有些人从内部获得晋升，但是，实际中失败的经历和自己想象的屈辱，让他们产生了离开组织的想法，在离开组织之前，他们曾经是快乐且有生产力的员工。

管理职位的诱惑

当我们得知组织考虑给我们晋升的机会或者鼓励我们申请一个更高级别的职位时，这是非常令人愉快的。毕竟，这表明我们已经取得了成功，表明我们能够胜任目前的工作。这既是对过去成就的欣赏，也是对其他人相信我们有能力承担更大责任的肯定。谁不想收到这种信息呢？

在一个竞争激烈、以成功为导向的社会中，对有机会进入一个有更多管理责任的职位说"是"，可能会非常有吸引力。许多人认为它是"成功的"。成为一名管理者是我们社会中大多数工作者所渴望实现的目标。不幸的是，他们贪图这个职位的原因往往与工作本身无关。

对于一份有着更多管理职责的工作，有很多原因可以让人冲动地接受它。更高的薪水是最明显的理由。斯库菲尔德（Scurfield）调查了许多社会工作管理者，他指出："如果临床实践中的促销和金融机会与行政管理中的机会相等，那么当前大量现任行政管理者会选择成为临床医生。"[3] 但现实往往不是这样。尽管在社会服务组织中使用双重职业阶梯的现象（见第十三章）越来越多，但在大多数组织中，有形和无形的奖励仍然最常见于组织层级中较高的员工。如果不是唯一的办法，那么进入管理层可能是赚更多钱的最好办法。意识到这一事实可能是接受进入管理层的一个令人信服的理由，即使是那些严重怀疑自己是否真正想要进入该职位的人。

还有其他诱人的奖励与有更多管理责任的工作有关。它们可能包括诸如预留停车位、更多的专业旅行机会、最新的电脑、行政助理或更大更有吸引力的办公室等"额外待遇"。管理者通常在工作和休假时间安排、购买办公用品和设备，或选择是执行一项任务还是将其委托给他人等方面有更大的自主权。加强自主权的前景是很有吸引力的，特别是对于那些感到受到规则和政策的压迫和限制或受到有微观管理倾向的督导者的制约的人来说。此外，跳出那些可能只适用于"较低级别"的员工的限制条件也很有吸引力。例如，管理者可能不太需要签到，也不太可能需要别人的批准来使用"补假"时间。

担任管理者还有其他"额外待遇"。比如在通信的签名栏中出现了更有声望的管理者的头衔。员工往往比尊重同事更加尊重他们的上级。他们会非常认真地倾听管理者的想法和建议，并把所有的注意力都集中在管理者身上。他们会表现得好像管理者的笑话真的很好笑的样子。哪个管理者会不喜欢这样呢？

328

还有其他一些诱人的人际吸引力与进入一个管理责任更大的职位有关。在想象成为一名管理者会是什么样的情况时，人们可能会想到，当消息公布时，告诉家人、朋友和其他支持者的感受，或者，也许是看到竞争对手脸上的表情会有什么样的感觉。

获得别人想要的东西的机会可能是说"是"的重要动力。如果申请人的名单很长，或者一些非常能干的人也想要这份工作，那么说"不"就特别困难。逻辑是这样的："他们都想要，所以一定是好东西。我可以拥有它，所以我最好接受它。"

阻止其他人获得这个职位的愿望也会扰乱我们的判断。这会给我们留下极少的诚实的空间来评估这个职位是不是我们真正想要的。众所周知，有些人接受一份有更多管理责任的工作（通常是在其他员工的催促下），只是为了防止不喜欢的同事得到这份工作并成为他们的上级。

害怕因为不说"是"而对职业生涯产生长期影响，这也被认为是一种草率的肯定反应。我们都听说过一些工作者（通常在商界）一开始拒绝接受更高级别的管理职位。后来，当他们做好准备进入管理层时，却没了空缺。然而，在社会服务组织中，这种害怕在很大程度上是没有根据的。拒绝这种机会不可能被解释为个人缺乏雄心壮志或对任何管理职位都没有兴趣。社会工作者在职业生涯中，通常会有多次机会担任管理责任较大的职位，特别是如果他或她可以自由离开目前受雇的组织。然而，失去唯一机会的恐惧（即使它在现实中可能没有什么根据）会有助于做出一个决定，即接受一份以后会后悔的工作。

更真实的是，害怕说"不"与别人的想法有关。人们可能会担心如何与同事、组织外的专业同事，或家人、朋友和邻居解释缺乏"向上流动"的现象。他们会不会猜测，这个人是不是因为能力有限而不能走得更远？当一个管理职位的邀请被拒绝时，通常不可能让别人知道这个职位已做邀请并被拒绝了。把这件事告诉别人可能对最终接受这份工作的人不利。而且，新任管理者要面对的问题已经够多了，更不能让其他人知道他们不是这份工作的第一选择。

说服自己"不，谢谢"是正确的回答尤其困难。如果我们拒绝了一份管理责任更高的工作，就不可能知道我们是否真的能把这份工作做好。毕竟有时候人会从工作中得到成长。如果我们不尝试，我们怎么能真正知道我们是否适合这份工作？此外，还可能存在其他自我怀疑。例如，我们可能会怀疑，批评别人的管理做法是否真的比自己做一个好的管理者更容易。当管理职位的邀请出现时，避免自我怀疑可能是冲动地说"是"的一个强大的推动力。当然，当一些潜在的优秀管理者对一份有更多管理责任的工作说"不"时，自我怀疑也是拒绝这份工作的原因。

突如其来的觉醒

如果我们仅仅根据刚才讨论的一个或多个理由接受一份管理责任更大的工作，那么我们很快就会得到教训。这个决定几乎肯定会导致幻想破灭和遗憾。最初如此吸引人的好处和"额外待遇"很快就会失去价值。一段时间后，它们似乎变得并不重要。例如，把自己的新工作告诉别人是件很愉快的事，但很快所有关心的人都知道了。那个漂亮的地毯质量更好的私人办公室很快就变得"只是办公室"。根据我们对工作本身的感觉，它会产生好的或坏的联想。预留的停车位很快就会被认为是理所当然的，至少在有别人的车停进去之前是这样。然后，它就成了又一个需要关注的问题。

对于那些没有机会公费去参加会议的人来说，带薪专业旅行到舒适的地方参加各种会议似乎是极好的附加福利。但当管理者不得不多次出差时，这些福利很快就会失去吸引力，其中一些差他们宁愿不出。专业旅行会让人疲劳，会让管理者远离家人和朋友，让管理者离开工作的时间比他们想要的要多，让他们在工作进度上远远落后。许多高级管理者都在避免专业旅行，如果可以，他们会让别的员工代替自己去。

与更高级别的管理职位相配合的自主权的增加不是一种奢侈品，而是一种必需品，只是让管理者能够以最适合他们的方式和顺序完成许多不同的任务。只有在少数情况下使用管理者的头衔才有用，因为需要提醒某些员工自己拥有更大的权力，但这也可能成为管理者和员工之间的障碍，会干扰必要的交流。一位管理者可能会错过以前同事对他的坦诚批评，因为他们现在似乎更关心如何处理好与管理者的关系而不是说出自己内心真实的想法。

　　让一个不受欢迎的同事或其他专业的同事无法得到这份工作的乐趣也不会持续太久，因为很快，另一个人的职业抱负对自己来说就不再重要了。

　　即使加薪也不会带来任何净收益。进入管理岗位通常伴随着增加所得税和额外开支。较低级别的员工可以为住院的同事捐献 2 美元用来买鲜花。管理者可能被期望做出更大的贡献。当捐款不足以支付鲜花的费用时，猜猜谁能弥补差距？也可能有另一种期望，即管理者可能还会给员工送节日礼物或举办社交活动。两者都可能是昂贵的，即使它们可以免税。当一个人成为管理者时，可能需要购买一个新的"管理者的衣橱"（至少是"商务休闲装"）。即使是那辆开了十年状况还不错的车，在现在看来可能也不合适了。

　　很快，那些对于承担更大管理责任的职位，看起来如此有吸引力的大多数的理由都已被贬低了。它们不再重要，最重要的是新工作本身及其期望。

预期的变化

　　正如本书中所指出的，管理者的许多责任是令人愉快的，并且与大多数社会工作者的知识、价值和能力非常一致。例如，对一个组织的政策和服务施加更大的影响是令人满意的，特别是对于一个可能感到无力发起必要变革的社会工作者来说。为了解决独特的问题，"排除故障"比重复工作更具挑战性，更能激发思维。但其他的管理活动，如员工绩效评估，监督他人的日常工作，削减预算，批评或解雇员工，对我们大多数人来说都是不愉快的。对于那些在与他人合作时更愿意使用非指导性方法的社会工作者来说，向下属提供具体指导的必要性尤其困难。[4]

　　当一个人承担更多的管理责任时，就会发生其他变化。管理者不仅被期待要对自己的工作绩效负责，还要对员工的工作绩效负责。正如在第七章关于授权的讨论中所建议的那样，更多的管理责任也使得管理者不仅要对自己的行动负责，而且要对他人的行动负责。管理者会有这样的经历：为别人犯下的错误负责，甚至是为任何人都无法控制的情况负责。

　　政治和外交对管理者来说都是非常重要的技能。特别是在公共部门（在那里，任务环境可能特别充满敌意），应当承认社会服务组织的本质——一个政治舞台。[5]组织的内部环境也需要外交管理。例如，总有一些意想不到的任务，在任何人的职位描述中都没有清晰地体现出来，但它们仍然必须完成。管理者在没有时间自己完成这些任务的情况下（通常情况并非如此），他们必须要求并说服别人在日常职责之外做这项工作。大多数职位描述中的"和其他分配职责"可以使请求成为合法的请求（管理者有权要求）。但是，除非请求是巧妙地提出的，并表示感激，否则会损害管理者与其下属之间的良好的工作关系。

　　高级管理者（如行政主管）几乎没有或根本没有工作保障。他们通常依据一个或两个强有力的董事会成员的意志"为董事会服务"。他们是高度可见的。他们在商业甚至社交场合的行为经常被别人注意到和讨论。在员工中，可能会出现一些批评甚至嘲笑。几乎每个人都时不时地取笑上级。管理者要学会预料到这些，并且尽量不把这些当成个人的事情。最低组织层级的员工由他们的督导者对其进行评估。但是更高级别的管理者受到督导者（如董事会成员）和下属的批评。那些对批评特别敏感的人（并因此而"自责"）在管理岗位上常常不快乐。需要承担更大管理责任的工作并不适合每个人。如果是基于承认管理的任务没有什么吸引力，那么拒绝一个管理职位的邀请可能是正确的决定。但是，基于错误的理由决定承担更大的管理责任，可能对个人的职业生涯、组织，最重要的是对向我们寻求服务的服务对象产生永久性的负面影响。

331 案例

社会工作曾是本（Ben）的第二职业。在做中学语言艺术教师的那些年里，他也曾是一名志愿诉讼监护人。这次经历使他确信，他真的更适合社会工作，而不是课堂教学。他的工作还使他确信，公共儿童福利制度存在严重缺陷。当他进入当地的社会工作学校时，他选择了集中于宏观层面的实践，认为如果他进入管理层，他将有最好的机会在系统中做出必要的改变。

当本获得学位时，就业市场很紧张。在他的同伴受雇的城市里，唯一不需要先前社会工作实践经验的工作，是在当地县福利办公室做儿童福利社工。本有学生贷款和汽车贷款需要偿还，所以他别无选择——他接受了这份工作，但告诉他的同伴和他的所有朋友，他会"抓住"第一份有更多的管理责任和更高的薪酬的工作。

四年来，没有任何督导或其他管理工作提供给他。同时，本成了一个非常好的儿童保护社会工作者，真正喜欢这份工作，并发现了在专业上的满足感。他得到了优秀的员工绩效评估。随后，他的督导者在手术后需要康复并接受化疗，于是就休了病假。同时本被任命为代理督导者。他被告知要尽可能少做改变，少做决定，因为他的督导者预计几个月后就会回来工作。然而，四个月后，本的督导者在医疗上遭遇挫折，决定选择残疾退休。当这份空缺被发布时，本和凯茜（Kathy，一个来自另一个部门的他从未相处过的社工）都申请了这份工作，另外还有几个机构外的人。该机构有从内部招聘的政策。由于凯茜比本多了几年的实践经验，他既期待又担心她会得到这份工作。

当本接受该机构人事主任的面试时，他觉得更有希望了。这位主任似乎对他多年的诉讼监护人的志愿经验印象深刻，甚至表示他的课堂教学经验可能有助于满足督导者工作的教育督导期望。两个星期后，他得到了这次机会，并且毫不犹豫地接受了这份工作。他将于周一开始工作，并立即增加5000美元的年薪。他急切地填了一张表来制作新名片，把"个案督导者"头衔列在他的名字后面。

正式成为督导者前的那个周末对本来说是个快乐的周末。首先，他打电话给他的母亲告诉她这个消息。她很高兴。她从来没有想过要他辞去教书的工作，也从来没有理解过为什么他在社会工作中找了一份工资待遇更低的工作。但现在她似乎相信，这一举措可能是一个好的举措，因为他似乎在社会工作中比在公立学校教育中有更多的晋升机会。她说，她只希望本的弟弟像本那样志向远大。

本之前没有搬进他前任督导者的办公室。他在那里待的时间尽可能少，因为里面有很多她的私人物品，他不想显得他的临时头衔给人印象太深刻。但现在他开始考虑那个有窗户、大桌子、窗帘和最新技术的私人办公室。他迫不及待地要把它作为自己的东西，并按自己的想法使之个性化。他知道还有其他的"特权"，比如利用带薪的专业旅行去海滩参加年度督导者会议，以及自由地保持更灵活的工作时间。工资上涨也许最终使购买公寓成为可能，而且快餐店的袋装午餐或晚餐也必须减少。

本的新工作使他开心了大概一个月，之后的事情并没有他想象的那么好。他以前的社工对他采取了不同的态度，他们不再像以前那样和他开玩笑了。有几次，当他走出办公室时，他们突然安静下来；他有时怀疑他们是不是在嘲笑他。他没有被邀请参加他一直参加的 NFL 橄榄球赛竞猜。他明白他不能再和他们有从前那样的友谊了，他感到了孤立无援，与世隔绝。当他试图与其他督导者友好相处时，他们很有礼貌，但他们似乎对建立友谊没有什么兴趣。他与他们的唯一互动是当出现问题时在下午 4 点召开的特别会议。他开始讨厌这些会议，因为这些会议常常持续一个小时或更长的时间，这直接导致了他在交通高峰期下班。

因为本以前并没有真正当过督导者，一切似乎都比他认为的要花更长的时间。他很快就在那些他认为不必要的文书工作上落后了，不得不在周六加班赶。然后，他在一次秘密的督导者会议上被告知，该机构正准备大幅削减预算。这很可能包括削减人事预算，将需要解雇一名或多名社会工作者。他担心可能会解雇任何一个他以前的同事；他曾希望这份工作能部分地改善他们的生活，而不是使他们的生活更糟。

最令本吃惊的是他真的失去了与服务对象的直接联系。他考虑过亲自接几个案子，但他承认自己没有时间。此外，如果他要求做这件事，他的上级是不会同意的。他想回到原来的工作岗位上，但他知道，在即将到来的裁员中，这也是不可能的。即使有可能，凯茜也可能得到督导者的工作，成为他的上级，而他的同事、朋友和亲戚们会觉得他失败了。那会很尴尬的。

本从来没有请过病假，除非他病得很重，但是情况开始改变了。他不再期待星期一，连续两天待在家里，不去上班。他的文书工作更加落后了，他知道他即将进行的员工业绩评估将反映这一点。他变得情绪低落，睡眠也出了问题。

幸运的是，他找到了摆脱困境的办法。他的同伴是一名律师，在得到一位以前教授的强烈推荐后，被邀请并在一家律师事务所担任初级合伙人。在一个较大的城市，那里有很多直接从事儿童保护和相关工作的社会工作者。本立即辞职，并在另一个城市得到了一份家庭顾问的工作，工资也没有大幅下降，部分原因是他的前任督导者为他写了一封热情洋溢的推荐信。在接下来的十年里，本获得了更多的机会，可以进入有更多管理责任的工作。他很认真地考虑是否选择其中的一个，但选择了放弃。最后，当一个兼职督导者的职位空缺消息被公布后，他申请并得到了这份工作，在那之前他提了许多问题并确信他可以继续承担一个较小的个案工作量。

问题讨论

1. 本想要管理者职位的原因是什么？你觉得它们中的哪一个适合这份工作？为什么？

2. 对于一份有更多管理责任的工作，本似乎有什么误解，为什么他作为代理督导者的机会没有为他的新角色做好准备？

3. 在本成为之前的同事的督导者时，你认为他们对他的态度为什么不同？

4. 为什么本在开始他的新工作之前所设想的"特权"，一旦他在里面工作了一段时间后，就不再重要了？

5. 哪些方面表明本作为督导者可能错过与服务对象的直接合作？

6. 本了解了哪些方面的管理责任增加的工作可能对个人的福祉以及与他人的关系产生的影响？

决策指南

专栏 14-1 中的陈述反映了我们在本书中描述的社会工作管理者的主要工作期望。虽然它们对于考虑一个管理者的工作是否适合读者来说是很有用的，但是它们无法代替与其他人谈论可能的职业目标。朋友、家人，尤其是上级——那些已经知道管理者的工作需要什么的人——都会有所帮助。对于那些正在考虑管理职业的人来说，有很多方面值得追求。例如，主动性、解决问题的技能、可信度、智力和对组织目标的承诺，是一个管理者获得成功的先决条件。然而，最重要的特征是对管理者工作的渴望。好（和快乐）的管理者喜欢管理的任务，至少他们中的大部分是如此。这就是好的管理者和对自己的工作感到痛苦和沮丧的管理者之间的区别，通常是因为他们只是想成为一名管理者。

专栏 14-1　我是否想要更多的管理职责？

说明：在你同意的每一项陈述旁边加上一个复选标记。

1. 我会欢迎额外的管理责任，即使它们没有带来加薪。

2. 对我来说，拥有更多的管理责任比拥有与管理工作相匹配的头衔、特权或其他"额外待遇"更为重要。

3. 我希望承担更多的管理责任是因为自己的原因，而不是因为其他人的愿望或抱负。

4. 我期待着创建和管理多元化的员工队伍。

5. 我不会错过与服务对象的少量直接联系。

6. 我认识到规则、政策和程序的重要性。

7. 我很乐意督导别人的工作。

8. 当情况需要的时候，我会把任务和权力授权给别人。

9. 我不介意为别人的行为承担最终责任。

10. 当情况需要时，我可以处理指令或拒绝他人的请求。

11. 我相信我能客观地评价别人的贡献和成就。

12. 如果是为了组织或其服务对象的利益，我可以解雇员工。

13. 我认识到，组织或其服务对象集体的利益有时必须优先于个体服务对象的需要和要求。

14. 我有工作场所以外的关系，可以满足我的社交需求。

15. 我有时可以成为下属批评或嘲笑的对象。

16. 我没有任何如果被公众所知可能有损于组织形象的个人秘密。

17. 我可以执行我个人可能不同意的决定。

18. 我宁愿领导而不是跟随。

19. 我很乐意与更高级别的管理者加强互动。

20. 像"不确定"和"挑战"这样的词，我听了会很兴奋。

21. 我偶尔也愿意冒得罪督导者的风险为别人辩护。

22. 我会享受在组织中担任更高职位所增加的社会义务。

23. 我会喜欢变得更"政治化"。

24. 当我担任管理者的角色时，我发现这很有趣。

25. 我愿意投入成为一名优秀的管理者所需的必要时间。

即使是最快乐且最成功的管理者也不会同意专栏 14 - 1 中的所有 25 项陈述。然而，如果一个潜在的管理者不同意它们中的很大一部分（也许超过 10 项？），这应该是一个警告信号，即至少在目前，将职业转移到一个有更多管理责任的职位可能不是一个好主意。

接受这份工作

当社会工作者被提供并接受一份有更多管理责任的新工作时，他们要么是组织中的新人（从外部招聘），要么是在组织内部得到了晋升。无论他们走哪条路，都有需要解决的问题、潜在的优势和困难。

组织新来的管理者

如果从外部雇用，新任管理者对员工来说通常是"未知的"。在员工设法了解他们是谁以及他们将如何对待自己的工作时，他们将受到一段时间的密切关注。刚接触组织时，管理者将有一个"陡峭的学习曲线"①，要学习很多大家都知道的东西。他们会犯一些熟手永远不会犯的错误，同时也不想在这个过程中失去尊重。当他们试图了解组织氛围和非正式组织、评估和了解员工及其优势和劣势时，必须善于观察。

新来的管理者可能会感到非常失落和孤独。员工可能对新来的管理者产生怀疑，并在其周围保持警惕。员工可能对"局外人"充满怨恨，因为这些人得到了他们中的一个或多个人所寻求的工作。当新来的管理者在工作中犯错误时，员工可能认为这进一步证明他或她没有足够的资格来承担这份工作，而且他们还会认为给他们所开的工资过高。（人人都认为给别人的工资过高，但是，当然，给自己的从来都不是！）

面对这些反应，新来的管理者可能会试图用善意的行为来赢得员工的支持，比如放宽规则，或者在批准他们的请求时过于慷慨，把他们当作朋友，让他们看到他或她是一个"好人"。好的管理者（包括教师）知道（通常通过经验）这将是一个代价高昂的错误。他们会告诉你，在接受新的管理工作时，最好一开始就"强硬"。如果当看起来不会被滥用或被认为是软弱的迹象时，你可以"放松"要求。员工们很可能会松一口气，很高兴得知"她其实也没那么坏"或者"他真的很有人性！"然而，如果一个管理者在开始的时候过分友善、友好、松懈等等，那么当管理者以后必须努力收紧时，将是非常困难的（而且会受到员工的憎恨）。

335 　　虽然一个刚进入一个组织的管理者可能会感到孤立，并且可能比从内部晋升且已经"熟悉内情"的管理者会有更多的自我怀疑，但作为局外人也具有明显的优势。以未知身

---

　　① steep learning curve，陡峭的学习曲线，是指"短期内需掌握全新的知识"。通常用于描述在新工作、新项目开始的时候，个人或者团队需要快速地掌握新知识或者适应新环境。——译者注

份进入的管理者不必处理对其工作能力的预判，老朋友不会期望得到特别的照顾，或被视为最爱。即使新任管理者试图公平对待每一位员工，敌对者也不会就此寻找报复的机会。所有的员工都必须向新来的管理者证明自己。有些人会"更努力"，如果他们已经知道自己比较受人瞩目。其他被认为能力较弱的人可能会抓住第二次机会。在熟悉组织和办事方式的同时，新来的管理者无疑会提出问题，并决定挑战一些"旧的办事方式"。员工可能会发现这是一种令人耳目一新的做法，如果能够巧妙地、小步幅地实施这些做法，员工很可能会对所做的修改表示赞赏（见第十三章）。相比之下，从内部晋升的管理者不太可能给工作带来新的、有创意的想法。

从内部晋升的管理者

当社会工作者设想在相同的工作环境中承担更多管理责任的新角色时，会分析其优点和缺点。当一个人从内部中得到晋升时，他或她的学习曲线就不会那么陡峭了。管理者的工作和下属的工作都已经分工明确。新任管理者对于需要做什么已经形成了看法，并可能对如何做有了一些想法。管理者受益于一个榜样（前任管理者），并对他或她将与之共事的下属进行了评估。当然，这些并不总是优点，榜样可能是一个不好的榜样，而前任对下属的评价会干扰处理新工作时所需要的开放心态。

内部晋升的问题常常涉及职位的过渡转变，对于管理者来说，这是一种关系已经存在且必须经历变化的工作环境的问题。在新的角色中，管理者现在会对以前是同等级别，而现在突然变成了下属的员工拥有管理的权力。这种情况可能会产生特殊的问题。人们倾向于建立适合他们各自角色的正式程度和熟悉程度。例如，在工作环境中，亲密的友谊、激烈的竞争、善意的戏弄以及分享办公室八卦在同事中并不少见。只要是经双方同意而存在的，并且不影响相关人员的工作效率，同事之间的这种互动就是无害的，可以使工作更愉快一些。

当一个人承担更大的管理责任，成为前同事的上级时，以前的关系必须改变。管理者承担起新的责任，并把更多的时间花在管理者的角色上，因此必须发展与他人有关的新模式。正如本章前面所讨论的，对于管理者来说，通常很难了解在社会互动中需要多少变化以及什么样的变化。对于那些现在已经是下属的同事来说，这也是很难做到的。在过渡时期，管理者可能会感到特别孤立。

根据具体情况和所涉人员的不同，人际关系可能需要有轻微的变化，或者需要有更大的变化。给管理者最好的建议是：只做必要的改变。在进行任何需要的改变时，如果管理者同下属沟通清楚，这是组织的需求，而不是他或她个人的内在需求，这是很有帮助的。管理者不希望员工认为他们现在"对老朋友太好了"，或者对他们的新地位印象深刻。然而，现实情况表明，管理者不可能再是"帮派中的一员"，并且他们所做出的改变可能会

336

引发员工的不满。

敏感的员工普遍认为，当他们的同事成为他们的上级时，需要建立新的关系。有些人可能利用一段旧的友谊来寻求特殊帮助，或者以其他方式试图操纵管理者，而大多数以前的同事也都知道这些。这是员工和管理者重新协商彼此关系的试验期，行为会在许多方面发生变化。例如，下属可能不会像以前那样在管理者周围对"行政部门"随意抱怨。反过来，管理者以前可能与同事讨论过的某些话题（如其他员工的工作）不再适合员工和新上级之间的非正式讨论。

对于任职新角色，管理者和前同事都可能会有一些最初的过度反应。新上任的管理者有时会在不必要的情况下使用他们身份变化的提示（例如，他们可能在所有书面或电子信件上使用他们"管理者"的头衔）；员工与新上级的社交距离可能比要求的要大。这些反应实际上是很有用的。它们强调的现实是，管理者和受他们管理的人不是也不能继续是同等地位的人。当人际关系逐渐被重新定义时，相互尊重和持续友谊的保证（但在不同的层次）通常会来得稍微晚一些。

有些员工会对新任管理者获得这份工作感到高兴，但有些人可能不会。任何想得到这份工作的人更会产生怨恨感。员工们很快就会意识到，他们与新任管理者的关系"有些不同"。即使一位以前的亲密朋友一开始仍然是管理者的知己，但当管理者开始接受新的责任时，同样的关系也不会持续太久。几乎可以肯定的是，这种权力差异的存在将导致它的改变。同样，如果员工认为一名下属与管理者有特殊联系或似乎受到管理者不同的对待，对团队士气都将是不利的。

不可避免地，一位以前的同事和亲密朋友会不同意管理者所做的决定或管理者执行某项工作的方式。如果公开和巧妙地表达，批评可能是一种迹象，表明困难的人际关系已经完成了过渡。管理者现在对这份工作所带来的猜测和批评持开放态度，即使其是来自一位以前的亲密朋友。他或她应该抵制这种诱惑，即不要因为失去的友谊而将批评视为怨恨，也不要向那些准备好提供批评的其他员工寻求认可（而且总会有一些）。

拥有社会工作者的价值、知识和能力的管理者应做好充分准备，以处理当他们发现自己对以前的同事拥有行政权力时可能出现的人际问题。他们应该能够评估和理解员工的反应和行为背后的动机以及他们自己的动机。但这仍然不能保证过渡就是容易的。

新职位和原有职位

一些新任管理者开始从事以前没有人从事过的工作。他们的工作要么是新创造的，要么仍在界定的过程中。组织本身可能是全新的，或者可能只是朝着新的方向发展，也许是通过增加新的项目。其他组织已经开始寻找具有专门技能的管理者。例如，社会服务组织现在认识到需要雇用那些主要负责拨款管理、市场营销或资源开发等领域的管理者。因此聘用的管理者可能有机会修改甚至制定自己的职位描述，并界定自己的责任。作为从事这种工作的第一人，他们可以很快地"在上面盖上自己的印章"，而且不必处理他们前任所遗留的问题。

更常见的情况是，在管理者就职之前，有些职位就已经存在。他们只是众多前任管理者中的最后一个，而这些前任管理者的管理风格、个性及行为作风却给他们留下了"要遵循的条例"。不可避免的是，管理者的前任领导的影响在他们转移到其他职责之后的一段时间里仍然可以被察觉到，通常是以某种"人工制品"的形式出现。例如，有些规则或程序看起来似乎没有什么用处，通常可以追溯到有点儿"控制狂"的前任管理者。或者，一种偏爱的治疗方法，如广泛使用支持小组，可能源于前任执行董事对其的迷恋，尽管研究者可能已经得出了结论，这种方法对解决某些服务对象的问题是无效的。根据员工对他们的前任管理者的看法，新任管理者面临着某些可预见的困难，而这些困难将影响他们执行管理任务的能力。

继任受欢迎的管理者

如果新上任的管理者要承担受人喜爱和尊重的前任管理者所执行的管理责任，那他或她就要面对一场艰苦的战斗。至少在开始的时候，比较（通常是负面的）是不可避免的。即使前任管理者有一些缺点，也可能被忠诚的员工遗忘或掩盖。丽贝卡神话（Rebecca Myth）[6]，或倾向于将前任工作者理想化并以怀疑和怨恨来看待新员工，这是一个普遍的问题。"我们过去从来没有这样做过"等含蓄的批评是可以预料到的。当新任管理者犯错误时（而这种情况在担任新职务时肯定会发生），员工可能会表达出沮丧的情绪。如果前任管理者仍然受雇于组织，问题就会加剧。员工可能希望甚至策划让前任管理者回来。

继任一位受欢迎的管理者的职位所固有的困难往往会随着时间的推移而消失，也可能不会，尤其是在管理风格差异非常明显的情况下，问题可能会变得更糟而不是更好。如果员工的态度在一段合理时间后没有改善，则可能有必要直接处理这一问题。对于新任管理者来说，负面比较、旧忠诚和无根据的对抗可能令人不快，但更重要的是，它们会干扰组织目的的实现。可能需要尽可能清楚、直接地提醒员工，管理者的确是一个与众不同的人，有着不同的风格和做事方式，然而，他们必须适应这些现实。这一点可能需要不断重复。如果员工希望被管理者视为个体（这是一种公平的期望），他们也需要将管理者视为一个独特的个体。他们应该被告知这一点。然而，不应以任何方式贬低前任管理者，否则只会增加员工的怨恨。

正如本章前面所提到的那样，社会工作者的管理方式不应该是一个秘密，应定期以各种方式与员工沟通，从而使员工能够合理地有把握地预测他们的上级将做什么、想什么、说什么等等。随着管理风格与前任的差异变得明显，（希望）管理者的做法将会得到赞赏并且员工很少会拿他或她的做法与前任管理者的做比较。管理者和其他专业人员一样，有权在不参考他人的情况下，根据自己的绩效进行判断。这是一个与社会工作实践价值观一致的原则。如果管理者以这种方式行事，通常会得到员工的好评和接受。

继任不太受欢迎的管理者

如果一个社会工作者接替了一个通常不受欢迎和（或）不受尊重的管理者，那么他或她似乎会更幸运。假设大多数员工是敬业的、称职的，并且对前任管理者的态度都是由他或她自己的缺点造成的，那么新任管理者几乎肯定会被视为一种改善，至少在最初是这样的。实际上，可能会发生"蜜月期"，奉承会比比皆是。对新任管理者的工作方法的赞美（通常伴随着与前任管理者方法的比较）可能是常见的。恭维话听起来很好听，很有诱惑力，而且能给新任管理者一种虚假的安全感。但是"蜜月期"可能不会持续很久。

当新任管理者犯了第一个错误或只是做了一个不受欢迎的决定时，宽容的态度可能会占上风。员工可能会提醒自己和彼此"以前的情况更糟"。但随着新任管理者不断地对员工提出要求，而且偶尔会冒犯他们（管理工作不可避免的一部分），随后可能会出现苛刻的判断，员工很快就会产生怨恨。另一种比较将会发生。新老管理者之间的相似之处将在表达失望的同时被指出。一些相似之处不可避免地会存在，部分原因是即使是前任管理者也无疑按照良好的管理原则完成了一些任务。但是，由于员工错误地认为新任管理者与前任"实际上也没有什么不同"，可能开始会出现不准确和不公平的概括。员工可能很快对新任管理者失去信心，转而对新任管理者产生敌对的心理。如果他们的倾向是把工作中的问题归咎于前任管理者，那么他们在与新任管理者的关系中很容易回到原来的模式。

也许令人惊讶的是，解决接替一个不受欢迎的管理者所固有的问题涉及的过程非常类似于管理者接替一位受欢迎的管理者的情况。在这两种情况下，进行比较以及员工无法识别和适当应对差异都是敌人，必须面对和消除它们。在继任不太受欢迎的管理者时，可能有必要提醒员工，新任管理者与先前的不同，但并非完全不同。对前任做法（那些好的做法）的辩护应该是公开和频繁的，对前任管理者工作的抱怨、批评，特别是嘲笑应该被劝阻。听"战争故事"讲述前任管理者所谓的失误，既诱人又容易。对他或她的工作的贬低似乎是员工接受新任管理者的有用捷径。但是，这是一个糟糕的实践，最终新任管理者失去的将比获得的更多。这样的行为不仅是不专业的，而且还为员工树立了一个糟糕的榜样，暗示可以贬低团队中的其他成员。此外，无论是新任管理者还是员工都无法充分理解前任管理者决策和行为背后的原因。

采取积极主动的做法

不管如何看待新任管理者的前任，比较都可能会导致一些问题。它们能完全避免吗？这是不可能的。但如果新任管理者采取积极主动的管理方法来继任，它们可能会大大减少。新上任的管理者需要承认，甚至强调与前任管理者的不同，最好是在开始比较之前。第一次员工会议是一个很好的机会，可以发出一个响亮而明确的信号，即新时代已经开始。用言语和行动来证明新任管理者对工作的个人主义态度，传达以下信息是一个可行的方法：

> 我的前任为这个组织做出了一些宝贵的贡献。我也计划尽我所能帮助我们实现目标。但我想让你知道我是一个不同的人。有时候我会表现得像你以前的上级，有时候我会表现得很不一样。我会做好我分内的事，因为我相信这是完成工作的最好方法。只要有可能，我会尽量让你知道我们为什么要像现在这样做。我想让你们知道并理解我的工作方式和我的"风格"。而且你们有权知道我对你们的期望。如果我总是不把期望说清楚，你可以向我提出来。让我向你们保证，我将尊重你们每一个人。我希望你们也能为我做同样的事。

如此有力的言论很可能会引起员工的注意。它还可能加剧对可能已经存在的管理者变动的担忧。如果管理者看到正在发生这种情况，那么强调差异的重点应该得到调和，并保证（如果可以做到的话）做一份优秀、称职工作的员工不会对变动有任何恐惧。

当然，一个新任管理者与前任管理者既相似又不同的主动沟通应该不仅仅是口头沟通，应该以行动强化信息传递。如果没有一个现成的机会让管理者这么做，那么管理者也应该创造出一个这样的机会。对于新任管理者与前任管理者在期望或行为上的一些明显的差异，让每个人都注意到这一点就足够了。他们不需要有任何重要的区别，只需要有明显的区别。例如，前任管理者有没有提醒后勤人员什么时候该再煮一壶咖啡？新任管理者可能只是偶尔安排多煮点儿咖啡——这一举动花费的时间和精力都不多，但却常常受到赞赏。然而，如果前任管理者有时在壶空的时候煮咖啡呢？新任管理者可能需要有意建立一个后勤人员的名册，以执行煮咖啡的工作。后勤人员可能一开始就感到不满，但他们很快就会接受这一建议，将其作为他们"其他职责的一部分"。新任管理者可以找到一些其他（新的）方式来表示对后勤人员的关心，也许通过特别的努力去获得他们所要求的一些新的办公设备或软件。同时，管理者将加强口头传达的信息，即管理风格的差异是可以预期的。

340

作为管理者，能生存和成功

一些社会工作者似乎会成为优秀的管理者。他们建立了向服务对象提供直接服务或成功干预大型社会系统的能力记录。他们是聪明、有抱负、有奉献精神的工作者，拥有非凡的人际交往能力。然而，虽然当他们第一次接受一份有更多管理责任的工作时，他们可能看起来很成功，但最终他们并不能很好地适应这个角色。另外一些人在接受这份工作时显然有不足之处。他们可能没有多少管理经验，或他们对自己从事的业务领域知之甚少。他们对于新工作似乎不堪重负，并且极度挣扎。然而，过不了多久，这份工作就能使他们获得成长，他们就会取得成功，并可能晋升到更高级别的管理职位。这是怎么回事？很明显，个人所带给管理者岗位的有时并不像他们到了那里之后所做的那样重要。

发展有效的管理风格

风格在生活的各个方面都很重要。在某些职业中（如艺人、政治家），它往往显得比物质更重要。一些有能力的管理者之所以被解雇，是因为他们的风格和上级有很大的不同。另外一些人则是非常成功的管理者，显然只是在风格上和他们的上级差不多而已。

无论我们是否最终决定寻求一个更大管理责任的职位，还是与服务对象保持更直接的联系，我们都要制定出某种针对管理者角色的方法。我们的管理风格可能和别人相似，尤其是我们所熟悉和钦佩的管理者。但它也会与众不同。由于生活经验、心理、文化和生物因素的复杂互动，以及我们必须与之互动的其他社会制度的影响，我们就是我们自己，我们以某种方式应对各种情况。我们培养了自己独特的个性。它们会影响我们生活、爱、玩等等的方式。同样，我们独特的管理风格也影响着我们处理不同管理任务的方式。

我们的管理风格可能是（也应该是）我们个性的延伸。因此，我们对管理任务的处理方法很可能与我们对生活中其他任务的处理方法很相似。但是，我们如何执行管理活动和任务，也是基于一种情境的具体需要，即其他人教给我们的关于有效管理的知识（最佳实践），以及我们认为行之有效的东西。因此，我们的管理风格通常反映出我们对一种情境要求的看法与我们最有可能处理这种要求的方式之间的舒适妥协——这种妥协似乎既合乎逻辑又符合自然（即符合我们的个性）。

有一些好的建议对良好的社会工作实践（和幸福的生活）必不可少的，这就是"了解你自己"。对于管理者来说，这意味着"了解你的管理风格，让别人知道，但不要害怕成长"。我们如何识别我们的管理风格？一些理论家试图识别组织中可以找到的管理"类型"。我们在第四章讨论 X 理论和 Y 理论的领导风格时提到了其中的一个。还有很多其他的。其中之一就是尚帕涅和霍根（Champagne & Hogan）的"个人风格清单"[7]，这对于理解我们的管理风格特别有用。

我们的个性及其在我们的管理风格中的反映，在某种程度上取决于一个连续体，即在对一个极端的不信任和微观管理，以及对另一个极端的非常信任和宽容之间。科廷和沙拉夫（Kotin & Sharaf）使用了严格和松散两个术语来描述这两种极端的类型。[8]他们指出，严格的管理者使用正式的提醒手段来提醒他们的地位差别，有明确的授权和责任，依靠规则和传统，遵守等级指挥链，通过定期会议、备忘录、报告和表格进行正式交流。在连续体的另一端，松散的管理者主要使用非正式的地位差别提醒，很少依靠规则和传统来施加影响，在需要时绕过指挥链，对于缺乏明确指定的角色、职责和权限，显示出容忍某些角色模糊的能力。

根据本书中的一些讨论，以下几个问题可能有助于更好地了解我们的管理风格：

- 我认为参与式管理是个好主意吗？我对使用它有什么顾虑？
- 我是否愿意将任务委托给属于我工作职责的其他人？如果是的话，我是愿意授予人事权还是职能权？
- 我认为委员会和任务组是有用的，还是我认为它们主要是在浪费时间？
- 我是对规则和程序最满意，还是更倾向于鼓励员工运用专业判断的政策？
- 如果我看到员工的行为问题，我更有可能将问题视为所涉员工的个人问题，还是作为系统的组织的问题？
- 我对员工群体凝聚力的态度是什么？我认为它是可取的，还是它的存在威胁到我？
- 我对员工之间的冲突态度如何？我更想怎么处理？
- 社会服务组织中技术的使用越来越多，我会认为是对服务的一种威胁还是改善服务的一次机会？
- 对于管理工作所带来的权力，我是希望拥有更多，还是拥有更少？

虽然所有社会工作者的管理风格都可以从他们对待管理活动的方式中看出来，但我们的管理风格可以而且应该随着时间的推移而改变。随着我们从经验中学习，随着我们年龄的增长，随着我们重新思考我们对人的态度和看法，它们自然会发生变化。它们也会随着情境需求的变化而改变（或应该改变）。最好的管理者是多才多艺的。例如，在需要的时候，他们可以是强硬和专制的，也可以是宽容和支持的。与其他拥有更有限的管理权力的管理者相比，这给了他们一些明显的优势。作为人，我们自然倾向于采取一种更有控制能力或更随意的管理方法，但这并不能免除我们学习使用其他方法的责任。

342

管理者的需求和组织的需求

通常很难确定适合特定情况的最佳管理方法。在第四章中，我们讨论了有效的管理者如何在领导任务中提供关注和结构的组合，以及两者的最佳平衡如何取决于诸如员工的需求和情境需求等变量。但在哪里把管理者的需求纳入等式？当管理者自身的个人内在需求影响到他们对待管理工作的方式时，问题就会出现。有很多方法可以做到这一点。我们是社会人。我们都希望别人能以某种方式对我们做出情感上的回应。因此，我们以促进这些回应的方式行事。只要该回应对组织是可取的，这就是好的。例如，如前所述，有效的管理者采取的方式是让员工学会信任他们，对他们有信心，并认为他们是公平的。如果一个管理者需要感到被信任、被尊重或被认为是公平的，那么他或她的需求与组织的需求是非常一致的。然而，管理者为满足个人内在需求而采取的某些其他类型的行动可能促进组织中不正常的情绪反应和行为（见专栏 14 - 2）。例如，一些管理者有强烈的令人恐惧的需求，并寻求在工作场所中满足这种需求。他们使用恐吓、不可预测的"长篇大论"、公开批评、讽刺性的贬低来引起员工的恐惧。他们常常认为这样做没有错，是在把管理者需要保持的尊重合理化。但他们没有认识到恐惧与尊重是不一样的，不应与之混淆。

专栏 14 - 2 当管理者试图在工作场所满足他们的个人内在需求时

需求	怎样实现	反应	可取性
令人恐惧的	恐吓，愤怒，嘲笑	压力，不敢动，屈辱	讨厌的
受到尊重的	能力，公平，诚信	奉献，忠诚，信任	极受欢迎的
被人喜欢的	人格特征（幽默、随和、善良等）	愉快的工作氛围	可取的
被人爱的	讨好，特殊帮助	怜悯，失去尊重，嘲笑	讨厌的

当然，尊重是件好事。像忠诚一样，这是值得的。随着时间的推移，当管理者逐渐建立起一个既称职又公平和值得信任的声誉时，尊重自然会产生。尊重使管理者的工作更容易。例如，人们更倾向于尽其所能地工作，或者服从他们所尊重的管理者的特殊要求，而不是遵从一个缺乏尊重的人。因此，这对组织有好处。相反，对管理者的恐惧对组织不利。它使人失去行动能力，抑制沟通，并使员工在情感胁迫下工作。管理者创造了一个看起来像"恐怖统治"的工作环境，这是出于他们自己的需求，而不是组织的需求。他们不过是些独裁者。

另一个几乎完全相反的需求，即被爱的需求，也会在管理者试图通过他们在工作场所的行动来满足它时引起重大问题。再次强调，在这里，两种情感之间微小但重要的区别在这里是有帮助的。就像尊重和恐惧两种非常不同的情感对工作环境有非常不同的影响一样，作为管理者被人喜欢和被人爱对管理工作的重要性是非常不同的。虽然并非在所有情况下都是绝对必要的（有些人，无论出于什么原因，总是会选择不喜欢一个管理者），但被大多数下属所喜欢，无疑会使管理者的工作变得更加容易。除其他外，被人喜欢意味着被认为是一个"好人"，有着相同的专业价值观，是一个为他人着想、善解人意的上级。

员工很可能会为他们喜欢的管理者付出最大的努力。爱能促进尊重，反之亦然。这两者是相辅相成的，而且关系非常密切。

当然，被爱是人类的基本需求。然而，最好是通过家人和朋友来满足。被下属所爱是不必要的，而且，鉴于存在的权力差异，也许是不可能的。被认为总是试图被爱的管理者很可能会被嘲笑甚至被可怜。因此，被员工所爱的努力会消除尊重而不是促进尊重。例如，管理者为了"争取"一个员工，可能会特别努力，为该员工提供帮助，假装忽略一个问题行为，或者购买他所要求的不必要的电脑软件。管理者会因此而被爱吗？不太可能！它是否至少会导致对你的感激和未来的忠诚或其他回报？不，忠诚是买不到的，人们通常不喜欢被提醒过去的恩惠——这会让他们很尴尬。他们往往更愿意参与"历史修正主义"，那是他们理应得到的东西！

应该讲清楚，我们并不是说管理者所采取的管理方式不应该包括各种善意的行为。没有理由把这些善意的行为看作管理者过于"需要"的一种迹象，例如偶尔向员工会议提供意想不到的茶点，向工作突出的员工发送感谢信，或在员工陷入个人危机时向其提供特殊考虑。这些行为往往是一种更具培育性的管理方式，对于提高员工士气、打破不必要的界限和促进团队合作非常有效。只要这些都是原因（而不是管理者需要被爱），而其他人认为事实就是这样，就没有问题。然而，需要提醒的是，因为管理者有权力，所以员工不太可能抱怨培育式的管理方式，即使这是不需要的，让他们感到不舒服。有些人只是想做好自己的工作，不想和管理者有别的关系。应鼓励员工表达这一观点，并尊重他们的意愿。有效的管理者与他们的员工保持联系，但他们也知道什么时候应该"后退"。将培育式关系强加给所有员工，无论他们是否愿意，都可能是另一种形式的暴政。

还有另一种可能是，管理者有时把自己的需求与员工或本组织的需求混淆，从而造成问题。在那种担任管理职位一段时间（可能太长）并且已经过于认同组织的管理者中，这种情况尤为常见。它包含一个逻辑谬误：高级管理者，特别是那些已经取得了一些成功，并得到了董事会成员或更高级别的管理者的赞扬和奖励的人，往往开始相信他们需要或想要的任何东西都是对组织有好处的。他们可能合理地认为，他们对情况有更广泛的认识（就像管理者应该做的那样），并能获得他人无法获得的信息。因此，他们对组织需要什么的认识（这恰好是他们看起来好的原因）总是正确的。他们的成功逐渐使他们对下属的投入越来越少。他们失去了与他人的需求和偏好的联系。一种"我知道什么对他们最好"的态度会形成。随着时间的推移，反对的次数越来越少。员工们可能害怕反对管理者，因为他们可能会通过"分而治之"、"恐吓"和"收买"的结合，巧妙地阻止有组织的叛乱。

在员工意见很少或根本没有意见的情况下，一个知识渊博、经验丰富的管理者做出最重要的决策，这有什么错？比如，它可能导致错误的决定，因为没有任何管理者是绝对正确的，或者可以得到所有需要的信息。但是家长式的管理方法，可能被认为是自私自利的，也是没有效果的。它不会促进理想的团队合作和有利于员工"拥有工作"的组织氛

344

围，而这对组织的运作至关重要。[9]当员工认为他们只是在努力追求管理者自己的个人目标和议程时，他们就不会做到最好。

有效的管理者认识到自己的需求，但不试图通过与员工的关系来满足他们的需求。他们还努力保持谦逊，避免那些精英主义（或可能被误解为）或自私自利的从而不符合组织的最佳利益的行为。

成长为管理者

不管在组织结构图上的位置如何，在管理岗位上取得成功的社会工作者都要学会像管理者一样思考，并具有管理者的个人身份。除非他们有意识地努力继续发展并成长为管理者，否则他们每天都会不适应管理者的角色，执行管理者的任务，但从来没有真正感到非常舒服或特别好地去执行。

最好的管理者是终身学习者。他们永远不会满足于他们目前的知识和技能，总是寻求改进。这听起来像是很辛苦的工作，但随着它成为一种自然、舒适的工作方式，它变得更容易了。彼得·德鲁克（在第五章讨论 MBO 时我们首次提到的人）已经发现"与从一流的表现到卓越相比，从无能到平庸需要人们付出更多的精力"[10]。

最优秀的管理者对自己以及他们作为管理者的表现保持敏感。他们不断评估自己的工作，确定哪些措施有效，哪些措施无效。布兰登·托罗波夫（Brandon Toropov）还指出了了解自己身体的重要性，例如，知道我们一天当中什么时候做得最好，什么时候应该避免做出重要的决定，或者什么时候我们太累了，需要休息一天。[11]这些见解有助于我们建立和保持作为管理者的高标准。

社会工作者还能做些什么来成为更好的管理者，并与管理更紧密地联系在一起？比如，他们可以阅读并跟上管理领域的新理论和新发展。他们可以订阅和阅读社会工作和/或其他领域的一种或多种期刊（许多现在在线），如制造业和商业，在这些领域中，管理学的大部分研究仍在继续。他们甚至可以通过以下途径为知识积累做出贡献：开展社会工作管理研究和发表文章。

与其他管理者的联系也有助于我们思考，让我们感觉更像一个管理者。这可以在半社交场合非正式地发生，也可以在研讨会和专题讨论会上进行，为新的和有经验的管理者提供知识和技能。一些管理者选择与其他管理者组成小组，他们经常在午餐或其他方便的时候聚在一起讨论与管理相关的话题。小组成员（经常来自不同的组织）在相互学习的同时，形成了有价值的管理者网络。

管理是社会工作实践不可或缺的一部分。通过合理的努力和决心，它也可以成为社会工作者的一项令人兴奋和满意的活动。

小结

本章建立在前面讨论所发展的一些见解的基础上。我们首先考察了社会工作者在管理者角色中经常遇到的一些压力，试图帮助读者完成对社会服务组织内部管理的理解。其中一个问题——孤立，导致了一场讨论，讨论的焦点是管理者如何努力与员工保持最佳的人际关系水平来完成他们的管理任务。

本书的一个目的是帮助读者对是否寻求更多的管理责任做出更明智的决定。在提供管理职位时，人们有仓促做出决定的危险。我们研究了一些经常吸引社会工作者进入管理岗位的诱惑性因素，以及为什么它们自身不足以保证幸福或成功。需要强调的是，不是想成为一名管理者，而是希望做好管理者的工作，是成功的重要先决条件。

社会工作者在承担更多管理责任的工作时，有时是新人，有时是从组织内部晋升的。我们讨论了两种方法的优缺点，特别注意了管理继任问题——继承前任管理者的职位——以及需要如何处理这些问题。

成功的管理者会不断成长，我们强调了发展符合个人个性的管理风格的重要性，还讨论了管理者试图通过组织满足自身内部需求的危险。

最后，我们强调在各层级上要成为一个成功的管理者，都需要一定的"管理思维定式"和承诺。一个人必须学会像一个管理者一样思考，并采取行动来促进管理者身份的发展。成为和保持一个成功的管理者是职业生涯的一个挑战。

在前几章中，我们以《美国社会工作者协会伦理守则》作为指导。《守则》的标准 *346* 4.01 提供了三个与最后一章所讨论的问题明确相关的陈述：

a. 社会工作者应该仅根据现有能力或获得必要能力的意图承担责任或就业。

b. 社会工作者应努力获得并保持对专业实践和专业职能的精通。社会工作者应批判性地审查和了解与社会工作有关的新知识。社会工作者应积极定期查阅职业文献，并参与和社会工作实践及社会工作伦理相关的继续教育。

c. 社会工作者应把实践建立在公共知识的基础上，包括与社会工作和社会工作伦理有关的经验知识。[12]

应 用

看完这本书后：

1. 你是不太可能、差不多可能，还是更可能找一份管理责任更大的工作？（对你的班级成员进行民意调查可能会引发有趣的讨论。）

2. 所描述的哪些管理任务对你来说最不吸引人，为什么？

3. 你认为自己喜欢执行的管理任务是什么，为什么？

4. 有没有什么讨论过的，以及你以前没有考虑过的东西，能帮助你更好地理解那些可能是你现任或前任上级的管理者的工作？解释一下。

第一章

1. Peter M. Kettner, *Achieving Excellence in the Management of Human Service Organizations*. (Boston, MA: Allyn & Bacon, 2002) p. 3.
2. Harold Koontz, Cyril O'Donnell, and Heinz Weihrich, *Essentials of Management* (New York: McGraw-Hill, 1986).
3. Arthur G. Bedeian, *A Standardization of Selected Management Concepts* (New York: Garland Publishing, 1986).
4. Henry Mintzberg, *The Nature of Managerial Work* (Englewood Cliffs, NJ: Prentice-Hall, 1980), pp. 86–98.
5. James A. Stoner and R. Edward Freeman, *Management* (Englewood Cliffs, NJ: Prentice-Hall, 1989), pp. 11–12.
6. Koontz, O'Donnell and Weirich, *Essentials of Management*, pp. 5–6.
7. Eugene J. Meehan, *Economics and Policy Making* (Westport, CT: Greenwood Press, 1982), pp. 19–38.
8. Adam Phillips, "A Mind Is a Terrible Thing to Measure," *The New York Times*, op. ed. (London, February 26, 2006).
9. Paul Hersey and Ken Blanchard, *Management of Organizational Behavior* (Englewood Cliffs, NJ: Prentice-Hall, 1982), p. 3.
10. National Association of Social Workers (Revised 2008) *NASW Code of Ethics* (Washington, DC: NASW Press, 2006), The Preamble.
11. Ibid.
12. Council on Social Work Education (Revised 2010 and updated August 2012) CSWE Educational Policy and Accreditation Standards (Alexandria, VA: CSWE, 2008), pp. 3–8.

第二章

1. William R. Dill, "Environment as an Influence on Managerial Authority," *Administrative Science Quarterly*, II (March 1958): 409–443.
2. James D. Thompson and William J. McEwen, "Organization Goals and Environment: Goal Setting as an Interaction Process," *American Sociological Review*, 23 (1958): 23–31.
3. Ibid.
4. Ruth E. Weber and Norman A. Polansky, eds., *Social Work Research* (Chicago, IL: University of Chicago Press, 1975), pp. 185–187.
5. See, e.g., Carl F. Brun, *A Practical Guide to Social Service Evaluation* (Chicago, IL: Lyceum Press), 2005; or Robert W. Weinbach, *Evaluating Social Work Services and Programs* (Boston, MA: Allyn & Bacon, 2005).

6. Peter M. Blau and Richard W. Scott, *Formal Organizations* (Scranton, PA: Chandler Publishing Company, 1962), pp. 42–44.

7. National Association of Social Workers (Revised 2008) *NASW Code of Ethics* (Washington, DC: NASW Press, 2006), standard 1.01.

8. Richard L. Edwards, Philip W. Cooke, and P. Nelson Reid, "Social Work Management in an Age of Diminished Federal Responsibility," *Social Work*, 41 (1996): 473.

9. See, for example, Daniel P. Moynihan, *Maximum Feasible Misunderstanding: Community Action in the War on Poverty* (New York: Free Press, 1969), pp. 75–101.

10. See, for example, John Ehrlichman, *Witness to Power: The Nixon Years* (New York: Simon & Schuster, 1982), pp. 207–241.

第三章

1. Frederick Winslow Taylor, "The Principle of Scientific Management," in *Classics of Organizational Theory*, 2nd ed., J. Shafrity and J. Ott, eds. (Chicago, IL: Dorsey Press, 1987), p. 75.

2. David Whitsett and Lyle Yorks, *From Management Theory to Business Sense: The Myths and Realities of People at Work* (New York: American Management Association, 1983), pp. 221–241.

3. Ibid., pp. 221–241.

4. Ibid., p. 223.

5. Daniel Wren, *The Evolution of Management Thought* (New York: Ronald Press, 1972), p. 218; Claude George, *The History of Management Thought* (Englewood Cliffs, NJ: Prentice-Hall, 1972), p. 113.

6. Herbert Simon, *Administrative Behavior* (New York: Macmillan, 1976), pp. 20–44.

7. Ibid.

8. Lewis Coser, *The Functions of Social Conflict* (New York: Free Press, 1956), pp. 151–157.

9. Alfred Marrow, *The Failure of Success* (New York: American Management Association, Inc., 1972), pp. 83–102.

10. Chester Barnard, *The Functions of the Executive* (Cambridge, MA: Harvard University Press, 1938), p. 167.

11. Walton, M. *Deming Management at Work* (New York: Perigee Books, 1990).

12. Ibid.

13. Clara Jean Ersoz, "TQM: Health Care's Roadmap to the 21st Century." Paper presented at the New Paradigms in Health Care Conference, Erie, PA, 1992.

14. See, e.g., Geert Hofstede, *Culture's Consequences: International Differences in Work Related Values* (Beverly Hills, CA: Sage Publications, 1980); or Charles Handy, *Understanding Organizations*, 3rd ed. (Harmondsworth: Penguin Books, 1985).

15. See, e.g., Schein, E. *Organizational Culture and Leadership*, 3rd ed. (San Francisco, CA: Jossey-Bass, 2005).

第四章

1. Robert House, *Culture, Leadership, and Organizations* (Thousand Oaks, CA: Sage Publications, 2004), p. 15.

2. Paul Hersey and Kenneth Blanchard, *Management of Organizational Behavior: Utilizing Human Resources* (Paramus, NJ: Prentice-Hall, 1982), p. 3.

3. Warren Bennis, *On Becoming a Leader* (New York: Addison-Wesley, 1989).

4. Ralph Stogdill, "Personal Factors Associated with Leadership," *Journal of Psychology*, 25 (1948): 35–71.

5. Edwin E. Ghiselli, "Managerial Talent," *American Psychologist*, XVI (1963): 632–641.

6. M. W. McCall Jr. and M. M. Lombardo. *Off the Track: Why and How Successful Executives Get Derailed* (Greensboro, NC: Center for Creative Leadership, 1983).

7. Fremont Kast and James Rosenzweig, *Organization and Management: A Systems Approach*, 2nd ed. (New York: McGraw-Hill, 1974, p. 349.

8. Robert R. Blake and Anne Adams McCanse, *Leadership Dilemmas: Grid Solutions* (Houston, TX: Gulf Publishing Company, 1991).

9. Robert House and Philip Podsakoff," Leadership Effectiveness: Past Perspectives and Future Directions for Research," *Organizational Behavior: The State of the Science*, Jerald Greenberg, ed. (Hillsdale, NJ: Erlbaum, 1994).

10. Douglas McGregor, *The Human Side of Enterprise* (New York: McGraw-Hill, 1960).

11. Ralph Stogdill, "Personal Factors Associated with Leadership," op. cit.

12. Ralph Stogdill, *Handbook of Leadership: A Survey of Theory and Research* (New York: Free Press, 1974).

13. Reginald York, "Can Change Be Effectively Managed?" *Administration in Social Work*, 1(2) (1977): 196.

14. Fred Fiedler, *A Theory of Leadership Effectiveness* (New York: McGraw-Hill, 1967).

15. Michael Austin, "Managing Up: Relationship Building between Middle Management and Top Management." Paper presentation at the National Association of Social Workers Annual Conference. New Orleans, September 12, 1987.

16. Mark Ezell, "Administrators as Advocates," *Administration in Social Work*, 15 (1991): 15.

17. The Associated Press release,"Feds: For at Least 44 Minutes, Miners were Thought Alive," *USAToday.com*. January 11, 2006.

第五章

1. Harold Koontz, Cyril O'Donnell, and Heinz Weihrich, *Essentials of Management* (New York: McGraw-Hill, 1986), p. 73.

2. Ibid.

3. Grover Starling, *Managing the Public Sector* (Belmont, CA: Wadsworth, 1993), pp. 210–211.

4. James D. Thompson, *Organizations in Action* (New York: McGraw-Hill, 1967), p. 40.

5. See, for example, Rex A. Skidmore, *Social Work Administration* (Englewood Cliffs, NJ: Prentice-Hall, 1995), pp. 53–54, or Koontz, O'Donnell, and Weihrich, *Essentials of Management*, pp. 102–113.

6. Yvonne A. Unrau, Peter A. Gabor, and Richard M. Grinnell, Jr., *Evaluation in the Human Services* (Itasca, IL: F. E. Peacock, 2001), pp. 67–70.

7. Walter Christian and Gerald Hannah, *Effective Management in Human Services* (Englewood Cliffs, NJ: Prentice-Hall, 1983), p. 136.

8. Rex Skidmore, *Social Work Administration* (Englewood Cliffs, NJ: Prentice-Hall, 1983), p. 72.

9. John M. Bryson, *Strategic Planning for Public and Nonprofit Organizations* (San Francisco, CA: Jossey-Bass, 1995), pp. 4–5.

第六章

1. Bernard Neugeboren, *Organization, Policy and Practice in the Human Services* (New York: Longman, 1985), p. 130.
2. Harold Koontz, Cyril O'Donnell, and Heinz Weihrich, *Essentials of Management*, 4th ed. (New York: McGraw-Hill, 1986), p. 448.
3. Koontz, O'Donnell, and Weihrich, *Essentials of Management*, pp. 79, 459–463.
4. Amatai Etzioni, *Capital Corruption: The New Attack on American Democracy* (San Diego, CA: Harcourt Brace Jovanovich, 1984), pp. 76–80.
5. Malcolm Gladwell, *The Tipping Point* (New York: Little, Brown, and Company, 2002).

第七章

1. Harold Koontz, Cyril O'Donnell, and Heinz Weihrich, *Essentials of Management*, 4th ed. (New York: McGraw-Hill, 1986), pp. 180–201.
2. Bruce S. Jannson, "Federal Social Legislation since 1961," in *Encyclopedia of Social Work*, 18th ed., 1 (1987), p. 594.
3. Koontz, O'Donnell, and Weihrich, *Essentials of Management*, pp. 226–233.
4. Ibid., pp. 209–215.
5. Richard H. Jenrette, *The Contrarian Manager* (New York: McGraw-Hill, 1997), p. 103.
6. Grover Starling, *Managing the Public Sector,* 4th ed. (Belmont CA: Wadsworth, 1993), p. 303.

第八章

1. National Association of Social Workers, 2006 NASW Code of Ethics (revised 2008). (Washington, DC: NASW Press), standard 3.09e.
2. Ernest Greenwood, "Attributes of a Profession," *Social Work*, 2(3) (July 1957): 55; Abraham Flexner, "Is Social Work a Profession?" *Proceedings of the National Conference of Charities and Correction* (Chicago, IL: The Hildman Printing Company, 1915), pp. 576–590.
3. Robert Clifton and Alan Dahms, *Grassroots Administration* (Monterey, CA: Brooks/Cole, 1980), p. 113.
4. F. Ellen Netting, et al. "Volunteer and Paid Staff Relationships: Implications for Social Work Administration," in *Organizational and Structural Dilemmas in Nonprofit Human Service Organizations*, Hillel Schmid, ed. (Binghamton, NY: The Haworth Press, 2004), p. 86.
5. M. Loden and J. B. Rosenor, *Workforce America! Managing Employee Diversity as a Vital Resource* (Homewood, IL: Irwin, 1991).
6. John F. Longres, "Can We Have Our Cake and Eat It Too?" *Journal of Social Work Education*, XXXII (2) (Spring/Summer, 1996): 159.
7. Yvonne Asamoah, "Managing the New Multicultural Workplace" in *New Management in Human Services*, 2nd ed. Leon Ginsberg and Paul Keys, eds. (Washington, DC: NASW Press, 1995), p. 116.
8. Roslyn Chernesky and Marcia Bombyk, "Women's Ways and Effective Management," *Affilia*, III (1988): 48–61; Bette A. Stead, ed., *Women in Management* (Englewood Cliffs, NJ: Prentice-Hall, 1985); A. Herbert, "The Minority Administrator: Problems,

Prospects and Challenges," in *Social Administration: The Management of the Social Services*, Vol. 1, Simon Slavin, ed. (New York: The Haworth Press, 1985), pp. 212–224.

9. Jack Levin and William Levin, *The Functions of Discrimination and Prejudice* (New York: Harper & Row, 1982), p. 65.

10. Ibid., pp. 81–89.

11. Alvin Gouldner, "Cosmopolitans and Locals," *Administrative Science Quarterly*, 2 (1957–1958): 281–306, 444–480.

第九章

1. Abraham H. Maslow, *Motivation and Personality*, 3rd ed. (New York: Harper & Row, 1987); Abraham H. Maslow, "A Theory of Human Motivation," *Psychological Review*, 50(4) (July 1943): 370–396.

2. Edward E. Lawler III and J. Lloyd Suttle, "A Casual Correlation Test of the Need Hierarchy Concept," *Organizational Behavior and Human Performance*, 7 (1972): 265–587.

3. Douglass T. Hall and Khalil E. Nougaim, "An Examination of Maslow's Need Hierarchy in an Organizational Setting," *Organizational Behavior and Human Performance*, 3 (1968): 12–35.

4. Frederick Herzberg, Bernard Mausner, and Barbara Block Snyderman, *The Motivation to Work* (New York: Wiley, 1959), pp. 3–12, 126–128; Frederick Herzberg, "One More Time: How Do You Motivate Employees?" *Harvard Business Review*, 46 (January/February): 53–62.

5. David C. McClelland, *Studies in Motivation* (New York: Appleton-Century-Crofts, 1955).

6. Robert B. Hill, "Integrating Relations," in *Encyclopedia of Social Work*, Vol. 1 (New York: National Association of Social Workers, 1987), pp. 951–956.

7. See Musafer Sherif, "Intergroup Relations and Leadership: Introductory Statement," in *Intergroup Relations and Leadership: Approaches and Research in Industrial, Ethnic, Cultural, and Political Areas*, M. Sherif, ed. (New York: Wiley), pp. 3–21.

8. Richard M. Emerson, "Power-Dependence Relationships," *American Sociological Review*, 27 (1962): 31–41.

9. Lewis A. Coser, *The Functions of Social Conflict* (New York: Free Press, 1954): 15–31, 151–157.

10. See Joseph A. Olmstead, Working Papers No. 2. *Organizational Structure and Climate: Implications for Agencies* (Washington, DC: Department of Health, Education and Welfare. Social and Rehabilitative Service, 1973), pp. 95–98.

11. Eileen Gambrill and Theodore Stein, *Supervision: A Decision-Making Approach* (Beverly Hills, CA: Sage, 1983); Ruth Middleman and Gary Rhodes, *Competent Supervision* (Englewood Cliffs, NJ: Prentice-Hall, 1985); Carlton Munson, *An Introduction to Clinical Social Work Supervision*, 2nd ed. (New York: The Haworth Press, 1993); Carlton Munson, ed., *Social Work Supervision* (New York: Free Press, 1979).

12. Alfred Kadushin, *Supervision in Social Work* (New York: Columbia University Press, 1976).

13. Alfred Kadushin, *Consultation in Social Work* (New York: Columbia University Press, 1977).

第十章

1. Walter Christian and Gerald Hannah, *Effective Management in the Human Services* (Englewood Cliffs, NJ: Prentice-Hall, 1983), pp. 213–241; Eileen Gambrill and Theodore Stein, *Supervision: A Decision-Making Approach* (Beverly Hills, CA: Sage, 1983), pp. 39–106.
2. Alfred Kadushin, *Supervision in Social Work* (New York: Columbia University Press, 1976), pp. 286–313.
3. National Association of Social Workers (Revised 2008) *Code of Ethics* (Washington, DC: NASW Press, 2006), Standard 3.03.
4. Theo Haimann and Raymond Hilbert, *Supervision: Concepts and Practices of Management*, 4th ed. (Cincinnati, OH: South-Western Publishing, 1987), p. 276.
5. Ibid., Standard 3.08.
6. Robert W. Weinbach and Karen M. Kuehner, "Improving the Use of Agency Resources through Peer Training," *Social Work,* 32(3) (May/June 1987).
7. Laurence Peter and Raymond Hall, *The Peter Principle: Why Things Always Go Wrong* (New York: William Morrow & Company, 1969).

第十一章

1. National Association of Social Workers, *Code of Ethics* (Alexandria, VA: NASW Press, 1999), paragraph 2.10.
2. J. Jensen, "Letting Go: The Difficult Art of Firing," *The Grantsmanship Center News* 9 (1981): 38–42.
3. A. Sherwood, "Exit Interviews: Don't Just Say Goodbye," *Personnel Journal,* 62 (1983): 744–750.

第十二章

1. National Association of Social Workers (Revised 2008) *NASW Code of Ethics* (Washington, DC: NASW Press, 2006), Standard 3.09G.
2. Paul Krugman, *The Accidental Tourist* (New York: W.W. Norton, Inc., 1998), pp. 101–104.
3. Dennis F. Galletta and Peter Polak, An Empirical Investigation of Antecedents of Internet Use in the Workplace, Proceedings of the Second Annual Workshop on HCI Research in MIS. Seattle, WA, 2003, pp. 47–51.

第十三章

1. Kurt Lewin, *Field Theory in Social Science* (New York: Harper & Row, 1951).
2. Kurt Lewin, "Defining the Field at a Given Time," *Psychological Review,* 50 (1943): 292–310.
3. Alfred Kadushin, *Supervision in Social Work* (New York: Columbia University Press, 1976), p. 70.
4. Edward Lowenstein, et al. "The Management of Organizational Change: Some Findings and Suggestions," *Public Welfare,* 31(1) (Winter 1973): 56–57.
5. Arthur Pierson, "Social Work Techniques with the Poor," *Social Casework,* 51(8) (October 1970): 481–485.

6. Johnson, M. and Stone, G. "Social Workers and Burnout: A Psychological Description," *Journal of Social Science Research*, 10(1) (1987): 67.

7. Sue Henry, "Non-Salary Retention Incentives for Social Workers in Public Mental Health," *Administration in Social Work*, 14(3) (1990): 1–15.

8. See Joseph A. Raeline, "Two-Track Plans for One-Track Careers," *Personnel Journal*, 66(1) (January 1987): 96–101.

9. See, e.g., Peter M. Kettner, *Achieving Excellence in the Management of Human Service Organizations* (Boston, MA: Allyn & Bacon, 2002), p. 106, or John Tropman and H. Luke Shaefer, "Flameout at the Top—Executive Calamity in the Non-profit Sector: Its Precursors and Sequelae" in *Organizational and Structural Dilemmas in Non-profit Human Service Organizations*, Hillel Schmid, ed. (Binghamton, NY: The Haworth Press, 2004), pp. 178–179.

第十四章

1. S. Martin, "Women in Social Work: A Study of Their Perceptions of Power in Organizations," Ph.D. Dissertation, Columbia, SC: The University of South Carolina, 1995.

2. Robert W. Weinbach, "Meeting a Supervisory Responsibility: Shared Evaluation of Supervisory Potential," *The Clinical Supervisor*, 10(2) (1992): 195–209.

3. Raymond M. Scurfield, "Clinician to Administrator: Difficult Role Transition?" *Social Work*, 26 (1981): 498.

4. Alfred Kadushin, *Supervision in Social Work* (New York: Columbia University Press, 1985), p. 300.

5. Burton Gummer, *The Politics of Social Administration* (Englewood Cliffs, NJ: Prentice-Hall, 1990), pp. 29–48.

6. Alvin M. Gouldner, *Patterns of Industrial Bureaucracy* (Glencoe, IL: Free Press, 1954), p. 79.

7. David W. Champagne and R. Craig Hogan, "Personal Style Inventory," *The 1980 Annual Handbook for Group Facilitators* (University Associates, 1981).

8. Joel Kotin and Myron R. Sharaf, "Management Succession and Administrative Style," *Psychiatry*, 30 (1967): 237–248.

9. See, e.g., James A. Belasco and Ralph C. Stayer, *The Flight of the Buffalo* (New York: Warner Books, 1993), pp. 59–64.

10. Peter F. Drucker, "Managing Oneself," *Harvard Business Review* (March–April, 1999): 67.

11. B. Toropov, *The Art and Skill of Working with People* (New York: MJF Books, 1999), pp. 293–294.

12. National Association of Social Workers (Revised 2008) *Code of Ethics* (Washington DC: NASW Press, 2006), Standard 4.01.

（所注页码为本书边码）

D

《社会工作管理》是一本社会工作经典著作。我们在亚马逊网站买了该书第六版,把它翻译出来,很荣幸被中国人民大学出版社列入出版计划。出版社联系版权时,外方建议翻译第七版,于是我们又把第七版翻译了出来。现在呈现在大家面前的就是该书的第七版,是最新版。

在翻译该书时,我们有以下几点体会:

第一,该书阐述了社会工作者在担任管理者角色时所承担的管理职能、所从事的管理任务、所碰到的问题以及解决问题的方法和技巧,以上诸方面不同于社会工作者从事的直接服务工作。当前社会工作教育界对社会工作直接服务理论、方法、实务研究比较多,而对社会工作管理研究相对少一些。该书为我们了解社会工作者所从事的管理工作提供了很好的素材,可以加深我们对这个领域的认识,并在此基础上推进该领域的研究。

第二,该书把有关理论完美地融入了社会工作管理实践中。已有的社会工作行政管理著作往往注重介绍一般理论、方法和技巧,但对社会工作管理的实际情况介绍得很少。该书注重描述社会工作管理实践,把社会工作管理实践全面而深入地呈现在读者面前。通过阅读该书,我们不仅能学习社会工作管理的一般理论、方法和技巧,而且能了解真实的社会工作管理实践,有助于我们把一般理论和方法应用于社会工作管理实践中,有助于我们在社会工作管理实践的基础上提炼归纳出具有普遍性的结论。

当然,该书描述的是美国社会工作管理实践,由于国情、历史、文化等方面不同,在美国发生的未必就能在中国出现,但是这给我们提供了观察异域社会的窗口,并提供了比较的基础。

第三,该书之所以能把理论和实践有机结合在一起,得益于两位作者深厚的学术素养和丰富的社会工作实践经验。该书作者在前言中说该书是他们对什么是良好的社会工作管理的想法的总结。正因为作者既有理论，又有实践经验，才能把两者有机结合在一起，也才能引起读者的共鸣。对于社会工作管理教学研究人员和实务工作者来说，在阅读该书时一定会在某些方面产生共鸣。

翻译分工如下：陈为雷翻译第一章、第二章、第三章、前言、致谢、索引，康菲菲翻译第四章、第五章、第六章、第七章，陈华翻译第八章，何彩云翻译第九章、第十章、第十四章，张紫薇翻译第十一章、第十二章，李欣翻译第十三章。陈为雷对全书进行了统稿、修改和审校。

感谢哈佛大学访问学者李任博士，鲁东大学外国语学院翻译硕士李欣、张紫薇，他们阅读了书稿部分章节，提出了若干意见。感谢中国人民大学出版社人文分社潘宇社长、盛杰编辑和其他有关人员为本书顺利出版付出的努力和辛劳。感谢家人的支持和无私奉献。

由于译者水平有限，翻译过程中难免出现疏漏和错误之处，敬请读者批评指正。

陈为雷于鲁东大学

2019 年 6 月 19 日

图书在版编目（CIP）数据

社会工作管理：第七版／（美）罗伯特·W. 温巴赫
（Robert W. Weinbach），（美）林恩·M. 泰勒
（Lynne M. Taylor）著；陈为雷等译. --北京：中国人
民大学出版社，2021.4
　（社会工作经典译丛）
　ISBN 978-7-300-28687-7

　Ⅰ.①社…　Ⅱ.①罗…②林…③陈…　Ⅲ.①社会工
作-社会管理　Ⅳ.①C916.2

中国版本图书馆 CIP 数据核字（2021）第 047118 号

"十五"国家重点图书出版规划项目
社会工作经典译丛
主编　隋玉杰　副主编　范燕宁

社会工作管理
（第七版）
［美］　罗伯特·W. 温巴赫（Robert W. Weinbach）　　著
　　　　林恩·M. 泰勒（Lynne M. Taylor）
陈为雷 等　译
Shehui Gongzuo Guanli

出版发行	中国人民大学出版社		
社　　址	北京中关村大街 31 号	**邮政编码**	100080
电　　话	010 - 62511242（总编室）		010 - 62511770（质管部）
	010 - 82501766（邮购部）		010 - 62514148（门市部）
	010 - 62515195（发行公司）		010 - 62515275（盗版举报）
网　　址	http://www.crup.com.cn		
经　　销	新华书店		
印　　刷	涿州市星河印刷有限公司		
规　　格	185 mm×235 mm　16 开本	**版　　次**	2021 年 4 月第 1 版
印　　张	25　插页 2	**印　　次**	2021 年 4 月第 1 次印刷
字　　数	513 000	**定　　价**	88.00 元

尊敬的老师：

您好！

为了确保您及时有效地申请培生整体教学资源，请您务必完整填写如下表格，加盖学院的公章后传真给我们，我们将会在 2—3 个工作日内为您处理。

请填写所需教辅的开课信息：

采用教材				□中文版 □英文版 □双语版
作　者			出版社	
版　次			**ISBN**	
课程时间	始于　年　月　日		学生人数	
	止于　年　月　日		学生年级	□专科　　　□本科 1/2 年级 □研究生　　□本科 3/4 年级

请填写您的个人信息：

学　　校	
院系/专业	
姓　　名		职　　称	□助教 □讲师 □副教授 □教授
通信地址/邮编	
手　　机		电　　话	
传　　真	
official email（必填） (eg:XXX@ruc.edu.cn)		email (eg:XXX@163.com)	
是否愿意接受我们定期的新书讯息通知：　　□是　　　□否	

系/院主任：＿＿＿＿＿＿（签字）

（系/院办公室章）

＿＿＿年＿＿＿月＿＿＿日

资源介绍：

——教材、常规教辅（PPT、教师手册、题库等）资源：请访问 www.pearsonhighered.com/educator；　（免费）

——MyLabs/Mastering 系列在线平台：适合老师和学生共同使用；访问需要 Access Code；　（付费）

100013　北京市东城区北三环东路 36 号环球贸易中心 D 座 1208 室

电话：（8610）57355003　传真：（8610）58257961

Please send this form to：郭笑男（Amy）copub.hed@pearson.com/Tel：5735 5086

出教材学术精品　育人文社科英才
中国人民大学出版社读者信息反馈表

尊敬的读者：

感谢您购买和使用中国人民大学出版社的＿＿＿＿＿＿＿＿＿一书，我们希望通过这张小小的反馈卡来获得您更多的建议和意见，以改进我们的工作，加强我们双方的沟通和联系。我们期待着能为更多的读者提供更多的好书。

请您填妥本表后，寄回或传真回复我们，对您的支持我们不胜感激！

1. 您是从何种途径得知本书的：

　❏ 书店　❏ 网上　❏ 报刊　❏ 朋友推荐

2. 您为什么决定购买本书：

　❏ 工作需要　❏ 学习参考　❏ 对本书主题感兴趣

　❏ 随便翻翻

3. 您对本书内容的评价是：

　❏ 很好　❏ 好　❏ 一般　❏ 差　❏ 很差

4. 您在阅读本书的过程中有没有发现明显的专业及编校错误，如果有，它们是：＿＿＿＿

＿＿＿＿＿＿＿＿＿＿＿＿＿＿＿＿＿＿＿＿＿＿＿＿＿＿＿＿＿＿＿＿＿＿＿

＿＿＿＿＿＿＿＿＿＿＿＿＿＿＿＿＿＿＿＿＿＿＿＿＿＿＿＿＿＿＿＿＿＿

5. 您对哪些专业的图书信息比较感兴趣：＿＿＿＿＿＿＿＿＿＿＿＿＿＿＿＿＿

＿＿＿＿＿＿＿＿＿＿＿＿＿＿＿＿＿＿＿＿＿＿＿＿＿＿＿＿＿＿＿＿＿＿

6. 如果方便，请提供您的个人信息，以便于我们和您联系（您的个人资料我们将严格保密）：

　　您供职的单位：＿＿＿＿＿＿＿＿＿＿＿＿＿＿＿＿＿＿＿＿＿＿＿＿＿

　　您教授的课程（教师填写）：＿＿＿＿＿＿＿＿＿＿＿＿＿＿＿＿＿＿＿＿

　　您的通信地址：＿＿＿＿＿＿＿＿＿＿＿＿＿＿＿＿＿＿＿＿＿＿＿＿＿

　　您的电子邮箱：＿＿＿＿＿＿＿＿＿＿＿＿＿＿＿＿＿＿＿＿＿＿＿＿＿

请联系我们：

电话：(010) 62515637

传真：(010) 62510454

E-mail：gonghx@crup.com.cn

通讯地址：北京市海淀区中关村大街 31 号　100080

中国人民大学出版社人文出版分社